Studio One ガイドブック 4
進化するDAWソフトでイチから音楽づくり

近藤隆史
協力　エムアイセブン ジャパン

Studio One 4 Professional
Studio One 4 Artist
Studio One 4 Prime

Studio One 4.5 対応

FOR WINDOWS /MAC

Stylenote

CONTENTS

前書き／23

第1章
Studio Oneの概要

1 音楽制作システム（DAW）

- ①MIDIの録音、編集 ……………………………………………………………26
  - もう少し紹介／26
- ②プラグイン・インストゥルメント（ソフト音源） ……………………………27
- ③音声（オーディオ）の録音、編集 ……………………………………………28
  - もう少し紹介／28
- ④プラグイン・エフェクト ………………………………………………………29
- ⑤ミックスコンソール（ミキサー） ……………………………………………29
- ⑥オートメーション ………………………………………………………………30
- ⑦編曲や制作作業をサポートする機能 …………………………………………30
  - アレンジビュー／30　ビデオ／30
- ⑧そのほかソフトウェアの特色となる機能など …………………………………31

読み進めるための基本操作　　32

- トランスポート関連 ……………………………………………………………32
- マウスツールの切り替え ………………………………………………………32
- 表示関連 …………………………………………………………………………33
  - ウィンドウサイズ（画面の割合い）の変更／33　トラック高の変更／33
  - 機能ごとの画面の表示／非表示／33
- イベントとパートの名称について ……………………………………………34
- 機器の設定 ………………………………………………………………………34
- 取り消す（アンドゥ）のススメ（Ctrl＋Z） …………………………………34

第2章
チュートリアル

1 1曲作成して音楽制作の流れを体験

| 新規ソング作成 | 36 |

| メロディーを入力するインストゥルメントトラックを用意 | 37 |

- インストゥルメントトラックの作成 ………………………………………………37

| ソングの保存 | 39 |

| メロディー（音楽データ）の入力準備 | 39 |

- イベントを作成し音楽エディターを表示 ……………………………………39

| メロディーのマウス入力 | 41 |

- マウス入力時のポイント …………………………………………………………42
  - マウスでの入力や編集／42　エディターの横スクロール（Ctrl＋左右矢印キー）／43

イベント範囲の変更／43
■再生して耳で確認 ･･43

2つめのトラックでリアルタイム入力に挑戦　44
■Mojitoトラックの作成 ･･･44
■Mojitoの音色選び ･･44
■トラックに割り当てられた楽器を演奏する･････････････････････････････････45
■リアルタイム録音 ･･45

リアルタイム録音した演奏のタイミング修正（クオンタイズ）　47
■そのほかのクオンタイズにまつわる機能 ･････････････････････････････････47
クオンタイズの取り消し／47　　半分だけクオンタイズ／48
手動でのタイミング修正（スナップの利用と一時的な解除）／48

ステップ録音で3番手のパートを入力　48
■入力の準備 ･･･48
入力するイベントを作成／50
■ステップ録音での作業 ･･50
ステップ録音が終了したら…／52

ステップ録音をもう少し紹介　52
コード（和音）の録音／52　　Qに従うボタン／52　　付点音符の入力／52
連符の入力／52

4つめのトラックはコンピューターならではの機能を活用して作成　53
■新しいトラックを作成（FX付きインストゥルメントプリセット）････････････53
■イベントのコピー（Alt＋ドラッグ）････････････････････････････････････53
■イベント名の変更 ･･54
■ノートデータの移調（トランスポーズでオクターブ下げる）･････････････････55
トランスポーズを使った移調／55

オーディオトラックへの録音（ボーカルや楽器など）　57
■オーディオトラックの準備（FXチェーンを利用した場合）････････････････57

その他のトラック作成方法（新規トラック作成）　58
完全な新規トラック作成／58　　トラック作成用のウィンドウから作成／58
空スペースにエフェクトをドラッグ／58
■トラックへ録音する準備 ･･59
ハウリングしたら...／59　　モニターボタンに関して／59
トラックのチャンネルモードについて／59　　入力チャンネルの確認ポイント／59
■オーディオの録音 ･･60

オーディオトラックの編集　61
■オーディオイベントの分割 ･･61
■オーディオイベントの部分利用 ･･62
■トラックを複製・イベントをコピー ･･････････････････････････････････････62
コピー先のトラックを用意／62
■削除したイベント部分の復活（非破壊編集） ･･････････････････････････････64

オーディオ録音後の音量調整（ボリュームカーブやゲイン調整）　64

| イベントのゲインカーブでの音量調整 ································· 64

ボリュームをオートメーションで管理　65

コンソールでのゲイン調整　65

ドラムパートの入力（Impact XT）　66
| ドラム音源「Impact XT」································· 66
| 準備、確認（Impact XT の音が鳴るか）························· 66
| イベントを作成 ································· 67
| ドラムエディターでの入力 ································· 67
| Dキーでどんどん複製 ································· 68
| ノートデータの編集 ································· 68

ちょっと解説　69
他の DAW での MIDI 編集になれている方への解説／ 69

インストゥルメントをオーディオへ変換（バウンス）　70

インストゥルメントトラックのままミックスする場合の準備　72
| Impact XTのマルチアウトをチェック ································· 72
| Impact XTのマルチアウトチャンネルを管理する ························· 73
| コンソールでのマルチアウトの確認 ································· 74
他社製マルチティンバー音源での応用／ 74

ミックス前の音量調整　75
| ボリュームフェーダーでの音量バランス調整 ························· 75
まずはざっくりと調整／ 75　　レベルオーバーに注意／ 75　　複数のフェーダーを同時に操作／ 76
インスペクターのフェーダー／ 76　　インストゥルメントのフェーダー／ 77

2 ミックス　78

完成予定を絵に描く（定位）　78
考え方の参考／ 79

パンで左右を表現　80

奥行きを表現　81
| 響きでの奥行き表現 ································· 81
リバーブで奥行きを付ける／ 81　　センドレベルの設定／ 82
センドのパンフェーダーの設定／ 83　　センドエフェクト本体の編集／ 83
| 質感での奥行き ································· 83
エフェクトのバイパス（無効化）／ 84
| 音量による距離感 ································· 84
| 奥行きの表現（応用） ································· 84
コンプレッサーでの奥行き表現／ 84　　作業例／ 84　　総合的な奥行き感の作業／ 86

書き出しやマスタリングに向けての作業　87
| 書き出し前の準備 ································· 87
再生してプレイバックを確認／ 87　　書き出し範囲の設定／ 87

| ①ソング内ですべて完結させる場合 ―楽曲（公開・配布するデータ）を自分でソングから書き出す― ····· 87
　　マスタートラック用エフェクトを設定／87　　完成データを書き出し／88
| ②マスタリングを人に頼む場合 ··· 89
| ③プロジェクト機能を使う場合 ··· 89
　　マスタリングファイルの作成／89

書き出し（ミックスダウンをエクスポート） 90

ロケーション／90　　ファイル名／90　　公開／90　　フォーマット／90
解像度とサンプルレート／90　　範囲をエクスポート／90　　オプション／90

第3章 Studio Oneの操作と機能

1 Studio Oneの画面構成 94

スタートページについて 94

| 新規ソングを作成 ···95
| 新規プロジェクトを作成 ···95
| 既存のドキュメントを開く ··96
| 最近使ったファイル、ソング、プロジェクト　タブ ·······································96
| アーティストプロフィール、SoundCloud ···96
| ニュースフィード、デモとチュートリアル ··97
| 設定 ···97

「新規ソング作成」で設定した項目を後から変更する 98

ソングページの画面構成 99

| アレンジビュー（常に表示）··99
| 編集エディター（F2）···99
| ミックスビュー（コンソール）（F3）··99
| インスペクター（F4）·· 100
| ブラウザー（F5）·· 100
| チャンネルエディター（F11 / Shift + F11）·· 100
　　エフェクトエディター（F11）／100　　インストゥルメントエディター（Shift + F11）／100
| トラックリスト ·· 100
| トランスポートバー ·· 100
| 各ツールバー ··· 100

トランスポートの機能 101

MIDIモニター／101
パフォーマンスメーターとキャッシュアクティビティ／101
サンプルレートとプラグインディレイ／101　　録音残り時間／101
時間ディスプレイ／101　　コントロールに関するボタン類／102　　ループ範囲／102
録音モード置き換えと録音パネル／102　　プリロール・オートパンチ／102
プリカウント、設定、メトロノーム／102　　拍子と調号、テンポ／102
マスターボリューム／102

2 操作テクニック

キーボード・ショートカットの活用

トランスポートのショートカット ……………………………………………………… 103
操作ボタンのショートカット／103　　ループ機能のショートカット／104
メトロノームやプリカウントなどのショートカット／104

画面やツールの切り替えにショートカットを ………………………………………… 104

ズーム関連のショートカット …………………………………………………………… 105
ズームの基本操作／105　　ズームの便利な操作／105　　クイックズームオプション／105

イベントへのショートカット …………………………………………………………… 106

以前に使っていたDAWのショートカットキーで操作する ………………………… 107

自分好みのショートカットを割り当てる ……………………………………………… 108

キーボード・ショートカットの一覧 …………………………………………………… 109

スマートツールを使いこなす

スマートツールを選択 …………………………………………………………………… 110
スマートツールの解除（矢印ツールに変更）／110

イベント下側での操作（矢印ツールと同等） ………………………………………… 110
イベントの移動：イベント下部をドラッグ／110　　イベントの選択：イベント下部をクリック／110
イベントを開く：イベント下部をダブルクリック／110

イベント上側での操作（範囲ツールと同等） ………………………………………… 111
イベントの分割：上部をダブルクリック／111　　範囲選択：上部でドラッグして選択／112
選択範囲のイベントを分割：選択範囲の上でダブルクリック／112
カーソルの移動：上部をクリック／112

イベント両端での操作（サイズ編集） ………………………………………………… 112

修飾キーの活用

そのほかのマウスツール

範囲ツール ………………………………………………………………………………… 115
分割ツール ………………………………………………………………………………… 115
ペイントツール …………………………………………………………………………… 116
ミュートツール …………………………………………………………………………… 116
ベントツール ……………………………………………………………………………… 116
リッスンツール …………………………………………………………………………… 116

プレイバックでの操作テクニック

カーソルを思い通りの位置へ移動する ………………………………………………… 117
タイムラインルーラーをクリック／117　　マウスカーソル位置に移動（Ctrl＋スペース）／117
空白をクリック／117　　選択イベントの先頭へ移動（L）／117
時間へ移動（Ctrl＋T）／117　　波形のピークへ移動（tab）／118
アレンジトラックを使った移動／118

停止時にスタート時点へカーソルを戻すには ………………………………………… 119
自動で必ず戻したい場合／119　　手動で戻したい場合／119

いつも同じ場所から再生する｜再生スタートマーカー ……………………………… 119

目的のイベントを素早くプレイバックする …………………………………………… 120
イベントをソロで試聴｜リッスンツール（8）／120
イベントの先頭へカーソルを移動（L）／120　　イベント範囲を素早くループプレイ／120

■マーカーやループの活用 ・・ 121
　　カーソルの前後のマーカーへ移動する／ 122　　ショートカットでマーカー間を移動する／ 122
　　一覧から選択してマーカーへ移動する／ 122　　マーカーの削除／ 122
■ソロ、ミュートの使いこなし ・・ 122
　　トラックやチャンネルのソロ：**S**（ミュート：**M**）／ 123
　　グローバルソロ：**Ctrl**＋**Shift**＋**S**（ミュート：**Ctrl**＋**Shift**＋**M**）／ 123
　　ソロセーフ（solo safe）：**Shift**＋ソロボタンをクリック／ 123
　　ソロの入れ替え：**Alt**＋「**S**」ボタンクリック／ 123
　　イベントのミュート切り替え：**Shift**＋**M**／ 123

音色のプレビューテクニックと音源変更　　124

■音色を探す｜同じ音源内での音色切り替え ・・ 124
■音源の差し替え｜置き換え・拒否・統合 ・・・ 125

表示のテクニック　　126

■複数のエディター画面を表示する ・・・ 126
■データズーム（イベント内データの強調表示）・・・・・・・・・・・・・・・・・・・・・・・・・・・・・・・・・・・・・ 127
■ウィンドウを取り外す ・・ 127

3　ブラウザー　　129

ブラウザーの活用　　129

　　表示項目（コンテンツ）切り替えのタブ／ 130　　並び替え分類のタブ／ 130
　　表示内容／ 130　　プレビュー／ 130
■ブラウザのファイルタブ ・・ 130
　　ファイルブラウザでのタブ表示／ 130　　ファイルブラウザ内での各種操作／ 130
■ブラウザのプール ・・ 131
　　プールブラウザのタブを使った並び替え／ 131　　プールからの削除／完全な削除／ 131
　　行方不明のファイルを探す／ 131
■ブラウザのクラウド ・・ 131
■ブラウザーでの検索 ・・ 131
■ブラウザーのお気に入りフォルダー ・・・ 132
■プラグインなどの表示/非表示 ・・ 132
■表示やお気に入りの管理 ・・・ 132
■ブラウザーにサムネイルを表示する ・・ 133

4　編集ビュー｜音楽エディター　　134

音楽エディターの概要　　134

　　マウスツール／ 134　　ステップ録音／ 135　　「Q」クオンタイズ／ 135
　　マクロツール／ 135　　アクション／ 136　　ノート色／ 136
　　「AQ」ボタン、クオンタイズ値／ 136　　「タイムベース」（タイムラインルーラーの単位）／ 136
　　「スナップ」（スナップタイムベース）／ 137　　自動スクロール／ 137
　　エディターをアレンジに同期／ 137　　スケール／ 137　　選択中のノート情報／ 138
　　コントロールレーン／ 138

ドラムエディター　　139

音楽エディターでのデータ編集テクニック　　140

- ノートの調整 …………………………………………………………… 140
- ベロシティ調整 ………………………………………………………… 140
- 隣り合ったノートのつなぎ目の位置調整 ……………………………… 142
- 特定の条件で音を選択（アクション｜音を選択…） …………………… 142
  - 最高音を選択・最低音を選択／143　範囲を選択／143　音程で選択／143
- 特定のピッチの音だけを選択（Ctrl + Alt +クリック） ……………… 144
- スケール（音階）の活用 ……………………………………………… 144
- コントロールレーンでのエンベロープ編集 …………………………… 145
  - パラメーターをレーンに表示／追加する／145　レーンでのデータ編集／146
  - データの削除／146

アクションメニュー　　146

5 トラックリスト　　150

アレンジビューのトラックリスト　　150

- トラックリストの表示 ………………………………………………… 151
  - グループの表示／151
- トラックの管理 ………………………………………………………… 151
- トラックリストのプリセット（シーン） ……………………………… 151

ミックスビューのチャンネルリスト　　152

- チャンネルリストの表示 ……………………………………………… 152
- タイプごとの表示／非表示 …………………………………………… 152
- アレンジビューのトラックリストと同期 ……………………………… 152

音楽エディターのトラックリスト　　153

- 音楽エディターのトラックリストを表示 ……………………………… 153
- エディターに表示させるトラックを指定 ……………………………… 154
- 編集するトラックを指定 ……………………………………………… 154

6 インスペクター　　155

インスペクターの概要　　155

トラックインスペクター／155　チャンネルエリア／155　イベントインスペクター／155

A トラックインスペクター　　156

- オーディオトラックを選択中の表示 …………………………………… 156
- インストゥルメントトラックを選択中の表示 ………………………… 158
  - タイムベース／158　トランスポーズ／158　ベロシティ／158　Note FX／158

B チャンネルエリア　　158

C イベントインスペクター　　159

- オーディオイベント選択時 …………………………………………… 159
  - イベントFX／159　スタート／エンド／159　ファイルテンポ／159
  - スピードアップ／159　トランスポーズ／159　チューン／159
  - ノーマライズ／ゲイン／フェードイン／フェードアウト／159

ベンドマーカー／スレッショルド／ 159　　時間ロック／編集ロック／ 159

| オーディオパート選択時 ··· 160
　　　再生モード／ 160　　イベントをストレッチ／ 160
| インストゥルメントイベント選択時 ··· 160
　　　スタート／エンド／ 160　　トランスポーズ／ベロシティ／ 160
| パターン選択時 ··· 160
　　　スタート／エンド／ 160

7　ミックスビュー（コンソール） 161

ミックスビューの活用 161

| 基本操作 ··· 162
| ミックスビューの項目 ··· 163
　　　表示項目 入力／ 163　　表示項目 出力／ 163　　表示項目 外部（外部デバイス）／ 164
　　　表示項目 インスト…／ 164
| オーディオチャンネル ··· 165
　　　入出力表示／ 165　　パン／ 165　　トラックフェーダーとグループ化ボタン／ 165
　　　グループアサイン / オートメーションモード／メモ／トラック名（色）／ 165
　　　ミュート、ソロ、録音準備、モニターボタン／ 165　　チャンネルエディター／ 165
　　　その他／ 166
| インストゥルメントチャンネル ·· 166
| バスチャンネルとFXチャンネルとVCAフェーダー ································ 167
　　　バスチャンネル／ 167
　　　FX チャンネル／ 167
　　　VCA フェーダー／ 167
| メインアウトチャンネル ··· 168
　　　クリックオンオフ／クリックボリューム／ 168　　クリップインジケーター／ 168

バス・FX・VCAを右に寄せて表示する 168

8　エフェクト 169

エフェクトの活用 169

| インサートエフェクトとセンドエフェクト ·· 170
　　　インサートエフェクト／ 170　　センドエフェクト（ポストフェーダー）／ 170
　　　センドエフェクト（プリフェーダー）／ 170

インサートエフェクトの使用例 171

| インサートデバイスラック内の操作 ·· 172
| デバイスラックの操作 ··· 173
　　　「＋」ボタン／ 173　　「▼」ボタン／ 173　　アクティベートボタン／ 173

センドエフェクトの使用例 173

| センドデバイスラック内の操作 ·· 174
　　　センドレベル／ 174　　センドパン／ 174　　プリフェーダーボタン／ 174
　　　アクティベートボタン／ 174　　センドのエフェクト名／ 175
| 他のトラックでも同じセンドエフェクトを使う ······································ 175

デバイスラック内での音声信号の流れ 176

イベント単位のエフェクト　177
- Melodyneでの作業はイベントエフェクト ····· 178

Studio Oneのエフェクト　178
- Analysis ····· 178
- Delay ····· 179
- Distortion ····· 179
- Dynamics ····· 179
- External ····· 179
- Mastering ····· 179
- Mixing ····· 180
- Modulation ····· 180
- Reverb ····· 180
- 操作系の機能を提供するプラグイン ····· 180

エフェクトの操作テクニック　181
- エフェクトの削除・コピー・移動 ····· 181
  - エフェクトを削除／181　同一ラック内でコピー／移動／181
  - 他のチャンネルにコピー／移動／181
- 全エフェクトを有効化/無効化 ····· 182

サイドチェーンの方法　183
- 制御される側（エフェクト）での設定 ····· 183
  - サイドチェーンをオン／183
- 制御信号（ソース）を送る側の設定 ····· 184

ルーティングビュー（拡張FXチェーン）　185
- ボーカルの高域だけにリバーブをかける ····· 185
- オリジナルとコンプサウンドを混ぜる ····· 188
  - 補足や注意点など／188

❾ インストゥルメント　189

シンセでの音作り（MaiTai・Mojito）　189
- オシレーター ····· 189
- フィルター ····· 190
- アンプ（AMP）／エンベロープ（ADSR）····· 191
- LFO ····· 192

PresenceXTの音作り　193
- キースイッチ／194

Sample One XT　195
- サンプルを読み込む ····· 195
- Wave ····· 196
- Mapping ····· 196
- Envelopes ····· 197
- Recordでサンプル録音 ····· 198
- FXA／B・バーチャルキーボード ····· 201

| プリセットの保存や書き出し ………………………………………………………… 201
| そのほかの項目 …………………………………………………………………… 202

ループをスライスしてピアノロールにノートで配置 203
| AudioloopをSample One XTで扱う ………………………………………………… 203

Impact XT 205
| AudioloopをImpact XTで扱う ……………………………………………………… 205

マルチインストゥルメントの活用 206
　マルチインストゥルメントの状態を確認／207
| マルチインストゥルメントの編集 ………………………………………………… 208
| 新規にマルチインストゥルメントを作成 ………………………………………… 208

10 音楽素材（ループ） 210

ループの活用 210
| Musicloopを読み込む ……………………………………………………………… 210
| Audioloopを読み込む ……………………………………………………………… 212

オリジナルのループ素材を作成 212
| Musicloopを作成する ……………………………………………………………… 212
| Audioloopを作成する ……………………………………………………………… 214

ブラウザー内での管理 215
　新規フォルダ作成／215　　保存したファイルをコンピューター内で探す／215
　自作フォルダーをタブに表示／215
| オーディオ素材（.wav）の作成 …………………………………………………… 216
| Musicloopのパッケージ内容を表示 ……………………………………………… 216

第4章
Studio One機能体験ツアー

1 機能体験ツアー用のソングデータを作成 219
| 機能体験ツアー用のソングを作成 219
| メインのメロディーを入力する 220
| 便利な機能｜ノートカラー 222
| 便利な機能｜変形ツールでベロシティ編集 223
| ソングのテンポを設定する 224
| アレンジトラックで楽曲構成の管理や編曲作業 225
| アレンジトラックのセクションを作成 ……………………………………………… 225
| ソングのキー（調性）を設定する 226
| ソングのコード進行を入力する｜コードトラック 226
| コードを完成させる ………………………………………………………………… 228

コード入力方法について　229
- コードの入力と編集 ……………………………………………………… 229
- コードの種類、表記について …………………………………………… 230
    - 例：Cmmaj7/G の場合／230
- 鍵盤で弾いたコードを認識 ……………………………………………… 231

2 ハーモニー編集｜ノートデータをコードトーンにマッチ　232

元となるノートデータを用意　232
- コードに従うように設定 ………………………………………………… 234

ベースパートをハーモニー編集（ベースモード）　236

便利機能｜「エディターをアレンジに同期」ボタン　237

便利機能｜コンテンツにクロップ　237

イベント分割時に右のノートを残す（Alt ＋クリックで分割）　238

アクション｜重複ノートの削除　239

アクション｜ピッチをフリーズ　239

オーディオトラックでのコード・ハーモニー編集　241
- 事前にコードを検出しておく …………………………………………… 241
- 検出されたコードの修正方法 …………………………………………… 242
- コードトラックに抽出 …………………………………………………… 242
- 「コードに従う」のオーディオ用モード ……………………………… 243
- チューンモード …………………………………………………………… 243

3 パターンでのドラムパート作成（Impact XT）　244

パターン機能でリズムトラックを作成　244
- Impact XTのトラックを用意 …………………………………………… 244
- パターンを挿入（**Ctrl** ＋ **Shift** ＋ **P**）、ノートでパターンを作成 ……… 245
- バリエーションを加える ………………………………………………… 246

パターン機能について　250
- リズムモードとメロディモード ………………………………………… 250
- パターンとイベントの共存 ……………………………………………… 250
- パターンをイベント（パート）に変換 ………………………………… 250

4 スクラッチパッドでアイディアを練る　251

スクラッチパッドでイントロを試作　251
- スクラッチパッドを表示 ………………………………………………… 251
- イントロのドラムパターンをデータ作成 ……………………………… 252
    - 音色にこだわる｜キックの音色調整／252
- イントロのシンセサイザーフレーズをパターン機能で作成 ………… 253

音色にこだわる｜シンセサイザーの音色調整／254
自作の音色をプリセットとして保存／255
- イントロのベースをハーモニー編集で作成 ･････････････････････････････････････ 255

5 アレンジを発展｜構成変更～Note FX活用、データ調整など　257

アレンジが固まったら、スクラッチパッドから本編に挿入　257
- アレンジ「Intro」を作成･･･ 257
- ドラム、シンセサイザー、ベースの登場順をデータ編集･････････････････････････ 258
- ブレイクパターンをはさむ｜ループ無音を挿入／ループ時間を削除･･･････････････ 259
- アレンジ「A」「B」「C」のベースをほかのトラックでプレイ ････････････････････ 260

トラックを無効化　262
- トラックを非表示にする（トラックリスト）･･･････････････････････････････････ 263

コードに追従したフレーズを一部変更　264
- 「コードに従う」で変更されたピッチを変更 ･･･････････････････････････････････ 264

アクション｜ピッチをフリーズ　265

アルペジオをNote FX（Arpeggiator）で自動演奏　266
- トラックを準備･･ 266
- イベント/パートをトラックネームに変更（Shift + Enter）･･･････････････････････ 266
- トラックにNoteFX（Arpeggiator）を用意･･･････････････････････････････････････ 267

ソロ的なフレーズをNoteFX（Repeater）で生成　268
- ソロの前にブレイクをはさむ（データ作成）･･･････････････････････････････････ 268
- コードやトラックなどを準備 ･･･ 269
- Note FX（Repeater）を用意･･･ 270

6 エンディングを作成　271

ブレイクを繰り返してエンディングにする（データ作成）　271

キラキラしたSE（サウンドエフェクト）を作成　272

第5章

機能ツアー　発展編

1 オーディオ録音と編集作業での機能　276

録音トラックを用意｜Fat Channel XTのプリセットを活用　276
- トラックを用意 ･･･ 276

Fat Channel XTの機能　278

ハイパスフィルター（HPF）／278　　ゲート／エキスパンダー（Gate/Expander）／278
コンプレッサー（Compressor）／279　　イコライザー（Equalizer）／279
リミッター（Limiter）／279

2 録音作業の詳細 　　　　　　　　　　　　　　　　　　　　　　　　　　280

重ね録りと編集（レイヤーとコンピング）　　　　　　　　　　　　　280
- 録音テイクをレイヤー化する ･･･ 280
- コンピングする（OK箇所の範囲指定とレイヤー切り替え）･････････････････････ 281
  - 採用範囲の設定｜クイックスワイプ（＝ドラッグして範囲を指定）／281
  - ダブルクリックでレイヤーを切り替え／282
  - ショートカットキーで切り替える（**Alt** ＋ **G** ／**Alt** ＋ **H**）／282
  - **Alt** ＋マウスホイールで切り替える／282　　イベント左下マークで切り替える／282
- テイク選びでソロセーフ（ソロ保存）のススメ ･･････････････････････････････････ 283
  - ソロセーフ（solo safe）：**Shift** ＋ソロボタンをクリック／283

レイヤーとコンピング｜その他の操作やTIPS　　　　　　　　　　　284
- レイヤーを聴き比べるTIPS ･･･ 284
- レイヤー｜イベントの名称、カラーなど･･･ 286
- レイヤー活用例｜他の人の録音データも簡単にコンピング･･･････････････････････ 287

録音後の修正　　　　　　　　　　　　　　　　　　　　　　　　288
- オートパンチでリテイク（パンチイン・アウト）･･･････････････････････････････････ 288

メロダインでピッチとタイミングの編集　　　　　　　　　　　　　289
- ピッチ解析と編集 ･･ 289
- Melodyneで編集後の操作 ･･ 290

解析したピッチ情報をMIDIデータに変換　　　　　　　　　　　　291

録音での便利な設定　　　　　　　　　　　　　　　　　　　　　292
- 録音の設定｜プリカウント ･･ 292
  - プリカウントの小節数を設定／292
- 録音の設定｜プリロール設定 ･･ 293
- 録音の設定｜メトロノームを使う･･ 293
- 録音の設定｜プリレコードの設定 ･･ 294

3 オートメーションの活用　　　　　　　　　　　　　　　　　　　　295

フェーダーをオートメーションで制御　　　　　　　　　　　　　　295
- 体験用データの用意･･･ 295
- オートメーショントラックを作成･･ 296
- エンベロープを書いてボリューム制御 ･･･ 297

マウス操作をオートメーションで記録・再現　　　　　　　　　　　297
- インストゥルメントのマウス操作を記録 ･･ 298

オートメーションモードの切り替え　　　　　　　　　　　　　　301
- オフ／301　　リード／301　　タッチ／301　　ラッチ／301　　ライト／301
- オートメーション画面の切り替え ･･･ 302
  - 特定トラックをオートメーション表示／302
  - 全トラックをオートメーション表示／通常トラックに戻す／302

エンベロープカーブの編集・修正　　　　　　　　　　　　　　　303

ポイントを追加／303　　　ポイントを移動／303　　　ポイントの数値を指定と削除／303
　　　値／時間をロックしてポイント移動（**Ctrl**＋ドラッグ）／303
　　　値を微調整（**Shift**＋ドラッグ）／303　　　複数のポイントを選択（**Shift**＋クリック）／303
　　　複数ポイントを部分的に選択／304　　　なめらかなカーブを描画／304

スマートツール、ブラケットツールで効率的にエンベロープ編集　　304
　　　最上部：ブラケットツール／304　　　上側（最上部を除く）：範囲ツール／304
　　　下側：矢印ツール／305　　　エンベロープカーブ上のポイント編集：追加／移動／削除／305
複数のポイントを同時編集　　305
　　　選択ポイントをすべて移動／305　　　複数ポイントを部分的に編集／306
　　　変形ツールで総合的に編集（**Alt**＋**T**）／306
他のトラックでの範囲選択も有効　　306
操作パネルにない項目のオートメーション｜サスティーンの例　　307
オートメーションと音楽エディターのMIDIメッセージの違い　　308
他社製プラグインのオートメーション｜手のひら、Aボタン　　309

4　複数のトラック/チャンネルをまとめて管理（VCA、フォルダー、グループ）　310

複数トラック/チャンネルの操作　　310
一時的にまとめて操作（**Shift**＋選択）　　310
グループ化（**Ctrl**+**G**）　　311

フォルダーにまとめる　　312
フォルダーにパック　　312
フォルダートラック内のグループ化　　313
フォルダーの出力先を設定　　313
コンソールでフォルダーの展開　　314
　　　フォルダートラックのあるバスの並び順を維持／314
　　　トラックリストとコンソールの表示／非表示をリンク／314
　　　フォルダートラックの展開・折りたたみを表示／非表示にリンク／314

トラックとチャンネルの番号を統一する　　315

VCAフェーダー　　316
VCAフェーダーを追加　　316
VCAの新規作成とVCA接続　　316
VCAフェーダーのオートメーション　　317
VCAオートメーションの結合　　318

5　ミックスFXとメモパッド　319

Mix Engine FX　　319
ミックスエンジンFXを利用する　　319
メモパッドにメモする　　321

6　テンポと拍子　322

テンポと拍子の設定　　322

| テンポトラック ・・・ 322
　　テンポの値を編集／323　　テンポ範囲の設定（テンポレンジ）／323
| 拍子の設定 ・・ 323
| トランスポートでの拍子とテンポ ・・ 324
| タイムリニア/ビートリニア ・・・ 324

フリーテンポの演奏にビートを合わせる　　326

| テンポマップの作成 ・・・ 326
| フリーの演奏をビートに合わせる ・・・ 328

7 アレンジトラック　　330

アレンジトラックを活用　　330

| アレンジトラックを表示 ・・・ 330
| セクションの作成と定義 ・・・ 331
　　セクションの名称や色の変更／331
| セクションの移動やコピー ・・ 331
| セクションの削除 ・・ 333
| インスペクターでセクション並び替え ・・ 333
| セクションをマーカーに変更 ・・・ 333
| タイムベースの切り替え ・・・ 334
　　拍／334　　秒／334

無音を挿入・時間を削除　　335

| ループ無音を挿入/ループ時間を削除 ・・ 335
　　ループ範囲に無音を挿入／335　　ループ範囲の時間を削除／335
| 無音を挿入/時間を削除 ・・・ 335
　　無音時間を挿入／335　　時間を削除／335
| 特定のトラックでのみ時間を削除/無音を挿入 ・・・・・・・・・・・・・・・・・・・・・・・・・・・・・・・・・・・ 336

8 パターン　　337

パターン　　337

9 Note FXの活用　　342

Note FX「Arpeggiator」　　342
　　パターンの編集／343　　演奏を録音／344　　Note FXの効果をノートデータとして保存／344

Note FX「Chorder」　　345
　　他のキーの曲への対応（移調）／346　　他のプリセット／346
| 鍵盤にコードを割り当てる ・・ 346
　　間を埋めてくれる Auto Fill／347　　レンジの設定／347

Note FX「Input Filter」　　347

Note FX「Repeater」　　348

第6章
より高度な機能

1 オーディオの編集機能　350

イベントをオーディオに変換　350
選択をバウンス（Ctrl＋B）　350
　インストゥルメントをバウンスした場合／351
新規トラックにバウンス（Ctrl＋Alt＋B）　351

エフェクト効果を含めたオーディオに変換　352
オーディオトラックの場合　352
インストゥルメントトラックの場合　353
特定のイベントだけをエフェクト効果付きでオーディオ化　354

オーディオのタイミング補正　354
　事前にイベントを独立させておく／354
ベンド／トランジェント検出と編集　355
ベンドマーカーの編集　356
　ベンドマーカーの位置だけを移動／356　　ベンドマーカーを手動で追加／356
　不要なベンドマーカーを削除／356　　イベント上のベンドマーカーを表示しない／356
　マーカーのリセット／356
オーディオクオンタイズで手軽に修正　357

グルーヴクオンタイズの活用　358
クオンタイズ結果の修正　359

グループクオンタイズのノリをノートデータに変換　360

ストリップサイレンスで無音やノイズをカット　361

2 インストゥルメントトラックでの録音設定と編集　362

トラックの録音設定　362

録音パネル　363
インストゥルメントの重ね録り　363
録音モード｜置き換え・テイクをレイヤー化　363
　「置換」オンで重ね録りした場合／363
　「テイクをレイヤー化」オンで重ね録りした場合／363
　「置換」と「テイクをレイヤー化」両方をオン／363
インストゥルメントループ録音｜テイクを録音・ミックスを録音　364
　「テイクを録音」／364　　「ミックスを録音」／364
入力クオンタイズ　364

インストゥルメントトラックでの録音TIPS　365
録音待機の設定　365

3 マクロ 366

マクロツール 366
- マクロツールの活用 ……………………………………………………… 366
- マクロツールバーのページ ……………………………………………… 367
- マクロの編集や自作 ……………………………………………………… 369
- マクロをボタンとして登録 ……………………………………………… 370
- Exchangeで共有されているマクロ ……………………………………… 371

第7章
連携や共同作業のための機能や操作

1 MIDIファイルでの連携（SMF） 374

MIDIファイルの書き出し 374
- ソング全体をMIDI書き出し …………………………………………… 374
- イベント単位のMIDI書き出し ………………………………………… 375

MIDIファイルの読み込み 375
- MIDIのテンポ情報を反映させる（テンポトラックにドラッグ＆ドロップ） ……………… 375
- MIDIのノート情報やCCなどを反映させる（アレンジビューにドラッグ＆ドロップ） ……… 376
- MIDI情報をなるべく多く反映させる（スタート画面にドラッグ＆ドロップ） ……………… 376
- MIDI ファイルから特定のパートだけを読み込む ………………………………………… 377

2 オーディオでの連携（ステム・AAF） 378

トラックごとに（ステムの）書き出し 378
　書き出し設定のポイント／ 379
- 複数のチャンネルの出力先をバスにまとめる ………………………………………… 380

AAFインポートとエクスポート 381
- AAFの書き出し（エクスポート） ……………………………………… 381
- AAFの読み込み（インポート） ………………………………………… 383

以前のソングの一部を活用する 384

ほかのPCで作業する 385
- 外部ファイルの読み込み忘れに注意 …………………………………… 385
- プラグインの有無に注意 ………………………………………………… 385
- グレードの機能差に注意 ………………………………………………… 386
- Studio OneではないDAWで作業する ………………………………… 386

3 Notionと連携・楽譜の用意 387

Notionとの連携 387
- Studio OneからNotionに転送 ………………………………………… 387
- Notionで楽譜（リードシート）として仕上げる ……………………… 389

第8章
設定

1 設定に関する項目　392

オーディオの設定　392

- オーディオデバイスの設定　392
- レーテンシーの設定　393
- サンプルレート、ビット深度の設定　394
- 入力チャンネルと出力チャンネルを設定する　396
  - 入力のI/O設定／396　　チャンネルを増やす／397　　出力のI/O設定／398
- キューミックスの構築　399
- 出力チャンネルでのメトロノーム調整　401

レーテンシーについて　402

Studio Oneの低レーテンシー機能　403

- インストゥルメントの低レーテンシーモニタリング　403
- ドロップアウト保護　404
- ネイティブ低レーテンシーモニタリング　405
  - 〈事前の設定1〉デバイスブロックサイズの設定／405
  - 〈事前の設定2〉ドロップアウト保護の設定／406
- キューミックスでの低レーテンシーモニタリング　407

オーディオデバイスの導入　408

- 例：弾き語りを録音したいシンガーソングライターの場合／408
- コンボ端子／408　　48Vファンタム電源／409　　ヘッドフォン端子／409
- MIDIポート／409　　接続ポート／409　　付加機能／409　　出力ポート／409

本格派機材のQuantum　410

外部デバイスの設定（MIDIデバイス）　411

- 入力用MIDIキーボードの設定　411
- キーボード・音源・コントローラーを登録　412
- パソコンキーボードを鍵盤にする（Qwertyキーボード）　413
- キーボード付属のノブを登録（MIDI Learn）　414
- 登録したノブを使う（コントロールリンク）　415
- マッピングの解除と一時無効の使い分け　416
- マッピングパネルからのドラッグ操作　417
- デバイスのノブでの操作を記録する　417

コントローラーの集合体「マクロコントロール」　418

- マクロコントロール画面の表示／418　　FXチェーン「Air-Bus」の読み込み／418
- マクロコントロールマッピングの確認　419
  - 動作の確認／419　　1つのknobに複数パラメーターを割り付ける／420
  - knobの挙動の詳細設定／420　　エフェクトのルーティング／420
  - マクロコントロールの自作とコントロールリンク／421
  - マクロコントロールの編集内容を保存／421
- XYパッドの活用　421
- マッピングウィンドウから素早くアサイン　423

Studio One Remoteで遠隔操作　426

- トランスポート系の操作 ………………………………………………………… 427
- コンソール（チャンネル）の編集………………………………………………… 428
  - マクロコントロールでの操作／428
- キーボードショートカット操作 ………………………………………………… 429
  - パネルへの割り当てと編集／429

そのほかの設定 　　430

- サードパーティー製のディザリングを使用 …………………………………… 430
- 小節オフセット ………………………………………………………………… 430
- Studio Oneの色付け（アピアランス）………………………………………… 431
  - アピアランスの設定／431
- トラックとチャンネルに色付けする …………………………………………… 432
- イベントを透過する（イベントアピアランス）………………………………… 433

履歴機能 　　434

- 履歴の状況を見る ……………………………………………………………… 434
- まとめて履歴をさかのぼる ……………………………………………………… 434
- コンソール操作をアンドゥ（取り消し）の対象外にする ……………………… 435

第9章 プロジェクトページ

プロジェクトの作成と基本操作 　　438

- プロジェクトの作成 …………………………………………………………… 438
- プロジェクト画面でのブラウズウィンドウ …………………………………… 439
- マスター出力のデバイスポートを選択する …………………………………… 439
- プロジェクトに楽曲（トラック）を配置する ………………………………… 440
- 曲順を決める …………………………………………………………………… 441
- 曲ごとのメタ情報を入力 ……………………………………………………… 441
- ディスク全体の情報を入力 …………………………………………………… 442

曲ごとの質感や音量感を調整する 　　442

- エフェクトでの調整 …………………………………………………………… 442
  - 編集機能／443　　マスタリング用のエフェクト／444　　エフェクトのバイパス／444
- トラックをバウンス …………………………………………………………… 444
- メーターを利用した確認 ……………………………………………………… 445
  - スペクトラムメーター／445　　音量メーター／446　　位相メーター／446

曲間の編集・調整 　　447

- 曲間を調整する ………………………………………………………………… 447
  - フェードインフェードアウトの調整／447　　クロスフェードを設定する／447
- 曲間の時間調整 ………………………………………………………………… 447

トラックマーカーの活用 　　449

- トラックをカーソルで分割 …………………………………………………… 449
- イベントをカーソル位置で分割 ……………………………………………… 450
- 次のトラックと結合 …………………………………………………………… 450

その他の操作 　　451

- ソングファイルに戻って修正する …………………………………………… 451

- 事前にマスタリングファイルを用意する ……………………………………… 451
- マスタリングでのディザリング …………………………………………… 452

オーディオCDを作成する　　　452

その他の公開方法　　　453
- イメージファイルを作成する ……………………………………………… 453
- DDPファイルを作成する …………………………………………………… 454
- DDPファイルの読み込み …………………………………………………… 454
- デジタルリリース用のデータを作成する ………………………………… 455

音量メーターとK-System　　　456

ラウドネスメーターの搭載　　　457
　　　EBU R128／**457**　　　表示単位（LUFS・LU）の切り替え／**457**
　　　INT、LRA、TP など計測された数値の表示／**458**　　　リセット／**458**
　　　EBU+18、Short-Term、Momentary／**458**

柔軟なラウドネス検出オプション（プリFX・ポストFX）　　　458

ラウドネスメーターの運用　　　459

第10章
作品作り

Studio One作曲法　　　462
- ソングを作成する …………………………………………………………… 462
- リズム ………………………………………………………………………… 463
　　　リズムトラックの作成／**463**
- コード ………………………………………………………………………… 464
　　　コードトラックの作成／**464**
- メロディー …………………………………………………………………… 465
　　　メロディートラックの作成／**465**
- 作品を完成させる …………………………………………………………… 466
- もっと作り上げるには ……………………………………………………… 467

制作の動機　　　468
　　　求める音色を意識して探す（気持ちに合う音を探す）／**468**
　　　②音色を聴くことで意識を発見する（音から気持ちを見つける）／**468**
- 音楽と自分のつながり ……………………………………………………… 468

第11章
バージョン4.5の新機能（抜粋）

入力ゲインと位相反転をコンソールに搭載　　　470
- ゲインコントロール ………………………………………………………… 470
- 位相コントロールの搭載 …………………………………………………… 470

再設計されたグループ化機能　　　471
- トラックをグループ化 ……………………………………………………… 471

- グループの編集 ··· 472
  - グループの中断／472
  - 連動する項目の設定／472
- グループへの追加とアサイン状態の確認 ······································· 472
  - コンソールでのグループ確認／473

メータリングの機能アップ　474
- ピークメーターの表示 ·· 474
- プリフェーダーメータリング ·· 474

オーディオデバイスのI/O設定が機能アップ　475

新しいサイドチェーンの設定方法　475

ミックスダウンでモノ書き出しが可能に　476

アクションメニューに機能が追加　476

スケールにトライアドが追加　476

コードを試聴　477

トラックやイベントの保護機能　477
- イベントをロック ·· 477
- トラックをロック ·· 478

操作性に係わる機能アップ　478
- スムーズな波形を描画 ·· 478
- ビューごとに異なるクオンタイズの設定が可能に···················· 479
- プラグイン選択メニューの表示方法が切り替え可能に ············ 479
- ゼロクロスにスナップ（ゼロ公差にスナップ）······················· 480
- 負荷が軽くなりました ·· 481
- より多くのマーカーにアクセスできます ···································· 481
- 1アクションでオーディオループを作成 ···································· 481

プラグインマネージャーの搭載　482

マクロツールバー　483

ビデオの書き出し機能　483

あとがき／484

索引　485

前書き

　Studio One が登場してから、2019 年 9 月でちょうど 10 年になります。奇しくも、本書『Studio One 4 ガイドブック』をタイミングよく 10 周年に合わせて完成させることができました。この本は、バージョン 2、バージョン 3 と執筆してきたガイドブックの内容を吟味し、厳選しつつ大幅に再構成しなおし、さらに多くの加筆も行いました。もちろん、新機能についても解説しています。

　最近の Studio One は、作曲家・アレンジャー向けの機能追加が充実しているようです。そこで、今回は「機能体験ツアー編」をあらたに追加しました。読み進めると、Studio One の操作や機能を体験しながら、ちょっとしたアレンジの楽曲を作り上げられるようになっています。

　チュートリアルやツアーで大きな流れを体験できるようになっており、詳細な点や難解なところはヒントでのフォローや別途解説の章を用意しています。色々なページを平行してお読みいただくことで理解が深まるでしょう。こういった読み進め方は、書籍ならではの利点だと思います。
　もちろん、これから初めて DTM で音楽づくりをする！　という方にも有用なように、音楽制作全般を理解できるようにも配慮しました。初心者の方には難しいところもあると思いますが、繰り返し読み返すことでいつのまにか音楽づくりのテクニックが上達していることでしょう。何度も読み返していただくという点でも書籍は適しています。

　かなり厚い本となってしまったので、ちょっと長い……、と感じられるかもしれませんが、本書を PC の脇に置いて、じっくりと Studio One で音楽を堪能してください。

本書で解説しているバージョンについて

本書は Studio One 4 のバージョン 4.0 から 4.5.2 の環境で執筆されています。その後のアップデートによって仕様の変更や機能の追加が生じる場合もありますのでご了承ください。

Prime、Artist 版をご利用の場合

本書は、Professional、Artist、Prime すべてのグレードでご活用いただけますが、グレードによって搭載されていない機能での操作も含みます。そうした機能を使う説明の場合は、文中でその旨を記載したり、「(Professionalのみ)」「(Artist、Professional のみ)」などと表記しています。

また、読み進める上での代替方法を紹介している箇所もありますので、お使いのグレードに合わせてご確認ください。手順どおりにならない場合などは、そうした機能制限によるものでないかも確認してみてください。

以下のページで、グレード別機能比較が掲載されているので、こちらも参考にしてみてください。

▼エムアイセブンジャパン Studio One ポータルサイト「比較」
http://www.mi7.co.jp/products/presonus/studioone/compare/

Mac でご利用の場合

本書は主に Windows 版の図やキー操作で解説していますが、Mac 環境独自の部分を読み替えることで、ほとんどの部分は読み進めることが出来ます。修飾キーに関しては、**Ctrl** は **command**(⌘)キーに、**Alt** は **Option** キーに、右クリックは副クリック(もしくは **control** + クリック)などに読み替えてください。

なお、メニューバーの「Studio One」という項目は、Windows では右側に、Mac では左側に配置されていますが、内容はほぼ同じです。また、Studio One メニュー内の「オプション」は、Mac では「環境設定…」にあたります。項目名や階層などで、Mac と Windows で異なる場合は、(Mac:)のように別途表記しています。

Studio One は PreSonus Software Ltd. の登録商標です。
Apple、Mac、Mac OS 等は、米国および他の国々で登録された Apple Inc. の商標です。
Microsoft、Windows、Windows 10、Windows 8、Windows 7、Windows Vista、Windows XP、Outlook Express、Windows Media Player、Windows Media および Windows ロゴは、Microsoft Corporation の米国および、その他の国における商標または登録商標です。
その他の商標や登録商標は、それぞれの会社に属します。

第 1 章

Studio One の概要

1 音楽制作システム（DAW）

パソコンと音楽制作ソフトがあれば、手軽に音楽制作環境（DAW = Digital Audio Workstation）を構築できるようになって久しいですが、Studio One は、その中核となる音楽制作ソフトです。

音楽制作ソフトはどれも、概ね以下の機能をそなえています。各機能が、Studio One ではどのように扱われるか、まずは見ていきましょう。

① MIDIの録音、編集
② プラグイン・インストゥルメント
③ 音声（オーディオ）の録音、編集
④ プラグイン・エフェクト
⑤ ミックスコンソール（ミキサー）
⑥ オートメーション
⑦ 編曲や制作作業をサポートする機能
⑧ そのほかメーカーの特色となる機能など

①MIDI の録音、編集

インストゥルメントトラックは、いわゆる MIDI トラックの機能を備えています。演奏情報を録音や入力して、ソフト音源や外部音源を演奏します。ノートデータは編集ビューにピアノロール形式で表示され、柔軟な編集が可能です。

もう少し紹介

いわゆる MIDI トラックの機能に加えて、アサインしたソフト音源のオーディオ出力やエフェクトの設定もできるようにもなっており、演奏情報からオーディオ出力まで一元管理しやすいといった特徴があります。

Studio One の概要　音楽制作システム（DAW）

②プラグイン・インストゥルメント（ソフト音源）

　ソフト音源（ネイティブ音源）が付属しており、これをインストゥルメントと呼びます。PC内でバーチャルに再現されたシンセサイザーや仮想楽器などで、様々な音色を鳴らすことができます。Professional版では、VSTやAUプラグイン規格に対応する他社製のプラグイン音源も扱えます。

　トラックごとにインストゥルメントを割り当て、演奏します。音源を制御する情報はオートメーションのトラックやレーンに入力します。

> プラグインとは、機能の追加や拡張をおこなえるパーツ（モジュール）のことですが、DAWでは主に、ソフト音源やオーディオエフェクトをコンピューター内で取り扱うことを指します。

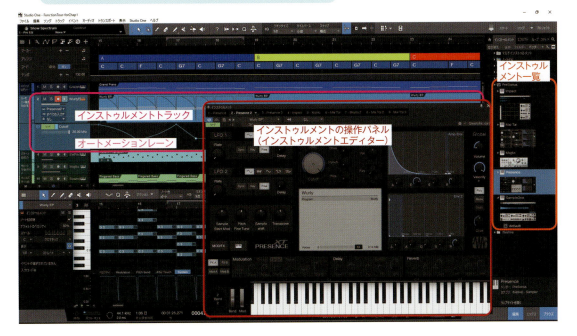

27

③音声（オーディオ）の録音、編集

オーディオトラックでは、音声の録音や編集が可能です。歌や生楽器をマイクから録音したり、キーボード・電子楽器やギターなどをケーブルで入力端子につないで録音したりできます。

録音された音声の波形は、アレンジビューに「オーディオイベント」として表示され様々な編集をおこなえます。

トラックやイベントに音響効果（エフェクト）をつけることも可能です。

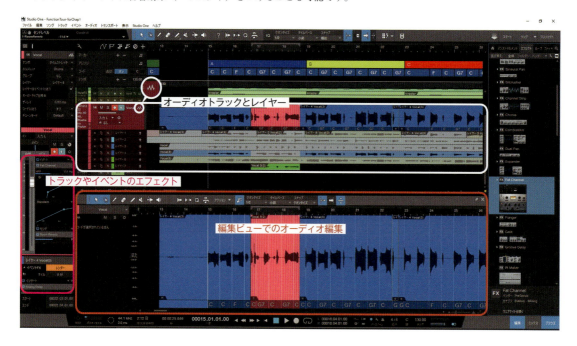

もう少し紹介

マイク一本で録音するボーカルなどは「モノ」のトラックを用意します。マイクを2本たてた録音や、シンセサイザーなどでL/Rの出力を生かして録音したい場合は「ステレオ」のトラックを使います。

（モノ　）もしくは（ステレオ　）マークをクリックしてチャンネルモードをステレオ／モノに切り替えます。

録音モードを「テイクをレイヤー化」にして重ね録りすると、テイクがレイヤーとしてレーン表示されます。よいテイクだけをつなぐ作業（＝コンピング）も簡単におこなえます。

④プラグイン・エフェクト

音響効果や解析、音声編集などさまざまなエフェクトが用意されており、ブラウザーから、トラックやコンソールのデバイスラックにドラッグ＆ドロップするだけで使用できます。Professional 版では、VST や AU プラグイン規格に対応する他社製のエフェクトも扱えます。エフェクトのノブなどの動きは、オートメーションで記録・編集・再現できます。

⑤ミックスコンソール（ミキサー）

トラック（もしくはチャンネル）から送られるオーディオ信号は、ミックスコンソールで整理します。ミキサーのデバイスラックには、エフェクトプラグインを読み込むことができます。バスや FX チャンネルを作成して複雑なルーティング（信号の流れ）を組むことができ、最後に出力チャンネルやメインアウトチャンネルから出力されます。また、フェーダーやエフェクトのパラメーターなどの動きは、オートメーションで記録・編集・再現できます。

⑥オートメーション

　ボリュームフェーダーやエフェクトのボタンやノブの動きなど、様々なパラメーターの動きを自動化（記録・編集・再現）することができます。

　記録されたエンベロープカーブ（パラメーター値の変化）は再生時に正確に再現され、編集することも可能です。楽曲に磨きをかける上でとても重要な機能です。

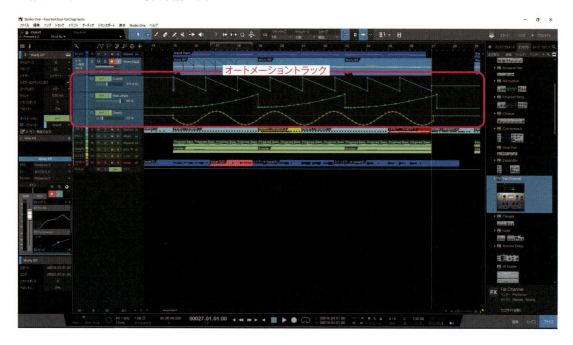

⑦編曲や制作作業をサポートする機能

アレンジビュー

　アレンジビューでは、テンポ（テンポトラック）や、曲構成（アレンジトラック）、コード（コードトラック）、マーカーやループに拍子（タイムラインルーラー）、トラックのテキストメモ（トラックノート）など、楽曲制作に必要な要素や便利な機能が用意されています。

ビデオ

　ビデオファイルをソングにドロップすると、ビデオウィンドウにムービーが表示されます。サウンドトラックや効果音の制作に便利です。

　ビデオを「**Alt** + ドロップ」すると、ビデオの音声もオーディオトラックに読み込まれます。「**Ctrl** + ドロップ」では、ビデオの音声だけが抽出されます。ビデオを配置後でも「オーディオを抽出」ボタンをクリックすればビデオの音声を抽出できます。

　編集後は「ビデオをエクスポート」でビデオ形式で書き出すことができます。

Studio One の概要　音楽制作システム（DAW）

⑧そのほかソフトウェアの特色となる機能など

　たくさんの Studio One ならではの機能が搭載されています。**スクラッチパッド**（251 ページ）では、楽曲スケッチやメモ的な試作作業を、まったく異なるタイムライン上でおこなえます。**Melodyne とのシームレスな統合**（289 ページ）により、音程やタイミングの解析と修正をおこなえます。楽譜ソフトの **Notion との連携**により、Studio One から Notion に転送して楽譜にすることができます。楽譜を作成して Studio One に送信することも可能です。
　プロジェクトページ（437 ページ）では、CD 作成やデジタルデータとしての書き出しなど、マスタリングをおこなえます。

　Studio One の概要がつかめたら、2つのチュートリアルに進んでください。
　第2章 チュートリアル（35 ページ）では、一般的な DAW に共通の機能をなるべく体験できるチュートリアルになっています。
　第4章 Studio One 機能体験ツアー（217 ページ）では、Studio One ならではといった機能を盛り込みながら、より実践的にアレンジや編集をしていく構成になっています。

読み進めるための基本操作

チュートリアルに進む前に、ごく基本的な操作方法をおさえておきましょう。

トランスポート関連

再生・停止・巻き戻しなどは、画面下部のトランスポートのボタン（①）でおこなえます。

再生位置（カーソル（②））を移動するには、タイムラインルーラー上（③）をクリックする方法が便利です。また、「巻き戻す」「早送り」「ゼロに戻る」ボタンなどを使用してもよいでしょう。

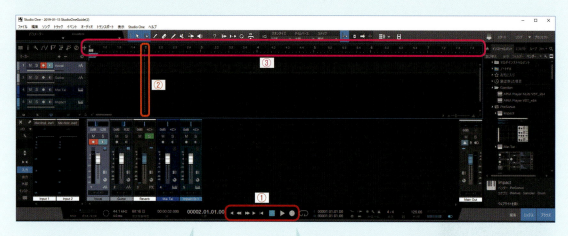

トランスポートの詳細は「トランスポートの機能バー」（101ページ）参照。キーボード・ショートカットの詳細は「キーボード／ショートカットの活用」（103）ページ参照。

各ボタン上にマウスをポイントすると、ボタン機能とキーボード・ショートカットを確認できます。

ショートカットで操作できると、格段に作業スピードがアップします。早い段階で習得するのがオススメです。

マウスツールの切り替え

作業によっては、ツール（①）を切り替えながら操作します。ウィンドウ上部にツール切り替えボタンが用意されています。右クリックから切り替えられる場合もあります（②）。

また状況に合わせてマウスカーソルが自動で変化する場合もあります。特にスマートツールでは、カーソル位置によって、ツールが変化するので注意が必要です。

ツールの詳細は、そのほかのマウスツール（115ページ）、スマートツールを使いこなす（110ページ）参照。

表示関連

ウィンドウサイズ、トラック高（縦幅）、ズーム率などは自由に調整できます。参考画像では、手順紹介の都合上、途中でサイズや表示領域を変更している場合があります。読み進める上で、図と見た目が違う場合や、項目が見つからない（隠れている）場合は、表示関連を適宜調整しながらご覧ください。

ウィンドウサイズ（画面の割合）の変更

境界線にマウスカーソルを合わせて、カーソルが変化したらクリックしてドラッグします（①）。

トラック高の変更

トラック下部のプルダウンメニュー（▼）からトラックの高さ（縦幅）を選択すると、すべてのトラック高が一括で変更されます。（②）。

その隣のマーク（≡）をクリックするとスライダーが表示され、無段階でトラック高を調整できます（③）。

また、トラック間の境界線にカーソルを合わせて上下にドラッグすると、個別に高さ調整が可能です（④）。

機能ごとの画面の表示 / 非表示

表示 / 非表示を切り替えられる画面は、手順に記すことなく表示 / 非表示する場合があります。参考画像に合わせて切り替えて読み進めてください。

頻繁に表示 / 非表示を切り替える画面には以下のものなどがあります。

- インスペクター：（**F4** で表示）
- 編集ビュー：（**F2** で表示）
- ミックスビュー：（**F3** で表示）
- ブラウザー：（**F5** で表示）
- インストゥルメントエディター：（**Shift** + **F11** で表示）

イベントとパートの名称について

アレンジビューには、オーディオや音楽データが、イベントやパートとして配置されます。

オーディオ＝音声データ。いわゆるオーディオの波形です。オーディオを含むイベントを「オーディオイベント」と呼びます。複数のオーディオイベントを結合すると「オーディオパート」になります。

音楽データ＝インストゥルメントの演奏情報や制御に関する情報。いわゆるMIDIデータと呼ばれる情報を含みます。

Notice

　本書では、音楽データを含むイベントを「音楽パート」「インストゥルメントパート」と呼びます。もしくは単に「パート」「イベント」と呼びます。
　また、パターンシーケンスを組んだ場合の「パターン」イベントも音楽パートの一種です。
　イベントの内容は「編集ビュー」で表示／編集することができます。また、アレンジビュー上でも一部の編集を実行できます。

機器の設定

　オーディオデバイスを導入している場合は、使えるようにしておきましょう。オーディオデバイスは、音の出入り口の処理を担当する機材です。パソコン付属のヘッドフォンやマイクよりも、高音質、多機能なものが多く、音に関する処理も安定させる効果があります。

> オーディオデバイス設定の詳細は「オーディオの設定」(392ページ) 参照。入力用鍵盤などMIDIデバイスの設定は「外部デバイスの設定 (MIDIデバイス)」(411ページ) 参照。

取り消す（アンドゥ）のススメ（Ctrl + Z）

　操作を間違えたりして思わぬ結果になった場合は、「メニューの 編集 > 取り消す」で直前の作業を取り消してやりなおしましょう。（ショートカット：**Ctrl + Z**　Mac：**command ⌘ + Z**）
　取り繕おうとすると、さらにおかしくなってしまうこともありますので、是非アンドゥを習慣化してください。

第 2 章

チュートリアル

1 1曲作成して音楽制作の流れを体験

　この章では、Studio One の操作や機能を一通り体験できるようになっています。制作の流れは人それぞれではありますが、一例として参考にしてください。題材は、カエルの歌詞でおなじみの、あのメロディーです。

新規ソング作成

手順

① Studio Oneを起動して、画面の「新規ソングを作成」をクリック
　→「新規ソング」画面が開く
②「スタイル」タブから「空のソング」を選択
③ タイトルをつける
　（ここではソングタイトル欄に「Kaeru Song」と入力しています。）
④ ソングの保存先の確認
　（「…」をクリックすると、ウィンドウが開いて保存先の指定や変更をおこなえます。）

> 保存先は、初期状態では以下のようになっています。
> **Win**：ドキュメント > Studio One > Songs の中
> **Mac**：書類 > Studio One > Songs の中

⑤ サンプルレート、解像度、テンポ、拍子などの設定
　（図を参考に設定します。後からでも変更可能です。）
⑥「OK」をクリック
　→これで新しいソングが開きます。

> 新規ソング作成については、「新規ソングを作成」
> （95 ページ）参照。

チュートリアル　1曲作成して音楽制作の流れを体験

メロディーを入力するインストゥルメントトラックを用意

インストゥルメントトラックでは、演奏情報（MIDI データなど）を入力（録音）してソフト音源を演奏することができます。ここでは、付属のソフト音源「Presence」用のトラックを作成して、メロディーを入力してみましょう！

インストゥルメントトラックの作成

手順

① メニューから、表示＞インストゥルメントを表示 を選択（ショートカット：**F6**）
　→画面右にブラウザーが開き、インストゥルメントタブが表示されます。

> **キーボードショートカットのススメ**
> 「**F6**」のキーボードショートカットならブラウザーのインストゥルメントタブを瞬時に開けるのでおすすめです。
> 画面右下のブラウズボタンをクリックしてブラウザーを表示して、インストゥルメントタブをクリックしても同様に開けますが、何度も行う操作は、ショートカットを覚えると作業効率が上がります。
> 「キーボードショートカットの活用」（103 ページ）参照。

> ここでは「並び替え：」で「ベンダー」を選択しておきます。
> プラグイン音源がメーカーごとにまとめられます。

> ブラウザーの詳細は「ブラウザー（129 ページ）」参照。

② PreSonusの中からPresence を探し、アレンジビューへドラッグ＆ドロップ
　→トラック名「Presence」が作成され、Presenceの画面（インストゥルメントエディター）が表示されます。

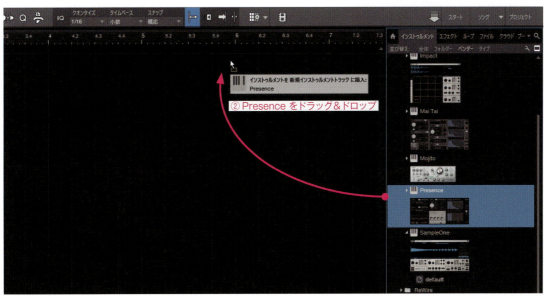

③ Presenceのプルダウンメニューから、ArtistInstrument > Keyboard > Grand Piano を選択
　→GrandPianoの音色が読み込まれます。下部の鍵盤をクリックすると音を確かめられます。

Presence の編集画面を閉じるには
・右上の「×」ボタンをクリック（ショートカット：F12）。

閉じた Presence 編集画面を再表示するには
・「インストゥルメントエディター」のボタンをクリック
・「Shift + F11」を押す
・「トラック」メニューから「インストゥルメントエディターを表示」を選択
※ Presence 以外のインストゥルメントでも同様に操作できます。

ソングの保存

ここで一度、保存しておきましょう。作業中も定期的に保存することを習慣にしてください。万が一に備えられます。

手順

① ファイル > 保存（ショートカット：**Ctrl + S**）

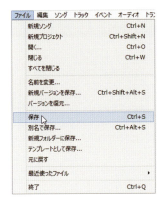

バックアップのススメ

ファイル >「別名で保存」を選ぶと、名称を変更して保存できます。
「KaeruSong01」「KaeruSong02」…… のように保存してバックアップをとったり、別のアレンジにしたものを「KaeruSong type-C」として保存したりと、ソングの管理に役立ちます。
なお、保存先は明確な意図なく変更しないようにしましょう。場合によってはファイルを見失うなどの問題がおこります。

まったく別のソングとして保存する

別のソングとして保存し直す場合は「ファイル > 新規フォルダーに保存」を選択します。今までとはまったく別のソングとして保存できます。
新たな保存先にフォルダーが作られ、ソングに使用されているオーディオも新しい保存先に「Media」フォルダーが作成されコピーされます。

メロディー（音楽データ）の入力準備

作成したインストゥルメントトラックにメロディーを入力してみましょう。
これまでの作業で、トラックには Studio One 付属のソフト音源「Presence」が割り当てられ、音色に「GrandPiano」が読み込まれていることを確認してください。

イベントを作成し音楽エディターを表示

手順

① イベントを作成
　①-1　スマートツール（もしくは矢印ツール）を選択
　①-2　Presenceの1小節目付近をダブルクリック
　→音符を入力する入れ物（イベント）が作成されます。

矢印ツールでの操作は、スマートツールでもほぼ同様におこなえますので、やりやすい方で試してください。
※スマートツールは、ツールを切り替えることなく様々な操作をおこなえる便利ツールですが、多機能なだけに、カーソルを合わせる位置やクリック位置によって挙動が異なる場合もあります。解説と異なる動作をした場合は注意してみてください。
スマートツールについては「スマートツールを使いこなす」（110ページ）を参照。

② **イベントのサイズ調整**

8小節分のメロディーを入力できるようにイベントのサイズを調整します。

イベントの右端にカーソルを合わせ、カーソルが ◀▯▷ に変化したら、つまんで右方向へドラッグ

→イベントが延びるので8小節分になるよう調整します。

② 8小節分（9小節目の頭まで）ドラッグ

> 小節が画面からはみ出して見えない場合は W を押してみてください。画面がズームアウト（縮小）します。
> ショートカットキー：**W**：ズームアウト（縮小）　**E**：ズームイン（拡大）

③ **音楽エディターを表示（F2）**

演奏データを入力する音楽エディターを表示します。

イベントの下半分をクリックして選択したら「編集」ボタンをクリック（ショートカット：**F2**）

→音楽エディターが開きます。

> イベントの下側をダブルクリックしてもエディターを開けます。
> ※イベントの上側と下側どちらをダブルクリックするかで挙動が異なります。上側では範囲ツールが有効になり、イベントが分割されるので気をつけましょう。

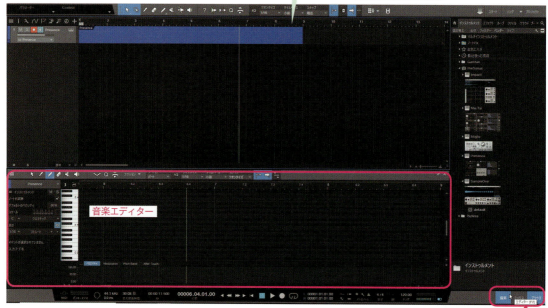

音楽エディターで音符の入力や編集をおこなえる

　インストゥルメントトラックのエディターは、一般にピアノロールとも呼ばれる画面です。

　ノートデータ（音符）がグラフィカルに表示され、下部の情報レーンには、CC（コントロールチェンジ）やベロシティといった、演奏表現の情報や、音源をコントロールする情報などが表示されます。

　音楽エディターの詳細は「編集ビュー｜音楽エディター」（134 ページ）を参照してください。

メロディーのマウス入力

今回の題材「かえるの合唱」のメロディーを入力しましょう。

操作を間違えたら「メニューの 編集 > 取り消す」で直前の作業を取り消してやりなおしましょう。（ショートカット：**Ctrl** + **Z**　Mac では：**command** ⌘ + **Z**）

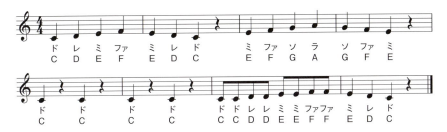

手 順

① ペイントツールを選択
② 「クオンタイズを自動適用」をオフに設定
③ 入力する音符のクオンタイズを指定
　　（1～6小節目までは4分音符が続くのでクオンタイズを1/4に設定します。）
④ 「グリッドにスナップ」をオン、「スナップ」をクオンタイズに設定

> 手順②でクオンタイズの自動適用（AQ）をオンにすると、クオンタイズ値の切り替えと同時に、選択中のノートデータが自動でクオンタイズされます。便利な機能ですが、マウス入力時には、入力直後のノートが勝手に動いてしまうような動作となり、わかりにくいので、ここではオフにして作業します。

> クオンタイズ（②）とは、1小節を分割する細かさの設定です。1/4 なら、小節を4分割する線（グリッド）でマス目が表示されます。また同時に、スナップ（③）する単位をクオンタイズに設定することで、マス目に合うように4分音符を入力できます。

⑤ 1小節目の1拍目のド（C3）をクリック
⑥ 2拍目のレ（D3）をクリックする
　　（3拍目～も同様です。4小節目まで入力しましょう。休符は何も入力しないことで表現します）

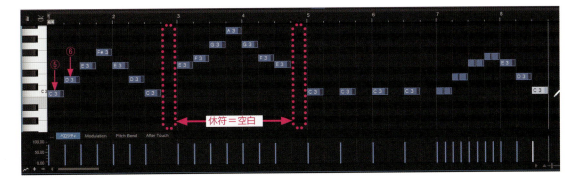

⑦ 5～6小節目は1拍目と3拍目に入力する
⑧ 7小節目は8分音符が続くので、クオンタイズを1/8に設定して入力する
⑨ 8小節目はクオンタイズを1/4にして入力する。

> **クオンタイズ切り替え時の注意！**
> 「クオンタイズを自動適用」がオンになっていると、クオンタイズ値を切り替えると同時に、選択中のノートデータが自動でクオンタイズされます。

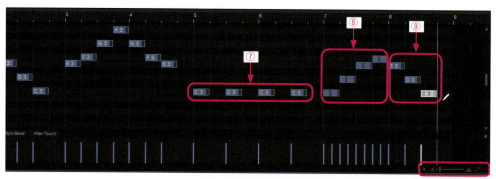

画面拡大率の調整と音名表示

音符を入力しやすいように画面の拡大率を調整しましょう。**W** か **E** を押すか、右下のスライダーを使って拡大率を調節してください。

縦軸は「￣」をクリックするとスライダーが表示されます。もしくは、**Shift** を押しながら「**W**」「**E**」を押すと縦に拡大・縮小されます。

拡大率を上げると、ノートデータに音名が表示されるので、確認に便利です。なお、マス目（グリッド）は拡大率によっては省略される場合もあります。

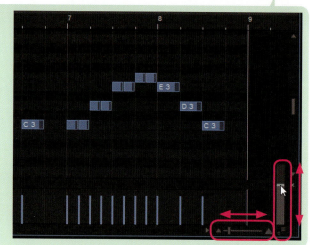

マウス入力時のポイント

マウスでの入力や編集

音符（ノートデータ）の入力や編集に関する操作には、以下のようなものがあります。

音符の入力：ペイントツールでクリックか、矢印ツールでダブルクリック（クリック後にボタンを離さずに上下すると、そのままベロシティ値を調整できます。同様に、右にドラッグするとノート長が延びます。）
入力時の音符の長さ：クオンタイズで設定、もしくはエディター左の「長さ」で指定
音符の長さ変更：ノートデータの始点か終点をドラッグ
音符の削除：選択して **Delete** か、ペイントツールでクリック、矢印ツールでダブルクリック
音程の変更：選択し、**上下矢印キー**、もしくはマウスでドラッグ
位置の変更：ドラッグして移動、もしくは **Alt + 左右矢印キー** を押す
音量の設定：エディター左の「デフォルトのベロシティ」で事前に指定するか、入力後にエディター下部のベロシティレーンで編集

エディターの横スクロール（Ctrl＋左右矢印キー）

画面を横スクロールするには、スクロールバーをドラッグしたり、Shift＋スクロールホイールで操作する方法などがあります。キーボードショートカットの **Ctrl＋左右矢印**キーでも横スクロールします。

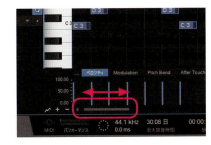

イベント範囲の変更

イベントの外には、音符入力できません。必要に応じてイベントの幅を広げましょう。境界線にマウスカーソルを合わせて、カーソルが（◀▷）に変化したら、左右にドラッグしてサイズ調整します。編集ビューでは、境界線の上の方にカーソルを合わせるとやりやすいでしょう。

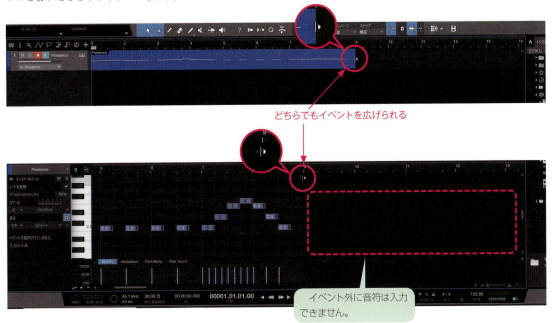

どちらでもイベントを広げられる

イベント外に音符は入力できません。

再生して耳で確認

入力できたら再生してみましょう。トランスポートバーにプレイバック関連のボタンが集まっています。

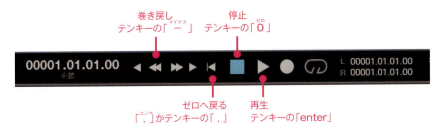

巻き戻し
テンキーの「－（マイナス）」

停止
テンキーの「0（ゼロ）」

ゼロへ戻る
「,（コンマ）」かテンキーの「,」

再生
テンキーの「enter」

プレイバック操作は何度もおこないますので、ショートカットなどを覚えて効率的に作業したいものです。「プレイバックでの操作テクニック」（117ページ）も参照してください。

また、トランスポートバーに関しては「トランスポートの機能」（101ページ）も参照してください。

2つめのトラックでリアルタイム入力に挑戦

外部キーボード（MIDI鍵盤）を使ったリアルタイム入力で、「カエルの合唱」の輪唱パートを作成しましょう。
リアルタイム入力したデータを基にして、編集して整えると、生演奏らしさと正確さを併せ持つトラックを作成できます。

Mojito トラックの作成

＊Artist、Professional のみ

今回のトラックは、Mojito で演奏してみましょう。1つ目の Presence トラック作成時と同じように、ブラウザーから Mojito を空きスペースへドロップします。（Prime では、Presence の適当な音色で代用してください。）

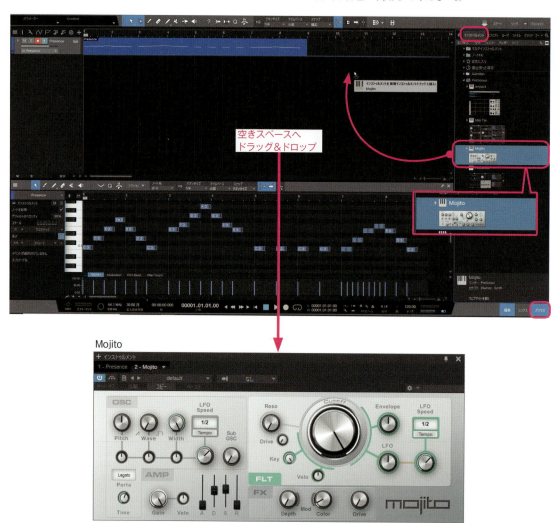

Mojito の音色選び

Mojito はアナログモデリングシンセサイザーです。いかにもなシンセサウンドの音作りも楽しめますが、ここではプリセットされた音色から好みの音を選んでみましょう。
※ここでは「Dinky Mole」を選びました。

チュートリアル　1曲作成して音楽制作の流れを体験

ここでは「Dinky Mole」を選びました。

◀▶をクリックすると選択肢を開くことなく、プリセット（音色）が順番に切り替わります（ショートカット：Alt + Page down / up）。

◀▶ で音色の切り替え

音色を選択したら、Mojito の画面は閉じてもかまいません。

Mojitoはモヒートと読みます。もう一つのアナログモデリングシンセのMaiTai（マイタイ）とともに、カクテルの名前が由来だそうです。
「シンセでの音作り（MaiTai・Mojito）」（189 ページ）では、音作りについて解説しています。

トラックに割り当てられた楽器を演奏する

手順
① 録音待機ボタンとモニターボタンをオンにする
② 鍵盤を弾き、そのトラックの音が鳴るのを確認する

キーボードが使える状態であることをあらかじめ確認しておいてください。
「外部デバイスの設定（MIDIデバイス）」（411 ページ）参照。

コンピューターのキーを鍵盤代わりにして演奏することができます。
「パソコンキーボードを鍵盤にする」（431 ページ）参照。

①録音待機ボタンとモニターボタン

②鍵盤を弾くと信号受信を示すレベルが反応する

リアルタイム録音

それでは 2 番目にスタートする輪唱パートを録音しましょう。
1 つ目のメロディーの 2 小節後に（3 小節目から）スタートすると輪唱になります。

45

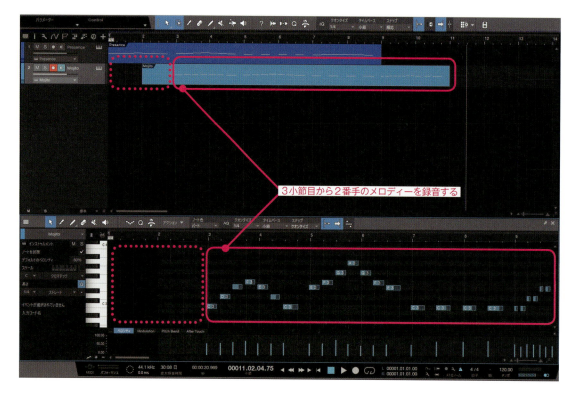

手順

① トラックの「録音待機」がオンであることを確認
② 鍵盤を弾いて音が出る事を確認
③ メトロノームをオンにセット
④ 「ゼロに戻る（ショートカット「，」）」ボタンをクリックしてカーソルを冒頭にセット
⑤ 「録音」ボタンを押して録音が始まったら演奏（3小節目から演奏します。）
⑥ 演奏し終わったら「停止」ボタンをクリック
　→イベントが自動作成され、中にノートデータが録音されます。

> メトロノームにはいろいろな機能があります。録音開始前にカウントが必要ならプリカウントを設定しましょう。「録音での便利な設定」（292ページ）では、録音時の便利機能を紹介しています。

再生して、録音できたか確認しましょう。

リアルタイム録音した演奏のタイミング修正（クオンタイズ）

　上手な演奏ではなかったとしても後からでも修正できるのが、インストゥルメントトラックの便利なところです。タイミングがずれている箇所を修正してみましょう。ノートデータを最寄りのマス目にピッタリと吸着させる「クオンタイズ機能」があります。

手順

① 矢印ツールで、録音されたイベントの下側をダブルクリック
　→音楽エディターが開きます。
② 修正したいノートデータを矢印ツールで選択する（**Ctrl** + **A** ですべてを選択してもよいでしょう）
③ クオンタイズ値に1/8を選択
　→マス目がクオンタイズ値の細かさになります。
④ アクション＞クオンタイズ を実行（ショートカット「**Q**」）
　→最寄りのマス目にノートデータが吸着されて、タイミングが修正されます。

クオンタイズの実施されるタイミングについて

　これまでの手順で「AQ」ボタン（「選択されているノートにクオンタイズを自動適用」）をオフにしています。そのため、「クオンタイズ」を実行して初めてタイミング修正されます。
　「AQボタン」オンでは、「クオンタイズ値」を選ぶと同時にクオンタイズが自動適用されます（※すでに値が設定されている場合は、選びなおすか、Qを押します）。
　キーボードのQを押した時だけクオンタイズするなど自分で管理したければオフに、少しでも手順を減らしたければオンにと、好みでオン・オフするとよいでしょう。

　最寄りのマス目に吸着するので、あまりにタイミングがずれていると思わぬ場所に吸着します。その場合は、マウスによる手動調整も組み合わせて編集しましょう。

そのほかのクオンタイズにまつわる機能

クオンタイズの取り消し

　アクション ＞ タイミングを復元　を選択すると、元のタイミングに戻ります。

半分だけクオンタイズ

アクション > クオンタイズ50%（Alt + Q）を実行すると、50%だけクオンタイズのグリッド（タイミング）に近づきます。生演奏のニュアンスを残しつつ、タイミング修正するのに適しています。

> ショートカット（Alt + Q）を複数回押すと、50%の50%の50%…と、どんどんぴったりに近づいていくので、柔軟にクオンタイズ率を調整できます。

アクションメニュー内には、他にもタイミングやノートデータ修正に関する項目があります。

クオンタイズ後に、**クオンタイズをフリーズ**を実行すると、その状態がオリジナルのタイミングとして定着して、タイミング復元の対象にならなくなります。

エンドをクオンタイズでは、ノートデータのエンドをクオンタイズします。音を切るタイミングはグルーヴにも現れるので重要です。

ヒューマナイズでは、タイミングやベロシティに程よい揺らぎを与えて、人間らしい演奏になります。

アクションメニュー

手動でのタイミング修正（スナップの利用と一時的な解除）

矢印ツールでノートデータをドラッグすれば、1つずつじっくり修正できます。スナップをオンにするとマス目に吸着するので正確かつ素早く修正をおこなえます。吸着させたくない場合は、**Shift**キーを押しながらドラッグします。一時的にスナップが解除され微調整が可能です。ボタンをオン・オフするよりも効率的なので覚えておきたい機能です。

グリッドにスナップボタン

スナップのオン／オフ

ステップ録音で3番手のパートを入力

3番手の輪唱パートは、ステップ録音で入力してみましょう。
1ステップずつ確実・正確に入力できるのが特徴です。和音も一気に入力できます。また、鍵盤が苦手でも、じっくりと作業できます。

入力の準備

手順

① トラックを用意
　※ここでは、ブラウザーのインストゥルメント（F6）から、MaiTaiをドラッグして読み込みました。

チュートリアル　1曲作成して音楽制作の流れを体験

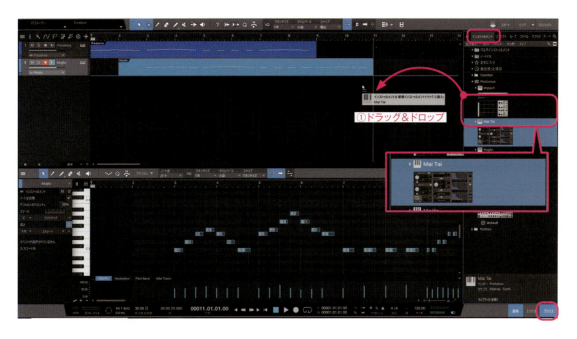

② 好みの音色を読み込み

※ここでは「Bell＞Bell-Music Box」を読み込みました。

MaiTaiは、Mojitoと同じアナログモデリングシンセサイザーです。ここではプリセットサウンドを選んでいますが、2つのオシレーター、複数のモジュレーション、エフェクト、など、より本格的な音色作りが可能です。本来は音作りを楽しみたいインストゥルメントです。

PrimeではMaiTaiは使用できません。代わりにPresenceで好みの音色を読み込んでください。「例：Artist Instruments ＞ Percussion ＞ Music Box」

入力するイベントを作成

① MaiTaiのアレンジビューをダブルクリックしてイベントを作成
　※ここでは、3番手の輪唱となるように、5小節目から始まるイベントを作成します。
② イベントを選択して、音楽エディターを表示（**F2**）

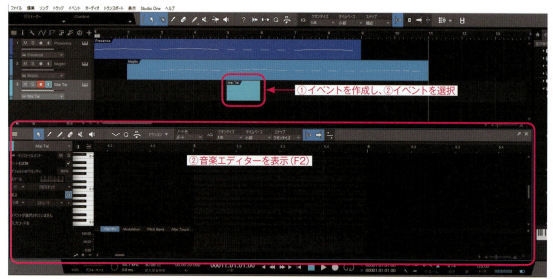

5小節目から始まる3番手用のイベントを作成し開く

ステップ録音での作業

ここでは、メロディーを入力する手順を紹介します。

手順

① 「ステップ録音」ボタンをオン
② 「有効化」ボタンをオンに設定
③ 4分音符ボタンを選択

④ カーソルを5小節目に配置
※タイムラインルーラー（小節番号の記載されたメモリ部分）をクリックするとカーソルが配置されます。

④カーソルを5小節目に

⑤ 入力する音を鍵盤で1つずつ弾いていく
※まず、ドレミファミレド まで入力します。
（5～6小節目3拍目）

⑥ 「休符」ボタンで休符を入力（6小節目4拍目）
※「休符」ボタンを押すことで、カーソルが1つ右に移動します。

> ステップ録音では、イベントの幅を調整しておかなくても、自動で広がっていきます。

> 間違えた場合は、「戻る」ボタンをクリックします。直前に入力した音符が削除され、カーソルが1つ戻ります。
> ※編集 > 取り消す（Ctrl + Z）では、音符が削除されるだけでカーソルは戻りませんので、状況に応じて使い分けましょう。

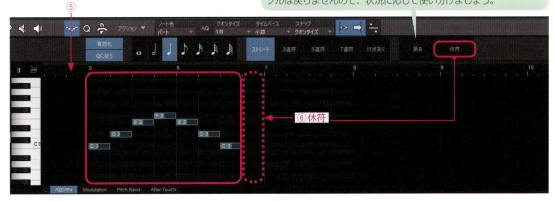
⑥休符

⑦ 同様に ミファソラソファミ + 休符 およびその後を入力（7～10小節目）

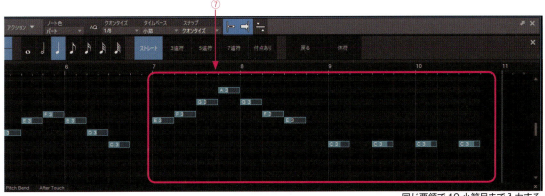
同じ要領で10小節目まで入力する

⑧ 8分音符ボタンに切り替え
　→ ドドレレミミファファ を8分音符で入力（11小節目）
⑨ 4分音符ボタンに切り替え
　→ ミレド を入力（12小節目）

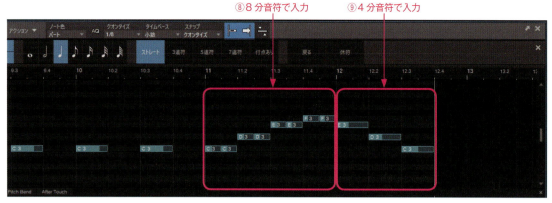

ステップ録音が終了したら…

録音終了後は、ステップ録音ボタンをオフにするか、「有効化」をオフにしましょう。これは、鍵盤を弾いたときに思わぬ録音をしてしまうのを回避するためにもとても重要です。

ステップ録音をもう少し紹介

コード（和音）の録音

同時に複数の鍵盤を弾くと和音として入力されます。

もしくは、和音の音を1つずつ押しっぱなしにして、最後に指を離したタイミングでノートデータが入力されます。これは、鍵盤に慣れてない人が、音を1つずつ確認しながらコードを入力する場合にも便利です。

Qに従うボタン

音符ボタンではなくクオンタイズで音価を指定するモードになります。

付点音符の入力

付点ありボタンと音符ボタンの組み合わせで指定します。

連符の入力

連符ボタンをオンにしている間は、それぞれの連符が入力されます。元に戻すのを忘れないようにしましょう。

チュートリアル　1曲作成して音楽制作の流れを体験

4つめのトラックはコンピューターならではの機能を活用して作成

　コンピューターならではの編集操作を試してみましょう。作業例として、イベントをコピーして輪唱パートを作成したり、楽器の音域に合わせるためにオクターブ下げたりといった操作をおこないます。

新しいトラックを作成（FX付きインストゥルメントプリセット）

手 順
① ブラウザのインストゥルメント（**F6**）を開く
② Presenceのカテゴリを開き、音色名をアレンジビューの空きスペースへドロップ
　※例では Bass ＞ Instrument＋FX ＞ Modern Bass Fingered を選んでいます。
　→ FX設定付きの新しいトラックが作成されます。

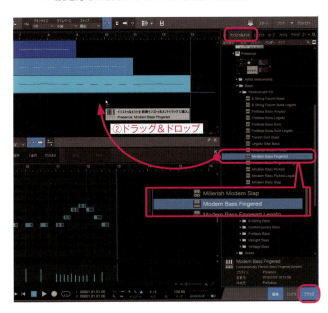

Instrument＋FXカテゴリ内の音色は、音源のオーディオ出力部でのエフェクト設定も含みます。エフェクトデバイスラックをみると、インサートにオーディオエフェクト（FX）が割り当てられているのがわかります。

トラック名称について
　音色名をドロップすると、トラック名称は音色名になります。Presenceを直接ドロップすると、トラック名称は「Presence」になるので、自分で「Bass」などに変更しましょう。トラック名称はダブルクリックで変更できます。

イベントのコピー（Alt＋ドラッグ）

　「**Alt**」を押しながらイベントの下側をクリック＆ドラッグするとコピーされます。

　スマートツールでのクリックは、イベントの上側と下側で動作が異なります。上部をクリックしても動かせません。「スマートツールを使いこなす」（110ページ）参照。

　先ほど作成したメロディーのイベントをベーストラックへコピーしましょう。4番手の輪唱なので、7小節目からスタートするようにコピーします。（Presence、Mojito、Mai Taiと作成してきましたが、どのイベントでもかまいません）

独立コピー（Alt）と共用コピー（Ctrl）を使い分ける

「Ctrl +ドラッグ」すると「共用コピー」が作成されます。「共用コピー」した場合、お互いがリンクした状態となり、どちらか一方を編集すると相互に編集が反映します。同じ状態を保ちたい場合に便利です。

コピー後に独立した状態で別々に編集したい場合は「Alt」キーを使ったコピーをするといいでしょう。

下図の左2つは Alt + ドラッグ でコピーしたイベント、右2つは Ctrl + ドラッグでの共用コピーです。共用コピーされたイベントの左下にはゴーストのアイコン（ ）が記載されます。なお、共用を解除するには、メニューからイベント>「共有コピーを分割」を実行します（独立イベントになります）。

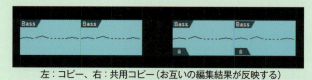

左：コピー、右：共用コピー（お互いの編集結果が反映する）

イベント名の変更

コピーしたイベント名称を「Bass」に変更します。イベントを右クリックして名称をダブルクリックすると変更できます。

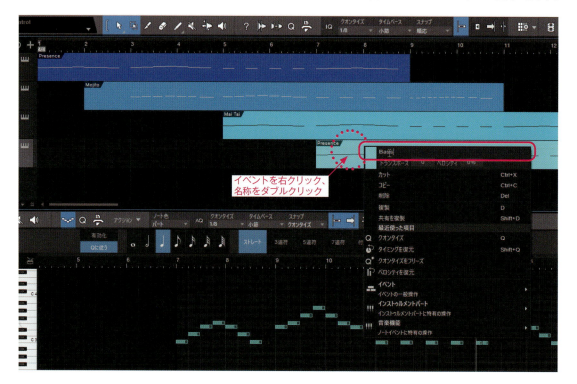

チュートリアル　1曲作成して音楽制作の流れを体験

ノートデータの移調（トランスポーズでオクターブ下げる）

　BassトラックにコピーしたこのC3から始まるメロディーを、ベースらしい音がするように1オクターブ下げて（移調＝トランスポーズ）みましょう。

> 「C3」など、音名の後ろの数字はオクターブを表します。オクターブ上がるごとにC4,C5... 下がるとC2,C1,C0となります。
> C3は、ピアノの真ん中に座った時に、正面に来る「ド」の音です。※楽器やDAWのメーカーによっては真ん中の「ド」を「C4」とする場合もあります。

トランスポーズを使った移調

手 順

① 移調するイベントの下側をダブルクリックして音楽エディターを開く（ここではBassトラックのイベント）

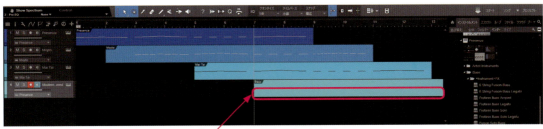

①イベントの下側をダブルクリック

② 編集するノートデータを選択

> ここでは、全体を移調するので、**Ctrl + A**ですべてのノートデータを一気に選択してみましょう。他にも、以下のような選択方法があります。
> ・矢印ツールで囲むように選択
> ・**Shift**キーを押しながらクリックして選択を追加

③ アクション＞トランスポーズを選択
　→トランスポーズ画面が開く

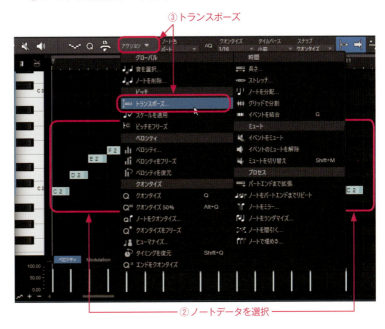

③トランスポーズ

②ノートデータを選択

55

④「-1 Oct」を選択
⑤「OK」をクリック
　→選択しておいたノートが1オクターブ下がります。ベースらしい音域になったことを再生して確認してください。

> **ポイント**
>
> 加算／減算 の数値欄（右下）では、数値で移調（トランスポーズ）の幅を指定できます。数値は半音階で指定します。長3度上げたければ「4」、短三度下げるなら「-3」などです。1オクターブ下げるなら12半音なので「-12」と指定します。2オクターブ上げるなら「24」です。

多彩な移調方法

ショートカットでの移調
　Shift＋↓（下矢印）で、選択中のノートを1オクターブ下げられます。これが一番効率的でしょう。
　上下矢印だけ押すと半音単位で音程を変更できます。入力ミスしたノートの音程修正にもオススメです。

エディター左の「ピッチ」欄での移調（①）
　複数のノートデータを選択すると、先頭ノートのピッチが表示されるので、例えばプルダウンから「C2」を選択（もしくは直接入力）すれば、C2から始まるフレーズへと移調されます。
　単音やフレーズ単位で、データを実際に移動させたい移調に便利です。

インスペクターエリアでの移調（②③）
　インスペクターエリアでの「トランスポーズ」で数値を指定すると、データを変更せずリアルタイムで移調されます。
　トラックインスペクター②では、トラック全体がリアルタイムに移調され、イベントインスペクター③では、イベント単位でリアルタイムに移調されます。

インストゥルメントごとのトランスポーズ機能（④）
　Studio One 付属インストゥルメント以外の音源も含め、音源の画面にトランスポーズが用意されている場合があります。Presenceでは「Transpose」で-12～+12のトランスポーズが可能です。

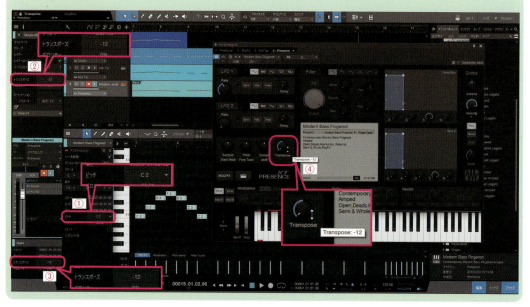

オーディオトラックへの録音（ボーカルや楽器など）

オーディオトラックでは、歌声や生楽器をマイクから録音したり、エレキギターやキーボードなどの電子楽器をライン接続して録音したりすることができます。また、録音機材で録音しておいたオーディオ素材を配置することも可能です。

アレンジビューには、音声（波形）が収録されたイベントが配置されます。また、コンソール（ミックス）には、トラックごとのフェーダーが用意されており、ボリュームフェーダーやパン、オーディオエフェクトなどの設定が可能です。

> ここでは、音楽制作用のオーディオデバイスを導入していることを前提に解説しています。
> オーディオデバイスに関しては、「オーディオデバイスの設定」（392ページ）や「オーディオデバイスの導入」（408ページ）も参照してください。

オーディオトラックの準備（FXチェーンを利用した場合）

マイクを使った録音をするためのオーディオトラックを用意しましょう。
ここでは「FXチェーン」を使ってトラックを作成しましょう。

> FXチェーンは、エフェクトの組み合わせのプリセットです。色々な楽器や素材に合うようにエフェクトが設定されたトラックを素早く作成できます。

手順

① ブラウザのエフェクト（**F7**）を開く
② FXチェーン フォルダー内からプリセットを探す

> 例えば、FXチェーン > Vocals の中から、男性は「Male Vocal」女性は「Female Vocals」を選んでみましょう。楽器を録音するなら、楽器名のプリセットを探してみましょう。

③ プリセットを空きスペースへドラッグ
　→エフェクトの設定されたオーディオトラックが自動作成されます。

インスペクター（**F4**）やコンソール（**F3**）を開くと、エフェクトが読み込まれているのを確認できます。

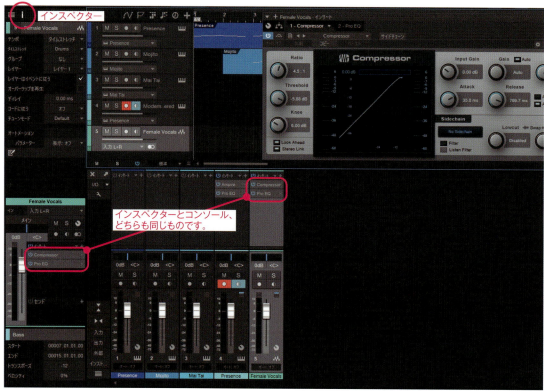

エフェクトが設定済みのトラックが作成された

その他のトラック作成方法（新規トラック作成）

完全な新規トラック作成

・メニューの トラック > オーディオトラックを追加（モノ/ステレオ）から作成
　→プリセットを使わず完全に新規のトラックが作成されます。

既存トラックの下の空きスペースで右クリックしても同様のメニューが表示されます。

トラック作成用のウィンドウから作成

・アレンジビューの「トラックを追加（T）」をクリック
　→「トラックを追加」ウィンドウで任意の項目を設定しつつトラックを作成できます。作成したいトラックの設定が明確にイメージできている場合に適しています。

空スペースにエフェクトをドラッグ

　FXチェーンと同様に、単体のエフェクトを空スペースにドラッグしてトラック作成できます。
　他のトラックのデバイスラックに読み込まれているエフェクトをドラッグしてもかまいません。
　作成されるトラックには、そのエフェクトが読み込み済みです。

トラックへ録音する準備

手順

① 録音するトラックの「録音待機」ボタンをオンにする　　他のパートでオンになっていたらオフにしましょう。

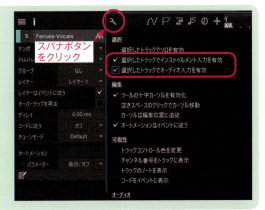

思わぬトラックも録音待機になってしまう場合

「インストゥルメントトラックも録音待機になってしまっていた！」「他のトラックも録音待機になっていた！」といったミスが多い場合は、スパナボタンをクリックして以下の項目にチェックを入れてください。選択中のトラックだけが録音待機となるので予防効果があります。

・選択したトラックでインストゥルメント入力を有効
・選択したトラックでオーディオ入力を有効

　なお、上記設定にしても、録音待機ボタンを直接押せば、複数のトラックを同時に録音待機状態にできます。また、選択中ではないトラックに録音したい場合は、上記設定は解除します。

② チャンネルモードボタンでモノ/ステレオ設定を確認（モノに設定）
③ 入力チャンネルを設定
④ 録音する音を出すと右側の入力ゲージが振れることを確認

ハウリングしたら…

　ハウリングなどの突発的な問題が起きたら、取り急ぎ、スピーカーのボリュームを下げたり、モニターボタン（青いスピーカーボタン）をオフにして回避しましょう。スピーカーからの出音をマイクが集音してハウリングを起こしているかもしれません。録音の時はヘッドフォンを使用するのがおすすめです。

モニターボタンに関して

　オーディオデバイスの「ダイレクトモニタリング」機能で、モニターする場合は、Studio One のモニターボタンは不要ですのでオフにします。（※オンにすると音が二重になってエコーのようになってしまいます。）

　ダイレクトモニタリングの設定はハードウェア側のユーティリティなどでおこなうので設定方法は各マニュアルを確認しましょう。

トラックのモニターをオンにした場合

　Studio One に入力された音が様々な処理を経てマスターフェーダーを通り、オーディオアウトから出力された音をモニターします。処理を経ているので遅れ（レーテンシー）が生じます。

ダイレクトモニタリング

　オーディオデバイスに入ってきた音をダイレクトにプレイヤーに返します。ソフトウェアを経由しないので、まったく遅れのないモニター（ゼロレーテンシー）が可能です。

　Studio One 上のエフェクトを通した音はモニターできないので、ギターエフェクトやボーカルのリバーブなどを返すことはできません。

※ レーテンシーに関しては、「レーテンシーについて」（402 ページ）「Studio One の低レーテンシー機能」（403 ページ）も参照。

トラックのチャンネルモードについて

　FX チェーンをドラッグして作成したトラックのチャンネルモード（ステレオ／モノ）は、最初ステレオになっていますが、マイク一本での録音を想定して、ここではモノに変更する手順を加えています。

入力チャンネルの確認ポイント

　ゲージが振れていない場合は、自動選択されている入力チャンネルで正しいか、ケーブルの接続状況に問題はないか、なども確認しましょう。また、レベルが極端に小さくないかマイクプリアンプのゲインや楽器のボリュームも確認が必要です。

以下の状態になってしまう場合は、「入力チャンネルと出力チャンネルを設定する」（396ページ）を参考にして、入力チャンネルの設定が正しくおこなえているか確認しましょう。

・録音ボタンをオンにできない
・入力チャンネルが「なし」になっている
・入力ゲージが反応しない

オーディオの録音

それでは、録音しましょう。

せっかくですので、メロディーに合わせて詩を自作してみましょう（※1）。ラーラーやルルルーなどスキャットでもよいので、ぜひ挑戦してください。

（※1）「カエルの合唱」の原曲は、権利の発生しないパブリックドメインとなっているドイツの曲ですが、有名な日本語の歌詞には著作権があります。完成したら、公開作業も試してもらいたいので、ここでは権利のあるものは利用しない、含まれないようにしています。

手順

① 録音ボタン（テンキーの *）をクリックして演奏を開始
② 演奏が終わったらストップボタン（テンキーの 0）で停止
→ イベントが自動で作成され、波形として記録されます。

ここでは、先ほどのベースパートと一緒になるように歌を録音しています（7小節目からの4番手となるように）。余裕を持って歌い始められるように、数小節手前（ここでは5小節目）から録音をスタートしました。

録音の前に余裕を持たせるには、「録音の設定｜プリロール設定」（293ページ）、「オートパンチ」（288ページ）、「プリカウント」（292ページ）などの機能も便利です。

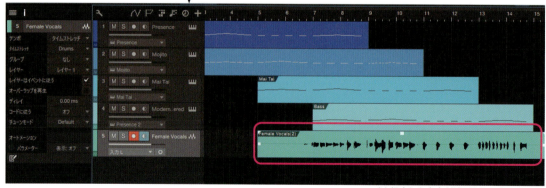

マイク録音した音声が波形として表示された

録音できたら再生して確認しましょう。

FXチェーンで作成したトラックなので、あらかじめEQやコンプレッサーが設定されており、ある程度ボーカルトラックらしい音がするはずです。

表示される波形が極端に小さい場合や、クリップしてしまう場合は、適正な状態になるように録音レベルを調整してやりなおしましょう（v4.5からは、入力チャンネルでゲイン調整できるようになりました。「ゲインコントロール」（470ページ）参照。何度も録音を繰り返して、良い部分だけを採用する方法は「重ね録りと編集（レイヤーとコンピング）」（280ページ）で解説しています。

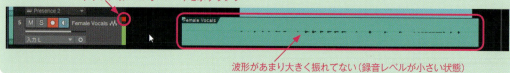

チュートリアル　1曲作成して音楽制作の流れを体験

オーディオトラックの編集

先ほど録音したオーディオトラックで、オーディオ編集の機能を見ていきましょう。

> 何か変更を加えても「編集＞取り消す」(**Ctrl** + **Z**) で元に戻せます。おかしくなったら慌てず取り消しましょう。また、こまめに別名でバックアップをとっておけば、万が一の時にも安心です。複数の操作をさかのぼって取り消したい場合は「履歴 (434 ページ)」も便利です。

オーディオイベントの分割

余分な部分を削除する操作を試しましょう。
ここでは先ほどの録音を、7 小節目が先頭になるように、余分な部分をカットします。

手順
① 分割ツールを選択
② 分割したい箇所をクリック
③ 不要なイベントを選択して **Delete** キーで削除

③不要な箇所を Delete
②分割したい箇所をクリック
①分割ツール

分断直後は後ろ側のイベントが選択されます。選択ツールで選び直すか、「←」キーで左側のイベントを選択してから **Delete** キーを押します。

ポイント

「スナップをオンにしてのマス目に沿った分割」、「**Shift** キーを押してスナップを無効にしての分割」をマスターしておくと、様々な場面で役立つでしょう。また、スマートツール (110 ページ) なら、分割ツールに切り替えることなく分割可能です。

スマートツール
スナップオンのボタン
上側をダブルクリックで分割

オーディオイベントの部分利用

同じイベントの後ろ部分を短く縮めてみましょう。ここでは、15小節目ピッタリで終わるように縮めます。

手順

① スマートツール（もしくは矢印ツール）を選択
② イベントの端にカーソルを合わせ、形が にかわったらドラッグして伸縮

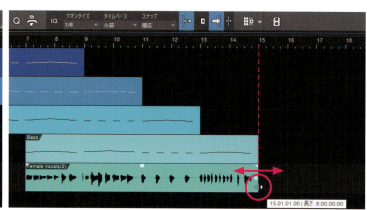

このように、イベントの前後を伸縮できるので、録音前後の不要な部分を簡単にカットでできます。

イベント伸縮時のポイント
※1. インストゥルメントイベントとは違い、実際の録音時間以上には伸ばせません。
※2. 「プリレコードの設定」（294ページ参照）をしていると、その分は伸ばせます。

トラックを複製・イベントをコピー

録音したオーディオイベントを複製してみましょう。ここでは、1番手の輪唱パート（Grand Piano）と同じタイミングになるようにコピーしてみます。

準備

コピー先のトラックを用意

・コピー元のトラック上で右クリック ＞トラックを複製 を選択
　→フェーダーやエフェクト設定などが同一のトラックが複製されます。

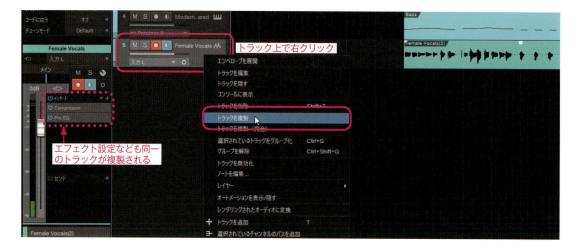

手順

① スマートツール（矢印ツール）を選択
② 「**Alt**」を押してから、イベントの下側をドラッグ
　※カーソルにコピーを示す［＋］が表示されるので、1小節目が先頭になるようにドラッグします。

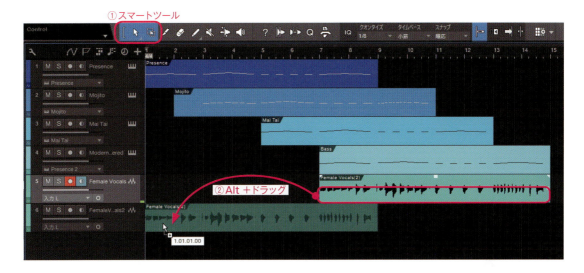

準備を飛ばして、いきなり最下段の空きスペースへドラッグしてもコピーは可能です。トラックは自動で作成されます。ただし、フェーダーやエフェクト設定は、初期状態となり、コピー元と同一ではなくなる場合もあるので注意が必要です。

空きスペースへのドラッグで作成されたトラックには、エフェクトは読み込まれない。

　トラック複製時に「トラックを複製（完全）」を選択すると、イベントも含めて、すべてが完全に同一のトラックが作成されます。

※インストゥルメントトラックでの「トラックを複製」では、少々注意が必要です。
　例えば、Presence「Grand Piano」で「トラックを複製」すると、複製したトラックも同じ Presence を共有して鳴らします。一方で音色を変更すると、どちらのトラックも音が変わります。
　「トラックを複製（完全）」では、Presence も複製され計 2 台になり、別々の Presence が割当たるため、別々に音色設定できます。

削除したイベント部分の復活(非破壊編集)

7小節目からスタートする歌のパートは、先頭をそろえたために、息継ぎ(ブレス)の部分まで削除しています。やっぱりブレスの雰囲気が欲しいので復活してみましょう。

手 順
① スマートツールを選択
② 7小節目の先頭にカーソルを合わせ、形が ◁▷ にかわったらドラッグして伸ばす

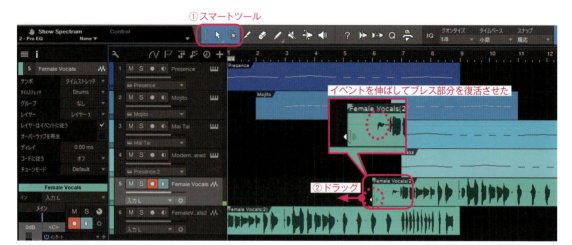

このように、オーディオイベントは、録音した音声データを参照し表示している入れ物や枠のようなものです。データ本体を直接編集しているわけではないので、縮めたり部分的に削除したりしても、後で復活させることが可能です。このような仕組みを非破壊編集といいます。

オーディオ録音後の音量調整(ボリュームカーブやゲイン調整)

メインボーカルなどでは、細かくボリュームを調整することがよくあります。
ボリュームカーブの調整と言われる作業では、ボリュームフェーダーの動きをオートメーションで細かく調整したり、イベント単位で音量(ゲイン)を調整したり、音量管理用のエフェクトを読み込んだりと手法は様々です。
ここでは、関連する機能の概要紹介にとどめますが、お好みの手法をみつけてください。

イベントのゲインカーブでの音量調整

イベントごとの音量を調整する機能が備わっています。真ん中の ■ では、イベント全体のボリューム(ゲイン)を調整します。左上、右上の ▼ ▼ を左右にドラッグすれば、イベント内でフェードイン、フェードアウトが可能です。左右の ■ ではフェードイン、フェードアウトでのカーブタイプを調整できます。

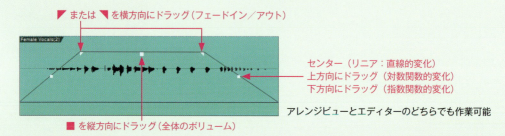

ブレス部分だけを分割して、真ん中の■を下げれば、ブレスだけ音量を下げるといった作業もおこなえます。

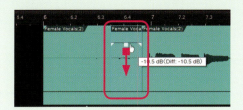

以下のショートカットを覚えると便利です。（あらかじめイベントを選択しておきます）
・ボリュームを下げる：Alt ＋ テンキーの「ー」
・ボリュームを上げる：Alt ＋ テンキーの「＋」
　それぞれゲインが 6dB 上下します。上記ショートカットに Shift を加えると、0.1dB 単位で上下します。

ボリュームをオートメーションで管理

ボリュームフェーダーをオートメーションで管理すれば、トラック全体を通して細やかなボリュームコントロールが可能です。オートメーションの詳細は「オートメーションの活用」（295 ページ）を参照してください。

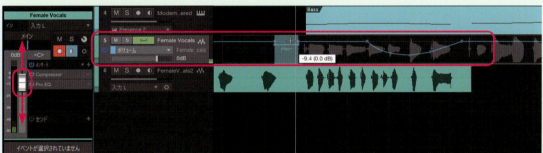

オートメーションでボリュームフェーダーの動きを制御できる

コンソールでのゲイン調整

コンソールでチャンネルごとに音量調整することも可能です。例えば、Mixtool をインサートして Gain での音量調整（①）や、v4.5 新機能の入力ゲイン（②）などがあります。（「ゲインコントロール」（470 ページ）参照。）

ドラムパートの入力（Impact XT）

付属のドラム音源「Impact XT」を使ってドラムパートを入力しましょう。

ドラム音源「Impact XT」

　ハードウェアのサンプラーに似た外見と操作性を持ち、実際のハードウェアのサンプラーがそうであるように、ダンスミュージックなどに向いたリズム音源がたくさん用意されています。

　画面上の16個のパッドそれぞれにサンプリングオーディオが読み込まれ、パッドを叩く（クリックする）と音が鳴ります。A〜Hの8バンクを切り替えられるので、1台で16パッド×8バンク＝128パッドを扱えます。また、ドラムパーツだけでなく、SE（サウンドエフェクト）などの素材も用意されています。

　リズム系の音に特化していますが、Presence、Mojito、Mai Taiと同じくバーチャルインストゥルメントなので、基本的な操作や扱い方はメロディーを入力した手順と同じです。

　ここでは、ドラムに特化した設定や操作、データ入力などに気をつけながら見ていきましょう。

> Primeでは Impactは使用できません。Presenceのドラム音色などで代用して読み進めてください。例えば、Presence ＞ Drum Kit ＞ Standardは、とてもベーシックなドラムサウンドの音色です。
> なお、スネアの割当たっている鍵盤名が違っていたり、ドラム編集画面が開かない、オーディオ出力がパラアウトできないなど、少々の違いはありますので、Presenceでは作業が困難な内容を含む場合もあります。

準備、確認（Impact XTの音が鳴るか）

【手順】
① ブラウザー（**F6**）を開き、Impactを空きスペースへドラッグしてトラック作成
② プリセットから「Electro Producer Pack」を選択

③ 音が鳴ることを確認（16個のPADのどれかをクリックするか、アサインされている鍵盤を弾きます。）
※PADをクリックすると音が鳴りますが、リアルタイム録音やノート入力には使えません。

PAD中央には音色名が表示されています。左上は鍵盤で演奏する際のピッチです。アサインされている鍵盤（パッドを演奏するにはどの鍵盤を弾くのか）は、ここで把握できます。なお、画面右上で、1st、2ndの2つまで割り当てられます。Impact XT については「Impact XT」（205ページ）も参照してください。

イベントを作成

手順

① 入力するイベントを作成を作成（※ここでは、3番手と一緒にスタートするように、5小節目をダブルクリックして 1小節分のイベントを作成しました。）
② イベントの下側をダブルクリックして音楽エディターを開く

ドラムエディターでの入力

ドラムの入力は、ドラムエディターが便利です。これまでのピアノロールとは異なり、打楽器に向いた入力方法になっています。ここでは、一般的な8ビートのリズムを入力してみましょう。

手順

① 音楽エディター内の「ドラムモード」ボタンをクリック（※Impact XTの場合は、自動でドラムモードになっています）
→ピアノロールからドラムエディターに切り替わります。
② ペイントツールに切り替える
→カーソルがスティックになります。

矢印ツールのままで **Ctrl** を押しても、スティックにできます。こちらの方が効率的に作業できることもあるでしょう。

③ クオンタイズを1/16にセット
④ クリックしてノートを入力（次の図と同じになるように、ペイントツールでクリックして入力します。）

ドラムエディターの詳細は「ドラムエディター」（139ページ）も参照してください。

Dキーでどんどん複製

1小節分のドラムを作成したら、イベントの下側をクリックして選択し、Dキーを押します。
→隣接してすぐ右にコピーが作成されます。

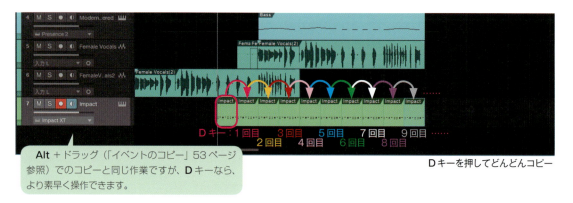

Alt＋ドラッグ（「イベントのコピー」53ページ参照）でのコピーと同じ作業ですが、Dキーなら、より素早く操作できます。

Dキーを押してどんどんコピー

ノートデータの編集

ノートはマウスでドラッグして移動できます。
　矢印ツール（ショートカット：1）に切り替え、14小節目の最後のClosed HH 1をCrashに移動して、曲の終わりらしくしてみましょう。

ノートデータを選択した後に上下カーソルキーで移動できます。Altキーを押している間は、左右にもグリッド単位で移動します。

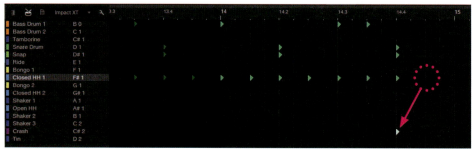

コピーしたパターンの一部だけ変更する作業はよくある

68

ちょっと解説

「メロディーモードボタン」をクリックすると、ピアノロール表示に切り替わり、ノートデータの長さは、入力時のクオンタイズ値で表されます。しかし、いわゆる MIDI データの入力作法では、ドラムなど打楽器のノートは、楽譜と関係なくすべて短く（10 tick などに）そろえて入力する慣例があります。

ノート長を一斉に均一にするには、アクションメニューの「長さ」画面の「すべてを次に設定：」が便利です。もしくは、Ctrl +ノート右端をドラッグで選択中の全ノートを同じ長さに調整できます。なお、「長さ」では、レガートやオーバーラップの修正なども可能です。

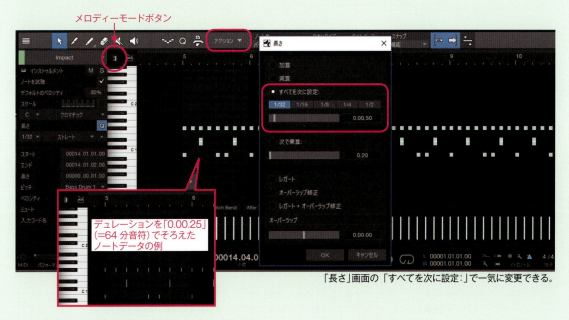

「長さ」画面の「すべてを次に設定：」で一気に変更できる。

他の DAW での MIDI 編集になれている方への解説

音楽エディター左側のインスペクター内の「スタート」「エンド」「長さ」の単位は、tick ではなく、左から「小節数、拍数、16 分音符何個分か、16 分音符を 100 分割してどれだけ後ろに揺らいでいるか」が数値で表されます。

また、ベロシティや Modulation などを表示、編集するレーンの数値表示は、100 パーセンテージ表記と MIDI 表記（0 ～ 127）を切り替えられます。初期状態は 100 パーセンテージ表記なので、慣れない場合は変更するとよいでしょう。

なお、Studio One の内部処理には MIDI データ（8bit）は使われておらず、64bit 演算されているものをあえて粗い 128 段階の表示にしている状態です。100 パーセンテージ表記が 128 段階より粗いわけではなく、はるかに細かく処理されています。

また、ピッチベンドなど元々 128 段階ではないパラメーターの表示は、100 パーセンテージ表記のみです。

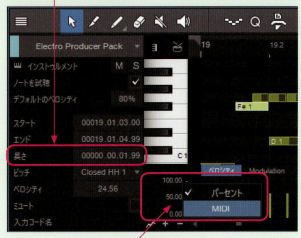

目盛りの空白部分を右クリックして「パーセント」「MIDI」の表示切り替え

インストゥルメントをオーディオへ変換（バウンス）

インストゥルメントトラックをオーディオへ変換（バウンス）してみましょう。

> **なぜバウンスするのか？**
> **負荷の軽減**
> 　制作が進んで、バーチャルインストゥルメントが増えてくると、CPUに大きな負荷がかかります。
> 　そこで、インストゥルメントトラックをオーディオへ変換して、不要になったインストゥルメントを削除（アンロード）すれば、その分のCPU負荷を軽減できます。
> ※オーディオトラックにたくさんのエフェクトを使用している場合も、バウンスすることで同様に負荷を軽減できます。
>
> **オーディオならではの編集をするために**
> 　波形を再生しているオーディオトラックは、インストゥルメントトラックとは性質がまったく異なります。オーディオならではの編集作業を行うためにバウンスすることもよくあります。
>
> **他の環境でも同じ音が鳴るように**
> 　ミックスを他の人に頼んだり、スタジオにデータを持ち込んだりするなど、他のPC（環境）で作業する時も、あらかじめインストゥルメントトラックをオーディオ化しておきます。
> 　これは、相手のPCに、その音源やエフェクトがインストールされていない場合などに、音が鳴らない！ 音が変わってしまった！ といったことを避けるためにも重要な作業です。
> ※相手がStudio One以外のDAWを使用している場合は、トラックごとにオーディオデータとして書き出して渡します。他のソフトウェアとやりとりする場合に便利な「AAF（70ページ）」も参照してください。
>
> 　ここでは、トラックごとオーディオに変換する方法を紹介しています。イベント単位でのオーディオ変換や、その他の書き出しに関しては、「イベントをオーディオに変換」（350ページ）を参照してください。

手順

① バウンスするトラック上で右クリック ＞「オーディオトラックに変換」を選択
　※ここでは、まず一番手のPresence「Grand Piano」のトラックを変換します。
　→「インストゥルメントトラックを変換」画面が表示されます。

② 変換時の設定を指定
　※ここでは、「インストゥルメントトラック状態を維持」と「自動テイル」にチェックし他は外します。
③ OKをクリック
　→変換され、インストゥルメントトラックはオーディオトラックに変換され、イベント内容も波形（オーディオ）に変わりました。

チュートリアル　1曲作成して音楽制作の流れを体験

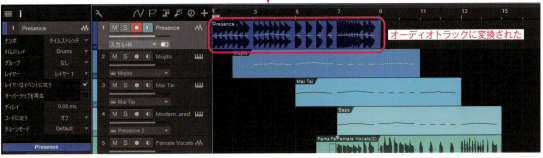

「Mojito」「MaiTai」「Modern Bass Fingered」のトラックもオーディオ化しておきましょう。3トラックをまとめてオーディオ化しましょう。（※ Impact XT は次項で他の作業をするので残しておきます。）

Shift キーを押しながら、「Mojito」「MaiTai」「Modern Bass Fingered」のトラックをクリックして、同時に選択します。次に、手順①と同様に「インストゥルメントトラックを変換」を選択し、手順②と同じ設定で「OK」をクリックします。

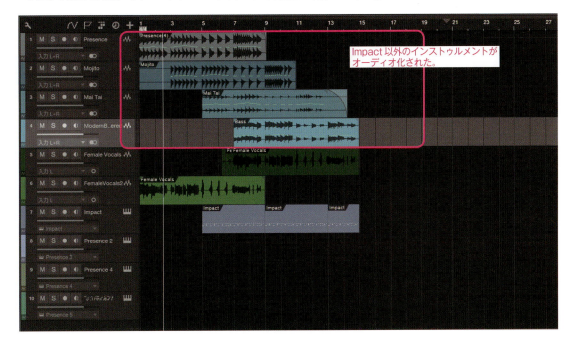

インストゥルメントトラックのままミックスする場合の準備

　インストゥルメントトラックは、ミックス前にオーディオ化するのが定石ですが、ひとりで作業する場合などは、オーディオ化せずにインストゥルメントトラックのままでミックス作業に入ることも少なくありません。その際に必要なのが、マルチアウトを持つインストゥルメントのオーディオチャンネル（出力）の管理です。

　例えば、Impact XT は PAD ごとに異なるオーディオ出力を割り当てられるため、コンソール上のオーディオチャンネルがどの PAD の出力先かを見分けにくくなる場合があります。注意点やポイントを見ていきましょう。

> Impact XT に限らず、複数のオーディオアウトを持つインストゥルメントにも有効な操作です。

Impact XT のマルチアウトをチェック

　トラック「Impact」のインストゥルメントエディターを開いて（**Shift** + **F11**）、Impact XT の画面を見てみましょう。

　Impact XT は、ステレオ×16ch、モノラル×16ch の出力チャンネルを持ちます。パッドの出力先は、各パッド右下で切り替えます。

　初期状態では、ステレオ 1〜5 のチャンネルだけが有効です。コンソールにも有効なチャンネルだけが表示されています。（「出力」（図中）をクリックすると、全チャンネルの有効/無効の状態を確認できます）。

　図中②のように、パッドの出力先を変更すると、無効なチャンネルも自動で有効になり、コンソールに表示されるようになります。

　16 個のパッドをすべて別のチャンネルにすれば、コンソールにはパッドごとのフェーダーが表示されることになります。

　この仕組みにより、同じ Impact XT でありながら、「Bass Drum 1」と「Snare Drum」「Closed HH2」「Snap」「Crash」が、コンソール上では違うチャンネルで扱える（＝ミックス時に個別に扱える）ようになっています。

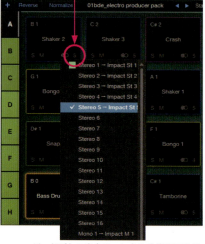

パッドごとの出力チャンネルを指定できる

Impact XT でのマルチアウトの仕組み

チュートリアル 1曲作成して音楽制作の流れを体験

Impact XT のマルチアウトチャンネルを管理する

今回使用している4つのPADのオーディオチャンネル（出力先）を、次の表のように変更してみましょう。
変更するには、各パッドの右下の数字をクリックします。

パーツ（PAD名称）	初期の出力先	変更後
キック「Bass Drum 2」	Stereo 1	Mono 1
スネア「Snar Drum」	Stereo 2	Mono 2
ハイハット「Closed HH 2」	Stereo 3	Mono 3
スナップ「Snap」	Stereo 5	Mono 4
クラッシュ「Crash」	Stereo 5	Mono 5

ステレオとモノの使い分け

表のとおり、初期状態では、それぞれ別々のステレオアウトへの出力設定がされていましたが、あえてモノ出力に切り替えてみましょう。

ミックス作業では、定位をはっきりさせたいキックやスネアなどのパーツはモノで扱うことがよくあります。

逆に、音に広がり感があるようなサウンドをそのまま使いたいならStereo出力がよいでしょう。

プルダウンメニューから出力先を切り替える

複数の出力先（マルチアウト）を持っており、PADごとに出力先を指定できる。

ソング内で使用しているすべてのPADの出力先を確認＆指定する。

不要なチャンネルを整理する

不要なチャンネルは、「出力」ボタンを押してチェックを外すと、コンソールから削除されます。使用していないチャンネルを整理すれば、コンソール画面もスッキリ作業しやすくなるでしょう。
※使用中のチャンネルを削除すると音が鳴らなくなるので注意してください。　※Stereo1は削除できません。

出力ボタン

チェック

必要なチャンネルだけを表示すると作業しやすい

コンソールでのマルチアウトの確認

コンソールの「インスト…」（①）をオンにして、Impact XT の項目を「展開」（②）すると、Impact XT の持つ出力の有効／無効を確認できます。チェックが入っている有効な出力は、コンソールに表示されます。

①インスト…

①インスト…

これで、Impact のオーディオチャンネルを、コンソール上に分かりやすく表示できました。フェーダーやエフェクト設定などを PAD（パーツ）ごとに個別に操作できるので、ミックス時にもより細やかな作業が可能になります。

他社製マルチティンバー音源での応用

この項の作業は、他社製のマルチティンバー音源でも有効です。1〜16ch の 16 個まで音色を読み込めるものがよくありますが、多くの場合で、ch ごとの出力先を振り分けられるマルチアウトになっています（音源のマニュアルを確認してください）。

「1つの音源にたくさん音色を読み込んだけど、Studio One のコンソールに１つしかフェーダーがない！？」と困った場合は、この項の設定を確認してください。

例えば、1ch（Piano）は Stereo1-2 から出力、2ch（Bass）は Stereo3-4 から、3ch（Guitar）は Stereo5-6 ……と出力先を分ければ、それぞれのチャンネルフェーダーが表示されるようになります。

また、マルチティンバー音源では、インストゥルメント内にミックス機能が用意されていたりもしますが、あえて Studio One のコンソールで作業したい場合にも有効です。

> マルチティンバーとは、1 台でピアノやギター、シンセにドラム……と、複数の音色を同時に出力できる音源をさします。なお、Studio One 付属の音源（インストゥルメント）にはマルチティンバー音源はありません。
>
> 例えば、Presence の音色を3つ使いたいなら、Presence が 3 台必要です。Impact XT はマルチ出力チャンネルを持ちますが、呼び出せるプリセット音色は 1 つですのでマルチティンバーではありません。

ミックス前の音量調整

ミックスに備えて、トラックごとの音量バランスをある程度整えておくと、作業がやりやすくなります。ここでは、極端に音量の大きいトラックや小さいトラックがないように、ざっくりと調整しておきましょう。

ボリュームフェーダーでの音量バランス調整

ミックスビューのコンソールでは、各チャンネルを一望できるので、全体を把握しながら音量調整できます。

手順
① ミックス（**F3**）でミックスビューを表示
② 各チャンネルフェーダーを上下するか、直接数値を入力して音量を調整

まずはざっくりと調整

ここでは、特定のパートだけが突出して大きいといったことがないように調整してみましょう。後々変更される可能性もあるので、ざっくりでかまいません。

各パートのボリュームをフェーダーで調整する

> 前の行程で、インストゥルメントトラックをオーディオ化しているので、コンソールには、インストゥルメントとオーディオの2つのチャンネルが表示されているパートもあります。オーディオ化済みの場合は、インストゥルメントトラックのフェーダー調整は不要です。ここでは、レベルメーターが振れているチャンネルだけを調整しましょう。

レベルオーバーに注意

赤くなるまでメーターが振れている場合は、レベルオーバーの危険性を示します。出力チャンネルでクリップが点灯すると、音が歪む（＝ノイズが起きる）原因となります。

クリップの警告の赤ランプの数字は、クリップした回数です。クリックすると、リセットされて消灯します。

レベルオーバーしないように細やかな音量管理を心がけましょう

実際には、少々クリップが点灯しても、最終的に Limitter など音量を押さえ込むエフェクトをマスターに挿すことでクリップは避けられますが、あまり頼りすぎず、まずは、自分で音量コントロールすることを心がけてみましょう。

複数のフェーダーを同時に操作

Shift +クリックで複数のチャンネルを選択してから、フェーダーを操作すると、同時にフェーダーを操作できます。

複数のトラックやチャンネルを同時に操作する方法は、「複数のトラック/チャンネルをまとめて管理 (VCA、フォルダー、グループ)」(310 ページ) 参照。

インスペクターのフェーダー

インスペクターやトラックのフェーダーとコンソールのフェーダーは同じものです。リンクしているので、どれかを操作するとお互いに反映します。状況に応じて使いやすい方で作業するとよいでしょう。

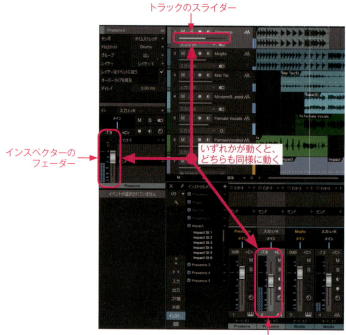

トラックのスライダー

インスペクターのフェーダー

いずれかが動くと、どちらも同様に動く

チャンネルのフェーダー

インストゥルメントのフェーダー

　インストゥルメントトラックは、複数のチャンネル（＝フェーダー）を持つ場合があることは、前述したとおりです。ここでも、Impact XT のトラックは1つですが、コンソールには複数のチャンネルがあります。どのフェーダーを動かすと何の音（スネアやキックなど）を調整できるのか把握しながら作業しましょう。忘れた場合は前に戻って表を参照してください。

Mixtool でゲインを調整

　極端に音量が小さい/大きいために、フェーダーでは調整しきれない場合があります。
　本来は録音時に適正な音量で収録できているのが望ましいですが、「Mixtool」で対処できる場合があります。
　インサートエフェクトトラックの一番上の段に読み込んで「Gain」のノブでゲイン（音量）を調整すれば、フェーダーを上下させずに、思い通りの音量にすることができます。

　フェーダーは 0dB でフラットに配置しておき、Mixtool で全体の音量バランスを調整しておいて、ミックスを始めるといった手法にも使えます。（フェーダーがフラットな状態からミックスを始めると、上下させたチャンネルが一目でわかるのもポイントです）

　実際の制作では、トラック作成やアレンジしながらも、常に音量にも気にかけておくとよいでしょう。ミックス直前に慌てて音量バランスを一気に調整するといったことがないようにしましょう。

　v4.5 からチャンネルごとにゲインが搭載されました。これにより mixtool を使わなくても手軽にゲイン調整ができるようになりました。（「ゲインコントロール」(470ページ) 参照。）

2 ミックス

すべてのトラックの録音や準備が終わったら、ミックス作業に入りましょう。トラックごとの音量や質感、聞こえる位置（定位、パン）、他のトラックとの兼ね合いなどを細やかに調整し、楽曲の最終的なイメージを作り上げる大切な作業です。

ミックスは、ミックスビューでの作業が多くなります。「ミックス」(**F3**)をクリックして、コンソールを表示しておきましょう。

完成予定を絵に描く（定位）

ミックスでは、それぞれのトラック（パート）がどこから聞こえるか（＝定位）を調整する技術が必要になります。

自分のイメージを具体的にするためにも、まずは、各パートの位置を絵に描いてみましょう。例えば、下図のようなパターンを考えてみました。

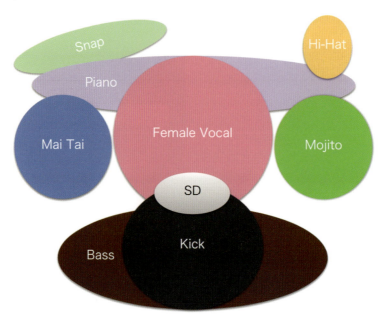

考え方の参考

　ここでは、1番手のボーカル（Female Vocal）をメインパートと想定し、センターにしました。ピアノ（Grand Piano）もまん中ですが、重ならないように、少し奥まった場所に広がり感をもって配置しました。

　左右に振った2番手（Mojito）と、3番手（MaiTai）は、バンドであればギターやコーラス、バッキング系キーボードなどが配置される位置ともいえるでしょう。

　ベース（Bass）とキック（Bass Drum）は、低音パートなので、セオリーどおりセンターにしました。
　ベースやキックなど低域が重要なパートは、特別な意図がないならセンターに配置するのが一般的です。低音が左右に振られると定位がはっきりしない、落ち着かない、といった印象になるので避けたほうが無難です。

　パーカッション的なスナップ（Snap）は、左奥に広がりをつけて、ハイハット（Close HH）は、右奥に締まった音で配置しました。一般にオーケストラパーカッション系は、一番奥(遠く)に配置します。ドラムのパーツはステージから見たセッティングと同じになるように配置しますが、ドラマー目線での配置にすることもあります。

> 専門誌などで、このような図が掲載されていることがあります。それぞれのトラック（パート）をどこに配置しているか（＝どこから聞こえるか（定位））を表現しており、音を前から見たり上から見たりした図になっています。（横軸は左右、縦軸は、音の高低を表す場合と奥行きを表す場合があります。）
> 　存在感や音量を円の大きさで表現したり、締りのある音であることを縦長の楕円で表現したり、低音のドッシリ感を横長で表現し、同じ横長でも、響きのある音を横長にして音のにじみを表現するなど、微妙なニュアンスを表現している場合もあります。図の表現していることを感じ取ることも大切です。
> 　絵に描くことで、実は曖昧にしか考えていなかったパートが見つかったり、埋まってない空間や混み合っている空間の発見、などイメージを完成させるのに役立つでしょう。

> ここでは、横軸に関しては、おおまかに左右と中央の3段階で考えました。実際には中間を作って段階を増やすこともあるでしょう。ただ、細かく分割しすぎても表現しきれなくなる恐れがあります。

ポイント「色もつけて図にする！」

　図を作成する際に、イメージや楽器の勢いを色で表現してみましょう。
　例えば、ディストーションサウンドはオレンジ、どっしりとしたベースは濃い色、きらびやかなシンバル系は黄色、アコギなら材木的な黄土色、ナイロンギターはクリーム色、女性ボーカルはピンク……など、自由な着想で「質感」と「定位感」を色でも表現することで、イメージを明確にしましょう。

　定位のイメージを絵に描けたら、それをStudio Oneで表現する作業に進みましょう。この先は、自分で作成した図か、78ページの図を見ながら、図と同じミックスになるように読み進めてください。

パンで左右を表現

パンを使って左右の位置関係を表現してみましょう。

手順
① ミックス（**F3**）をクリックしてコンソールを表示
② パンでパートごとの左右の位置（定位）を設定
　※ここでは、先ほど書いた絵の状態になるように設定しました。

②パンの設定（ここでは○で囲ったパートを設定）

右の画像はパンニング（パン）をドラッグして設定しているところです。**Shift** ＋ドラッグすることで、より細かい数値にセットしやすくなります。

ポイント

ここでは完全に左右（L100,R100）に振りましたが、実際は、パンを左右に動かしながら、「よく聞こえてくるポイント（＊1）」を見つけて配置するとよいでしょう。

＊1「よく聞こえてくるポイント」とは、空いている、空間が埋まる、他のじゃまをしない、ボリュームを下げても聴こえる、と同義です。

パンの設定は、ダブルクリックして数値を直接入力することも可能です。
（例：R64、L64、0 など）
また、初期値に戻す（センターにセットする）には、**Ctrl** ＋クリックします。

奥行きを表現

左右の配置だけでは、平面的な配置となりがちです。遠近感（＝奥行き）も取り入れてみましょう。遠近感（＝奥行き）を表現できる要素として、響き、質感、音量、をチェックしてみましょう。

響きでの奥行き表現

ディレイ（やまびこ）やリバーブ（響き）などの音の反射（反響）が聞こえると、奥行きが感じられます。

リバーブで奥行きを付ける

Impact Snap に、リバーブで響きをつけてみましょう。ここでは、付属の Mixverb をセンドエフェクトとして読み込みます。

チャンネル名の変更

チャンネル名称はダブルクリックで変更可能です。ここでは、分かりやすく作業するために、以下のように、Impact の 1〜5 のチャンネルをそれぞれパーツ名 (Impact Kick, Impact SD, Impact HH, Impact Snap, Impact Crash) に変更しました。

手順

① コンソール上で Impact Snap のチャンネルを選択
② ブラウザーのエフェクト（**F7**）を表示し、読み込むエフェクトをセンドデバイスラックにドラッグ
　※ここでは、「全体」表示にして、Mixverb の Large Hall を Impact Snap のセンドデバイスラックにドラッグしました。
　→コンソール右側に Mixverb の FX トラックが生成され、Impact Snap のセンドラック内には、Mixverb へのセンドを調整する項目がセットされます。

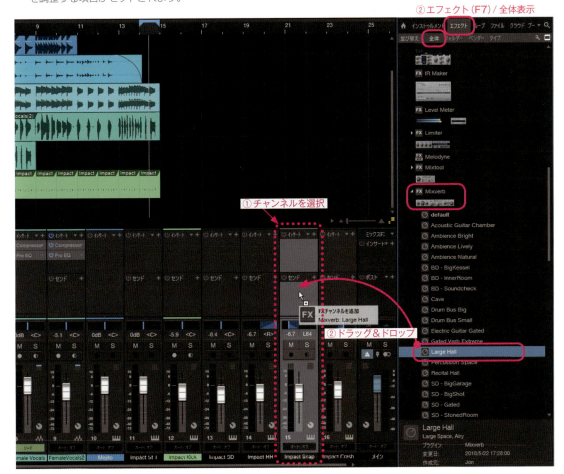

ドロップするだけで、Mixverb のFXトラックが生成され、元チャンネルのデバイスラックには、送り量などを調整するパラメーターなどが表示されます。

コンソールは、サイズ調整可能です。エフェクトトラックへドロップしやすいように、カーソルが ⇕ に変化したら縦方向にドラッグしてサイズ調整しましょう。

③ 再生して音の響きを確認しましょう。

Impact Snap トラックだけをソロにすると、加わった響きを確認しやすいでしょう。

センドレベルの設定

センドレベルで、リバーブのかかり具合を調整しましょう。

※ここでは、より遠くに感じられるようにすこしセンドレベルをあげてみました。

作業による音量変化に注意をはらう

何かしら作業をおこなうと、音量変化が伴うことがあります。エフェクトにより音量が変化したら、その都度、ボリュームの調整もおこないましょう。

ボリュームフェーダーでの原音（Snap）の調整、センドエフェクトレベルの調整、Mixverb のエディター上での音量に関するパラメーターなど、調整箇所は複雑になっていきますが、極端に大きな音になったり、音が聞こえなくなったりしないようにバランスに気をつけてみましょう。

センドレベルを少し伸ばした

センドのパンフェーダーの設定

　Snap は左側に配置しつつ、音の広がり感を持たせたいと、絵にも書いたので、センドパンで、Mixverb のエフェクト音（残響音）も左寄りにしました。

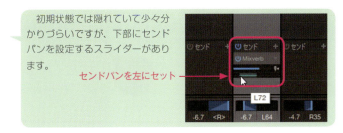
初期状態では隠れていて少々分かりづらいですが、下部にセンドパンを設定するスライダーがあります。
センドパンを左にセット

センドエフェクト本体の編集

　エフェクトの編集画面（Mixverb の画面）は、**F12** で表示 / 非表示できます。もしくは、センドトラック内に表示されている「Mixverb」をダブルクリックします。

　LargeHall 以外のプリセットも色々試して、奥行きや距離感などを耳で感じてみましょう。※作業は続くので、試したら元の LargeHall に戻しておいてください。

> このように、エフェクトをセンドラックに読み込む方法を、センドエフェクトと呼びます。詳細は、「エフェクト」(173ページ) を参照してください。

質感での奥行き

　音が遠のくと、高域（周波数の高い成分＝ハイ）や低域（＝ロー）がなくなっていきます。この自然現象を再現して距離感を表現してみましょう。

　ここでは作業例として、ハイハット（Impact HH）の高域を Pro EQ で削って、距離感を出します。

　※ Prime には Pro EQ は付属しないので、Channel Strip の EQ（High の項目）で代用してください。なお、Adapt Q は、レベル調整の大きさに応じて Q 幅を自動調整してくれる機能です。オフにするとクセのないカーブになります。

手順

① ブラウザーのエフェクト（**F7**）を表示し、読み込むエフェクトをインサートデバイスラックにドラッグ

　※ここでは、「全体」表示にして、Pro EQ をインサートデバイスラックにドラッグしました。

　→Impact HH のデバイスラック内に、Pro EQ が読み込まれます。

> 今度はエフェクトを「インサート」します。前項の Mixverb での「センドデバイスラック」と間違えないように区別しましょう。

①エフェクト（F7）/ 全体表示

② Pro EQで高域を削るように設定
　※ここでは、HCにチェックを入れ、Freq を5.30kにしてみました。

バイパスボタン

> HC（＝ハイカット）は、高域を削るのに便利な設定です。ローパスとも呼ばれます。

> 数値は目安です。聴きながら調整して、丁度良い距離感になるように設定してください。また、エフェクトにより音量が変化したら適宜調整してください。

②高域を削る設定（HC：オン /Freq：5.30k）

③ 再生して音の響きを確認しましょう。

エフェクトのバイパス（無効化）

　Pro EQ画面左上にあるバイパスボタンをオンにすると、そのエフェクトを無効化できます。エフェクトの有無を聴き比べるのに便利です。

　再生しながらバイパス機能を使って、Pro EQの効果を聴き比べてみましょう。
　カットによる音量差が出てしまいますが、たとえ同じ音量で聴き比べても、質感の違いによる奥行きを感じられるのがわかるでしょう。

> このように、インサートトラックに読み込む方法を、インサートエフェクトと呼びます。詳細は、「エフェクトの活用」（169ページ）を参照してください。

音量による距離感

　すでに、ミックス作業に入る時点でざっくりと音量を調整し、その後も、作業ごとに音量は微調整してきたことでしょう。
　音量（ボリューム）が小さいほど遠くに、大きいほど近くに感じます。しかし、前述の「響き」や「質感」も加えて調整すると、遠くの大きい音や、近くの小さい音、といった表現も可能になります。さまざまな要素で距離感を調整できるようになりましょう。
　※ここでは、念のため、いままでに調整してきたパートの音量を、響き、質感、音量のすべてを考慮しつつ調整しておきましょう。

奥行きの表現（応用）

コンプレッサーでの奥行き表現

　距離感を表現するテクニックは、他にも色々とあります。例えば、音の立ち上がりがゆっくり（滑らか）で音量差が少ないと距離を感じますが、これはコンプレッサーでアタックやリリースを調整することで表現できます。

作業例

　1番手のPresence「Grand Piano」は、センターでありながら、歌よりはすこし奥に、かつSnapよりは近くに配置したいパートです。コンプレッサーで少し奥行き感を出してみましょう。

チュートリアル　ミックス

手順

① インサートデバイスラックの「＋」をクリックして「Compressor」を選択
　→Compressor が読み込まれてエディターが表示されます。

> ブラウザーからのドラッグや、ラックの「＋」ボタン、どちらでもエフェクトを呼び出せます。

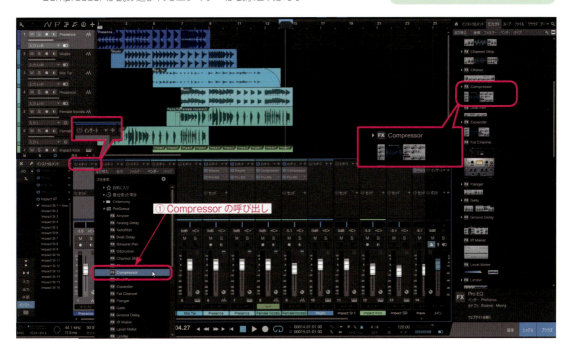

① Compressor の呼び出し

② Compressorで奥行き感を調整

> ここでは、ほどよく音の立ち上がりが緩やかになる（＝遠くに聞こえる）ように、アタック（Attack）を短めにして素早く潰れるようにしたり、ニー（Knee）でかかりはじめを先行させたりして、全体的にはほどよいアタック感が残るようにしてみました。
> なお、コンプレッションされてる様子が無い場合は、スレッショルド（Threshold）を調整してリダクションメーターがチョロチョロと反応するようにしてみましょう。

リダクションのメーター

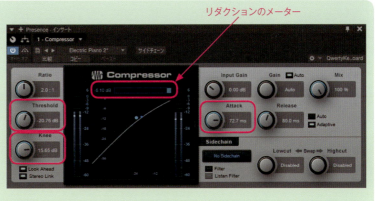

③ 再生して音を確認

再生しながら Compressor をバイパスするなどして効果を確認してください。音の立ち上がりが緩やかになったことで、奥行き感が出ているのを感じてみましょう。

コンプレッサーは前に出すために使うのでは？

コンプレッサーというと、アタックやアクセントを強めてメリハリやグルーブ感をだす（＝前に出す）手法が、よく取り上げられますが、ここでは、その逆の目的（＝奥まらせる）でコンプレッサーを使用しています。

音が遠くにある状態を再現するために、音の立ち上がり（アタック）が緩くなるように調整しただけですが、それでもずいぶんと奥行きが感じられたのではないでしょうか。

音の遠近に関する理屈が分かれば、その逆もできるようになるでしょう。アタックタイムを長めにしアクセントを突出させて前面に張り付くほど前に出したり、音がギュッと締まって近くにある感じ（図での縦の楕円の状態）の表現も可能になります。

85

総合的な奥行き感の作業

　Compressorで奥行きを表現できたら、前述の、響き、質感、音量での表現も使って、Presence「Grand Piano」の距離感を、より多角的に演出してみましょう。

　※ここでは、Mixverbの「Recital Hall」を加えたり、Pro EQの代わりに、Strip ChannelのEQでハイを削ったりしました。

複数のエフェクトで奥行き感を表現した

> 「複数のエディター画面を表示する方法」(126ページ) も参照してください。

> Channel Stripは、コンプレッサーやEQなど複数の機能が装備されていますが、ここでは、EQだけを使いました。

> センドで呼び出したエフェクトは、他のチャンネルでも共有できます。ここでは、まったく異なるリバーブが欲しかったので、別途Mixverbを読み込みましたが、Snapの時に作成したMixverbと同じリバーブでよければ、共有してもよいでしょう。
> 詳細は「エフェクトの活用」(169ページ) を参照してください。

　いかがですか、定位や奥行きを表現できるようになったでしょうか。今回紹介した手法や手順は一例ですので、よりよいサウンドを求めてみなさんも研究してみてください。

　それでは、トラック全体のバランスなども考慮しながら、すべてのパートを調整してミックスを完成させたら、次の行程へと進みましょう。

> 　Female VocalsやBassのパートは、FXチェーンによりすでに、ボーカルやベースらしいサウンドになっているので、ここでは特にとりあげていませんが、何もしない場合でも、全体とのバランスを見てのボリューム調整をしておきましょう。
> 　もちろん、リバーブをかけたり、自分流に様々な調整、編集もしてください。

> **オートメーションについて**
> 　チュートリアルでは割愛していますが、実際の作業では、オートメーション機能を使って、フェーダーやエフェクトのパラメーターなどを時間経過とともに変化させることも多々あります。また、オートメーションの編集をするのに便利な、Control Link機能もあります。
> 　詳細は「オートメーションの活用」(295ページ) を参照してください。

書き出しやマスタリングに向けての作業

ミックス作業まで終わったら、次は書き出し作業です。ミックスダウンやTD（トラックダウン）とも呼ばれる作業です。
この先は、①ソング内ですべて完結させるのか、②マスタリングを人に頼むのか、③プロジェクト機能を使うのかの、3つのパターンに分けて紹介します。

書き出し前の準備

再生してプレイバックを確認

再生して、必要なトラックがすべて鳴っていることを確認します。必要なのにミュートされていないか、エフェクトがオフになっていないかなどを確認しておきましょう。

書き出し範囲の設定

手順

① マーカートラックを開く
② 「スタート」「エンド」マーカーで範囲を指定

> エンドマーカーは初期状態ではずいぶん後ろにあるかもしれません。「W」キーで縮小表示して、エンドマーカーを見つけたら、曲の終わりまでドラッグしましょう。その際、余韻がブツ切れにならないように、耳でしっかり確認して余裕を持って設定してください。

①ソング内ですべて完結させる場合
― 楽曲（公開・配布するデータ）を自分でソングから書き出す ―

この場合、ソング上でマスタートラックにマスタリング用エフェクトを設定し、完成した楽曲をオーディオで書き出します。

マスタートラック用エフェクトを設定

手順

① ミックスビュー（**F3**）を開く
② マスタートラック「メイン」にエフェクトを設定する
　※ここでは、マスタートラックでインサートデバイスラックの「▼」をクリックし、Mastering > Easy Does It のFXチェーンを読み込みました。
　→Pro EQ、Multiband Dynamics、Spectrum Meter のエフェクトセットが読み込まれます。それぞれのエフェクトを開いて、さらに調整をおこなってもよいでしょう。

> **Prime や Artist での制限**
> 搭載されていないエフェクトを含むFXチェーンを呼び出しても、何も読み込まれません。

> ポストデバイスラックは、Studio One から出る音が最後に通る場所です。（マスターフェーダーよりも後に位置します。）
> ここは、他社製ディザリング用プラグインなど最終的なプラグインを読み込む場合にのみ利用します。

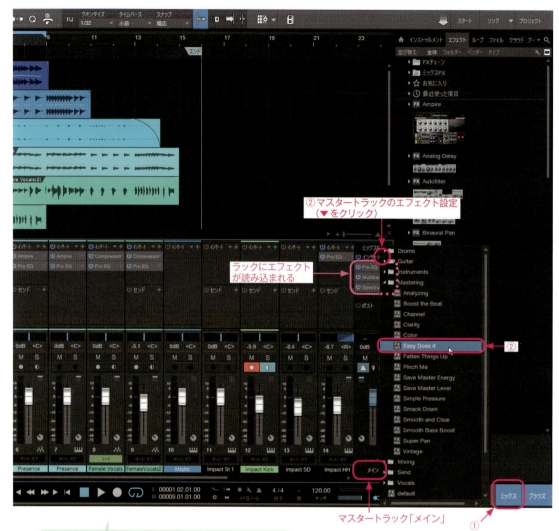

完成データを書き出し

完成データを書き出しましょう。次の「書き出し（ミックスダウンをエクスポート）」(90ページ) へと進みます。

チュートリアル　ミックス

②マスタリングを人に頼む場合

この場合、最終的な調整は、マスタリング時におこなうので、無理にマスタートラックにエフェクトを設定する必要はありません。アレンジやミックスなど、ソング内での制作が完了したら、次の「書き出し（ミックスダウンをエクスポート）」（90ページ）へと進みます。

ポイント

書き出す形式の確認

他の人にデータを渡す場合は、事前に書き出す形式を確認しておくことをお勧めします。例えば、オーディオCDは44.1kHzの16bitですが、作業時の形式は、人によっては、48kHz/24bitや96kHz/24bitなど高品質なデータのほうが喜ばれるかもしれません。

エフェクトラックの一番上の電源ボタンでマスターのエフェクトをオフにします。雰囲気確認用のエフェクトは忘れずにオフにしましょう。

マスターエフェクトのバイパス

雰囲気を確認するために、アレンジやミックスの時点で、音圧を上げるエフェクトなどをマスタートラックに読み込んでいることもあるでしょう。

これらが、確認用の仮のエフェクトなのであれば、書き出す前にオフにするか、書き出しの設定で「マスターエフェクトをバイパス」にチェックを入れるのを忘れないように気をつけましょう。

ビット深度を下げて書き出す場合は、ディザリングするのが一般的です。Studio Oneでは、必要に応じて自動でディザリングされます。「サードパーティー製のディザリングを使用」（430ページ）も参照してください。

---

③プロジェクト機能を使う場合

＊Professional のみ

プロジェクト画面では、ソングを直接読み込めます。
プロジェクト画面での作業前に、あらかじめマスタリングファイルを作成しておくと、読み込み時間を軽減できます。

マスタリングファイルの作成

手順

① メニューからソング > マスタリングファイルを更新 を選択
　→プロジェクト画面用のマスタリングファイル（Projectデータ）が作成されます。

> クリッピングに関する警告が表示されたら、「クリッピングの警告が表示されたら」（91ページ）を参照してください。

② プロジェクト画面でソングを読み込み、作業をおこないます。
　※プロジェクト画面での作業は「プロジェクトページ」（437ページ）を参照してください。

書き出し（ミックスダウンをエクスポート）

手順

① ソング > ミックスダウンをエクスポート を選択
② 書き出しに関する設定をおこない「OK」をクリック
　※書き出し設定の確認ポイントは以下を参照。

A ロケーション

保存先を確認しておく

B ファイル名

「Kaeru Song Mixdown」などわかりやすい名前をつける

C 公開

今回は「公開しない」を選択。

> ここで SoundCloud などのサービスへ直接アップロードすることもできます。（*Artist と Professional のみ）

D フォーマット

希望するオーディオ形式を選ぶ。
今回は一般的な Wave ファイルを選択。

> Wave は非圧縮で互換性の高いオーディオファイル形式です。MP3 は、特許の制限がありましたが、ライセンス終了にともない、全グレードで利用可能になりました。

E 解像度とサンプルレート

今回は CD と同じ「16Bit」、「44.1kHz」を選択。

F 範囲をエクスポート

「ソングスタート / エンドマーカー間」を選択。（※今回は Start / End マーカーで書き出し範囲指定したため。）

G オプション

「トラックにインポート」にチェックを入れると、書き出されたオーディオがソングに読み込まれます。「リアルタイムプロセッシング」は、ソング内でエフェクトの「Pipeline」を使用している場合など、外部機器からの音を含めて書き出したい場合にチェックを入れる必要があります。

v4.5 からは出力のオプションに「モノ」が加わりました。ボーカルだけをモノ（モノラル）で書き出して、共同制作者にデータを渡すといった作業が簡単になりました。

③ ロケーションで指定した場所、名前でファイルが保存されていることを確認。

これで、チュートリアルの作業はすべて完了です。目的の作業にあったオーディオデータを書き出せたでしょうか。
曲を公開したり、共同作業の相手に渡したり、他のソングとあわせてプロジェクト画面で CD を作成するなど、自由に活用してください。

クリッピングの警告が表示されたら
書き出すオーディオにクリッピングが生じている場合は警告が表示されます。

「はい」を選択した場合
書き出したファイルは削除されます。
クリッピングはデジタル音楽では致命的です。もう一度ボリューム調整などを見直してやり直すことをオススメします。

「いいえ」を選択した場合
クリップしたままのオーディオファイルが書き出されます。
とりあえずファイルは作成されますが、デジタルでのクリッピングは不愉快なノイズとなっています。もう一度ボリューム調整などを見直してやり直すことをオススメします。

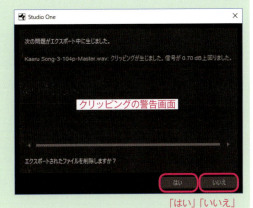

クリッピングの警告画面

「はい」「いいえ」

特定のトラックやイベントだけを書き出したい場合や、レコーディングスタジオでの共同作業のためにステム（パラデータ）を書き出す、動画編集ソフトや他社製 DAW と AAF でやりとりする、などの方法は「オーディオでの連携（ステム・AAF）」（378 ページ）を参照してください。

第 **3** 章

Studio One の操作と機能

1 Studio One の画面構成

チュートリアルで制作手順などの概要はつかめたでしょうか。ここからは、Studio One を操作するうえでの基本項目を細かく見ていきましょう。画面構成は「スタート」「ソング」「プロジェクト」の3つに大きく分かれます。

スタートページについて

Studio One を起動すると、まずスタートページが開きます。

Studio One のスタートページ

Studio One には、「スタート」「ソング」「プロジェクト」の3つのページがあり、画面右上のボタンで切り替えられます。Professional 版以外の下位グレードでは、「プロジェクト」ではなく「アップグレード」ボタンが表示されます。

新規ソングを作成

新たにソングを作成する時に選択します。Studio One では、楽曲を「ソング」として扱います。

開いたウィンドウの左側では、テンプレートを選択できます。目的別に以下の 3 つのタブに分けられています。

スタイル：
ジャンルや構成ごとにテンプレートを選べます。「空のソング」以外に、曲のスタイルや構成、目的ごとにセットされたテンプレートが用意されています。（※ Prime は「ボーカル＋ギター」のみ）

インターフェース：
PreSonus 製ハードウェアに最適な設定をすぐに作成できます。

ユーザー：
テンプレートとして保存したオリジナルのテンプレートが表示されます。（※自作テンプレートを保存するには、ソング作成後に、ファイル＞テンプレートとして保存 を実行します。）

右側の欄では、ソングのタイトルとその保存先を指定します（①）。ソングの設定をおこないます（②）。右図は設定例です。

サンプルレートと解像度：
CD と同等の品質にするならサンプルレート 44.1kHz、解像度 16 Bit にします。48kHz や 24 Bit 以上のデータは、ハイレゾ音源と呼ばれ高品質です。高品質にするほど録音データは大きくなります。

タイムベース：
通常は小節のままでよいでしょう。ルーラーのメモリ単位を小節以外の秒やサンプル、フレームなどにすることも可能です。

ソングの長さ、テンポ、拍子、キー：
後から変更可能ですが、この時点でわかる場合は設定しておきます。

オーディオファイルをソングテンポにストレッチ：
チェックを入れると、オーディオがテンポ（BPM）に追従して便利ですが、外部からオーディオファイルをインポートする場合は、思わぬテンポにストレッチされる場合があるので注意が必要です。

オーバーラップを再生：
オーディオデータ（イベント）が重なっている場合に、どちらも再生します。意図がなければ外したほうが混乱が少ないでしょう。

新規プロジェクトを作成

＊Professional のみ

クリックするとプロジェクトページが作成され、マスタリング作業をおこなえます。オーディオ CD 作成や DDP などのデータ書き出し／読み込みなど、公開や配信のための作業はこちらです。詳細は第 9 章「プロジェクトページ」の章（437 ページ）を参照してください。

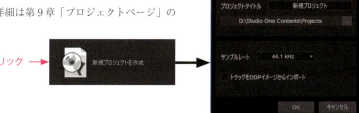

既存のドキュメントを開く

既存のソングやプロジェクトを指定して開く時に選択します。

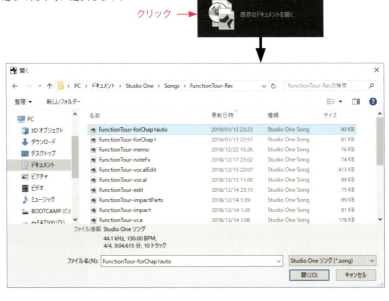

最近使ったファイル、ソング、プロジェクト　タブ

　最近作業したファイルがリストアップされるので、素早く開いて作業の続きをおこなえます。

アーティストプロフィール、SoundCloud　　　　　　　　　　　　　　　＊Professional、Artist のみ

　アーティストプロフィールは、Studio One のパーソナル情報です。各項目をクリックすると直接編集できます。入力しておくと、ソングごとの情報（メタデータ）として反映されます。写真もドラッグして登録できます。

　SoundCloud のタブに切り替えると、接続中の SoundCloud アカウントのインフォメーションなどが表示されます。

ニュースフィード、デモとチュートリアル

インターネット接続されていれば、自動でPreSonusのニュースが表示されます。

「デモとチュートリアル」のタブには、付属コンテンツの「Demos and Tutorials」をインストールするとデモソングが表示されるようになります。

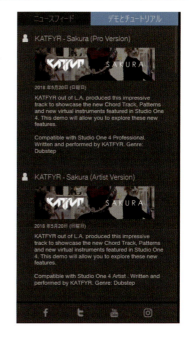

設定

「オーディオデバイスを設定」では使用するオーディオ入出力用機器の選択をおこないます。

「外部デバイスを設定」ではMIDI機器やコントロールサーフェスなど周辺機器関連の設定をおこないます。「設定」（391ページ）参照。

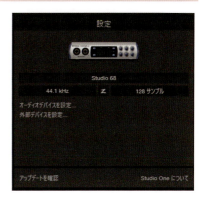

「新規ソング作成」で設定した項目を後から変更する

ソングタイトル（＝保存先のフォルダー名）や保存場所を変更しなければならなくなった場合は、別のソングとして新たに保存しなおすと、混乱を避けられるでしょう。ファイル＞新規フォルダーに保存 を選択し、「名前:」に新しいフォルダー名を入力し、保存階層を指定します。これまでのフォルダーとはまったく別のソングとして保存されます。旧ソングは不要であることを確認してから削除することができます。

サンプルレート、解像度は、ソング＞ソング設定 を開き「一般」で変更します。

タイムベースは、ルーラーを右クリック＞タイムベース で希望する項目に切り替えます。

テンポ、拍子は、ソング上で自由に変更できます。「テンポと拍子」（322ページ）参照。

キーは、トランスポートの「調」での変更が簡単です。

トランスポートのキー設定

オーディオファイルをソングテンポにストレッチは、ソング＞ソング設定 を開き「一般」変更できます。もしくは、トラックごとに挙動を設定することも可能です。

オーバーラップを再生は、トラックインスペクターに項目があります。

もしくは、Studio One ＞オプション＞詳細＞オーディオ で「新規オーディオトラックの再生オーバーラップを有効化」のチェック項目があります。

オーディオファイルをソングテンポにストレッチ

オーバーラップを再生

ソングページの画面構成

ソングページは、楽曲を作成するメイン画面です。シングルウィンドウ内で、様々な機能の画面（ビュー）を必要に応じて表示／非表示しながら作業します。（ ）内のショートカットを覚えると、より素早操作できるようになるでしょう。

アレンジビュー（常に表示）

アレンジビューは、ソング全体を一望できるメイン画面です。
拍子やテンポ、マーカーなどの曲設定に関するトラックや、オーディオやインストゥルメントなどの音素材を扱うトラックとそのレイヤー、オートメーションやフォルダーなどコントロール制御や管理系の項目など、さまざま機能が配置されています。

編集エディター（F2）

インストゥルメントトラックの演奏情報を編集する音楽エディターと、オーディオトラックのオーディオを編集するオーディオエディターがあります。アレンジビュー上のイベントをダブルクリックすると自動で適したエディターが開きます。イベントを選択しておき、右下の「編集」ボタンでも開閉できます。

ミックスビュー（コンソール）（F3）

フェーダーやメーター、エフェクトのラックなど、ミックスに必要なコンソール機能が並びます。左側では、ソングで使用中のインストゥルメントや外部デバイスを管理できます。右下の「ミックス」ボタンでも開けます。

インスペクター（F4）

トラックやイベントの様々な項目の確認・設定をおこなえます。
上段：タイムストレッチやディレイなどのトラック設定、オートメーションモード設定、NoteFX、コードトラック設定など
中段：デバイスの入出力設定、フェーダーやエフェクトなどのコンソールとリンクした項目など
下段：アレンジビューで選択中のイベント情報

ブラウザー（F5）

F6 〜 F10 でさらにブラウザー内のタブ表示を切り替えられます。

インストゥルメント（F6）やエフェクト（F7）、ループ（F8）で表示される項目を、アレンジビューにドラッグ＆ドロップして配置、呼び出しできます。ファイル（F9）ではコンピューター内のファイルをブラウズでき、プール（F10）ではソング内で使用されているファイルを確認できます。全体右下の「ブラウズ」ボタンでも開けます。

チャンネルエディター（F11 / Shift + F11）

エフェクトエディター（F11）

・現在選択中のトラックにインサートされているエフェクトのエディターが開きます。上部のタブでは、トラックで使用中のすべてのエフェクトに切り替えられます。

ほかのトラックを選択すると、自動で表示内容が切り替わります。

インストゥルメントトラック選択中は、そのトラックに割り当てられている音源のオーディオ出力にインサートされているエフェクトエディターが開きます。

また、トラックタイプを示すアイコンをクリックしても開けます。

インストゥルメントエディター（Shift + F11）

・インストゥルメントトラック選択中に **Shift + F11** を押すと、そのトラックに割り当てられているインストゥルメントの操作パネルが開きます。

上部のタブや、左上の▼（プルダウン）から、ソングで使用中のすべてのインストゥルメントにアクセスできます。トラックタイプを示す鍵盤アイコンをクリックしても開けます。

> **チャンネルエディターを閉じる（F12）」**
> どちらのエディターも、「**F12**」で閉じられます。再度「**F12**」を押すと、もう一度同じ画面が開きます。もしくは、もう一度ショートカットを押すか、右上の「×」をクリックしても閉じられます。

トラックリスト

トラックリストボタンをクリックして開きます。

ソングに存在するすべてのトラックがリスト表示されます。目的のトラックを素早く選択したり、特定のトラックや、種類を限定して表示／非表示を切り替えられるので便利です。ソングのトラック数が増えるほどに重宝するでしょう。

ショートカットは定義されていないので、頻繁に使用する場合は自分で設定するとよいでしょう。

トランスポートバー

MIDI 信号モニター、パフォーマンスメーター、プロジェクト設定、カーソル位置、再生などプレイバック関連のボタン、ループ関連のボタンと表示、パンチインなど録音モード設定、メトロノーム、拍子、調号、テンポ、メインアウトの簡易メーターとフェーダーなどが並びます。（詳細は「トランスポートの機能（101 ページ）」参照）。

各ツールバー

コントロール系のパラメーターウィンドウや、各種ツール、グリッドやクオンタイズ、スクラッチパッドやビデオウィンドウ呼び出しなどの各ツールが並びます。

トランスポートの機能

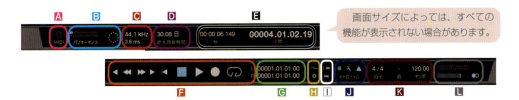

画面サイズによっては、すべての機能が表示されない場合があります。

A MIDIモニター

MIDI信号の入出力を示しており、クリックすると詳細な通信状況を表示します。なお、開いた画面上で「MIDIフィルター」とあるのは、表示項目のフィルターでありMIDI信号はフィルターされません。

インストゥルメントトラックの音が鳴りっぱなしになった場合は、「オールノートオフ」をクリックすると解決する場合があります。

B パフォーマンスメーターとキャッシュアクティビティ

コンピューターへの負荷(上段：CPU、下段：ディスク)を示します。クリックすると詳細なパフォーマンスモニターが開き、「デバイスを表示」にチェックを入れると、項目ごとの処理状況を確認できるので、高負荷な処理を特定するのに役立ちます。

音切れするほど高負荷な場合は、オーディオデバイスのレイテンシーを大きく設定したり、エフェクトやインストゥルメントをオーディオにバウンスするなどの負荷軽減の対処が必要になります。

キャッシュアクティビティは、キャッシュの読み込みや保存などの作業状況が示されます。

C サンプルレートとプラグインディレイ

上部にはソングのサンプルレートが表示され、クリックすると「ソング設定 ＞ 一般」が開き、基本設定の確認、変更をおこなえます。

下部はプラグインによる遅延の合計値を示します。なお、Studio Oneではプラグインによる遅れは自動処理されるので通常は気にする必要はありません。

D 録音残り時間

ソング保存先の容量から、残りの録音時間が表示されます。

E 時間ディスプレイ

現在のカーソル位置を示します。左右2つのカウンターは同じ機能です。一方は小節、もう一方はサンプル、と異なる時間単位で表示させることができます。

青い数字になっている場合は、スクラッチパッド側にカーソルがあることを示します。

数値の上でクリックしたままマウスを左右か上下にドラッグすると数値を変更変更できます。(再生カーソルが移動します)。数値はダブルクリックして直接入力も可能です。

下の「小節」をクリックすると単位を「秒」や「サンプル」に切り替えられます。

メニューから 表示 ＞ 時間ディスプレイ を選ぶと、大きなウィンドウで表示されます。(右側のカウンターと同じ表記になります)

F コントロールに関するボタン類

再生、停止、録音、巻き戻しなどの基本操作のボタンと、ループオンオフ、次のマーカー、前のマーカーへの移動などのボタンが並びます。ボタンにマウスカーソルを重ねて（マウスオーバーして）しばらくすると、そのボタンの機能とショートカットが表示されます。コントロール系の操作は、ぜひショートカットを覚えて効率的に操作したいものです。

G ループ範囲

ループ範囲の始点・終点が表示されます。ダブルクリックして数値入力したり、クリック後に上下させて数値変更することが可能です。

ループ範囲は、タイムラインルーラー上でカーソルがペイントツールに変化した状態でクリック＆ドラッグしても指定できます。

ルーラー上の範囲を**Ctrl**＋ドラッグすると、幅を維持したまま範囲を移動できます。

ループ範囲を **Ctrl + ドラッグ**

ループのオン・オフは、ループ範囲をダブルクリックするか、ループ有効ボタン「/（スラッシュ）」で切り替えられます。

ループ有効ボタン　　　　　　　　　　　ループ範囲をダブルクリック

H 録音モード置き換えと録音パネル

上：録音モードの「置換え」のオン・オフを切り替えます。
下：録音パネルを表示します。

I プリロール・オートパンチ

上：プリロールを有効にするにはオンにします。
下：オートパンチを有効にするにはオンにします。

「録音の設定｜プリロール設定」（293 ページ）、「オートパンチでリテイク（パンチイン／アウト）」（288 ページ）参照。

J プリカウント、設定、メトロノーム

左から、プリカウントの有効化ボタン、メトロノームやプリカウント、プリロールなどの詳細設定を開くボタン、メトロノームを有効にするボタンが並びます。「録音の設定｜メトロノームを使う」（293 ページ）参照。

K 拍子と調号、テンポ

現在のカーソル位置での、拍子やテンポが表示されます。「テンポと拍子」（322 ページ）、「ソングのキー（調性）を設定する」（226 ページ）参照。

調号はカーソル位置に関係なくソング全体で１つ設定できます。

L マスターボリューム

1. マスターの出力状況が表示されます。コンソールのマスターと同じです。ダブルクリックすると、メインアウトチャンネルのオーディオエディター（デバイスラックもしくはルーティングビュー）を開けます。
2. マスターフェーダーとリンクしています。
3. マスターがクリップすると赤い警告が点灯します。（※クリックで消灯）。
4. マスター出力のステレオ・モノを切り替えるボタンです。

マスターフェーダーは、特別な意図が無ければ動かさないほうが良いでしょう。**Ctrl**＋クリックで初期状態に戻せます。

Studio Oneの操作と機能　操作テクニック

2 操作テクニック

キーボード・ショートカットの活用

　マウスで選ぶメニューのほとんどは、パソコンのキーボードに「キーボード・ショートカット」（以下ショートカット）として割り当てられており、キーを押せば実行されます。

　マウスカーソルを移動してメニューを選ぶ手間がないので、作業スピードが飛躍的に上がります。よく使う機能や、画面切り替え操作などは、ショートカットを覚えて効率的に作業しましょう。

> ショートカットが機能しない場合は、文字入力のモードが「半角英数」になっているか確認しましょう。「全角」（ひらがな）では、正しくキーを認識しない場合があります。

トランスポートのショートカット

操作ボタンのショートカット

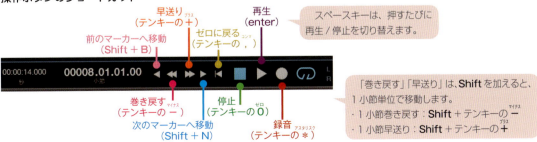

- 前のマーカーへ移動（Shift + B）
- 早送り プラス（テンキーの＋）
- ゼロに戻る コンマ（テンキーの , ）
- 再生（enter）
- 巻き戻す マイナス（テンキーの － ）
- 次のマーカーへ移動（Shift + N）
- 停止 ゼロ（テンキーの 0）
- 録音 アスタリスク（テンキーの ＊ ）

> スペースキーは、押すたびに再生／停止を切り替えます。

> 「巻き戻す」「早送り」は、Shiftを加えると、1小節単位で移動します。
> ・1小節巻き戻す：Shift＋テンキーの － マイナス
> ・1小節早送り：Shift＋テンキーの ＋ プラス

103

ループ機能のショートカット

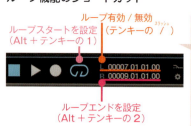

ループスタートを設定
（Alt＋テンキーの1）

ループ有効／無効
（テンキーの／〈スラッシュ〉）

ループエンドを設定
（Alt＋テンキーの2）

　ループに関連するショートカットはほかにも用意されています。以下はその一例です。
- ループスタートに移動（テンキーの1）
- ループエンドに移動（テンキーの2）
- ループへズーム（Shift＋L）など、
- 選択をループ（Shift＋P）※範囲指定やイベント選択した幅をループ範囲に設定します。
- 選択したトラックでループを有効（Ctrl＋Alt＋P）※「範囲指定やイベント選択した幅を自動でループ範囲に設定する」という機能をオン／オフします。

　ショートカット未割り当ての便利機能もあります。たとえば「ループをシフト」は、ループ範囲の幅をキープしたまま、右隣にループ範囲を移動します（左隣に移動は「ループを逆にシフト」）。
　ショートカットを割り当てる方法は、「自分好みのショートカットを割り当てる（108ページ）」を参照（「ループ」で検索するとほかにもループ関連コマンドが見つかります）。

メトロノームやプリカウントなどのショートカット

プリロール（O）
メトロノームのオン／オフ（C）
オートパンチ（I）
プリカウント（Shift＋C）

画面やツールの切り替えにショートカットを

- エディターの表示／非表示：F2
- コンソールの表示／非表示：F3
- ブラウザーの表示や切り替え：F4〜F11
- フローティングウィンドウを背面へまわす：F12
- ほかのウィンドウを閉じてアレンジビューだけを表示：Shift＋F12
- ツールの切り替え：数字の1〜8

数字キーの割り当て

左から順に1, 2, 3… とショートカットが割り当てられている。
1：スマートツール／矢印ツール　2：範囲ツール　3：分割ツール
4：消しゴムツール　5：ペイントツール　6：ミュートツール
7：ベンドツール　8：リッスンツール

　ツールのショートカットは、いつも左から順に1〜8のキーが割り当てられます。ウィンドウによってはツールの並び順が異なるので注意しましょう。

音楽エディターのツールは範囲ツールがなく消しゴムとペイントの位置が逆なのでショートカットも異なる

代替ツールの活用

　頻繁に同じツールを行き来する場合は、代替ツールが便利です。
　たとえば、頻繁にリッスンツールを使うのであれば、矢印ツールのプルダウンから「リッスンツール」を選択しておきます。これで、「Ctrl」を押している間はリッスンツールになります。
（※矢印ツール／スマートツール選択時に限ります。ほかのツール選択中は、Ctrlを押すと、一時的に矢印ツールになります。）

ズーム関連のショートカット

ズームの基本操作
- ズームイン（水平方向の拡大）：E
- ズームアウト（水平方向の縮小）：W
- 垂直ズームイン（トラック高さを広げる）：Shift + E
- 垂直ズームアウト（トラック高さを狭める）：Shift + W

ズームの便利な操作
- 選択中のイベントやノートデータなどにフルズームイン：Shift+S（もう一度押すと元に戻る）
- ズーム状態を一時保存：希望するズーム状態にして「Shift+Z」（その後、「Z」を押す度に保存したズームに切り替え）
- 全体が表示されるようにフルにズームアウト：「Alt+Z」
- 前のズーム状態に戻る：ズーム操作後に「Alt+W」（＝ズームのアンドゥ）

メニューの 表示 > ズーム には、他にもズーム関連のコマンドが用意されています。これらのショートカットも併せて覚えると、さらに自在に画面を操れるでしょう。

WとEのズームイン／アウトでは大まかすぎる場合は、「細かくズームアウト」「細かくズームイン」に割り当て直すとよいでしょう。
また、「トラック高さ」（オーバービュー～標準、特大）も、初期状態では未割り当てですが、項目は用意されているのでよく使う場合は割り当てるとよいでしょう。割り当てや検索方法は「自分好みのショートカットを割り当てる」（108ページ）参照。

マウス操作で水平方向の拡大／縮小をするには、タイムラインルーラーをクリック＆上下にドラッグする方法もあります。また、ルーラーをクリック＆左右にドラッグで、いわゆる手のひらツールのように画面を左右に動かせるので、組み合わせて思い通りの表示状態にできるでしょう。
タイムラインルーラー上でマウスホイールを回しても拡大／縮小します。（Shift + マウスホイールでは、全トラックのトラック高さ調整）

クイックズームオプション

作業部分に一時的にズームして、作業後は元の拡大率に戻したい、といったことがよくあります。以下の操作でスピーディーにおこないましょう。

選択範囲を拡大：Alt + Shift +マウスで囲むように範囲指定（Mac：option + shift + ドラッグ）
元のズーム率に戻る：Alt + Shift + クリック（Mac：option + shift + クリック）

アレンジウィンドウ、編集エディターどちらでもズーム可能です。

イベントへのショートカット

各種イベントに有効なショートカットの一部を紹介します。

- **イベントを複製**：イベント選択し、(**D**)
  （右に隣接してイベントがコピーされます）
- **細かいナッジで左右に移動**：(**Alt**+左右矢印)
  （サンプル単位で移動します。※スナップオフ時のみ。オンではクオンタイズ値の単位で移動します）
- **カーソル位置にイベントを移動**：(**Ctrl**+**L**)
  （選択中のイベントをカーソル位置に素早く移動できます）

イベントとは、アレンジビュー上の各種イベントや、音楽エディター内のノートデータやオートメーションのポイントなど、様々な項目を含みます。

イベントの種類やスナップのオン／オフによって動作が変化する場合があります。実際に試して確認してみてください。

メニューの「イベント」や、イベントを右クリックして「イベント（イベントの一般操作）」を見ると、イベントへの操作を一覧できます。項目の右側にはキーボードショートカットが記載されています。

以前に使っていた DAW のショートカットキーで操作する

　Cubase、ProTools、Logic、Cakewalk、のショートカットのプリセットが用意されています。複数のDAWを兼用されてる方には嬉しい機能です。

手順

① Studio Oneメニューから「キーボードショートカット…」を選択
② 「キーボードマッピングスキーム」のプルダウンから好みのものを選択

他のDAWのショートカットで操作できる

　完全にすべてのショートカットキーが再現されるわけではありません。足りない部分は自分で割り当てるなどの対処が必要です。
　また、Studio Oneのショートカットは、とてもよく考えられており、そこがお気に入りという方もいるくらいです。試しに初期状態で使ってみると、新しい発見があるかもしれません。

自分好みのショートカットを割り当てる

　ショートカットキーは自由に変更可能です。例として「トラックリストの表示」を「@」キーに割り当てる手順を紹介します。

手順

① Studio Oneメニュー ＞ キーボードショートカット… を開く
② 左枠リストで、「表示」カテゴリ内の「トラックリスト」を選択
③ 「キーを入力」に希望するショートカットキーを入力（ここでは「@」を入力）
④ 「アサイン」をクリック
⑤ 「適用」ボタンをクリックして登録

ショートカットの検索

　見つけにくい場合は「検索：」欄に「トラックリスト」と入力して検索すれば素早く見つけられます。

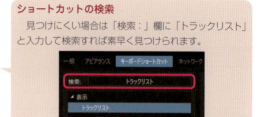

　入力したショートカットがすでに使われている場合は、下側に警告を表示してくれます。アサインをクリックする前に、キーが重複していないか確認しましょう。

　105ページで紹介した「W」のショートカットを、「ズームアウト」から「細かくズームアウト」に変更するなら、左枠で「細かくズームアウト」を選択してから「キーを入力：」に「W」を入力します。
　「キーはすでに次にアサインされています：ズーム・ズームアウト」と警告が出ても「アサイン」をクリックすると、強制的に変更できます。
　同様に「E」も「細かくズームイン」に割り当て直します。

　普段使っているショートカットを別のキーに割り当て直したいのに、正式名称がわからず左枠から見つけられない場合があります。そういった場合は、とりあえず「キーを入力：」欄にそのキーを入力して「表示」をクリックしましょう。左枠にその項目が選択されて表示されます。

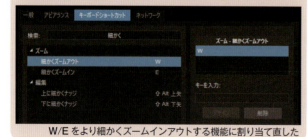

W/E をより細かくズームインアウトする機能に割り当て直した

キーボード・ショートカットの一覧

ヘルプ＞キーボード・ショートカット では、ショートカットの割り当てを確認できます。（ブラウザで開きます）

スマートツールを使いこなす

　スマートツールは、多機能で便利なツールです。カーソルをポイントする位置によって、矢印ツール、範囲ツール、その他の機能などに自動で切り替わります。ツールを切り替える必要がないという、ひと工程ふた工程の効率化が、総合的な作業時間や、体感的な軽快さに大きく貢献してくれます。

スマートツールを選択

　「イベントエリア上側の範囲ツール」「矢印ツール」「範囲ツール」の3つのボタンが同時に選択されている状態がスマートツールです。

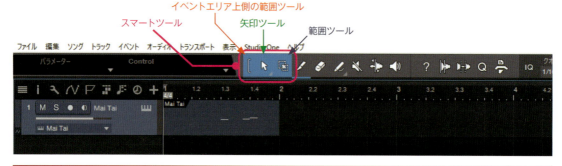

操作のポイント

　スマートツールでは、イベントの上部と下部で操作が異なるなど、カーソルの位置によって、状況に適した作業をおこなえるよう自動で機能が変化することがポイントです。
　これにより、さまざまな作業が、より素早くおこなえます。

スマートツールの解除（矢印ツールに変更）

　「イベントエリア上側の範囲ツール」ボタンをオフにすると、矢印ツールだけが有効になります。

イベント下側での操作（矢印ツールと同等）

　イベントの下側では、矢印ツールと同等の操作をおこなえます。クリックで選択、ドラッグで移動、ダブルクリックでエディターを開くといった操作は、イベントの下半分のエリアで操作します。

イベントの移動：イベント下部をドラッグ
イベントの選択：イベント下部をクリック
イベントを開く：イベント下部をダブルクリック

> 上部をクリックした場合は、トラックは選択されますが、イベントは選択されません。

> 上部をダブルクリックすると、イベントが分割されてしまいますので気をつけましょう。

Studio One の操作と機能　操作テクニック

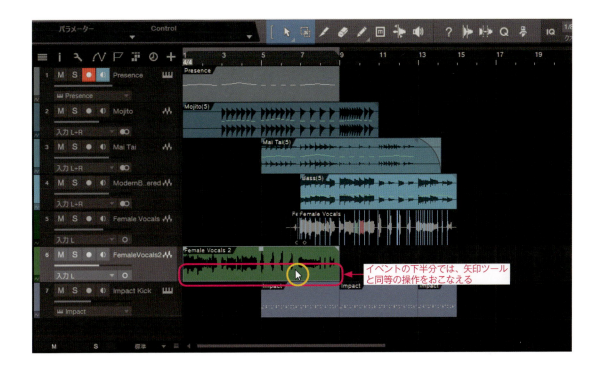

イベント上側での操作（範囲ツールと同等）

　イベント上側では、範囲ツールと同等の操作をおこなえます。スマートツールのままで、ドラッグして範囲選択、ダブルクリックで分割や範囲分割などをおこなえます。

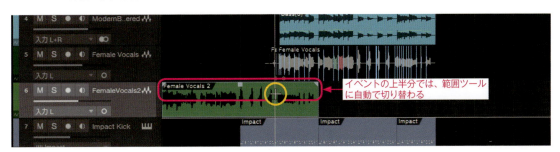

イベントの分割：上部をダブルクリック

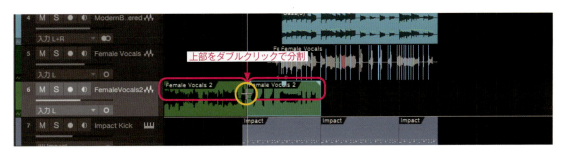

　イベントを分割する際に、分割ツールに切り替える必要はありません。イベントの上部でダブルクリックするだけです。

111

範囲選択：上部でドラッグして選択

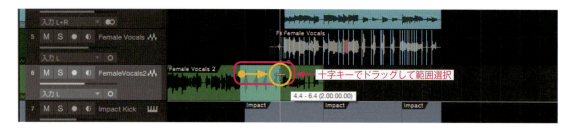

　イベント上部では、自動で範囲ツールになりカーソルも切り替わります。範囲指定のためにツールを切り替える必要はありません。

選択範囲のイベントを分割：選択範囲の上でダブルクリック

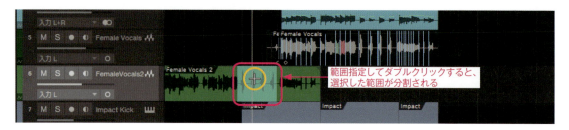

　イベント上部でドラッグして範囲指定し、その上でダブルクリックするだけで、範囲の両端でイベントが分割されます。

カーソルの移動：上部をクリック

　イベント上部でクリックすると、プレイバックカーソルを移動できます。

イベント両端での操作（サイズ編集）

　イベント両端では、イベント範囲（サイズ）などを編集できます。

　イベントの両端では、カーソルが変化してイベントサイズの伸縮をおこなえます。

Studio One の操作と機能　操作テクニック

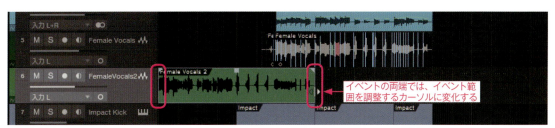

イベントの範囲（サイズ）を編集する

　イベントが隣り合っている場合は、**下部にカーソルを合わせる**と、カーソルが となり、分割ポイントを左右に移動でき、**上部にカーソルを合わせる**と、カーソルの左右どちらかが半透明 になり、片側のイベントサイズだけを伸縮できます（イベント両端でのサイズ編集と同じ動作。左右どちらを半透明にするかは、カーソルを左右に少し振ると切り替わります。）

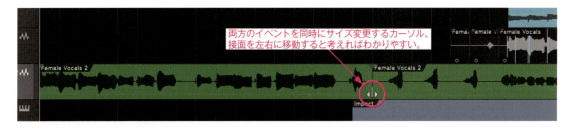

　フェードイン／アウトなどのゲインカーブもスマートツールのままで調整できます。（ゲインのカーブについては「イベントのゲインカーブでの音量調整」（64ページ）参照。）

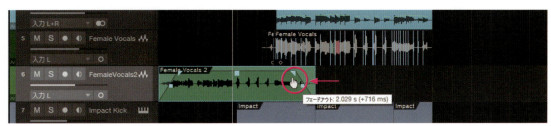

ゲインやフェードインアウトの編集

修飾キーの活用

スマートツール（矢印ツール）と修飾キーを組み合わせて様々な操作をおこなえます。以下に便利な操作の一例を紹介します。

・**一時的にナッジ（スナップ）をオフ**：イベントやノート移動時に **Shift** キーを押す
（クオンタイズ値などにとらわれず無段階でスムーズに移動できます）

・**イベントやノートの複製**：イベントやノートをドラッグして移動し始めてから **Alt** を押す
（移動ではなくコピーになります）

・**イベントを共有コピー**：イベントをドラッグして移動し始めてから **Ctrl** を押す
（共有コピーが複製され、どちらか一方の編集が相互に反映されます）

・**オーディオイベントをタイムストレッチ**：イベントの右下を **Alt** + ドラッグ
（イベントサイズに合わせてオーディオのテンポも変更＝ストレッチされます。ピッチはそのままでテンポを変えられます）

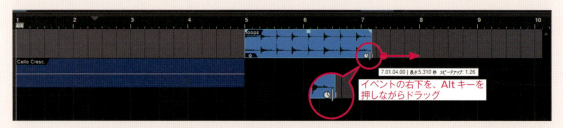

・**イベント内のオーディオ波形を左右にスリップ**：イベント下部で **Ctrl** + **Alt** + 左右にドラッグ
（例えば、オーディオイベントの位置はそのままにしておきたいが、中の波形だけを全体的に少し左にずらして、ノリを早め（前ノリ）にする、といった作業が可能。ただし、左右に動かせるだけの余白＝隠れている部分が必要）

左右に隠れている部分がないとスリップさせようがないため、イベントサイズとオーディオサイズが同じ場合はスリップできません。

インフォビューボタンの活用

インフォビューボタンをオンにすると、現在選択中のツールで使用できるショートカットや修飾キーを活用した操作ガイドが表示されて便利です。操作に慣れるまでは表示しておくと便利でしょう。

そのほかのマウスツール

範囲ツール

範囲ツールは、様々なシチュエーションで範囲指定に使われます。使い方によっては作業効率アップにつながる場合もあります。例えば、イベントの一部を範囲指定してからドラッグすると、その範囲が切り離されて移動できます。事前に分割する必要はありません。同様に、範囲指定した箇所をAlt＋ドラッグ（＝ドラッグ先にコピー）すれば、イベントを分割することなく一部だけをほかにコピーできます。）

範囲ツールなら、元のイベントを分割することなくドラッグ先にコピーできる

範囲ツールの機能はスマートツールでほぼ補えるので、選択する機会は少ないですが、「レイヤーを聴き比べるTIPS」（284ページ）では、範囲ツールでしかできない希少な操作を紹介しています。

分割ツール

分割ツールでは、イベントやノートデータなどを分割することができます。

分割ツールをわざわざ選択しなくとも分割作業できる場合もあります。一例として、スマートツールでイベント上部をダブルクリックして分割、範囲選択してダブルクリックして両端を分割、ショートカットAlt＋Xで選択中のイベントをカーソル位置で分割、などがあります。

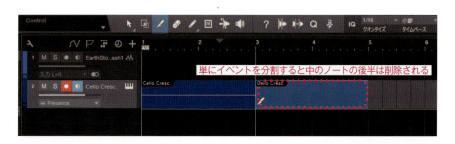

単にイベントを分割すると中のノートの後半は削除される

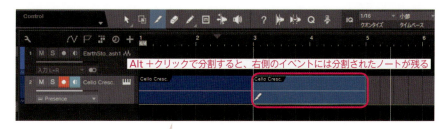

Alt＋クリックで分割すると、右側のイベントには分割されたノートが残る

イベントを分割する際に、中にノートデータがある場合の話です。ノートデータを直接分割する場合は、当てはまりません。

ペイントツール

ノート情報入力やエンベロープの描画などに用いるペイントツールには、フリーハンド、直線、放物線……と、様々な描画方法が用意されています。

ペイントツールでの描画方法

「変形」は、グラフィカルにエンベロープやデータの編集がおこなえるツールです。「変形ツールで総合的に編集（Alt + T）」（306 ページ）、「節」便利な機能｜変形ツールでベロシティ編集」（223 ページ）参照。

ミュートツール

クリックしたイベントなどをミュートできます。ミュート状態がオンとオフのイベントが混在していても、一気にオンもしくはオフに切り替えられます。（それに対して、イベントを選択して Shift + M を押す方法は、ミュート状態の切替えなので、混在していると、それぞれオンオフが反転します。）

「ミュートされたイベント」を一括で選択することができます。メニューから編集＞選択＞ミュートされたイベントを選択 を実行すると、ミュート中のイベントがすべて選択されます。制作過程で一時的にミュートしていた不要なイベントを一括で選択して削除するなど様々な活用が想定されます。

ベントツール

トランジェント検出後のベンドマーカーの調整などに使います。ベンドに関しては、「ベンド／トランジェント検出と編集」（355 ページ）も参照してください。

リッスンツール

クリックするとそのイベントをソロでプレイバックできます。Shift を押しながらクリックすると、イベントをソロでループします。

ポイント

マウスツールは、右クリックや中央マウスボタンクリックからでも切り替えられます。

① **右クリックからのツール選択**
　トラックやエディターの空きスペースでのみ有効です。イベント上では他のメニューが表示されます。

② **中央マウスボタンからのツール切り替え**
　この場合はイベント上でも有効です。

②で表示されるメニュー

①で表示されるメニュー

プレイバックでの操作テクニック

カーソルを思い通りの位置へ移動する

タイムラインルーラーをクリック

タイムラインルーラーをクリックすると、その位置にカーソルが移動します。
ダブルクリックすると、そこから即、再生が始まります。

クリックでカーソルが移動し、ダブルクリックした位置から再生

タイムラインルーラー

タイムラインルーラーをダブルクリックで即再生

マウスカーソル位置に移動（Ctrl + スペース）

Ctrl + スペース を押すと、マウスカーソルの位置にカーソルが移動します。

この操作（**Ctrl + スペース**）のショートカット名は「マウスカーソルを検索」です。他のキーを割り当てたい場合に、キーボードショートカット設定画面で探す参考にしてください。

空白をクリック

アレンジビューの空白をクリックすると、そこにカーソルが移動します。以下の設定が必要です。

アレンジビューのスパナアイコンから「空きスペースのクリックでカーソル移動」を有効にする。
（メニューから、Studio One ＞オプション＞詳細＞編集タブ＞「空きスペースのクリックでカーソル移動」にチェックでも同じ）

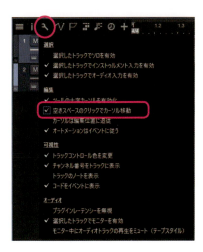

スマートツール時は、イベント上側をクリックすると、そこにカーソル配置されます。結果的に、イベント下側以外をクリックすれば、そこにカーソル配置できるようになります。（※イベント下側をクリックするとイベントが選択されます。）

選択イベントの先頭へ移動（L）

イベントを選択して「**L**」キーで、そのイベントの先頭にカーソルが移動します。**Alt + Shift + N** で、次のイベントの先頭にカーソルが移動します。（**Alt + Shift + B** はバック）

時間へ移動（Ctrl + T）

以下の操作で、入力した小節番号にカーソルを移動できます。
① 「**Ctrl + T**」を押す
② 小節番号入力
③ enter（カーソルが小節番号に移動）
④ もう一度enter（再生されます）

「**Ctrl+T**」は、トランスポート下部に表示されているカーソル位置を数値入力できるショートカットです。

波形のピークへ移動（tab）

tabキーを押すと、オーディオイベント内の、次の波形のピークへ移動します。例えば、ピークごとにスライスする作業を、手動でおこなう場合などに便利です。トランジェント（波形のピーク）を感知してカーソル移動させるショートカットには以下のものがあります。

> トランジェントとは、波形の音の立ち上がり（アタック）部分のことです。アタック部分を素早く見つけられるので、ピークごとに手動でスライスしたり、テンポマップ作成の作業でビートを見つける場合などでも有用です。

tab：カーソルを次のトランジェントに移動
Shift + tab：選択範囲として追加しつつ次のトランジェントへ移動
Ctrl + Backspace：前のトランジェントに移動
Shift + Ctrl + Backspace：選択範囲を取り消しつつ前のトランジェントに戻る

選択中のトラック上のトランジェントを感知します。たとえば下図のように、キックのイベントだけが選択されていても、キックとハイハットのトラックが選択中であれば、ハイハットのトランジェントも感知されます。

選択トラックの波形ピークを感知してカーソル移動

アレンジトラックを使った移動

アレンジトラックを作成して使用している場合は、インスペクター（F4）で、左側をクリックすると、そこへカーソルが移動します。

コードトラックのインスペクターでも同様に、左端をクリックしてカーソルを移動できます。

Studio One の操作と機能　操作テクニック

停止時にスタート時点へカーソルを戻すには

自動で必ず戻したい場合
メニューのトランスポート > 停止時にスタートに戻る にチェックを入れます。

手動で戻したい場合
テンキー0(ゼロ)で以下のように操作するのも便利です。

手 順
① 再生をテンキー 0 で停止
② もう一度テンキー 0 を押す　→スタート地点にカーソルが戻ります。
③ さらにテンキー 0 を押す　　→１小節目にカーソルが戻ります。

いつも同じ場所から再生する｜再生スタートマーカー

再生スタートマーカーを有効にして配置しておけば、いつもそこから再生されます。

手 順
① スタート地点としたい位置にカーソルを配置
② 再生スタートマーカーを有効化する（Alt + P）
　→現在のカーソル位置に緑色の「再生スタートマーカー」が配置されます。

> ルーラー上で右クリック、トランスポートの再生 / 停止ボタン付近を右クリック、からでも有効化できます。

③ 再生（enter や space）
　→再生スタートマーカーから再生します。
④ 停止（※その場で停止します。）

> 停止と同時にスタートマーカーに戻ってしまう場合は、メニューの「トランスポート>オプション>停止時にスタートに戻る」のチェックを外してから、もう一度試してください。

マーカー位置を変更
以下の方法などで再生スタートマーカーの位置を再設定できます。
・カーソルを配置してから Alt + O(オー) を押す
　→現在のカーソル位置にマーカーが移動します。
・ルーラー上の再生スタートマーカーをドラッグして移動する

マーカーの解除
再生スタートマーカーを解除するには、もう一度 Alt + P を押します。

ポイント

再生しながら Alt + O(オー)を押して再生マーカーを打てば、その後に素早くそこから聞き返せます。
また、「停止時にスタートに戻る」では、停止と同時に画面に戻ってしまうので、編集したい箇所が見えなくなる場合があります。「再生スタートマーカー」なら、停止してもその場にとどまり、次の再生時にマーカー位置に戻るので操作に無駄がありません。

目的のイベントを素早くプレイバックする

スケッチやアレンジの作業中は、イベント単位で確認したいことがよくあります。プレイバックポイントをイベント単位で素早く指定する操作をまとめて紹介します。

イベントをソロで試聴｜リッスンツール（8）

リッスンツール（8）でイベントをクリックし、クリックしたままでいると、その間は、イベントをソロ試聴できます。

リッスンツール（8）
イベントをクリックしたまま→ソロ試聴

リッスンツールを代替ツールに設定しておけば、スマートツール時に「Ctrl」を押すだけで一時的にリッスンツールになり便利です。（「代替ツールの活用」（104ページ）参照。）

イベントをソロでループ再生
リッスンツールで Shift ＋イベントクリックすると、そのイベントをソロでループ再生します。

イベントの先頭へカーソルを移動（L）

手 順

イベントを選択して「L」キーを押す
→選択イベントの先頭にカーソルが移動します。

Alt ＋ Shift ＋ N で、次のイベントの先頭にカーソルが移動します。（Alt ＋ Shift ＋ B はバック）

もしくは、右矢印キーで次のイベントが選択されるので、その後「L」を押してもよいでしょう。

イベント選択時にトラックも同時に選択されています。「S」キーですぐソロにできます。

イベント範囲を素早くループプレイ

手 順

① イベントを選択
②「Shift ＋ P」を押す
　→イベントがループ範囲に指定されます。
③ ショートカット「1」で範囲マーカーL へカーソル移動
④「Enter」を押して再生

手順②で「P」だけを押すと、スナップが効いた状態でループ範囲が設定されます。小節途中から始まるイベントでも、キリのよい小節頭からループさせられ便利です。

①イベントを選択　②Shift＋Pでループ範囲（）に指定

③「1」で範囲マーカーL（▬）に移動し、④「Enter」

イベント選択と同時にイベント幅がループ範囲に指定されるよう設定しておくと、さらにスピードアップできます。
→ルーラーを右クリックして「選択したトラックでループを有効」にチェックを入れておきます。（ショートカット：Ctrl＋Alt＋P）

ループ再生を有効にするには「ループ有効」ボタンをオンにします。（ショートカット：「／」）

トランスポートの「ループ有効」ボタン

マーカーやループの活用

「Y」を押すとカーソル位置にマーカーが配置されます。マーカーを配置すると、カーソルを素早く移動したり、曲の構成を把握するのに役立ちます。以下に活用例を紹介します

手順

① 「マーカートラックを開く」ボタンをクリックしてマーカートラックを開く
② タイムベースに「拍」か「秒」を指定

> **タイムベース「拍」と「秒」の使い分け**
> タイムベースでは時間の単位を指定します。「拍」（音符ボタン）にすると、タイムラインルーラーのメモリ単位が小節や拍になります。「秒」（時計マーク）では絶対時間が単位となり、テンポや拍子の変更の影響を受けず常に同じ時間上にマーカーが留まります。

③ マーカーを配置する位置へカーソルを移動（ルーラーをクリック）
④ 「Y」キーを押す
　→マーカーが配置されます。

③ルーラーをクリック（白い縦線がカーソル）　　④「Y」キーでマーカーが配置される

> 「Y」キーを押す度にマーカーが挿入され、再生中でも挿入可能です。また、マーカートラックの「マーカーを挿入」ボタンをクリックでも挿入されます。

⑤ マーカーをダブルクリックして任意の名称を入力

⑤ダブルクリック

> マーカーを右クリックしても、名称を変更できます。この時「マーカーで停止」にチェックを入れると、そのマーカーで再生が停止します（**enter**などで再生すれば先に進みます）。
> 曲の最後に配置したり、ライブで複数曲のオケを流す際に、曲ごとにストップさせるなど便利です。

マーカーを右クリック

マーカーを配置した後は、以下の操作などをおこなえます。

カーソルの前後のマーカーへ移動する

トランスポートの「◀」「▶」ボタンで、最寄りのマーカーへとカーソルが移動します。

前のマーカーへ移動：Shift + B
次のマーカーへ移動：Shift + N

ショートカットでマーカー間を移動する

テンキー1：ループ範囲のLへ移動
テンキー2：ループ範囲のRへ移動
テンキー3：スタートマーカーへ移動
テンキー4：1つめのマーカー（初期表記は「#2」）へ移動
テンキー5：2つめのマーカー（同じく #3）へ移動
テンキー6：3つめのマーカー（#4）へ移動
テンキー7：4つめのマーカー（#5）へ移動
テンキー8：5つめのマーカー（#6）へ移動
テンキー9：6つめのマーカー（#7）へ移動

> v4.5 から、より多くのマーカーのショートカットが用意されました。「より多くのマーカーにアクセスできます」（481 ページ）参照。

一覧から選択してマーカーへ移動する

以下のどちらかの方法で、マーカーの一覧から移動先を選べます。
・ルーラー上で右クリック
・メニューから「トランスポート ＞ マーカーへ移動」を選択

マーカーの削除

マーカーを選択して delete キーを押すか、右クリックから「削除」を選択します。

> マーカーに自動で割当たる番号は、左端のゼロ地点に近い順から #1、#2、#3、#4 …… となります。マーカーを削除や移動すると、自動的に番号が変わります。なお、マーカー名称を変更している場合は、その名称が変わることはありません。

> **スタートマーカー、エンドマーカー**
> スタート／エンドマーカーは、ソングの範囲を示す特別なマーカーです。範囲選択しておき Alt＋Y で、範囲の両端がスタート／エンドに設定されます。また、オーディオの書き出しで範囲指定にも使われます。

ソロ、ミュートの使いこなし

個別のサウンドチェック、不要トラックのミュート、編集でイベントやノートの一部をミュートなど、ソロやミュートにすることは頻繁にあります。

何度かクリックしなければいけない操作を一気に実行できる機能やショートカットも用意されています。

> ここで紹介する操作は、コンソールのチャンネルとアレンジビューのトラック、どちらでも同様に操作できます。

トラックやチャンネルのソロ：S（ミュート：M）

ソロにするトラックやチャンネルを選択中に「S」ボタンをクリック（ショートカット「S」キー）。ミュートするには「M」ボタンをクリックします（ショートカット「M」キー）。

複数トラック／チャンネルを選択しておくか、あらかじめグループ化しておくと、まとめてソロ／ミュートできます。

グローバルソロ：Ctrl＋Shift＋S（ミュート：Ctrl＋Shift＋M）

例えば、ドラム、ベース、ボーカルのソロと全体のサウンドを何度も聞き比べる時も、ワンアクションで切り替えられます。

以下の操作でも実行できます。

・「M」「S」ボタンを Ctrl ＋ クリック
・アレンジビュー下のグローバルソロ／ミュートボタンをクリック

トラックのソロ／ミュートボタン

グローバルソロ／ミュート のボタン

ソロセーフ（solo safe）：Shift ＋ ソロボタンをクリック

ソロセーフ状態（「S」ボタンが緑に点灯）にすると、他のトラックをソロにしてもミュートされません（ソロ関連の動作から除外されます）。例えば、いろんなトラックをソロで聞きたいが、常にドラムは鳴らしておきたい場合には、ドラムトラックで Shift ＋「S」ボタンクリックします。もう一度同じ操作で解除できます。（「テイク選びでソロセーフ（ソロ保存）のススメ（283 ページ）」参照）

「選択したトラックでソロを有効」をオンにすると、常に選択トラックだけがソロになります。（「レイヤーを聴き比べる TIPS（284 ページ）」参照）

コンソールチャンネルでのソロボタン

ソロの入れ替え：Alt ＋「S」ボタンクリック

ギターをソロにしていて、今度はピアノをソロにしたい場合、ピアノの「S」ボタンを Alt＋ クリックすれば、ギターのソロは自動で解除されてピアノだけソロにできます。わざわざギターのソロを解除する必要はありません。

イベントのミュート切り替え：Shift ＋ M

選択中のイベントのミュート／ミュート解除を切り替えます。イベント上で右クリックからミュートを切り替えでも作業できます。ミュートツール（6）でクリックするのと同様の操作を、より素早くおこなえます。

ミュートされたイベントには「📄」マークがつく
イベント単位でのミュート

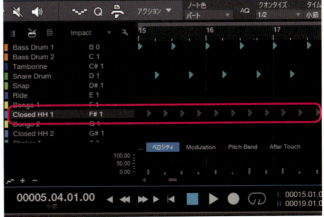

ハイハットだけミュート、などの利用法もある

音色のプレビューテクニックと音源変更

インストゥルメントの音色をプリセットを探したり、試したりする際にも効率的な操作があります。Presence で一例を紹介します。

準備

ノートを入力済みの場合は、そこをループ再生するようにしておくと、音色探しに集中できます。また、全トラックが鳴っている状態と、ソロで聞くのでは、音色の印象が変わるので、切り替えながら探すとよいでしょう。

音色を探す｜同じ音源内での音色切り替え

手順

① 「インストゥルメントエディター」ボタンをクリック（**Shift** + **F11**）
② プルダウンメニューから音色を選択

プルダウンメニューを閉じないコツ

手順②でダブルクリックすると、メニューが閉じてしまいます。選択肢を開いたままで次々と音色を試したい場合は以下の操作が便利です。

① 音色名にカーソルを合わせてハイライトさせる
② **上下矢印**キーで選択を移動
③ 気になる音色名で**スペース**キーを押す
　→選択肢が開いたまま、音色が読み込まれます。
④ **上下矢印**キーで音色を移動しスペースで試聴を繰り返す
⑤ 気に入った音色が見つかったら **Enter** キーで確定

プルダウンを開かずに音色を順に試す

◀▶をクリックすると選択肢を開くことなく、プリセット（音色）が順番に切り替わります。順番に試していく場合は、こちらも便利でしょう。（ショートカット：**Alt** + **Page down/up**）

音源の差し替え｜置き換え・拒否・統合

トラックに読み込んでいる音色を変更する手順をチェックしておきましょう。ここでは、音源を Presence から Mai Tai に切り替えてみましょう。

手順

① ブラウザー（**F5**）を表示
② 「インストゥルメント」タブを選択
③ Mai Taiを読み込ませたいトラックへとドロップ

④ メッセージが表示されたら、音源変更の作業内容を指定する

音源変更時のダイアログは注意が必要

置換：現在の音源はソングから削除され、代わりにドロップした音源が割り当てられます。他のトラックで同じ音源を使用している場合は選んではいけません。

維持：ドロップした音源が割り当てられます。元の音源もソング内には残ります。場合によっては不要な音源がソング内に残ることになります。

結合：「マルチインストゥルメント」として、元の音源とドロップした音源が結合されます。マルチインストゥルメントに関しては「マルチインストゥルメントの活用」（206ページ）参照。

> **その他の音源に関する注意点**
>
> トラックをコピーして別のパートを作成することがありますが、その際の音源の割り当てには注意が必要です。
> 例えば、トラック上で右クリック＞「トラックを複製」でコピーすると、コピー元と同じインストゥルメントを"共有"している状態になります。一方の音色を変更すると両方のトラックの音色に影響することになるので注意が必要です。
> コピー後は別の音源として扱いたい場合は、「トラックを複製（完全）」でコピーします。コピートラックには、"新規の"インストゥルメントが割り当てられ、別々に扱えます。

表示のテクニック

複数のエディター画面を表示する

インストゥルメントやエフェクトの編集画面（エディター）は、ピンアイコンで複数に分けて表示させられます。具体的な手順を紹介します。

> 音楽エディターやコンソールなどは複数表示できません。

手 順

① 任意のエディターを開く（→初期状態では、ひとつの画面にまとめて表示され、タブで切り替えるようになっています。）

② 「エディターを開いたままにする」ボタン（ピンアイコン）をクリック
　→ボタンがブルーに点灯し、目的の画面が開いたままになります。

> インストゥルメントエディターでは、ソング全体のインストゥルメントがまとまり、エフェクトエディターでは、トラックごとのエフェクトがまとまって表示されます。

③ 別のウィンドウで開きたいエディターを開く（トラック右の鍵盤アイコンをクリックしたり、デバイスラック内のエフェクトをダブルクリックするなどして、任意のエディターを開きます）
　→最初から開いているウィンドウとは別にもう1つエディターが開きます。

④ 必要なエディターの数だけ手順③をくり返す

分析系エフェクトを複数開いておくなどの場合にも必要なテクニック

データズーム（イベント内データの強調表示）

データズーム ![slider] のスライダーを上へドラッグすると、オーディオイベント内の波形が縦方向に強調された表示になります。小さな振り幅のノイズを見つけやすくなる、分割や編集のポイントを見極めやすくなるなどのメリットがあります。（アレンジビュー右下、エディター右下、どちらのスライダーも同じ機能です）

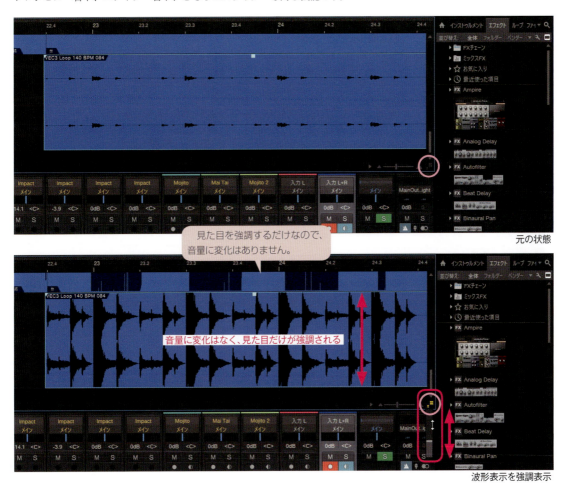

ウィンドウを取り外す

コンソールビューと音楽エディターは、それぞれの「取り外す」ボタン（![icon]）で分離表示できます。自由にレイアウトしたり、マルチディスプレイにして振り分けたりすることも可能です。

コンソールの取り外すボタン

エディターの取り外すボタン

「組み込む」ボタン（ ）で元にもどります。

3画面を自由に配置することも可能

それぞれ、「コンソール」(161ページ)
「音楽エディター」(134ページ) 参照。

3 ブラウザー

ブラウザーの活用

ブラウザーは、「ブラウズ」ボタン（**F5**）で開き、上部のタブで表示内容を切り替えます。

インストゥルメントやエフェクト、ループ（サウンドコンテンツ）、ファイルなど様々な項目を扱う（ブラウズする）ことができ、ソング内にドラッグ＆ドロップするだけで利用できます。

プールでの録音データの管理や、ファイルでのOS上のデータへのアクセスや、自作のプリセットやループの保存と管理など、ファイルブラウザーとしての機能も持ちます。

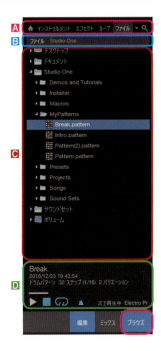

A 表示項目（コンテンツ）切り替えのタブ

ブラウザーの表示項目を切り替えます。左端はホーム画面を表示し、左から順に以下のショートカットで開けます。

ホーム（未割当）／インストゥルメント（**F6**）／エフェクト（**F7**）／
ループ（**F8**）／ファイル（**F9**）／クラウド（未割当）／プール（**F10**）

> 表示幅が足りず表示されない項目がある場合は、右に▼が表示され、プルダウンからも選択できます。

B 並び替え分類のタブ

タブ **A** で「インストゥルメント」や「エフェクト」「プール」を選んでいる場合は、分類分けを切り替えられます。「ファイル」を選択中は表示場所の切り替えになります。幅が狭い場合は右端のプルダウン▼からも選択可能です。

C 表示内容

タブ **AB** の選択状況によって表示されるコンテンツが変化します。

D プレビュー

サウンド素材の場合は、試聴用ボタン（再生／停止／ループ）が表示され、メトロノームボタンをオンにするとソングテンポで試聴できます。

右側にはボリュームフェーダーのほか、テンポ情報や試聴音源などが素材にあわせて表示されます。

情報など
メトロノームボタン

ブラウザのファイルタブ

ファイルブラウザでのタブ表示

- **ファイル**：コンピューターのドライブ内のファイルをブラウズします。
- **Studio One**：Studio One ユーザーデータフォルダ（※1.）へアクセスします。

> ※1. 参照するフォルダーは、オプション ＞ ロケーション ＞ ユーザーデータで指定されており、変更も可能です。

ファイルブラウザでのタブ
ファイルタブ

ファイルブラウザ内での各種操作

ファイルブラウザの「ファイル」タブでは、右クリックから色々なメニューやコマンドを実行できます。（※メニューはファイルの種類によって異なります）

例えば、ループファイルでの「Waveへ変換」、ステレオオーディオを「モノファイルに分割」、OS 上の「エクスプローラーに表示」（Mac では Finder に表示）など、メニュー名から機能を予想できるものも多いでしょう。モノオーディオを2つ選択しておき「ステレオファイルに結合」、ステレオファイルを「モノに分割」などの操作も可能です。

虫メガネ（「を検索」ボタン）をクリックすると上部に検索窓が表示されます。膨大なファイル内を検索するのに便利です。

右クリック

130

ブラウザのプール

アレンジビューに配置されたオーディオイベントは、参照範囲情報（リージョン）であり、実際のデータを参照するための情報でしかありません。録音したオーディオやバウンスで作成されたオーディオなど、実データはすべてプールに保存されており、リージョンはそれを参照しています。

プールブラウザのタブを使った並び替え

- **全体**：すべてのオーディオファイルが表示されます。
- **トラック**：使用中のファイルをトラックごとに表示します。（（使用されていません）内には、以前使用されていたファイルが保持されています。）
- **タイプ**：オーディオとサウンドに分けて表示します。
- **ロケーション**：保存先で分類して表示します。
- **録音テイク**：録音テイクの順で表示します。

プールからの削除／完全な削除

プールから削除するには、右クリック ＞ プールから削除 を選択します。プールに表示されなくなりますがファイル自体は削除されません。ファイルを完全に削除するには「ファイルを完全に削除」を選択します。

行方不明のファイルを探す

ファイルの移動などで行方不明になったファイルがある場合は、プール上で右クリックして「行方不明のファイルを検索」を実行します。見つかった場合は再読み込みされます。

> **アレンジビュー上のオーディオをプールで表示**
> アレンジビューに配置されているオーディオイベントを右クリックして「オーディオ＞プールで選択」を実行すると、プールブラウザで表示されます。実データの状態を知りたい場合などに便利でしょう。

ブラウザのクラウド

クラウドでは、アドオンを購入できる「PreSonus ショップ」へのアクセスや、ユーザーマクロなどが公開されている「PreSonus Exchange」へのアクセス、音楽を公開・共有するクラウドサービスの「SoundCloud」と直接的な連携、などをおこなえます。

> Studio One と連携しての SoundCloud は、Professional 版でのみ利用可能ですが、Web サービスは、どなたでも利用できます。Studio One から書きだしたオーディオデータをアップロードすることもできます。

ブラウザーでの検索

ブラウザーの虫メガネをクリックすると、検索窓が開きます。

「次を検索」に文字列を入力したり、「タグ」（）をクリックしてキーワードから絞り込んだりできます。

検索結果は ✕ でリセットできます。タグの✕ではタグを削除できます。

ブラウザーのお気に入りフォルダー

好みのエフェクトやインストゥルメントを、お気に入りフォルダーに登録することができます。

手順

- 好みの項目上で右クリック＞「お気に入り」にチェックを入れる

エフェクトやインストゥルメントが、膨大な数になってしまい、リストから探すのも一苦労……という場合も、お気に入りに登録すれば、すぐに見つけられます。

プラグインなどの表示 / 非表示

エフェクトやインストゥルメントなどをブラウザーに 表示/非表示 するかを切り替えられます。

手順

- 目的の項目上で右クリック＞隠す にチェックを入れる

表示やお気に入りの管理

上記の「お気に入りフォルダーへの追加」や「表示/非表示」を管理するには、ブラウザーのスパナアイコンをクリックします。

編集モードとなり、お気に入りへの追加や取り消し、表示/非表示の取り消しをおこなえます。

ブラウザーにサムネイルを表示する

　プラグインのサムネイルは、下図の「サムネイルを表示」ボタンをクリックして表示／非表示を切り替えられます。

　サムネイル表示していると視覚的にも探しやすいですが、表示項目は少なくなります。非表示にすると、より多くの項目を表示できるようになります。状況に応じて切り替えるとよいでしょう。

サムネイルの表示ボタンをクリック

サムネイルなしの表示に切り替わる

4 編集ビュー｜音楽エディター

音楽エディターの概要

音楽エディターでは、インストゥルメントイベントの演奏情報を表示・編集することができます。

エディター表示するには、「**F2**」を押す、アレンジビューのイベントパートをダブルクリックする、「編集」ボタンを押す、メニューから表示＞エディター を選択などの方法があります。

A マウスツール

ノートデータや演奏情報などの各種イベントを編集します。アレンジビューのマウスツールとほぼ同じですが、選択したツールは、音楽エディター内でのみ有効です。「そのほかのマウスツール」（115 ページ）参照。

B ステップ録音

ステップ録音に関する設定パネル（ステップ録音ツールバー）が開きます。ステップ録音作業をおこなうには「有効化」ボタンをオンにします。

ステップ録音に関しては、「ステップ録音で3番手のパートを入力」（48ページ）参照。

C 「Q」クオンタイズ

クオンタイズに関する設定や操作をおこなう、クオンタイズパネルが開きます。クオンタイズ値やスウィングの割合などもここで設定できます。

「グルーヴ」ボタンで、グルーヴパネルに切り替わります。オーディオのノリ（グルーヴ）をノートデータに反映させたり、オリジナルクオンタイズデータをプログラムするなど、グルーヴクオンタイズ関連の作業をおこなえます。

D マクロツール

マクロツールバーが開きます。マクロを実行するボタンが並び、スパナボタンからは、設定やマクロ作成をおこなえます。「マクロ」（366ページ）参照。

E アクション

イベントを編集・操作するためのアクションが多数用意されています。「アクションメニュー」(146ページ)参照。

選択中のイベントに対して、アクションが実行されます。何も選んでいないと、メニューはグレーアウトして選べません。

アクションメニュー

F ノート色

ノートデータの配色を、ピッチ、トラック、ベロシティなどで色分けできます。
「便利な機能｜ノートカラー」(222ページ) 参照。

G 「AQ」ボタン、クオンタイズ値

「AQ」ボタン（選択されているノートにクオンタイズを自動適用ボタン）は、オンにしていると、「クオンタイズ値」を設定すると同時に、クオンタイズ処理が実行されます。(※選択中のノートだけに実行されます。)

勝手にクオンタイズされる？
自動適用がオンになっていると、クオンタイズ値を変更すると同時にグリッドに吸着します。「アクション ＞ クオンタイズ」(ショートカット：Q) を実行したタイミングで適用したい場合は、自動適用をオフにするとよいでしょう。

アレンジビューには「AQ」ボタンに似た「IQ」ボタンがあります。アレンジビューの「IQ」ボタンは、入力クオンタイズ (Input Quantize) のボタンです。あちらは、オンにしているとリアルタイム入力したノートデータにすぐにクオンタイズが適用される、というものです。

H 「タイムベース」(タイムラインルーラーの単位)

ルーラーの時間軸の単位を、秒、サンプル、小節、フレームから指定します。タイムリニア、ビートリニアの切り替えもここでおこないます。(「タイムリニア／ビートリニア」(324ページ) 参照)

■I「スナップ」（スナップタイムベース）

スナップさせる際の、グリッド対象や、基準値を指定します。横のボタンでオン・オフを切り替えます。

スナップ をオンにすると、イベントの移動やサイズ調整の際に、ぴったりと小節や拍などのグリッドに吸着させられます。

グリッドに吸着させず、無段階に移動したい場合は「オフ」にします。もしくは、「Shift」キーを押している間だけスナップが一時無効になるので、普段はスナップオンにしておき、必要に応じてShiftキーを押して微調整すると、スムーズに操作できます。

スナップする単位（グリッド）は、小節線や拍、クオンタイズ値、フレームなどを指定できます。なかでも「順応」は、拡大率などの状況に応じて、適したグリッドにスナップしてくれます。

■J 自動スクロール

再生カーソルに追従して画面が切り替わります。編集中の箇所を表示したままで再生したい場合などにオフにするとよいでしょう。

■K エディターをアレンジに同期

オンにすると、アレンジビューとエディターが同期し、カーソル位置、拡大率などがリンクします。

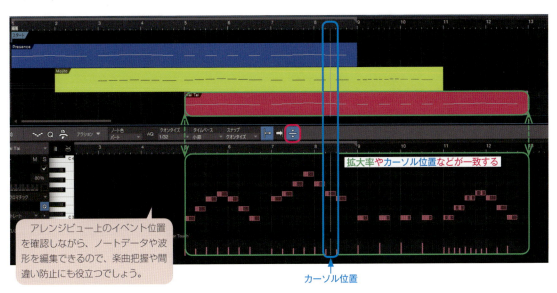

アレンジビュー上のイベント位置を確認しながら、ノートデータや波形を編集できるので、楽曲把握や間違い防止にも役立つでしょう。

■L スケール

チェックを入れてスケール（音階）を指定すると、その音階が水色にハイライトされます。ノートデータは、水色のピッチにのみ入力・移動できるようになります（＝ピッチのスナップグリッドとなります）。

入力済みのノートを選択して上下カーソルで移動させれば、音階外のピッチへも移動可能です。

音階（スケール）を基にしたメロディー作りなどにも参考になるでしょう。（「スケール（音階）の活用」（144ページ）参照）

M 選択中のノート情報

現在選択中のノート情報が表示されます。（複数選択時は左端のノート情報）

それぞれの数値は、クリック後に上下（左右）にドラッグして変更可能です。また、ダブルクリックすれば、直接入力も可能です。移調はプルダウンメニューからの選択も可能です。

N コントロールレーン

ベロシティやコントロールチェンジ、ピッチベンドなど、いわゆる MIDI コントロール情報の入力や編集をおこなえるレーンです。レーンは「オートメーションレーンを表示/隠す」ボタンで表示/非表示を切り替え、＋/－ボタンでレーンを追加・削除（＝隠す）できます。

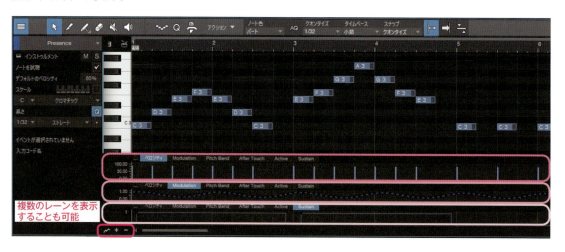

ドラムエディター

音楽エディターでドラムボタン（🥁）をクリックすると、ドラムエディターに切り替わります。ドラムなどリズム楽器に特化したこのモードでは、ピアノロール左側に鍵盤ではなくドラムのパーツ名が表示され、発音タイミングが▶で配置されます。

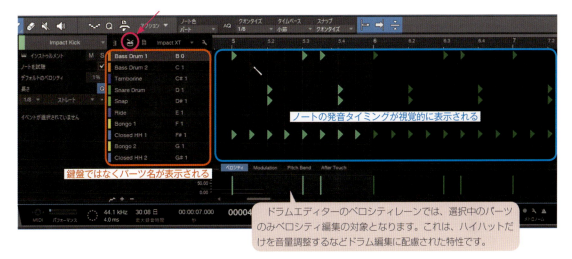

鍵盤ではなくパーツ名が表示される

ノートの発音タイミングが視覚的に表示される

ドラムエディターのベロシティレーンでは、選択中のパーツのみベロシティ編集の対象となります。これは、ハイハットだけを音量調整するなどドラム編集に配慮された特性です。

ペイントツールでクリック＆ドラッグすると、連続でノートを入力できます（通常モードではノート長を伸ばす操作）。これは、リズムパートを効率的に入力できる便利な特徴です。

クオンタイズ値の音符が連続で入力できる

スパナマーク（🔧）をクリックすると、左側のドラムパーツの並び順や表示／非表示、名称などを編集できます。名称左では色の指定も可能です。（編集後はスパナを再度クリックして閉じます）

ダブルクリックでパーツ名の編集

＝をドラッグして位置の入れ替え

●をクリックして表示／非表示の設定

音名リストには GM 規格に沿った「GM Drum」プリセットが用意されています。スタンダードな配列の場合は、簡易的に名称をセットできます。

（※ GM 規格ではない独自配列の音源のトラックでは、GM Drum を設定しても異なる音色が鳴ってしまいます。必要に応じて自分で音名を編集するとよいでしょう。作成した音色リストは保存できます。また、Exchange では他社製ドラムプラグインの音名リスト（ドラムマップ）が共有されている場合もあります）

Impact XT のトラックでは「Impact XT」が自動選択され、PAD の設定が反映し表示されます。

スタンダードな GM 配列のドラムマップを表示できる

音楽エディターでのデータ編集テクニック

ノートの調整

ノートデータの調整に便利な操作をいくつか紹介します。

・選択対象のノートを左/右に変更：左右カーソル
・ノートのピッチを上下に移動：上下カーソル
・ノートの位置をグリッド分左右に移動：Alt＋左右カーソル
・選択ノートの音の長さをすべて揃える：Ctrl＋左右にドラッグ（すべてのノートを、ごく短く揃えることも素早くおこなえます）
・選択ノートのエンド位置を揃える：Alt＋左右にドラッグ（アルペジオ入力にオススメです）
・長いノートをグリッドで分割：選択しておき、アクションメニューのグリッドで分割を実行

> アクションメニューでは、音の長さ調整や音をなめらかにつなげるレガート処理やオーバーラップ修正をおこなえる「長さ」や、ダブルテンポ/ハーフテンポに変更できる「ストレッチ」、移調できる「トランスポーズ」なども用意されています。

ベロシティ調整

ベロシティは、強弱に関する演奏情報です（各ノートにベロシティ情報が記録されています）。ノートのベロシティは、以下の方法などで調整できます。

① 矢印ツール（ ）でベロシティバーを調整

矢印ツールでは、レーンのベロシティバーをクリック＆上下ドラッグで値を調整できます。単独で調整するのに適しています。

② ペイントツール（ ）でレーンのベロシティを描画

ペイントツールでは、レーン上のベロシティをクリックしたままで、なぞるようにすると、ベロシティ値を変更できます。

> ノートを複数選択しておけば、選択中のノートだけが編集対象になります。
> 応用として、ペイントツールでは選択しなくてもベロシティ編集できますが、編集したくないノートがある場合は、ほかのノートを選択しておくことで、編集の対象外にすることができます。
> 特定の条件でノート選択する方法は「特定の条件で音を選択（音を選択）」（142ページ）参照。

③ ベロシティを数値で調整

ノートを選択しておき、エディターのベロシティ値をクリック＆上下ドラッグで数値を変更できます。もしくは0-100（MIDI表記では0-127）の数値を直接入力します。

数字の上でクリックして上下ドラッグ／数値を直接入力

④ アクション>ベロシティで数値設定

アクションメニューの「ベロシティ」では、選択中のノートに対して加算、乗算（足し算かけ算）でベロシティ値の修正ができます。「すべてを次に設定」では、全ノートのベロシティをそろえられます。

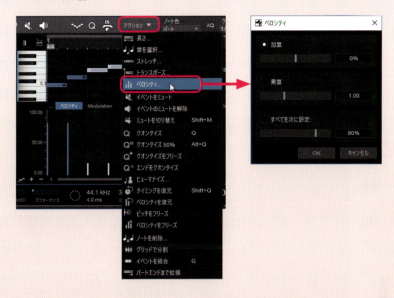

⑤ アクション>ヒューマナイズで揺らぎを付ける

アクションメニューの「ヒューマナイズ」を実行すると、選択ノートのベロシティとタイミングの値に揺らぎを付けられます。人間味のある演奏データにしたい場合に有効です。

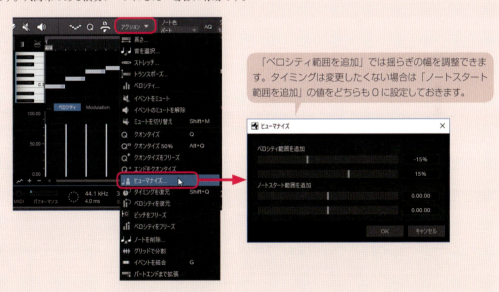

「ベロシティ範囲を追加」では揺らぎの幅を調整できます。タイミングは変更したくない場合は「ノートスタート範囲を追加」の値をどちらも0に設定しておきます。

隣り合ったノートのつなぎ目の位置調整

ノートイベントが連続して並んでいる（レガート状態の）場合に、隣り合ったノートのつなぎ目の位置調整を効率よくおこなう操作手順です。

手順

① 接合部でAltキーを押す
　→カーソルが ◀▷（または ◀▶）から ◁▷ にかわる
② 左右にドラッグして接続位置を調整する

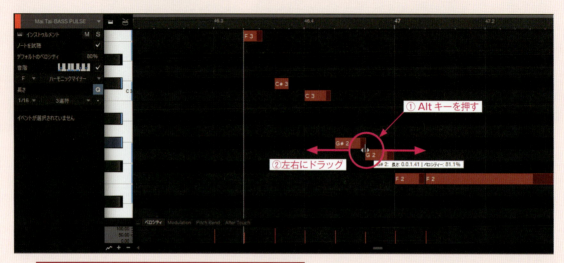

ポイント

音程の異なるノートデータでも、時間軸で切れ目なく並んでいれば（レガート状態なら）この操作をおこなえます。逆に少しでも音の間に隙間があるとこの操作はおこなえません。

例えば、リアルタイム入力したフレーズをレガート処理して切れ目なくノートデータが並んだ状態で、発音位置を少し左右に調整したい場合などにも有効な機能です。

特定の条件で音を選択（アクション｜音を選択...）

音楽エディターのアクションメニュー「音を選択」では、条件付けをしてノートを選択できます。項目名が機能を表しています。

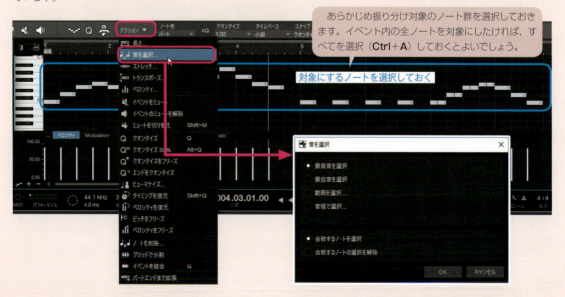

・最高音を選択・最低音を選択

音が重なっているところでは、最高音・最低音だけを選択します。和音（コード）の最高音や最低音だけを選びたい場合に便利です。

「合致するノートの選択を解除」にチェックを入れると、条件にあてはまらないノートだけが選択されます。

・範囲を選択

特定の範囲のピッチやベロシティ、長さに該当するノートだけを指定できます。例えば、ベロシティで「20%」（から）、「80%」（へ）と指定すれば、ベロシティ値が20〜80のノートだけを選択できます。

ゴーストノート（極端に小さい音、短い音）だけを選択したり、音域外のノートだけを選択してオクターブ下げたり、など目的に応じて使えるでしょう。

・音程で選択

「拍」では、拍を基準にした選択をおこなえます。例えば、16分音符の四つ目（裏の裏）だけを選ぶには以下の設定にします。

・拍グリッド（1/16）＝16分音符単位で処理します。
・選択肢の音程：拍数（4）＝上記グリッド4つごとに選択します。
・スタートオフセット：拍数（3）＝最初の3つは無視してから処理を始めます。

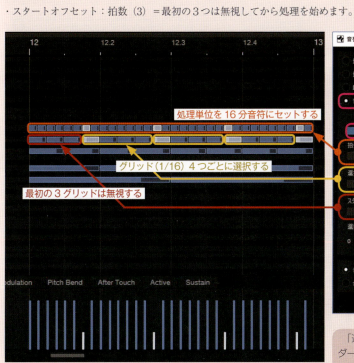

16分の4つめに位置する音だけを選んでベロシティを下げた

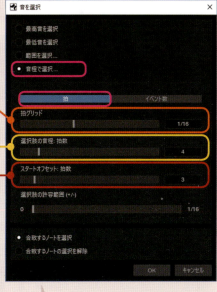

「選択肢の許容範囲」を右側［1/16］にスライダーを寄せるほど、指定グリッド付近の音も選択されます。（手弾きなどで拍が揺らいでいるデータに有効です）。左端［0］では、タイミングがぴったりのノートだけが選ばれます。

「イベント数」では、イベントを基準に選択指定できます。図では5番目のノートからスタートして、3イベントごとに選択しています。異なる長や音程のノートが混在していても、総合的にカウントされます。

特定のピッチの音だけを選択（Ctrl + Alt + クリック）

「Ctrl + Alt」を押しながら音楽エディター内の鍵盤（もしくはドラムパーツ名）をクリックすると、その音程のノートを全て選択することができます。例えばドラムトラックでスネアだけを選択するといった場合に便利です。

Ctrl + Alt を押しながらクリックして特定のピッチを選択

スケール（音階）の活用

図では、チュートリアルで作成したメロディーで、「D」「ナチュラルマイナー」を設定（①）、Ctrl + A で全ノートを選択（②）、その後、先頭のノートを「D」にドラッグで移動しました。自然短音階（ナチュラルマイナー）のカエルのメロディーが簡単に作成できます。

音楽的なメロディーにするには、その後の修正が必要ですが、ちょっとしたアイディアや作業の助けになるでしょう。

> **スケールの選択肢について**
>
> 　「クロマチック」（半音音階）は、すべてのピッチを使う初期状態です。長調の「メジャー」と3種類の短調として「ナチュラルマイナー」（自然短音階）、「メロディックマイナー」（旋律的短音階）、「ハーモニックマイナー」（和声的短音階）が用意されており、アドリブの方法論などでもよく紹介されるペンタトニックとマイナーペンタトニック（どちらも五音音階）と、ジャズなどのモードで用いられる旋法から「ドリアン」「ミクソリディアン」「フリジアン」もあります。
> 　そして v4.5 で追加された「メジャートライアド」「マイナートライアド」では、シンプルなコードの構成音を得られます。例えば、C メジャートライアドにすれば、ドミソだけに限定され、C マイナー・トライアドではド、ミ♭、ソに限定されます。（これは、コード構成音と完全に一致したノートだけにする場合などに有用です）

■ コントロールレーンでのエンベロープ編集

　コントロールレーンに表示されるデータの種類は、タブで切り替えます。希望するパラメーターが無い場合は、「…」ボタンから「オートメーション」画面を開き、表示させたいデータ（パラメーター）を追加すると、タブに表示されるようになります。

パラメーターをレーンに表示／追加する

手順

① レーンの表示／非表示ボタンをクリック
　→レーンが表示または非表示されます。
② 編集したい項目を編集
　②-1 編集したい項目がある場合はそのタブをクリックして編集
　②-2 編集したい項目が無い場合は「…」ボタンをクリック
　→オートメーション画面が開きます。

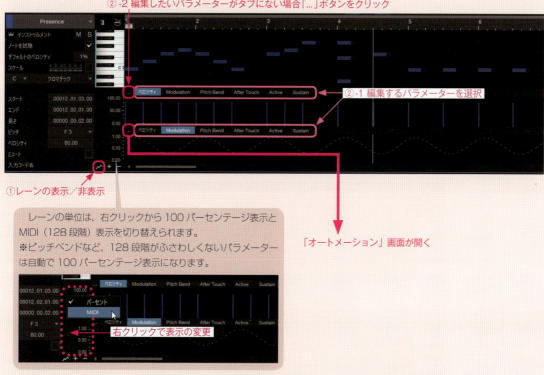

③ オートメーション画面右側の項目からタブに表示させたい項目を選択して「追加」をクリック
　→オートメーション画面左側に選択していた項目が表示されます。
④ 「閉じる」をクリックしてオートメーション画面を閉じる

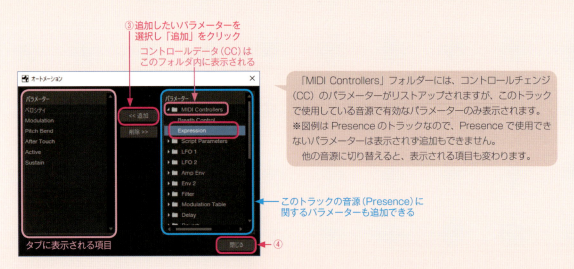

③追加したいパラメーターを選択し「追加」をクリック

コントロールデータ（CC）はこのフォルダ内に表示される

「MIDI Controllers」フォルダーには、コントロールチェンジ（CC）のパラメーターがリストアップされますが、このトラックで使用している音源で有効なパラメーターのみ表示されます。
※図例は Presence のトラックなので、Presence で使用できないパラメーターは表示されず追加もできません。
　他の音源に切り替えると、表示される項目も変わります。

このトラックの音源（Presence）に関するパラメーターも追加できる

レーンでのデータ編集
・ペイントツールなどでデータを入力
・ポイントをドラッグして移動
・ポイントを右クリックすると「値」の欄へ数値を入力可能
・Alt を押しながらポイントを囲むとその範囲のポイントだけが選択される

データの削除
・矢印ツールでデータのポイントをダブルクリック
・消しゴムツールでクリック
・矢印ツールで複数選択しておき「**delete**」を押す

アクションメニュー

音楽エディターのアクションメニューでは、様々なコマンドを選択中のノートやインストゥルメントパートに対して実行できます。主なアクションコマンドと v4.5 で追加された項目の概要を紹介します。

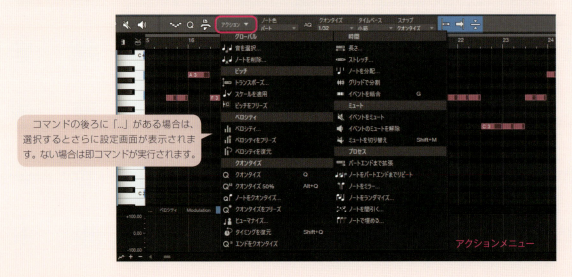

コマンドの後ろに「...」がある場合は、選択するとさらに設定画面が表示されます。ない場合は即コマンドが実行されます。

アクションメニュー

グローバル

音を選択…

最高音／最低音、範囲や音程など、特定の条件で音を選択できます。他の作業と組み合わせて処理する際に便利です。

> 「特定の条件で音を選択（アクション｜音を選択 …）」（142 ページ）参照。

ノートを削除…

「ノートを削除 …」を選択するとダイアログが表示され、以下のアクションを実行できます。

> 「アクション｜重複ノートの削除」（239 ページ）参照。

・「**重複音を削除**」：いつのまにか重複してしまったノートデータを削除できます。
・「**次より短いノートを削除**」：設定値よりも短いノートを削除できます。

ピッチ

トランスポーズ…

1～2オクターブ、もしくは数値を指定して移調できます。「すべてを次に設定」では、同じ音程にすることが可能です。

> 「トランスポーズを使った移調」（55 ページ）参照。

スケールを適用 new

ノートを選択してから「スケールを適用」を実行すると、設定されているスケールにノートが移動します。スケールはウィンドウ左側で設定します。

> スケールについては「スケール（音階）の活用」（144 ページ）参照。

※それぞれのターゲットとなるノートは、スケールのチェックを入れると青色で表示され確認できます。

ピッチをフリーズ

ノートデータを現在のピッチに固定するので、「コードに追従」の設定でも移動しないようにできます。（※マウスでのドラッグや矢印キーでの上下移動は可能です）

> 「アクション｜ピッチをフリーズ」（239 ページ）参照。

ベロシティ

ベロシティ…

選択中のノートのベロシティ値を加算、乗算して変更できます。すべてを一括で数値で指定することも可能です。

> 数値欄に「%」が表示されている場合は、ベロシティレーンが 100% 表記になっていることを示します。「他の DAW での MIDI 編集になれている方への解説」（69 ページ）参照。

ベロシティをフリーズ

現在のベロシティ値をフリーズ（恒久化）します。

ベロシティを復元

変更したベロシティを元の値に復元します。

クオンタイズ

クオンタイズ

ノートデータのタイミングが、クオンタイズ値の最寄りのグリッドに一致するように移動します。（タイミングの修正処理を実行します）。

> 「リアルタイム録音した演奏のタイミング修正（クオンタイズ）」（47 ページ）参照。

クオンタイズ 50%

クオンタイズによるタイミングの修正を 50% に抑えてクオンタイズ処理を実行します。元のタイミングのニュアンスを残しつつもタイミング修正をおこなえます。

ノートをクオンタイズ

クオンタイズパネルと同様のクオンタイズ処理をアクションメニューからも実行できます。

前出の「クオンタイズ」では選択と同時に処理が実行されますが、こちらは設定画面が開き、クオンタイズグリッド、連符処理、スウィングの度合いなどを指定してから実行します。クオンタイズ対象がノートの始点（ノートスタート）か、終点（ノートエンド）か、もしくは両方かも指定できます。

クオンタイズをフリーズ

現在のクオンタイズ状況をフリーズ（恒久化）します。自動処理などでクオンタイズを変化させたあとに実行すれば、その状態をオリジナルのタイミングとすることができます。

ヒューマナイズ…

ほどよくタイミングやベロシティに揺らぎを与えます。

> 「アクション＞ヒューマナイズで揺らぎをつける」（141 ページ）参照。

タイミングを復元

クオンタイズされたノートを元のタイミングに戻します。入力クオンタイズで録音時に自動処理されたタイミングにも有効です。

> 「入力クオンタイズ」（364 ページ）参照。

エンドをクオンタイズ new

ノートデータの終点をクオンタイズします。クオンタイズパネルのエンドやアクション＞「ノートをクオンタイズ」のノートエンドをクオンタイズでも同様の処理をおこなえますが、アクションメニューから素早く実行できるようになっています。

時間

長さ…

現在のノートの長さを変更するアクションです。加算、減算、数値指定、乗算などで変更処理できます。

レガートでは、隣りあうノートと密接するよう長さが調整されます。オーバーラップを調整すると、隣り合うノートの重なり具合を調整できます。

ストレッチ…

複数のノートで構成されるフレーズに有効なアクションです。

「ダブルテンポ」では、例えば、2 小節のフレーズを 1 小節分になるようギュッと収縮させられます。（倍のテンポになります）。「ハーフテンポ」では、2 小節フレーズを 4 小節分になるよう引き延ばします。（テンポが半分の遅さになります）。フリーでは伸縮率を指定できます。

ノートを分配… new

複数ノートを選択している場合に、間隔を均等になるよう再配置します。（※ 3 つ以上のノートが選択されている場合に限り機能します。）

これは、連符を素早く入力するのにも有用です。なお、配置率は指定も可能です。

グリッドで分割

選択中のノートが、グリッド（クオンタイズ値）で分割されます。

イベントを結合

複数のノートを選択している場合に、同じ音程のノートを結合します。

ミュート

イベントをミュート

選択中のノート（イベント）が、ミュート（消音）されプレイバック時に鳴らなくなります。

イベントのミュートを解除
ミュートを解除します。

ミュートを切り替え
ミュート状況を切り替えます。ミュート中のノートとそうでないものが両方含まれる場合は、それぞれ状況が切り替わります。

プロセス

パートエンドまで拡張
複数のノートを、パートの終点までノートデータを伸ばします。

ノートをパートエンドまでリピート new
パートの終点まで選択中のノートを繰り返します。特に複数のノートからなるパターンを選択していると繰り返しパターンを効率よく作成できます。

ノートをミラー… new
メロディやフレーズを素早く反転させられる、作曲やアレンジに有用なアクションです。
「ノートを左右にミラー」では選択中のノートが水平方向に反転します。反転時の中心点を設定できます。「ノートを上下にミラーでは」垂直方向に反転します。

ノートをランダマイズ… new
ピッチ、ベロシティ、ノートの長さなどをランダムに変更できるクリエイティブな作業に有用なアクションです。
変化させる項目とその範囲や強さ（強度）を調整し組み合わせられます。また、ランダムでありながらもスケールを考慮したピッチにすることも可能です。（スケールは事前に編集ビュー左側で設定しておきます）

ノートを間引く… new
シーケンスフレーズを生成するなどクリエイティブな作業にも有用なアクションです。
反映する度合いをアマウントで調整して、ほどよくノートを間引く（自動で削除）することができます。「グリッド」では、残すノート位置を指定できます。（例：4/4拍子のソングでグリッド1/4にすると、オンビート＝拍頭の音を残します）

ノートで埋める…
指定した範囲にノートを生成して隙間を埋めるアクションです。
例えば、ループ範囲の中に、16分音符で、C2からC5のオクターブ範囲で、ベロシティ値が100のノートデータを、スケールを適用しつつ、ノートを生成する、といったことが自動処理で簡単におこなえます。

「空のステップにのみノートをインサート」にチェックを入れると、ノートがない場所（隙間）にだけノートを生成します。

5 トラックリスト

トラックリストを使うと、トラックやチャンネルの選択・表示などの管理が格段に便利になります。アレンジビュー、ミックスビュー、音楽エディターなどでそれぞれの役割に応じた機能が用意されているので、それぞれの特徴と活用方法を見ていきましょう。

アレンジビューのトラックリスト

アレンジビューのトラックリストは、ソング全体のトラック構成の確認・管理をおこなえます。
　画面内に収まる程度のトラック数で作業しているうちは必要性を感じませんが、膨大なトラック数のソングで、目的のトラックを探すのも一苦労…となってくると、なくてはならない機能だと感じるでしょう。

トラックリストの表示

トラックリストボタンをクリックすると、ソングのすべてのトラックがリスト表示されます。

リストは階層表示されており、例えば、フォルダートラックの「▶」をクリックすると、内包するトラックが展開します。同様に、レイヤーやオートメーショントラックを含むトラックは、クリックで展開表示され、アレンジビューにも表示されます。

グループの表示

リスト幅を広くすると、グループ化されているトラックを確認できます。グループ化されているトラックのどれかをクリックすると、同じグループに属す全トラックが選択されます。

v4.5からグループ機能が再設計されました。それに伴いトラックリストにもあらたにグループ項目が追加されました。「再設計されたグループ化機能」(471ページ)参照。

境界線をドラッグして幅を広げるとグループが表示される

グループ表示は、テキスト「グループ」上で右クリックして「グループ」のチェックを外すことで非表示にできます。

トラックの管理

トラックの選択：リスト内の、トラックをクリック
　→アレンジビュー上でそのトラックが選択されます。

トラックの表示・非表示：リスト内の、トラック名左側の●をオン・オフ
　→「●」の点灯しているトラックがアレンジビューに表示されます。

どれか1つをクリックしたまま縦方向にドラッグすると連続して変更できます。
※ひとつずつクリックする必要はありません。

トラックの並び替え：トラック名左側のトラックタイプアイコンを上下にドラッグ
　→トラックの順序を入れ替えられ、アレンジビューにも反映します。

トラックタイプごとの表示/非表示：下部のアイコンをオン・オフ
　→消灯したトラックタイプのトラックは、グレー表示になり、アレンジビューでは、非表示になります。
　※オーディオだけ表示するなど、種類での選別を簡単におこなえます。

トラックタイプで非表示に指定されても、後からリスト左側の●を点灯すれば、表示されます。

トラックリストのプリセット（シーン）

トラックリストの現在の状況をプリセットとして保存できます。
※このプリセットを「シーン」と呼びます。

「+」をクリックし、名称を付けてシーンを保存すると、トラックリスト下部に「アクティブなシーン」として表示されます。

複数のシーンがある場合は、「▼」で切り替えられるので、録音用シーン、ドラム編集用シーン、ボーカルテイク選び用シーンなど、作業工程に合わせたシーンを保存するとよいでしょう。

「−（マイナス）」をクリックすると、シーンを削除できます。

シーンとして保存し切り替えられる

ミックスビューのチャンネルリスト

ミックスビューのリストはチャンネルリストと呼びます。アレンジビューのトラックリストとほぼ同様に扱えますが、いくつかミックスビュー固有の項目や名称もあるのでチェックしておきましょう。

チャンネルリストの表示

ミックスビューでは、「チャンネルリスト」ボタンでチャンネルリストを表示します。

タイプごとの表示／非表示

下部のアイコンでチャンネルのタイプごとに表示／非表示を切り替えられます。
※VCAだけ表示する、インストゥルメントは隠すなど、種類での選別を簡単におこなえます。

チャンネルの種類を限定して表示できる

アレンジビューのトラックリストと同期

アレンジビューとミックスビューのリスト操作（やシーンの切り替え）を、同期（リンク）することができます。

同期するには、スパナアイコンから「トラックリストとコンソールの表示／非表示をリンク」にチェックを入れます。チェックを外すと、コンソール側の操作は、アレンジビューには影響しません。

ミックスビューのスパナアイコンから設定

音楽エディターのトラックリスト

音楽エディターのトラックリストは、イベント（演奏データ）を効率的に編集するのに役立ちます。

例えば、表示して編集もしたいトラック、参照用に表示はするが編集したくないトラック、などを混在させたい場合も、トラックリストで問題なく作業できます。

以下の図は、チュートリアルで作成したソングの音楽エディターです。トラックカラーを変更するなどしていますが、1画面内に各パートがわかりやすく表示されているのがわかります。

音楽エディターの活用法を見ていきましょう。

> 音楽エディターは1つしか開きません。マルチウィンドウのDAWでの作業に慣れている方は戸惑うかもしれませんが、イベントごとに画面を開くのではなく、トラックリストでエディターに表示するトラックを選ぶ仕組みと考えるとよいでしょう。

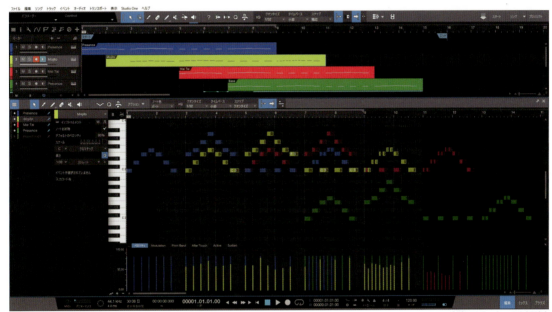

音楽エディターの活用例

準備

・インストゥルメントトラックの多いソングで読み進めると、概要を確認しやすいでしょう。

・図ではチュートリアルのソングを使用しています。完成したチュートリアルソングで試す場合は、オーディオ化したトラックを、インストゥルメントトラックに戻して作業してください。（※トラック上で、右クリックから「インストゥルメントトラックに変換」を実行します。）

・インストゥルメントのイベントを選択し、「編集」（**F2**）をクリックして、音楽エディターを開いておきます。

音楽エディターのトラックリストを表示

トラックリストボタンをクリックして表示します。

→ソング上のすべてのインストゥルメントトラックがリスト表示されます。

エディターに表示させるトラックを指定

エディターに表示させるトラックの「○」を点灯します。

※ここでは、上から4つのトラックだけを点灯しました。

→点灯したトラックの演奏データがすべて表示されます。

オンにするとエディター内に表示される

鉛筆マークがオンのパートだけがアクティブに表示されます。詳細は、次項を参照してください。

編集するトラックを指定

編集したいトラックの鉛筆マークを点灯します。

※ここでは、青色と赤色のトラックだけを編集可能にしました。

→鉛筆マークの消灯しているトラックは、薄く表示されて編集できません。

オンにしたトラックだけ編集できる

うすく表示されているデータは編集できない

ポイント

トラックリスト活用の機会は？

全ドラムパートを表示するが、編集するのはスネアだけ、といった場合や、ストリングスセクションをすべて表示して、他のパートの音程を参照しつつビオラだけ編集する、ベースとキックを表示してタイミングを微調整する、メロディーを表示しておきハモりを考えるなど、様々なシチュエーションでトラックリストでの設定が役立つでしょう。

6 インスペクター

インスペクターの概要

　インスペクターは、**F4** を押すかインスペクターボタンで開きます。以下のように3つのエリアに分かれています。それぞれ、選択中のトラックやイベントの種類によって、表示項目や内容が切り替わります。

A トラックインスペクター
　選択しているトラックの情報が表示されます。

B チャンネルエリア
　選択中のトラックのチャンネル設定が表示されます。コンソール（ミックスビュー）の内容とリンクしており、ほぼ同等の作業をおこなえます。

C イベントインスペクター
　選択しているイベントの情報が表示されます。いくつかの項目は、イベントを右クリックすることでも確認できます。

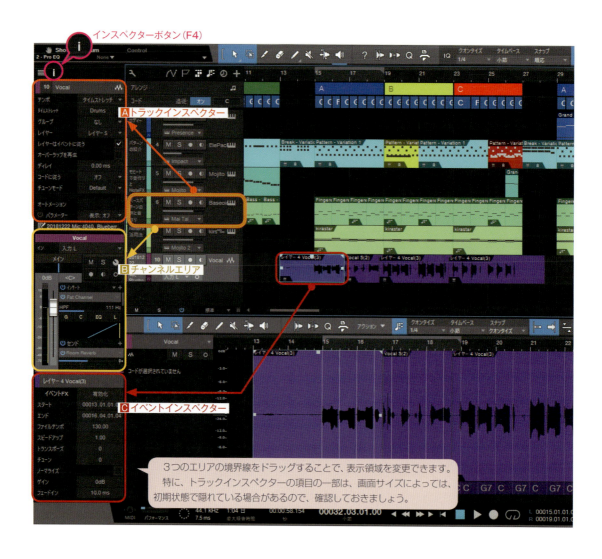

Aトラックインスペクター

オーディオトラックを選択中の表示

テンポ

ソングテンポが変化した際の、このトラック上のイベントへの作用を指定します。

・**追従しない**：ソングテンポに影響されません。

・**追従**：ソングテンポが変わっても、イベントのスタート位置は同じ小節・拍に固定されます。（※ただしオーディオファイル自体の速度は変化しないので、スタート位置以降の拍はずれていくことになります。）

・**タイムストレッチ**：イベントのスタート位置は同じ小節・拍に固定され、スタート位置以降は拍に合うように自動でタイムストレッチされます。（※オーディオファイルにテンポ情報が含まれている場合に限ります。）

初期状態ではすべてのトラックが「タイムストレッチ」に設定されます。不要な場合は、ソング作成の時点で、オプションの「オーディオファイルをソングテンポにストレッチ」からチェックを外しておくとよいでしょう。

タイムストレッチ

タイムストレッチ時のモード（オーディオ処理のアルゴリズム）を選べます。適切なモードを選ぶことで、よりクオリティーの高い処理が行われます。
- **Drums**：パーカッシブな素材に最適です。
- **Sound**：一般的なモードです。
- **Solo**：ボーカルやソロ楽器ではこのモードを選びましょう。

グループ

トラックをグループ化している場合に、属しているグループ名が表示されます。プルダウンから他のグループにアサインしたりグループ名に編集をおこなえます。「再設計されたグループ化機能」（471 ページ）参照。

レイヤー

現在採用されているレイヤーの切り替えや、追加、削除などもおこなえます。「☐ **レイヤーはイベントに従う**」にチェックと入れると、イベント移動にレイヤーがついていきます。イベントだけをコピーしたい（レイヤーが不要な）場合はチェックを外します。

オーバーラップを再生

チェックを入れると、イベントが重なっている場合に下にあるイベントも鳴ります。音が混ざるので通常はチェックを外しておきます。（外すとイベントの重なる箇所では上にあるイベントが優先されます）

ディレイ

プラスマイナスの数値を入力して、このトラックの再生タイミングをミリ秒（ms）単位でずらします。

パート全体のグルーブを前後させたり、モノラルパートを複製して左右に振って一方をすこしディレイさせることで広がりを演出したり、マルチマイクでの位相ずれや遠近差への対処調整などに使用されます。※ 1,000ms（ミリ秒）まで入力できます。

コードに従う／チューンモード

コードトラックに合わせてハーモニーが変更されるようにする際に、ハーモニー編集のモードを選択します。

チューンモードにオーディオ素材の種類を選択することで、より適したアルゴリズムでピッチシフト処理がされます。

オートメーション

オートメーションに関する設定が表示されます。詳細は「オートメーションの活用」（295 ページ）参照。

トラックのノート

トラックのメモを入力できます。（321 ページ参照）

インストゥルメントトラックを選択中の表示

タイムベース

「拍」が一般的なモードで、ソングテンポが変更されても拍がずれないようにイベント位置やフレーズの速度も変化します。「秒」ではイベントとその内容は絶対時間にとどまります。ソングテンポの影響を受けないトラックにしたい場合に有効です。

トランスポーズ

トラック全体にわたってノートピッチを半音単位で移調して再生します。（範囲：－24 ～ ＋24）※音楽エディター内のノートデータの表示位置を移動させることなく、再生時にリアルタイムで移調されます。

ベロシティ

例えば、70% にすると、トラック全体にわたってベロシティが 70% に抑えられて再生されます。

Note FX

演奏データへのエフェクトである Note FX の読み込みや設定を行えます。「Note FX」（342 ページ）参照。

B チャンネルエリア

トラックのフェーダーやパン、ミュート、エフェクトデバイスラックなど、コンソールのチャンネルとほぼ同等の機能を持ちます。（「オーディオチャンネル」（165 ページ）参照。）上部の I/O 設定では、インストゥルメントには「イン」（＝入力機器の選択）や「チャンネル」（オーディオアウトの選択）があります。

16 チャンネル分の音色を扱えるマルチティンバーのインストゥルメントでは、「アウト」に「Ch」が表示されます。
オーディオ出力が複数ある場合は、「チャンネル」で選択します。

C イベントインスペクター

オーディオイベント選択時

イベントFX
選択中のイベントにだけエフェクトを適用するには、ここでエフェクトを読み込みます。（「イベント単位のエフェクト」176ページ）参照。）

スタート／エンド
イベントの位置情報です。

ファイルテンポ
オーディオファイルのテンポ情報です。正しく定義すればソングのテンポ変化に正確に追従します。定義されたテンポの数値を選択して「delete」キーを押すと、テンポ情報が削除され「未設定」と表記されます。

スピードアップ
イベントの再生速度です。例えば、「2」と入力すると2倍の速さになり、「0.5」では半分になります。

> 矢印ツールで Alt を押しながらオーディオイベントの端をドラッグすることでも同様にスピードアップ値を変更できます。※手動でのタイムストレッチと同等の操作です。

トランスポーズ
イベントを移調します（−24 ～ ＋24）。例えば −2 なら半音2つ分、音が低くなります。リアルタイム処理され、イベント内の情報は変更されません。

チューン
セント単位でのピッチ調整をおこなえます（範囲：−100 ～ 100 セント）。
※100 セント＝半音です。

ノーマライズ／ゲイン／フェードイン／フェードアウト
ノーマライズにチェックを入れると、音量が最大値かつ歪まない状態へと引き上げられます。
ゲイン／フェードイン／フェードアウトではイベントのボリュームエンベロープ調整をおこなえます。フェードの単位は、入力する数値でミリ秒（ms）や秒（s）に自動で切り替わります。

ベンドマーカー／スレッショルド
チェックを入れるとベンドマーカーを表示します。分析済みの場合はスレッショルドの指定も可能です。

時間ロック／編集ロック
時間ロックにチェックをいれると、イベントが移動できなくなります。編集ロックにチェックを入れると、イベント内容の編集ができなくなります。（※移動は可能です）

オーディオパート選択時

再生モード
結合されたイベント内容に合ったモードを選択します。
- **標準**：一番上のイベントだけが再生されます。
- **オーバーラップ**：イベントが重なっていてもすべて再生されます。
- **スライス**：REX ファイルや Audioloop の時に選択します。

イベントをストレッチ
パート内のイベントがテンポに合うようにそれぞれタイムストレッチされます。

> **オーディオパートとは**
> 複数のオーディオイベントが結合されたものがオーディオパートです。
> パートをオーディオエディターで開くと、結合された複数のイベントを確認できます。

インストゥルメントイベント選択時

スタート／エンド
イベントの位置情報が表示されます。

トランスポーズ／ベロシティ
選択中のイベントに対して、移調やベロシティ調整をおこないます。
※実際のデータを変更することなく、再生音だけが移調やベロシティ調整されます。

パターン選択時

スタート／エンド
イベントの位置情報が表示されます。

> 「パターン」（337 ページ）参照。

7 ミックスビュー（コンソール）

ミックスビューの活用

　ミックスビューには、ミックス作業をおこなうコンソール（ミキサー）があり、トラックごとのチャンネル管理や、各種エフェクトの設定がおこなえるほか、ソング上のインストゥルメントや外部機器の管理もおこなえます。

多機能なミックスビュー

基本操作

ミックスビューを開く：「ミックス」（F3）をクリック
→ミックスビューが開きます。

画面の取り外し：左上の「取り外す／組み込む」ボタンをクリック
→ミックスビューを取り外し、単独で表示させられます。マルチモニターや、コンソールを大きく表示したい場合に便利です。

「取り外す／組み込む」ボタン

元に戻すには「取り外す／組み込む」をクリックします。このボタンの場所は、取り外しの時とは反対側の、画面右上にあります。

コンソールレイアウト 大／小：  をクリック
→「大」では、縦方向にミキサーが拡張されます。エフェクトを読み込むデバイスラックは、上部に表示されます。

大小で機能に違いはありません。見やすさや作業のしやすさで切り替えてよいでしょう。

コンソールレイアウト 標準／狭： をクリック
→「狭」では、チャンネルが細くなり、より多くのチャンネルを見渡せます。狭い分だけボタンや機能が隠れますが、チャンネルをダブルクリックすると、個別に標準表示にして、全機能を操作できるようになります。

「小」の「狭」では各種ボタンが隠れる

▌▌をクリックすると狭い表示にもどる

トラックアイコン付近をダブルクリックでも、標準／狭が切り替わる

初期状態では、コンソールは「組み込み」状態で、高さは「小」表示で、「標準」の幅です。解説図では、表示設定を変更している場合があります。状況に合わせて表示を切り替えながら読み進めてください。
　実際の作業時には、好みで作業しやすい状態にしてください。（大／小、切り替えのショートカット：**Shift** + **F3**）

ミックスビューの項目

ミックスビューに表示する項目は、コンソールナビゲーションで 表示 / 非表示 を切り替えられます。

コンソールナビゲーション

A 入力
B 出力
C 外部
D インスト...

表示項目 A 入力

インプットチャンネル（入力ポート）を表示します。ハードウェア（オーディオデバイス）への入力信号をダイレクトに表示しているので、例えば、録音レベルの確認や、録音する音声信号が Studio One まで来ているかをチェックすることができます。

> インサートデバイスラックが表示されていない場合は、メーター部分をダブルクリックすると、表示されます。
> ここにエフェクトをかけると、いわゆるエフェクトの掛け録りとなります。エフェクト付きの音が録音されるので後から修正はできません。

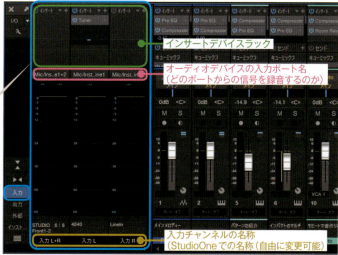

表示項目 B 出力

アウトプットチャンネル（出力ポート）を表示します。ハードウェア（オーディオデバイス）から出力される信号を表しています。メインアウトと同等の機能を持ち、メインアウト以外から出力される音は、ここで管理されます。

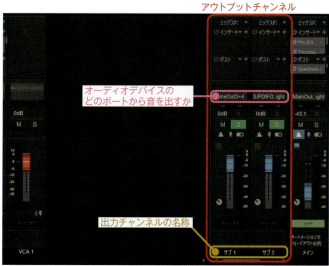

出力ポートの例

「入力」「出力」ともに、オーディオI/O設定と連動しています。チャンネル上部の物理ポートは、クリックで切り替えられます。下部のチャンネル名称（Studio One内での名称）は、ダブルクリックで自由に変更できます。また長押しすると色を選べます。

出力は、メインアウトの後ろに隠れている場合があります。境界線をドラッグすると表示されます。

ダブルクリックで名称変更
長押しでカラーパレットが表示

表示項目 C 外部（外部デバイス）

外部デバイスとして作成・設定した、外部キーボードやMIDIコントロールサーフェスなどを管理するラックが表示され、設定画面の呼び出しや編集、新規追加などをおこなえます。

表示項目 D インスト…

ソング内で使用中のインストゥルメントを表示・管理します。

▼メニューから、「編集」でインストゥルメントのエディターを呼び出したり、「展開」でパラアウトを持つインストゥルメントの出力数の管理もおこなえます。

Impactのように複数のオーディオ出力をもつ（パラアウトの）インストゥルメントでは、名称をクリックすると、オーディオ出力を有効にするチェック項目が表示されます。
※Impactの場合、16ステレオ＆16モノまで増やせます。

v4.5からはグループを表示ボタンが追加されました。「再設計されたグループ化機能」（471ページ）参照。

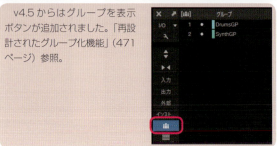

Studio Oneの操作と機能　ミックスビュー（コンソール）

オーディオチャンネル

「オーディオチャンネル」は、オーディオトラックごとの、入出力先設定や、パン、ボリュームフェーダー、ミュートなどのトラック制御をおこなえます。また、エフェクトをデバイスラックに読み込んで効果を付けられます。

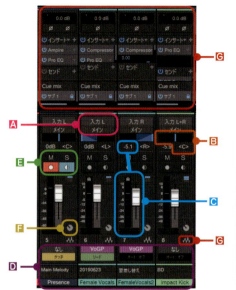

オーディオチャンネル

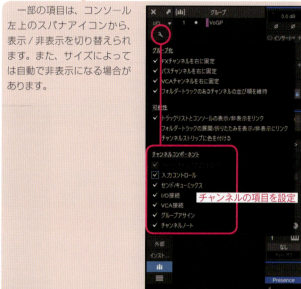

一部の項目は、コンソール左上のスパナアイコンから、表示／非表示を切り替えられます。また、サイズによっては自動で非表示になる場合があります。

チャンネルの項目を設定

A 入出力表示

上段のインプットは、どのインプットチャンネルから録音するかが示されています。下段のアウトプットは、どこへ出力するかを示します。

B パン

スライダーをドラッグして音の聞こえる位置（左右）を調整します。右下＜Ｃ＞の部分をダブルクリックすると数値指定（L100 〜 R100 の間。＜Ｃ＞はセンターを表します）も可能です。

C トラックフェーダーとグループ化ボタン

フェーダーを上下してボリュームを調整できます。左上の数字「○○」（dB）をダブルクリックすると数値指定も可能です。

グループボタン は、グループ化されたチャンネルに表示されます。（※表示のみでグループ化のオン／オフなどはできません。）

D グループアサイン／オートメーションモード／メモ／トラック名（色）

上から、属しているグループ、オートメーションのモード、テキストメモ、トラック名が表示されています。それぞれクリックして状況を切り替えたり、メモにはダブルクリックで文字入力などをおこなえます。トラック名称はダブルクリックで変更可能で、長押しすると色を変更できます。

E ミュート 、ソロ 、録音準備 、モニターボタン

それぞれの機能のオンオフを切り替えます。

F チャンネルエディター

チャンネルエディターを表示します。エディター上での作業については、「コントローラーの集合体「マクロコントロール」」（418 ページ）も参照してください。

165

❻ その他

最上部には、入力ゲインと位相のコントロールが表示され、その下には、エフェクトを読み込むデバイスラック（インサート/センド）や、キューミックス用の項目（Cue mix）があります。下部のアイコン　　は、オーディオチャンネルであることを示します。

インストゥルメントチャンネル

ソフト音源からのオーディオ出力を扱うチャンネルです。機能は、オーディオチャンネルとほぼ同じです。

注意点として、複数のオーディオ出力を持つ音源の場合や、1つの音源を複数のトラックで演奏する場合もあるので、必ずしもアレンジビューのトラック数とコンソールのチャンネル数が1対1になるとは限りません。

右図では、1つの音源（Mojito）を3つのトラックで演奏しています。また、Impact XT のトラックは1つですが、マルチアウトを持つので4つのチャンネルが表示されています。

> この Mojito の場合には、3番目のトラックで音量フェーダーを調整すると、ほかの2つのトラックのフェーダーも変更されてしまう、といったことが起こります。
> 3つのトラックの音源を個別に操作したいなら、Mojito も3つ立ち上げて、それぞれ別の音源として扱うべきです。

アレンジビューのトラック番号と、コンソールのチャンネル番号を一致させたい場合は、スパナアイコンから「チャンネル番号をトラックに表示」を有効にします。

バスチャンネルと FX チャンネルと VCA フェーダー

左から FX チャンネル バスチャンネル VCA フェーダー

バスチャンネル　＊Artist Professional のみ

複数のトラック出力を 1 つのバスにまとめるなど、ミックスにおいて頻繁に活用されるチャンネルです。バスを追加するには、コンソールの余白などで 右クリック > バスを追加 を実行します。

バスチャンネル上部には、そのバスを出力先としているトラックの数が、細かなインジケーターで表示されます。

このバスへと送られているチャンネルを確認できる

FX チャンネル

センドエフェクト作成時などに自動作成されます。また、バス同様に、右クリックから「FX チャンネルを追加」での追加も可能です。

バスチャンネルと同じく、送り元のチャンネルの数がインジケーターで表示されます。

VCA フェーダー　＊Artist Professional のみ

複数チャンネルのボリュームフェーダーを一括操作できます。操作対象トラックを選択しておき右クリック >「選択されているチャンネルの VCA を追加」などで作成できます。詳細は「VCA フェーダー（316 ページ）」参照。

メインアウトチャンネル

メインアウトチャンネルは、名前のとおり、メインのオーディオデバイスへの出力（ハードウェア出力）です。

レベルオーバーすると、クリップが点灯します。（クリックで消灯）。また、チャンネルごとにメトロノーム（クリック）のスイッチと音量スライダーがあり、個別にメトロノーム設定をおこなえます。

A クリックオンオフ ／クリックボリューム

メトロノームの有無や音量を設定できます。
簡単に出力チャンネルごとのクリック設定をおこなえます。

> クリックに関する項目があるのは、メインアウトチャンネルと、出力チャンネルの2種類だけです。この2つは、Studio One の外へと送られる信号を扱うチャンネルですので、クリックの設定が用意されているのです。

B クリップインジケーター

クリップ（レベルオーバー）の危険性がある場合に、警告として赤く点灯します。数字はクリップした回数です。インジケーターをクリックするとリセットされます。

バス・FX・VCA を右に寄せて表示する

バスチャンネルと FX チャンネル、VCA チャンネルを、コンソール右に表示させたい場合は、以下のオプションにチェックを入れます。

☑ FX チャンネルを右に固定
☑ バスチャンネルを右に固定
☑ VCA チャンネルを右に固定

8 エフェクト

エフェクトの活用

エフェクトは音に何らかの効果を与えます。Studio One 付属のエフェクトは効き方が素直で高品質だと好評です。エフェクトを使う目的は大きく分けて以下の2つです。

・原音を忠実に再現するための補正や修正
・オリジナリティある音作りや特殊効果などの積極的な変更

まずは、プリセットを読み込んで効果や特徴を試すのもよいでしょう。また、セオリー以外の使い方をするのも制作の醍醐味ですので、基本を抑えつつ自由に楽しんでください。

インサートエフェクトとセンドエフェクト

エフェクトには「インサート」と「センド」の2種類の接続方法がありますので、違いを把握して使い分けましょう。Studio Oneでは、エフェクトを読み込む「デバイスラック」がインサート用とセンド用で別々に用意されています。

コンソール上段にデバイスラックが無い場合は、「大」にしましょう。

FXとVCA、メインアウトには、センドデバイスラックはありません。メインには、センドデバイスラックではなくポストフェーダーデバイスラックが用意されています。

凡例　♪:素の音　♪(雲):エフェクトのかかった音　(FX):エフェクター

【インサートエフェクト】

　直列つなぎなので、音声信号が一本道を通ります。一本道にエフェクトがある状態なので、通る音声信号はみんなエフェクト効果で変化します。

エフェクトのかかった音だけが出力へ到達する

【センドエフェクト（ポストフェーダー）】

　並列つなぎなので、音声信号は枝分かれして、それぞれが出力先へ向かいます。枝分かれした音声は、ドライ（変化してない素の音声）とウェット（エフェクトのかかった音）に分かれます。

　例えば、ボーカルにリバーブをかければ、素の声（ドライ）とリバーブ成分（ウェット）の割合を自由に調整できます。かなりリバーブの効いた状態やうっすらとリバーブのかかった状態など、繊細な調整が可能になります。

エフェクト音と素の音が別々に出力へ到達

【センドエフェクト（プリフェーダー）】

　さらにプリフェーダーにすると、フェーダーより前にエフェクトへ送られます。フェーダーでのボリューム操作の影響を受けません。

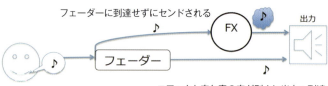

エフェクト音と素の音が別々に出力へ到達

インサートエフェクトの使用例

　エフェクトをインサートエフェクトとして使用する手順を確認しましょう。ここでは「Ampire」を例にしていますが、他のエフェクトも手順は同じです。

＊Prime の Ampire は基本機能のみの搭載です。

(準備)
・エフェクトをインサートするトラックを用意しておきます。

　Ampire はギター用エフェクトです。ギターの人はぜひ自分のギターを録音して試してください。ギターを演奏しない人は、チュートリアルで作成した Presence のトラックをギターの音に変更して試してみましょう。
　※チュートリアルでオーディオトラック化したのをインストゥルメントに戻し（右クリックで「インストゥルメントトラックに変換」を実行）、Presence の音色を「Clean Guitar」にすると、クリーンなギターのトラックを用意できます。

・ミックスビュー（F3）を表示し、コンソールの表示を「大」「標準」にしておきます。

(手 順)
① エフェクトブラウザを表示（F7）
② ブラウザ内の Ampire をインサートデバイスラックへドラッグ
　→デバイスラックにエフェクトが読み込まれ、Ampireの編集画面が開きます。

これでエフェクトの読み込みは完了です。

Ampire はギターやベースのアンプモデリングプラグインです。「Stomp」をクリックするとエフェクターも使えます。まずはプリセットを切り替えてお気に入りの音を見つけてください。音作りする場合も、アンプ、キャビネット、マイキング、それぞれのエフェクト、と豊富なパラメーターが用意されています。

ギターやベースに特化したエフェクトですが、ボーカルをディストーションサウンドにするなど、あえて他のトラックに使っても面白いかもしれません。

インサートデバイスラック内の操作

ラック内のエフェクト横の▼をクリック（もしくは名称を右クリック）すると、プルダウンメニューから操作をおこなえます。

編集：エフェクトウィンドウを開きます。
展開/折りたたみ：エフェクト設定がラック内に簡易表示されます。

> 名称をクリックしても「展開/折りたたみ」の切り替えができます。ダブルクリックすると、エフェクトウィンドウを 表示/非表示 できます。

名前を変更：デバイス名（エフェクトの名称）を変更します。
バイパス：このエフェクトを無効にします。
プリセットを保存：現在のエフェクト設定をプリセットとして保存します。
削除：エフェクトをラックから削除します。

デバイスラックの操作

「＋」ボタン

ラック内にエフェクトを追加します。「次を検索」欄ではテキスト検索することができます。

「▼」ボタン

プルダウンメニューからFXチェーンを読み込めます。

> FXチェーンはエフェクトの組み合わせです。FXチェーンを読み込むと、それまで読み込まれていたエフェクトはすべて削除され置き換えられます。追加されるのではないので注意しましょう。

アクティベートボタン

ラック内のすべてのエフェクトをオン・オフ（アクティベート）します。

センドエフェクトの使用例

　センドエフェクトは、トラックのそのままの音とエフェクトへ送った（センドした）音を混ぜ合わせて使いたい場合などに使います。
　ここでは、チュートリアルで録音したFemale Vocalsのトラックに、「Mixverb」でリバーブの響きを加えてみましょう。

●準　備

　前述のインサートの説明と同じく、ミックスビュー（**F3**）を表示して、コンソールを「大」「標準」にしておきましょう。

●手　順

① エフェクトブラウザを表示（**F7**）
② ブラウザからMixverbを、センドデバイスラックへドラッグ

→FXチャンネルが新たに作成され、そこにエフェクト（Mixverb）がセットされます。また、作成されたFXチャンネルへの送り量（センドレベル）を調整するスライダーが表示されます。

③ センドエフェクト関連の設定を調整（次項参照）

・FXチャンネルの正体は、エフェクトをインサートしたバスです。（センドデバイスラックはありません。センドエフェクトとして便利なように最初からソロセーフ（緑）にセットされています。）
・Altを押しながらラックにドラッグすると、FXではなくバスチャンネルで「センドエフェクト」が作成されます。

※ FXにはセンドラックがありませんが、バスだとソロセーフになっていません。センド先でさらにセンドしたい場合は、バスで作成して、自分でソロセーフにするとよいでしょう。
　ソロセーフにしないと、ボーカルをソロにしたらリバーブはミュートされてしまった、という状態になります。

センドデバイスラック内の操作

センドレベル

FXチャンネル（今回はMixverb）への送り量を調整します。スライダーを右にするほどMixverbへ送られる音声信号が増えリバーブの成分が大きくなります。前述の、原音にうっすらとリバーブをかけるなどの微調整はここでおこないます。

センドパン

センドエフェクトへ送る信号の左右バランスを調整します。

初期状態のC（センター）では何も表示されませんが、クリックしてドラッグすると表示されます。

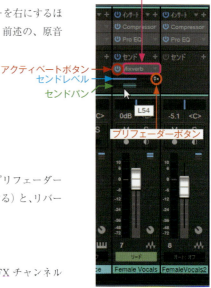

プリフェーダーボタン

オンにすると、ボリュームフェーダーの影響を受けません。例えば、プリフェーダーをオンにしてボリュームフェーダーをかなり下げる（＝原音だけを小さくする）と、リバーブの響きばかりにすることも可能です。

アクティベートボタン

センドエフェクトへ信号を送るのをオン、オフにします。（※送り先のFXチャンネル上のエフェクト（今回ならMixverb）のオン、オフには影響しません。）

174

センドのエフェクト名

ダブルクリックすると、センド先のエフェクトウィンドウが表示されます。

センドのエフェクト名の上で右クリックから「対象を表示」を実行すると、送り先のFXチャンネルがコンソール上で選択されます。送り先を見つけるのに便利です。

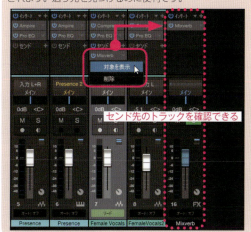

また、FXチャンネル上のインジケーターをクリックすると、送り元を確認することができます。（※インジケーターが隠れている場合は、コンソールの高さを少し伸ばすと表示されます。）

他のトラックでも同じセンドエフェクトを使う

前項で作成したFXチャンネル（Mixverb）は、他のチャンネルでも利用できます。複数のトラックから、同じFXチャンネルにセンドするのは、センドエフェクトの代表的な使い方の1つです。

例えば、同じリバーブにセンドすれば、同じ空間で演奏されているような響きをそれぞれのトラックに加えることができます。

> ここでは、前項で作成したFXチャンネルを、もう一方のFemale Vocales 2でも利用する手順を「A」「B」の二通り紹介します。

手順

A センドラックから、もう一方のラックへドラッグ
→まったく同じ設定でセンドエフェクトが読み込まれます。

B もう一方のセンドラックの「＋」から、同じエフェクト（Mixverb）を選択
→Mixverbが読み込まれるので、センドレベルなどを調整します。

名称変更のススメ

Mixverbが何個も立ち上がっていると、選択肢に同じ名称が並び、見分けにくくなります。チャンネル名をダブルクリックして区別しやすい名称や色に変更すると視認性もよくなります。（色は名称を長押しして選択します）

デバイスラック内での音声信号の流れ

デバイスラック内でのオーディオ信号の流れを把握しておきましょう。

信号の流れ＝エフェクトを通す順番（ルーティング）ですので、音作りにも役立ちます。

ドラッグで入れ替え

・**インサートデバイスラック**では、上から下へと順に信号が通ります。先に通したいエフェクトが上に来るようにしましょう。

なお、チャンネルエディターのルーティングビューを使うと、インサートデバイスラック内のルーティングを自由に編集できます。詳細は「ルーティングビュー（拡張 FX チェーン）」（185 ページ）を参照してください。

インサートデバイスラック内のエフェクトはドラッグで順番を入れ替えられます。

信号の流れ（上から下へ）

順番は目的や求めるサウンドで変わる
前出のアンプシミュレーター「Ampire」を使う場合を例にすると、トラック上に録音されたギター音を、EQ やコンプレッサーで音質を補正してから Ampire に送るのか、Ampire で作ったアンプサウンドをさらに加工するためにエフェクトを使うのかなど、使用目的や求めるサウンドによって順番は変わります。

・**センドデバイスラック**から **FX チャンネル**へ送られる信号は、センドされる前にインサートデバイスラックを通過し（①）、パンとボリュームフェーダーで調整され（②）、メインアウトとセンドに分岐し（③）、センドセンドデバイスラックのスライダーでセンドレベルとセンドパンを調整されて（④）から FX チャンネルへ送られます（⑤）。

プリフェーダー（⑥）をオンにすると、①の後にすぐ④へと送られ、パンやフェーダーの影響を受けなくなります。なお、インサートエフェクトは必ず通過します。

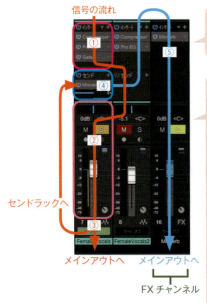

信号の流れ

センドラックへ

メインアウトへ　メインアウトへ

FX チャンネル

プリフェーダー をオンにするとパンやフェーダー（②）の影響を受けなくなります。

FX チャンネルにはセンドデバイスラックがありませんが、バスチャンネルを使えば、センドで送った先でさらにセンドで送るなど、複雑なルーティングでのエフェクト設定も可能です。

バスチャンネル作成は、ミックスビューで右クリックして「バスチャンネルを追加」を選択します。

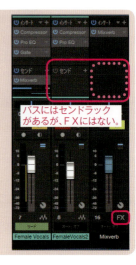

バスにはセンドラックがあるが、ＦＸにはない。

Studio One の操作と機能　エフェクト

イベント単位のエフェクト

＊Artist Professional のみ

イベント単位でエフェクトをかけることができます。ここでは、チュートリアルで録音したボーカルの最後の音だけディレイをかけてみましょう。

手順

① ディレイをかける音だけを分離（※ここでは、最後の音だけを別のイベントとして分割しました。）

② 「有効化」をクリックし、インサートデバイスラックを開く

③ エフェクトを読み込む
　※ここでは、Beat Delayの「8th Ping Pong」を読み込みました。
　→再生すると、最後の音にだけディレイがかかるようになります。

④ 「テイル」を設定し、「レンダー」をクリック
　※ここでは、テイルを2秒に設定しました。
　→エフェクト効果を含むオーディオに変換され、デバイスラックのエフェクトは無効になります。

テイルの設定
　テイルを設定すると、イベントの後ろ部分の余韻（テイル）が考慮されるので、ディレイやリバーブなど、余韻の残るエフェクトでは、ブツ切れになるのを防げます。余韻の無いエフェクトの場合はテイル設定は不要です。

エフェクト効果を含むイベントに変換された。

テイルの設定分、イベントが後ろに伸びた。

177

Melodyneでの作業はイベントエフェクト

Melodyneでの編集作業は、イベント単位でのエフェクト設定と同じです。Melodyneで編集した後は、レンダーボタンをクリックすることで、編集結果をオーディオとして固定（レンダー）することができます。

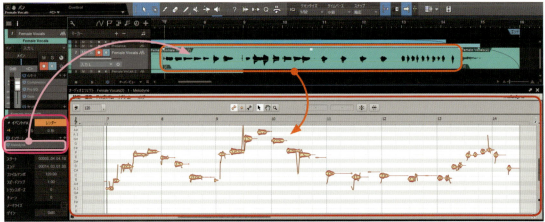

Melodyneでの編集は、イベント単位のエフェクト設定と同じ作業

Studio Oneのエフェクト

搭載されているエフェクトを見てみましょう。（※搭載数はグレードごとに異なります。）

エフェクトブラウザ（F7）で、エフェクトタブの「フォルダー」表示にすると、種類別にフォルダ分けされているので、どのようなエフェクトなのかわかりやすくなっています。

主な役割を紹介しておくので、とにかく呼び出して適用してどう音が変わるかを体験してください。ここでもプリセットは、よい参考となるので活用してください。

エフェクトブラウザ（F7）

Analysis

分析関連のエフェクト類です。

音程をチェックするチューナーが有名ですが、他にも、位相メーターや周波数分布をチェックできるスペクトラムメーター、レベルメーター、音声を生成するTone Generator、音声分析するScopeなど、分析やメーター系のエフェクトが用意されています。

Delay

ディレイは音を遅らせることで作り出されるエフェクトです。こだまや山びこのような効果を与えます。

シンプルで扱いやすいものから、複雑な効果を与えるパラメーターがあるものなど、特徴の異なるディレイが用意されているので、用途や好みで使い分けるとよいでしょう。

Distortion

ディストーションは音のひずみを作り出すエフェクトで、ギターやベースによく用いられます。

一般的に歪んだ音は余韻の減衰部分が持続音に近くなり、音が長くのびるサスティーン効果が得られます。

ギターやベースに特化したAmpireや、アナログ的なあたたかい歪みのRedlightDist、効果のわかりやすいBitcrusherなどが用意されています。

Dynamics

主に音量の制御に使われるエフェクト類です。ダイナミクス系エフェクトの代表格のCompressorは、音量差をなくして全体的にレベルのそろったトラックにしたり、アタック音を目立たせて歯切れをよくするなどが代表的な使い方です。

動作するきっかけ（スレッショルド）やその後の動作（アタック、リリース）や圧縮率（レシオ）などを調整できるので、設定によっては特徴的な音色やアタック感が得られることもあり、積極的な音作りにも使われます。

完全にピークを抑えるのに特化したものがLimiterです。ExpanderやGateは状況に応じて音量調整をおこないます。

External

PipelineはStudio One Professionalだけに搭載された、外部エフェクトをインサートするためのツールです。

使用するにはオーディオデバイスに、入力に加えてメインとは別の出力があるものが望ましいです。自動遅延補正や入出力のゲイン調整も用意されているので、使い慣れたアウトボード（外部エフェクタ）をプラグインのように扱えます。

Mastering

マスタリング向けのエフェクト類です。

コンプレッサーを周波数帯域ごとに違う設定でかけられるマスタリングツールの定番マルチバンドコンプのMultiband Dynamicsや3バンドのTricompが用意されています。

簡易的なマスタリングであれば、これらをマスターフェーダーに読み込み、プリセットを選ぶだけでグンと仕上がりが変化します。

Mixing

ミックス行程で便利なエフェクト類です。

プリセットを読み込むだけでステレオ感が広がるものなど、響きを演出するのに効果的なエフェクトも用意されています。

イコライザー（Equalizer = EQ）の Pro EQ もここに含まれます。イコライザーは周波数帯域のレベルをピンポイント（もしくは自由な設定で）で増減できるのでミックス行程における重要なエフェクトです。

Channel Strip や Fat Channel は、チャンネルストリップ（アナログミキサーの1チャンネル分の機能を仮想化したもの）です。ローカットやコンプレッサー、EQ などが1つにまとまっていて、これだけで基本的な処理を一通りおこなえます。

ミックスに不慣れであれば、やみくもにたくさんのエフェクトをセットするよりも、Channel Strip 1つでプリセットを読み込むだけでも十分な効果を得られるでしょう。Fat Channel は PreSonus 製デジタルミキサー「StudioLive」のチャンネルストリップを完全に仮想化したものです。

Modulation

モジュレーションを訳すと「変調」です。

ピッチを揺らしたコーラス、音量を周期的に変化させるトレモロ、位相をずらしたフェイザー、など文字通りさまざまな揺れ、ゆらぎで音響的効果を得るエフェクト類です。

Reverb

リバーブは残響音を調整するエフェクトで、お風呂のエコーのような効果が与えられます。センドエフェクトとして使うのが一般的です。大きく分けて、明るい印象のプレート系リバーブ、暗めの印象のホール系リバーブ、ルームリバーブなどがあります。ホールや教会などの名称や楽器名のついたプリセットがたくさん用意されているので、イメージに合う響きを見つけやすいでしょう。

実際には、種類の異なるリバーブを使い分けたり、複数のディレイを使用してディレイで送った先でもリバーブをかけて複雑な響きを得るなどいろいろな技法もあります。

操作系の機能を提供するプラグイン

エフェクトプラグインは機能や操作追加に用いられることもあります。コンソールには搭載されていないように見える機能もプラグインをインサートすることで操作が可能になります。

例えば、ステレオ幅でのパンは BinauralPan で可能ですし、LR 反転や位相反転、MS 処理は Mixtool、PanLow は DualPan をチャンネルのデバイスラックへインサートすることで実現できます。機能がないのか？　と諦める前にチェックしてみてください。

> v4.5 から、コンソールに位相反転スイッチやゲインコントロールが装備されました。
> 「入力ゲインと位相反転をコンソールに搭載」（470 ページ）参照。

エフェクトの操作テクニック

エフェクトの削除・コピー・移動

エフェクトを扱う上で便利な操作を紹介します。

エフェクトを削除

エフェクトを「削除」するには、プルダウンから 削除 を選択するか、**Ctrl** を押しながらラック外にドラッグします。

メニューから削除

ドラッグで削除

同一ラック内でコピー / 移動

同じデバイスラック内で「コピー」するには、**Ctrl** + ドラッグします。単にドラッグすると「移動」になり、順番を変更できます。

他のチャンネルにコピー / 移動

ほかのデバイスラックに「コピー」するには、ドラッグ&ドロップします。
エフェクトを移動するには、**Alt** + ドラッグ&ドロップします。（元のラックからは削除され、ドロップ先に移動します）

先に複数のチャンネルを選択しておくと、ドロップ時に選択中の全チャンネルにコピーされます。
Mix tool や VU メーター、チャンネルストリップ系のプラグインを全チャンネルに読み込みたい場合などに便利です。

複数のチャンネルに一気に読み込める

全エフェクトを有効化 / 無効化

「すべてのインサートを有効化」ボタンをクリックすると、デバイスラック内のエフェクトが全て無効化されます。(インサートもセンドもオフになりますがミックスFXには作用しません。)

「すべてのインサートを有効化」ボタン

インサートデバイスラック、センドデバイスラックのエフェクトが無効化される

エフェクトにより音量を調整している場合は、音量の急激な変化に注意をしましょう。

サイドチェーンの方法

サイドチェーンは、「キックが鳴っている間はベースのコンプが動作する」といったような、エフェクターの掛かるきっかけを、ほかのトラックにゆだねている状態です。例えば、ベースが鳴ってもキックが埋もれないようにするミックス的な手法もあれば、キックが鳴り終わるとベースの音量が持ち上がるようにして、クセのあるうねりを生むようなサウンド作りもできます。

他のトラックのオーディオ信号をソースとして、エフェクトを制御（トリガー）している状態を Studio One で設定する際の手順などを紹介します。

> コンプレッサーに限らず、フィルター、イコライザー、ほかサイドチェーンを活用する手法は多く見られます。

> v4.5 から、サイドチェーンの設定方法が簡単になりました。詳細は「新しいサイドチェーンの設定方法」(475 ページ) 参照。

制御される側（エフェクト）での設定

サイドチェーンをオン

サイドチェーンに対応したエフェクトでは、「サイドチェーン」を有効にするボタンが備わっているので、オンにします（＝制御信号で動作するようになります）。各パラメーターは後で音を聞きながら調整してください。

> Compressor、AutoFilter、Gate、Expander、Pro EQ などで、サイドチェーンを有効にするボタン サイドチェーン が用意されています。

> 左図は Compressor のサイドチェーンです。この図では、この後の効果がわかりやすいように、Ratio,Threshold,Side Gain をかなり大げさな設定にしています。

> **内部フィルターでのサイドチェーン**
> Compressor でサイドチェーンが有効な時に、「Filter」をオンにしてその右で周波数を設定すると、設定した周波数でのみ圧縮されるようになります。
> 例えば、サ行などの歯擦音で強調される周波数を設定すれば、ボーカルやナレーションに使われるディエッサーとして機能します。
> プリセットの「DeEsser-S1」は、この内部 Filter の仕組みを使っています（この Filter の設定でディエッシングされる周波数帯が指定されています）。「ListenFilter」をオンにすると、圧縮対象の周波数帯を聴きながら設定できます。

オプション

制御信号（ソース）を送る側の設定

送る側とは、「キックでベースのCompressorをサイドチェーン」といった場合の「キック」トラック（＝制御側）の設定です。
センドデバイスラックで「＋」をクリックし（①）、「サイドチェーン」の中から〔送り先のエフェクト〕を選択します（②）。
読み込まれたらサイドチェーンセンドレベル（送る信号の強さ）を調整します（③）。

キックが鳴ってなくてもサイドチェーン

センドトラックのプリフェーダー をオンにすると、キックのボリュームを最小にしても、制御信号はベースへと送られます。聴感上はキックが鳴っていないのにサイドチェーン効果をベースに与えられます。

184

Studio One の操作と機能　エフェクト

ルーティングビュー（拡張 FX チェーン）

＊Professional のみ

チャンネルエディターからルーティングビューを呼び出すと、デバイスラック内のエフェクトのルーティング（接続順序や分岐など）を自由に編集できます。

通常であれば、トラックの複製やバスを追加してルーティングを設定して実現する、マルチプロセッシングや、ニューヨークコンプレッションと呼ばれるパラレルプロセッシング（並列処理）のようなエフェクトテクニックも、シンプルに1つのトラックだけで実現することも可能です。

ここでは、チュートリアルで録音したボーカルのパートで概要をチェックしてみましょう。

ボーカルの高域だけにリバーブをかける

手順

① チャンネルエディターを開く（**F11**）

　※ここでは、Female Vocalsのチャンネルエディターを開きました。

② 「ルーティング」ボタンをクリック

　→ルーティングビューが開きます。

チャンネルエディターのルーティングビュー

③ スプリッターで分割

　※ここでは、すでにあるエフェクトの処理が終わった後に分割するように、Pro EQの後に、手のひらアイコンをドラッグします。

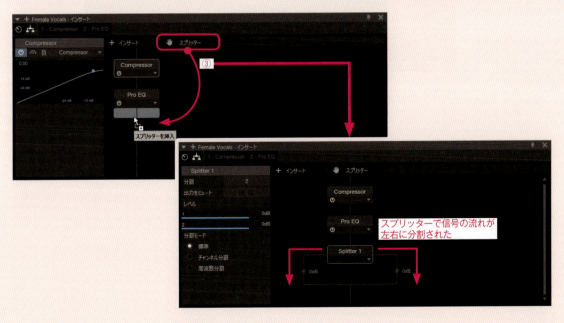

スプリッターで信号の流れが左右に分割された

185

④ 右側にリバーブを読み込む

※ここではRoom Reverbをドラッグして読み込みました。また、プリセットからRecital Hallを選択しています。

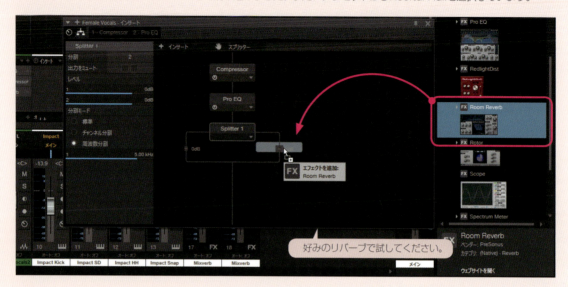

⑤ スプリッターで分割されるモードを指定

※ここでは、周波数分割を選択します。

⑥ 分割ポイントとなる周波数をスライダーで設定

※ここでは、2.31kHz以上の信号がリバーブ（右側のルート）へ送られるように設定しました。左側（2.31kHz以下の信号）は、何も変化せずに通ります。

スプリッターでどのように分割されるかは、分割モード（手順⑤）で決まります。
標準：まったく同じ信号が左右に分かれます。
チャンネル分割：ステレオ信号をLR（左右）のモノ信号に分割します。（4つに分けると、左右モノが2セット作成されます。）
周波数分割：スライダーで指定した周波数帯で分割されます。

周波数帯で分割してエフェクトをかける例を紹介しました。

分割ポイントは、耳で判断してください。例では、2.31kHzで分割していますが、効果がわからなければ、もっと左側にスライダーを移動してみてもよいでしょう。もしくは、もっと右に設定して、極めて高域だけに薄〜く繊細にリバーブをかけてもAir感が出るかもしれません。

なお、実際には、次のように設定すると、さらに細かくエフェクト効果を調整できるようになります。

ミュート：スプリッターを選択し、左枠のミュートにチェックをいれます。
ボリューム調整：その経路を通る信号のボリュームを調整できます。

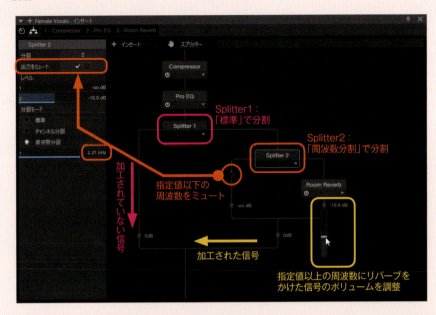

各項目は、クリックすると左枠で詳細設定をおこなえます。また▼をクリックするとメニューが表示され削除や編集画面の呼び出しもおこなえます。

ポイント

ステレオ効果はチャンネルモードをステレオに

モノ録音したトラックのルーティングビューで、リバーブなどステレオ効果を扱いたい場合は、チャンネルモードを「ステレオ」に切り替えます。これで、エフェクトがステレオで処理されるようになります。

オリジナルとコンプサウンドを混ぜる

オリジナルのトラックと、エフェクトのかかったトラックの混ざり具合を調整してサウンドを作り上げることを、パラレルプロセッシングといいます。

以下の図は、スプリッターで「標準」分割して、片方にCompressorを読み込んでいます。ボリュームフェーダーで、クリーンなサウンドとコンプレッションされたサウンドの混ざり具合を調整できるシンプルな設定例です。

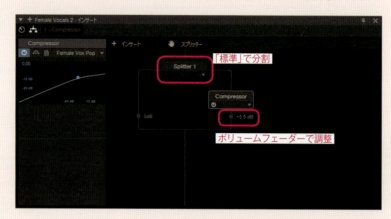

補足や注意点など

現時点では、ルーティングビュー内のボリュームフェーダーは、オートメーションできません。

楽曲の場面ごとに、かかり具合を調整するなど、細かく操作したい場合は、この方法ではなく、一般的な方法（オリジナルトラックを複製して、片方でコンプサウンドを作り、ミキサーで両トラックのボリュームバランスを調整する）方がよいかもしれませんが、かなり複雑なルーティングも組めるルーティングビューでの「拡張FX」の設定は、今後の可能性を感じる機能といえるでしょう。

まったく別の操作ですが、Compressorの「MIX」ノブでも、簡単に同じ操作をおこなえます。

「MIX」ノブは、オリジナルの信号とCompressor処理された信号の混ざり具合を調整します。つまり、パラレルプロセッシングの混ざり具合を調整しているのと同じ意味合いになります。

しかも、MIXノブは、オートメーションできるので、場面ごとの微調整も可能です。Compressorに限らず、他のエフェクトについているMIXノブも同様ですので、色々なエフェクトでパラレルプロセッシングを試してみてください。

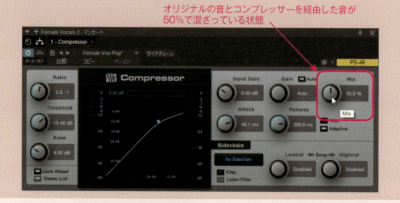

Studio One の操作と機能　インストゥルメント

9 インストゥルメント

シンセでの音作り（Mai Tai・Mojito）　＊Artist Professional のみ

　Mojito と Mai Tai は、アナログモデリングシンセサイザーです。コンピューター内にバーチャルに再現されているという意味で「モデリング」とつきます。
　シンセの操作や仕組みは、メーカーを問わず共通部分が多く、1 つおぼえてしまえば、他にも応用することができます。
　シンセの醍醐味の 1 つは、自分好みの音色作りができることでしょう。Mojito でも Mai Tai でも、パラメーターを自分で操作して作った音色は、自分のオリジナル音色です。ここでは、シンセサイザーの基本構造を Mai Tai と Mojito でチェックして、音作りに活かしましょう。

準備と心構え

・Mojito か Mai Tai、もしくは両方を呼び出し、実際に操作しながら読み進めてください。
・適当なイベントループを再生させながら、実際にパラメーターを動かすと、音の変化を耳で確認しながら操作できます。
・パラメーターを自由に動かしましょう。ぐちゃぐちゃになったとしても、プリセットから同じ音色を選ぶと初期状態に戻ります。
・音色によって変化が聞き取りにくい効果もあります。なるべく色々な音色で試しましょう。

> チュートリアルで作成した KaeruSong で試す場合は、Mojito も Mai Tai も使用していますが、手順のなかでオーディオ化したので、トラック上で右クリックから「インストゥルメントトラックに変換」を実行し、インストゥルメントに戻してから試してください。

オシレーター

　元となる音を発生させる装置（セクション）をオシレーターといいます。OSC や VCO とも表記されます。一般的にはノコギリ波、矩形波（くけい）、三角波、サイン波などのシンプルな波形から選択します。

189

MaiTaiには2つのOSCがあります。4つの波形が用意されており、チューニングなど微調整をおこなえます。OSC1と2で調整できる項目に違いがあり、Levelで2つのオシレーターの混ざり具合を調整できます。

Mojitoは、OSCセクションのWaveノブで元となる波形を選択します（ノコギリ波から矩形波へと無段階で変化するノブです）。Pitchでオクターブの周波数成分の調整、Widthで矩形波の幅調整（波形の幅調整（パルス幅の調整））をおこなえます。

音の発生源であるオシレーターは、パラメーターを変更した際の変化がわかりやすいセクションですので、いろいろと操作してみましょう。

オシレーターで発生した音はフィルターへ送られます。

フィルター

音の成分をフィルタリングするセクションです。VCFとも表記されます。

オシレーターで発生した音がフィルターを通ると特定の周波数が削られ（フィルタリングされ）音色が変化します。フィルターの種類には色々あり、フィルターの効き具合がそのシンセの音色の特長となるほどの大切な項目です。

カットオフ（フリクンシー）とレゾナンスを操作すると、音の変化を感じ取りやすいでしょう。Cut offを動かすと、カットオフ値を中心として、そこより高域や低域をフィルターするので、音色が変化します。レゾナンス（Reso）はカットオフ周辺にクセをつけて、より特徴的な音色変化をもたらします。

Studio One の操作と機能　インストゥルメント

MaiTai では複数のフィルターモードが用意されています。Mojito では、24dB のローパスフィルター（LPF24）に固定されています。

アンプ（AMP）／エンベロープ（ADSR）

　アンプセクションでは音量を制御します。VCA とも表記されます。また、ADSR はエンベロープと呼ばれるシンセの基本的なパラメーターで、音量の時間変化を設定します。

　例えば、鍵盤が押されたら ADSR の順に音量が変化するので、A（アタック）の値を大きくすると、アタック（立ち上がり）の遅い音色になり、R（リリース）を大きくするとビブラフォンのように、リリース（余韻）の長い音になります。

　ADSR はエンベロープジェネレーターとして独立したセクションになっているシンセもあります。また、ADSR は音量以外の要素にも使われ、例えばフィルターのカットオフの制御に使われたりもします。

　Mojito では、Gain や Velo で、ボリュームや、音符情報ごとの音量を調整します。また、ADSRが FLT セクションの「Envelope」ノブとも連動していて、カットオフに時間的変化を与えます。

191

MaiTai では、3つのエンベロープジェネレーターが搭載されています。(一番上がアンプに相当します。)

LFO

　LFO はさまざまなセクションへ "ゆらぎ" をあたえます。時間経過とともに音が変化していくような音は LFO や、前述のエンベロープジェネレーター（EG）が作用しています。

　例えば、Mojito の操作パネルを見ると、Cut off へ作用するように LFO が繋がっていたり、オシレーターの Pitch ／ Wave ／ Width の下のノブで、それぞれ LFO の効き具合を調整できるようになっているのがわかります。

LFO で各パラメーターにゆらぎをあたえる

　MaiTai では2つの LFO が用意されています。さらに、下部のモジュレーションマトリックスを組むことで、かなり複雑な音作りができるようになっています。

モジュレーションマトリックスで複雑な音作りが可能

例えば次の図では、マトリックスの4番スロットで、LFO2を入力ソースとして、モジュレーションホイールで効果を調整し、OSC2のPitchに揺らぎを与えています。

PresenceXTの音作り

PresenceXTはサンプリングベースのPCM音源です。サンプリングしたものを鳴らすので、実在する楽器の音色が得意ですが、音作りのパラメーターにはMai Taiなどと同様の項目が並んでおり、その役割や効果は共通です。また、Mai Tai同様のモジュレーションマトリックスも搭載され、バージョン2のPresenceよりもさらに強力な音作りが可能になりました。

PresenceXTのパネルをみると、Mai Taiとの共通点が多いことがわかる

このようにアナログシンセの扱いは色々と応用できるので、シンセサイザーを見るたびに、どういう項目があるかチェックしてみると面白いでしょう。

音色によっては中央のディスプレイに音色エディット用のパラメーターが表示されるものもあります。こちらでの音作りも可能です。

中央ディスプレイでの音作り用パラメーター

キースイッチ

音色を読み込むと、左端(低音域)のいくつかの鍵盤の上部に赤いマークが付いている場合があります。これは、キースイッチでの音色切替に対応していることを示します。

鍵盤にカーソルをポイントするか、中央ディスプレイで、切り替え可能な音色を確認できます。また、赤くマークされている鍵盤を弾くと、音色が切り替わります。

例えば、ストリングスであれば、ピッチカート、トレモロ、クレッシェンドなど、奏法や演奏効果の異なる音に切り替わります。ギターでは、ミュートやパーカッシブな演奏になるなど、1つの音色で様々な演奏効果を演出できます。

キースイッチが割り当たっている
現在選択されているキースイッチ
ストリングスの奏法をキースイッチで切り替える

Nyron Guitar Full でのキースイッチ
ギターならではの奏法を切り替えられる
ギター奏法切り替えのキースイッチ

PresenceXT で扱える形式　　＊Professional のみ

PresenceXT は、付属する音色の他に、他社製の形式にも対応しており、EXS、Giga、Kontakt のバージョン 4 まで、SoundFont のフォーマットを読み込めます。PresenceXT のエディター画面もしくはトラックにファイルをドラッグするだけで読み込まれます。ただし、対応形式であっても、必ずしもすべてのデータを読み込める訳ではありません。

Sample One XT

*Artist Professional のみ

　Sample One XT は、ソフトウェア・サンプラーです。ハードウェアと同様に、サンプル（オーディオクリップ）を MIDI ノート（ピッチ）ごとに割り当てて、鍵盤を弾いて（ノートオンで）再生したり、サウンドの調整や内蔵エフェクトで音作りしたりすることができます。

　鍵盤に割り当てるオーディオは、楽器の音でも、非音楽的なノイズでも、短い音（ワンショット）でも、長い音（ループ）でもかまいません。いわゆるサンプラーでの作業はすべて Sample One XT 単体でおこなえます。

ほかのインストゥルメント同様にブラウザーから空スペースへのドラッグなどでトラックを作成できる

Sample One XT にプリセット音色はありません。自分でサンプル（オーディオクリップ）を割り当ててオリジナル音源を作るのが醍醐味の一つです。

サンプルを読み込む

Sample One XT にサンプルを追加するには、以下の方法などがあります。

・ブラウザーからサンプルリストにオーディオクリップをドラッグ
・アレンジビューからサンプルリストにオーディオイベントまたは選択範囲をドラッグ

選択範囲をドラッグ、ブラウザーからドラッグ

Wave

メインディスプレイで「Wave」を選択すると、読み込んだオーディオクリップの波形が表示されます。左右のバーでサンプルの再生範囲を設定できます。

メインディスプレイに読み込まれたサンプル波形

Mapping

「Mapping」に切り替えると、鍵盤（MIDIノート）への割り当て状況（＝マッピング）を確認できます。初期状態では「C3」にオリジナルファイルが読み込まれ、すべての鍵盤で演奏できるようマッピングされます。その際、C3より上の鍵盤ではピッチが上がり再生速度も速くなり、C3より下の鍵盤ではピッチが下がって再生速度が遅くなります。

また、範囲を変更して特定の範囲の鍵盤だけで演奏されるようにも編集（マッピング）できます。上の段の右端もしくは左端にマウスカーソルを合わせると（◁|▶）と変化するので、ドラッグして範囲を変更します。

ファイルやオーディオイベントを下部のバーチャルキーボードの鍵盤にドロップすると、特定の鍵盤だけにサンプルを割り当てることも可能です。

複数のファイルやオーディオイベントを同時にサンプルリストにドラッグすると、黒鍵白鍵すべてに順に割り当てられます（クロマチック）。
　修飾キーを押しながら鍵盤にドロップすることで、割り当て方が変わります。
・白鍵だけに割り当てる：**Shift** を押しながらドロップ
・1オクターブずつ割り当てる：**Ctrl** を押しながらドロップ
・すべての音域に割り当てる（フルレンジ）：**Alt** を押しながらドロップ

Shift ＋ドラッグでスライス＆読み込み
　フレーズのループやリズムパターンのループなどをサンプルとして読み込む場合は、ファイルやオーディオイベントを **Shift** キーを押しながらサンプルリストにドラッグすると、サンプルがスライスされて、順に MIDI ノート（鍵盤）に割り当たります。自分でスライスする準備が不用で、アクセントごとに鍵盤に自動割り当てしてくれるので便利です。

Envelopes

　画面中程では、エンベロープを編集できます。「Envelopes」をクリックすると、メインディスプレイに表示されるエンベロープ（Pitch、Filter、Amp）を、マウスで視覚的に編集できます。
　また、LFO エリアでの設定は、各セクションの「LFO」ノブをセンター以外にすると効果が現れます。
　「Mono」をオンにすると、同時に1つしか音が鳴らなくなります。また、その下に Glide（ポルタメント）ボタンが現れるので、オンにして数値を大きくすると、音程変更の時にポルタメントがかかります。

エンベロープ編集を視覚的にもおこなえる

Recordでサンプル録音

Record画面では、「Record」ボタンを押して録音したオーディオが即座にマッピングされます。また「Gate Record」をオンにすると、指定した音量以上の場合にのみサンプリングされます。

たとえばドラムセットを、バスドラム、スネア、ハイハットクローズ、オープン、シンバル……、と順番に間を開けて演奏するだけで、個別に自動マッピングされます。ドラムでなくても、録音開始し、声でドン・パン・チッ・パー・と声を出せば、あっという間にボイスパーカッションセットのできあがりです。

手順

① ブラウザーからドラッグしてSample One XTのトラックを用意

② 「Record」画面を開く
③ 入力を設定
（ここではマイクを接続しているポートを選択しました。オーディオ入力ポート以外に、Studio One内のインストゥルメント出力やセンド、出力バスも入力元として選択できます）

④ 「Gate Record」をクリック
→スレッショルド（Gate Threshold）を設定します。（＝Gate Recordでは、信号レベルが赤線（開く）をオーバーしたら録音がスタートし、青線（閉じる）まで音量が下がったら録音が終了します。赤線と青線をちょうどよい位置にドラッグして設定します）

⑤ 間をとりながら「ドン・パン・チッ・パー」とマイクに向かってパフォーマンスする
→スレッショルドを超えるたび（アクセントを感知するたび）、サンプルが右のサンプルリストに並びます。（※うまくいかない場合は手順④のスレッショルドの値を再度調整します。また、Mapping画面ではMIDIノート（鍵盤）に割り当たっているのが確認できます）

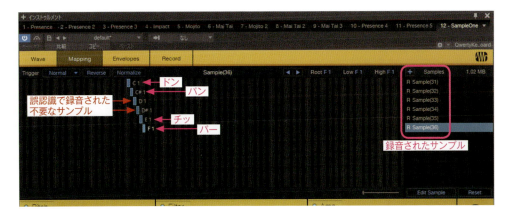

⑥ マッピングの調整

誤認識で作成されたサンプルは、右のサンプルリストで右クリック>Remove Sample で削除できます（a）。また、必要に応じて、割り当たっているMIDIノートはドラッグして変更できます（b）。

⑦ サウンドをサンプルごとに調整（Edit Sample）

必要であればサンプルごとにエンベロープ編集（サウンド作り）や再生範囲を調整します。

たとえば、サンプルリストで「チッ」を選択し「Edit Sample」をオンにして「AmpのGain」で音量を調整します。
※エンベロープ編集は、全サンプルを対象にする場合と、特定のサンプル（スライス）のみ編集したい場合があります。「Edit Sample」をオンにすれば、右のサンプルリストで選択中のサンプルだけが編集対象となります。（選択時のハイライトカラーやノブ操作時のカラーが「オレンジ」で表示されます）。この図では「E1」の「Sample（35）」の音量だけを編集しました。
Edit Sample がオフの場合（選択時のハイライトカラーやノブ操作時のカラーが「水色」）は、全サンプルが編集対象となります。

特定のサンプルだけサウンド調整

これで、鍵盤を弾くとC1（ドン）、D1（パン）、E1（チッ）、F1（パー）と演奏できるようになりました。ドラムのリズムを打ち込んで演奏してみると面白いでしょう。

もちろん声でなく本当のドラムでも同じ作業をおこなえます。管楽器を半音階で演奏すれば、自分の音の音源がすぐに作れます。アイディア次第で活用方法も広がるでしょう。

サンプル録音をイチからやり直す場合には、プリセット「default」を選択すると、録音内容や設定がすべてリセットされ初期状態に戻ります。なお「default＊」と右にアスタリスクがついている場合は、何らかの変更があったことを示します。残したい場合はプリセットとして保存しましょう。

FXA／B・バーチャルキーボード

画面下部のFX（エフェクト）エリアでは、Modulation、Delay、Reverb、Gate、EQ、Distortion、Panの7つのエフェクトが備わっています。

FXA、FXBボタンで表示を切り替え、「Reverb」などの文字をクリックするとそのエフェクトが有効になります。

エフェクト名をクリックして有効にし、各種ノブで調整する

バーチャルキーボードでは、選択中のサンプルのオリジナルがどこに配置されているかと、その適用範囲を確認できます。

Bendでは、ピッチベンドの際の変化幅を指定できます。ベンドホイールをいっぱいに動かしたときに1オクターブ変化させたいなら、12を指定します。（初期値は3なので、半音3つ分の変化幅です）

プリセットの保存や書き出し

プリセット保存するには、インストゥルメント画面のメニューボタンをクリックし「プリセットを保存」を選択し、名称を付けて保存します。

→ほかのソングでも使用できるように保存しておきましょう。

「マルチサンプルファイルをエクスポート」では、Presenceでも使用できる.multisampleファイルとして書き出します。
「プリセットをエクスポート」では、Sample One XT用のファイル（パッチ）を.soundxファイルとして書き出します。
Sample One XTで.multisampleファイル、.soundxファイルをインポートするには、インストゥルメント画面にドラッグアンドドロップします。

そのほかの項目

「Normalize」をクリックして有効にすると、サンプルが可能な範囲で最大音量になります。
「Reverse」は、サンプルが逆再生されます。

「Trigger」では、再生モードを切り替えます。
- **Normal**：キーを押している間だけ再生＝離すと止まる。音程楽器はこちら。
- **One Shot**：キーを押すと最後まで再生。ドラムのパーツはこれを選択。
- **Toggle**：キーを押すと再生し、再度キーを押すと停止。ループサウンドなどで効果的。

キーを押している間ずっとサンプルをループさせるには、「Loop」でモードを選択し、Wave画面の上部でループ範囲を指定します。

右上のPreSonusマークをクリックするたびにカラーが変わります。複数のSample One XTを区別したり、単に気分転換で色を変えたりしてもよいでしょう。

Studio Oneの操作と機能　インストゥルメント

ループをスライスしてピアノロールにノートで配置

Audioloopを Sample One XT で扱う

オーディオループをスライスしてサンプラーの各鍵盤に割り当て、ループが元の通りに演奏するようピアノロールにMIDIノートを配置してトリガーする……。ソフト・サンプラーでよくある使い方ですが、Studio Oneでは、Audioloopファイルを Sample One XT に読み込むことで同様に作業できます。

【準　備】
読み込むループをオーディオループ（.audioloop）として保存しておきます。（「Audioloopを作成する」（214ページ）参照）

【手　順】

Sample OneにAudioloopを読み込む

① ファイルブラウザーを開く（**F9**）
② 任意のAudioloop上で、右クリック ＞ 新規Sample Oneに送信 を選択
※Audioloopの作成に関しては、「Audioloopを作成する」（214ページ）参照。
→新しいSample One XTが開き、分割されたイベント（スライス）がC3の鍵盤から順番に割り当てられます。
同時に、アレンジビューには、ループ全体が元のとおり演奏されるようにMIDIノートデータが生成されます。

203

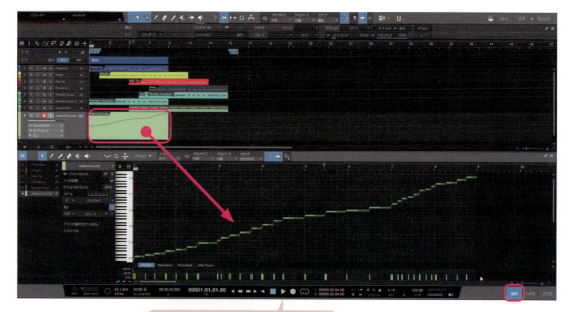

鍵盤のサンプルが順番に演奏されるようにノートデータが自動生成されます。再生すると、ループが演奏されます。

　再生すると、元のオーディオループと同じ演奏をしますが、実際は、イベントが各鍵盤に割り当たっている状態なので、生成されたノートデータの移動や、タイミング調整など、サンプラー独特のループ編集作業をおこなえます。

Studio One の操作と機能　インストゥルメント

Impact XT

*Artist Professional のみ

　Impact XT は PAD の装備されたソフト・サンプラーです。1 画面（バンク）に 16 の PAD が並び、A ～ H の **8 バンク** があるので、合計 128PAD を操れます。

　各 **PAD** にはドラッグ＆ドロップでオーディオを読み込ませられます。

　ウィンドウ上部の**波形ディスプレイ**では、選択中のサンプルと再生範囲が表示されます。その右の**サンプルコントロール**では、PAD ごとの再生動作を設定できます。中央右では PAD ごとの音作りができる**エンベロープ編集**のノブなどが並びます。

　Impact は PAD を備えるリズムサンプラーならではの性質上、「**Choke**」のような機能も備えています。たとえば、複数のパッドで 1 つの楽器を表現する（ハイハットのオープンとクローズのように同時に鳴ることがないはずの PAD をグループ化する）場合などに、同じチョークグループに割り当てて関連させます。

　単一のオーディオは、ドラッグ＆ドロップで PAD に割り当てられます。複数サンプルを PAD にドロップすると、すべて同一の PAD にレイヤーで分けてアサインされ、強弱によって鳴るサンプルが変わります。（複数のサンプルが割り当たると、波形ディスプレイの上に**ベロシティーレイヤー**の範囲が表示され、境界線を左右にドラッグして切り替えポイントを調整できます。）

　しかし、**Shift** を押しながらドロップすると、ドロップした PAD から初めて、ノートの昇順で順番にパッドにアサインされます。

Audioloop を Impact XT で扱う

　前項の Sample One XT 同様に、Impact XT でもオーディオループを扱えます。（Audioloop を Sample One XT で扱う（203 ページ）参照）

　ファイルブラウザー内のaudioloopを右クリックして「新規Impactに送信」を選択します。

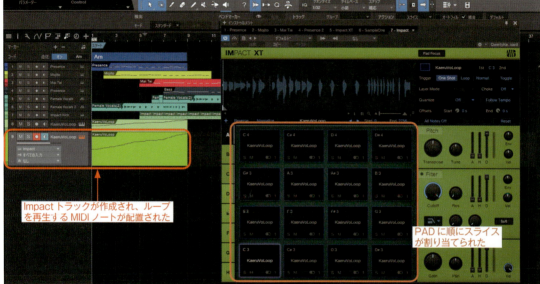

Impact XT のパッドに audioloop のスライスが個別に割り当たる。また、トラックが自動作成されて MIDI ノートが配置される

マルチインストゥルメントの活用　　　　　　　　　　　　　　　＊Professional のみ

　音色を読み込み済みのトラックに、あらたに音色をドラッグするだけで、どちらの音も鳴るマルチインストゥルメントとなります。

　ピアノとストリングスが重なるレイヤーサウンドのような複雑な音色も手軽に作り出すことができます。ここでは、チュートリアルで作成した Presence「Grand piano」のパートをマルチインストゥルメント化してみましょう。

手順

① ブラウザーのインストゥルメント（**F6**）を表示
② 重ねたい音色を既存のトラック上にドラッグ
　　※ここでは、Presence「Grand Piano」のトラックに、Mai Taiの「Strings＞Keith's Strings」をドラッグしました。
　　→既存の音色に対してドラッグした音色をどうするかの確認画面が表示されます。
③「結合」を選択
　　▶Grand PianoとKeith'sのマルチインストゥルメントが作成されます。

Studio One の操作と機能　インストゥルメント

ドラッグ時の選択肢は、状況によって異なります。以下を参考にしてください。

置換：ドラッグしたインストゥルメントの音色に変更されます。元の音色は鳴らなくなり、ソング上から削除されます。他のトラックで同じインストを使っている場合は、鳴らなくなるので要注意です。

維持：「置換」と同じく音色は置き換えられますが、元のインストゥルメントは削除されません。他のトラックで同じインストゥルメントを使っているならこちらを選びます。

結合：元々の音色と、ドラッグした音色が結合され、マルチインストゥルメント化されます。両方の音色が鳴ります。

ロード：元の音色とドラッグした音色が、同じインストゥルメントだった場合に表示されます。ドラッグした音色に切り替わります。

マルチインストゥルメントの状態を確認

① トラックの鍵盤アイコン 🎹 をクリック
　→インストゥルメントエディターが開きますが、マルチインストゥルメント用の画面になっています。

マルチインストゥルメントのエディター画面

マルチインストゥルメントの編集

エディター画面では、インストゥルメントごとに、オーディオ関連の設定をおこなえます。

また、音が鳴る鍵盤の範囲を指定したりすることもできます。例えば、右手と左手で別の音色が鳴るようにも設定できます。「Note FX」のボタンから Note FX を呼び出して、どちらかの音色にだけアルペジエーターを付ける、といったことも可能です。

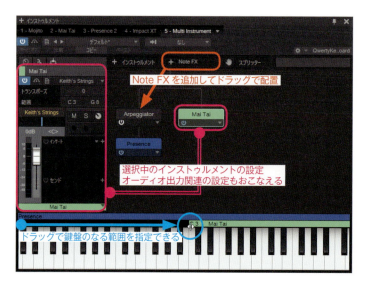

新規にマルチインストゥルメントを作成

マルチインストゥルメントは、新規に作成することも可能です。

手順

① ブラウザーのインストゥルメント（**F6**）を表示
② マルチインストゥルメント＞新規マルチインストゥルメントを空きスペースにドラッグ
　→空っぽのマルチインストゥルメントが開きます。

③ 複数のインストゥルメントを読み込む
　※ブラウザから音色プリセットをドラッグするか、エディター内の「＋インストゥルメント」から追加します。

208

Studio Oneの操作と機能　インストゥルメント

ブラウザーのマルチインストゥルメントには、プリセットの音色も用意されています。マルチインストゥルメントの作り方の参考にもなります。

以下は、Layer > Big Bandを開いた画面です。複数のインストゥルメントでレイヤーが組まれ、Note FXのChorderも使って、複雑なサウンドを創り出しています。（Chorderがオフになっている場合は、オンにすると複声部で演奏されます）

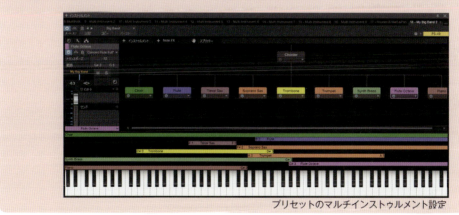

プリセットのマルチインストゥルメント設定

10 音楽素材（ループ）

Studio Oneでは、インストゥルメント用のループ素材を「Musicloop」（もしくは音楽ファイル）、オーディオのループ素材を「Audioloop」（もしくはオーディオループ）と呼びます。

ブラウザーの「ループ」には、単発のワンショットや短いSE的フレーズから、2～8小節程度のドラムパターンやシンセやギターのバッキングフレーズなどを収録したものまで、色々な音楽素材が用意されています。

ループの活用

Musicloop を読み込む

Musicloop が、単なる MIDI 素材と比べて圧倒的に便利な点として、ループが音源情報やエフェクト設定を持っていることが挙げられます。ループをアレンジビューにドラッグするだけで、インストゥルメントやエフェクトが設定されたトラックが呼び出されます。もちろんテンポもソングに合わせて変更されます。

手順

① ブラウズのループを表示（**F8**）

※1. このとき「並び替え：」に「タイプ」が含まれるように設定しておくと、Musicloop（＝音楽ファイル）を見つけやすくなります。図では「インストゥルメント（Guitar）」、「タイプ（音楽ファイル）」、「ベンダー（PreSonus）」の階層で表示されています。

※2. 「ソングテンポで再生」（メトロノームマーク）をオンにして再生ボタンをクリックすると、ソングのファイルテンポでループを試聴できます。

② 好みのループをアレンジビューの空きスペースへドラッグして配置
→トラックが新規に作成され、ループがイベント（音楽パート）として配置されます。

Studio One の操作と機能　音楽素材（ループ）

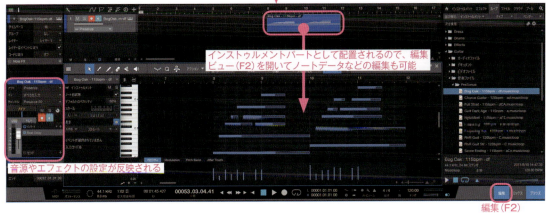

ポイント

ループを読み込む際は、ドラッグ先が空きスペースか、既存トラック上かで、動作が異なります。

空きスペースにドラッグした場合

新規トラックが作成され、イベント（演奏情報）が配置されます。トラックには、ループが持つインストゥルメント情報やオーディオエフェクト情報が反映されるので、ループに適した音源・サウンドになります。

既存のトラックへドラッグした場合

そのトラックの音源やエフェクトの設定には影響を与えずに、ループのイベント（演奏情報）だけが配置されます。好きなトラック（音源）で鳴らせる反面、ループ作成者の意図とは異なるサウンドになる場合もあります。

ループに含まれない情報

ボリューム、パン、センドエフェクト、オーディオ出力先は、ループ情報には含まれません。

ドラム系ループを既存トラックへドラッグすると、音色のアサイン状況によっては音が出なくなる場合もあります。例えば、ドラム音色では、必ずしも GM 規格の配列どおりに C1 にキック、D1 にスネア……とアサインされているとは限りません。音源の設定と同じノート番号に音が割り当てられていなければ発音しません。

この場合、ノートデータを音が鳴るピッチへ移動するか、音源側の割当を変更するなどの措置が必要になります。

複数のドラムループを使う場合は、それぞれ別トラックに配置するのがオススメです。

211

Audioloop を読み込む

　Audioloop も、Musicloop 同様に、ブラウザーからドラッグして配置できます。アレンジビューにドロップすると、オーディオイベントとして配置されます。ブラウザー内でのタイプは「オーディオファイル」です。

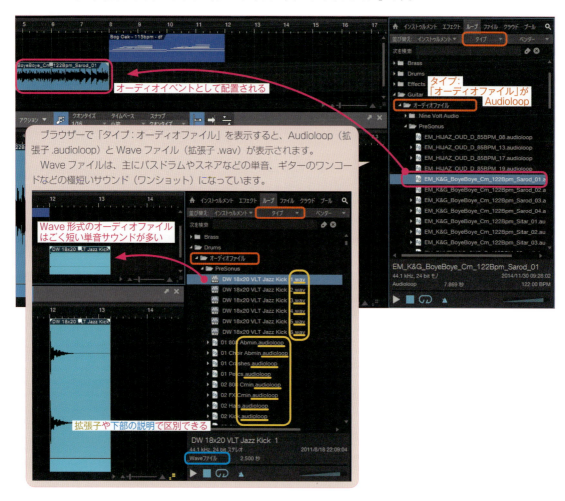

オリジナルのループ素材を作成

　オリジナルのループは簡単に作成できます。アレンジビュー上のイベントをファイルブラウザー（**F9**）にドラッグするだけです。手順例を紹介します。

Musicloop を作成する

手順
① ファイルブラウザーを開く（**F9**）
② ループにするイベントを整える
　※素材として使いやすいよう、小節頭からイベントが始まり余白もないようにサイズ調整し、オーディオエフェクトの有無もチェックしましょう。

> Note FX の設定はループに含まれません。また、ボリュームフェーダーもリセットされることを考慮して音量をチェックしておきます。

③ インストゥルメントパートをファイルブラウザーにドラッグ
→Musicloopとして保存されます。
※図では、ファイルブラウザーのStudio Oneフォルダー内で、右クリック＞「新規フォルダー」を実行して「MyLoops」というフォルダーを自作してから、そこにドロップしています。

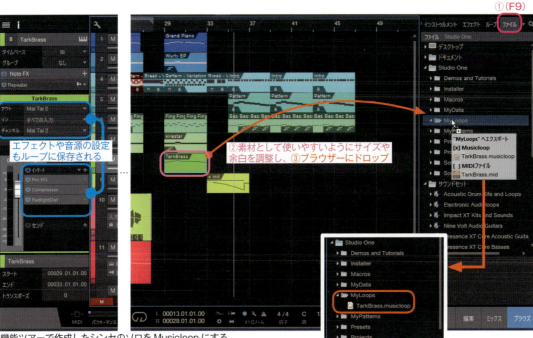

機能ツアーで作成したシンセのソロをMusicloopにする

loopが保存された

④ ループ名称を修正（必要に応じて）
※ファイルを右クリック＞名称変更で名称を変更できます。
→ほかのソングからでも呼び出せるMusicloop素材が作成できました。

後からでもわかるような名称に変更しておく

ほかのソングでも使用できるMusicloopとなった

Audioloopを作成する

Audioloopを作成するには、オーディオイベントをファイルブラウザーにドロップします。
事前に、小節単位で扱えるイベントサイズにしておくなどの編集をしておくと、ループとして扱いやすくなるでしょう。

手順

① ファイルブラウザーを開く（**F9**）
② ループにするイベントを整える
③ ファイルブラウザにイベントをドラッグ＆ドロップ
　※「**Alt**」を押して「Audioloop」に「×」を入れてからドロップします。
　→Audioloopとして保存されます。

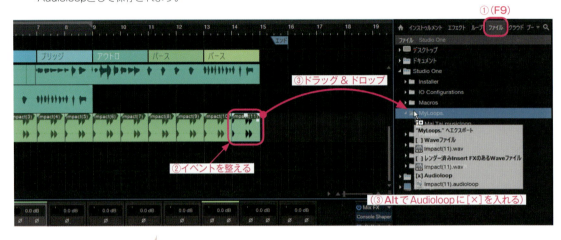

複数のイベントをループにするには手動でパートに結合する

アレンジビュー上の複数イベントを手動でパートに結合する場合は、以下を参照してください。
①結合するイベントを同時に選択しておく
②「スナップを切り替え」をオンに設定
③メニューのオーディオ＞オーディオパートに結合 を実行（ショートカット：**G**）
　→小節単位のイベントになり、ループとして扱いやすい形態になりました。ファイルブラウザにドロップしてAudioloopとして保存します。

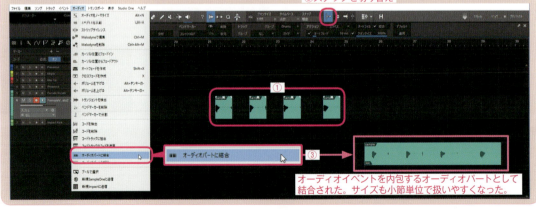

これまで、ループ素材を使う場合は、ソングのコード進行とループが不協和音にならないように気をつけて選ぶか、自分でピッチ修正するなどの配慮が必要でしたが、ハーモニー編集機能により、ループ素材も即座に楽曲にマッチさせられるようになりました。「ハーモニー編集｜ノートデータをコードトーンにマップ」（232ページ）参照。

Audioloopは、作成時と読み込み先のソングテンポにあまりに差があると、音質の劣化などがおきます（特に、より遅いテンポにした場合）。
　ループの名称には、オリジナルテンポ（BPM）を記載しておくと活用時に便利です。同様にキーやコードを記載してもよいでしょう。

ブラウザー内での管理

A 新規フォルダ作成

ファイルブラウザー内で新規フォルダーを作成するには、右クリック > 新規フォルダー を選択します。

B 保存したファイルをコンピューター内で探す

ファイルブラウザー内のファイル上で、右クリック > エクスプローラーに表示 を選択すると、Windows 上でフォルダーが開きファイルが表示され、すぐに見つけることができます。

> Macでは、「Finderに表示」を選択します。

C 自作フォルダーをタブに表示

フォルダー上で、右クリック > ここから新規タブ を選択すると、そのフォルダーがタブに表示されます。自作データの保存先を登録すれば、素早くアクセスできるので便利です。

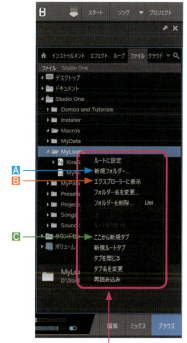

右クリックで表示されるメニュー

自作した「MyLoops」が登録された

> 登録されたタブを解除するには、作成されたタブ上で右クリック>タブを閉じる を選択します。また、「ルートを設定」では、そのフォルダーがファイルブラウザーの初期画面として開くようになります。（※解除するには「ルートをリセット」を実行）

お気に入りフォルダーとして、素早くアクセスできるので便利です。

> 解除するには、作成されたタブ上で「ルートをリセット」を選択します。

オーディオ素材（.wav）の作成

アレンジビュー上のオーディオイベントの一部を選択して、簡単にオーディオ素材（Waveファイル）を作成することができます。

手順

① 書き出し範囲を指定
　（スマートツールもしくは範囲ツールで範囲を設定します）
② 範囲指定したイベントの下側をつまんで、ファイルブラウザー（F9）にドラッグ＆ドロップ

Musicloopのパッケージ内容を表示

ブラウザー内のMusicloopを右クリックして「パッケージ内容を表示」を選択すると、ループを構成するデータを見ることができます。

Musicloopは、エフェクトプリセット、音色プリセット、オーディオ、MIDIの集合体であることがわかります。

オーディオは「.flac」形式で保存されています。このオーディオファイルがあることで、読み込み先の環境に音源やエフェクトがなくても、元のサウンドを再現できる仕組みになっています。このオーディオには、NoteFXの効果も含まれています。

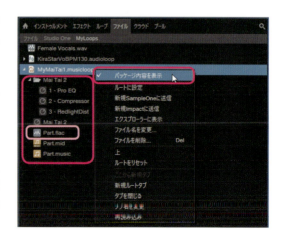

第 **4** 章

Studio One 機能体験ツアー

＊Professional 推奨

※コードトラックや Input Filter 以外の Note FX など、
Professional 版限定の機能が頻繁に登場します。

本章では、ソングを制作しながら、Studio One の機能を体験できるようになっています。手順どおりに読み進めると、キラキラ星の歌詞でもおなじみのメロディーをアレンジしたソングが完成します。

※色の違うページでは、手順には登場しませんが関連する便利な操作や、ちょっとした予備知識などを紹介しています。あわせてご覧ください。

※フル機能を活用する作業が多く登場するため、ソングを完成させるには Professional 版が必要です。なお、部分的には Artist、Prime で作業可能な項目もあります。

※上級編のチュートリアルとなります。基本操作やデータ入力での不明点は、ほかの章も再確認してください。また、専門的な用語で不明な場合はインターネットで検索するなどしながら、すこしステップアップしたソング制作をご体験ください。

本チュートリアルをエンディングまで完成させたソングの例

1 機能体験ツアー用のソングデータを作成

まずは、機能体験ツアー用のソングを用意しましょう。基となるメロディーやテンポ設定、曲の構成を管理するためのアレンジトラックなどを作成・入力します。

機能体験ツアー用のソングを作成

手順

① Studio Oneを起動して、画面の「新規ソングを作成」をクリック
　→「新規ソング」画面が開く
② 「スタイル」タブ内の「空のソング」をクリック
③ タイトルをつける
　（ここではソングタイトル欄に「KirakiraStar」と入力しています。）
④ ソングの保存先の確認
　（「…」をクリックすると、ウィンドウが開いて保存先の指定や変更をおこなえます。）

> 保存先は、初期状態では以下のようになっています。
> **Win**：ドキュメント > Studio One > Songs の中
> **Mac**：書類 > Studio One > Songs の中

⑤ サンプルレート（44.1kHz）、解像度（16bit）にしています。これはCD品質と同等です。
タイムベース、ソングの長さ、テンポ、拍子、キーは、後からでも変更できますが、念のため図と同じか確認してください。「オーディオファイルをソングテンポにストレッチ」はチェックを入れます。（外部ファイルを使用時にテンポが追従されて便利です）
「オーバーラップを再生」のチェックは外します。（録音を重ねた際に以前の録音は再生しないようになります）※チェックを入れると音が混じるようになるので注意。
⑥ 「OK」をクリック
　→これで新しいソングが開きます。

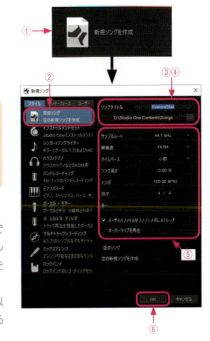

メインのメロディーを入力する

メインメロディーとなるトラックを作成しましょう。
ピアノの音色が鳴るインストゥルメントトラックを用意し、メロディーのノートデータを入力します。

手順

① ピアノのインストゥルメントトラックを用意
　（ここでは、ブラウザーのインストゥルメント（**F6**）から、Presence＞Artist Instruments＞ Keyboards ＞「Grand Piano」をドロップしてトラックを作成しました）

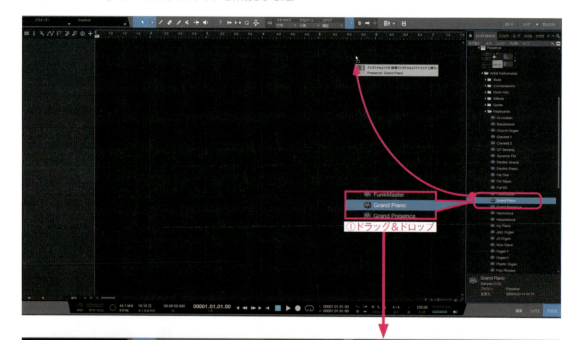

GrandPianoのトラックを作成

② キラキラ星のメロディー（＝ノートデータ）を入力

②-1 12小節分のイベントを作成（ダブルクリックでイベントを作成後にサイズ調整するか、ペイントツールでクリック＆ドラッグします）

②-2 「編集」ボタンをクリックして編集ビュー（ピアノロール）を開く（ショートカット：**F2**）

②-3 ノートデータを入力

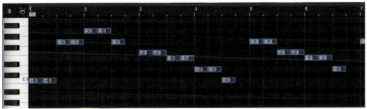

次の楽譜を参考にしてメロディーを入力しましょう。上のピアノロールの図と大体同じになっていればよいでしょう。メロディーを入力する手順を忘れた場合は、第2章の「メロディー（音楽データ）の入力準備」（39ページ）〜「ステップ録音をもう少し紹介」（52ページ）に戻って復習してください。

※このメロディーは本来2／4拍子ですが、ポピュラーソングとして扱いやすいように、あえて4／4拍子で作成しています。

便利な機能｜ノートカラー

「ノート色」では、ノートカラーの色分け方法を切り替えられます。

ノート色をピッチごとに変更

- **パート**：トラック別に色分け。パート比較などに便利。
- **ピッチ**：音程ごとに決まった色で表示。ピッチの確認や間違い探しに便利。
- **ベロシティ**：ベロシティの強弱を色で表現。

「ベロシティバー」にチェックを入れると、ノートデータ内にベロシティ情報も表示します。「選択を黒色」にチェックを入れると選択したノートが黒くハイライトされます。（外すと白系でハイライト）

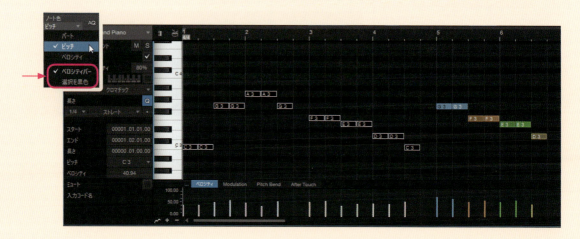

便利な機能｜変形ツールでベロシティ編集

リアルタイム録音の良さでもある音量（ベロシティ値）の揺れやニュアンスを残しつつ、素早く調整したい場合は、ペイントツール「変形」での編集が便利です。

ベロシティのバーを囲むように選択し、図形を変形させるように編集します。

> **変形ツールの作業に便利なショートカット**
> ノートを選択しておき「alt＋T」を押すと、選択ノートのベロシティが変形ツールで囲まれます。より素早く作業をおこなえるでしょう。

ペイントツールを「変形」に切り替える

ベロシティを底上げ

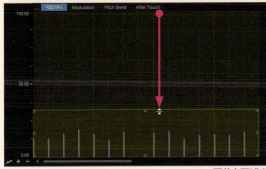

天井を下げる

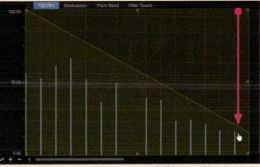

ニュアンスを残しつつデクレシェンド

> ベロシティの底上げや天井の上下は、オーディオでのコンプレッサーのように音量のバラつきを整える効果もあります。また、ベロシティ値でレイヤーが切り替わる音源の演奏データ調整にも有用でしょう。

ソングのテンポを設定する

曲のテンポを設定しておきましょう。ここでは、BPM130（♩= 130）に設定します。

手順
① 「テンポトラックを開く」ボタンをクリックしてテンポトラックを開く
② 数字をダブルクリックして値を入力
　（ここでは「130」と入力）

> テンポ設定が完了したら、再度ボタンをクリックするとトラックを閉じられます。

テンポを 130 に設定

> **そのほかのテンポ設定方法**
> トランスポートのテンポ欄でもテンポの変更／確認ができます。テンポ設定の詳細は「テンポと拍子」（322 ページ）参照。
>
>

アレンジトラックで楽曲構成の管理や編曲作業

　曲作りの初期段階では、楽曲の構成を大きく変更することもしばしばあります。そんな時はアレンジトラックの機能が便利です。これから、イントロの追加、アレンジで楽曲を展開、サイズの変更などを試しますので、管理しやすいように、アレンジトラックで3つのセクションに分割しておきましょう。（Aメロ、サビ、などに分けることがよくありますが、ここでは4小節ずつ、A、B、Cの3セクションに分けました）

アレンジトラックのセクションを作成

手順

① 「アレンジトラックを開く」ボタンをクリックしてアレンジトラックを開く
② スマートツールを選択し、**Ctrl**キーを押しながら1〜4小節（＝5小節目の頭まで）をクリック&ドラッグ

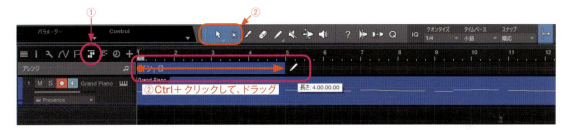

③ 同様に5〜8、9〜12小節にもセクションを作成

4小節ずつ3つのセクションが作成された

④ セクション上で右クリックして表示されるメニューから、セクション名や色を変更
　（ここでは左から順に、青色で「A」、黄色で「B」、赤色で「C」としました）

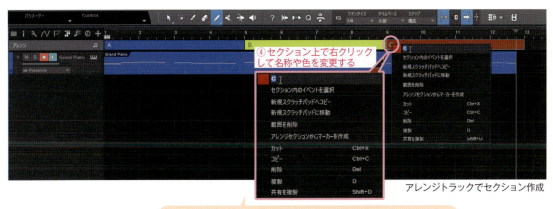

アレンジトラックでセクション作成

> セクションの色は、メニュー左上の色をクリックして選択できます。名称はダブルクリックして変更できます。そのほかアレンジトラックの詳細は「アレンジトラック（330ページ）」参照。

ソングのキー（調性）を設定する

ソングのキーを設定しましょう。正しいキー設定をしておくことで、この後で登場するコードトラックの動作にも影響します。（コード進行とキー（調性）は密接に関係しています）

手順

トランスポートの「調」をクリックして、キラキラ星の調である「C」（Cメジャー＝ハ長調）を選択

調をクリック　　楽曲の調性を設定

そのほかの調設定方法

コードトラックのインスペクターでも調を指定できます。

コードトラックを選択

インストゥルメントパートからキーを判定することも可能です。

パートを右クリックし、インストゥルメントパート＞キーを検出 を選択します。

必ずしも正しいキー判定がされるわけではないので確認が必要ですが、キーが不明な場合は試してみるのも良いでしょう。

ソングのコード進行を入力する｜コードトラック

コードトラックにコード進行を入力しましょう。コードトラック上にイベントを作成し、コードセレクターでコードを指定します。

ソング上でコード進行を把握できるだけでなく、後述するコードトラック機能やハーモニー編集機能でコードに追従させることも可能になります。

手順

① コードトラックを開く
② 「追従：」をオンに設定する
③ コードイベントを作成

（ここでは、スマートツールでダブルクリックして1小節分のイベントを作成しました。）

「追従：」の「オン」ボタンは、v4.5.2 から「追従」ボタンに更新されました。

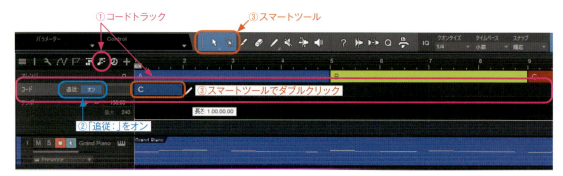

① コードトラック　③ スマートツール
② 「追従：」をオン　③ スマートツールでダブルクリック

③ コードイベントをダブルクリック →コードセレクターが開く
④ コードをクリックして設定（ここでは「C」を選択）

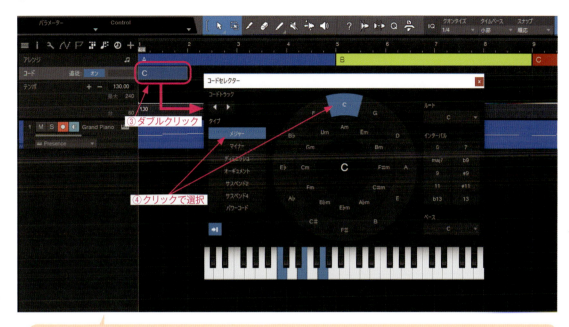

コードイベント作成と編集の TIPS

コードイベントの作成

　ダブルクリックでイベントを作成する際に、2回目のクリックを保持したまま左右にドラッグすると、イベントサイズを伸縮できます。もしくは、**Ctrl** +クリックして右にドラッグすると1小節単位で伸縮できます。もしくはペイントツールでもイベント作成できます。

コードイベントの編集

　コードのイベントは、オーディオやインストゥルメントのイベント／パートと同様の編集が可能です。例えば、長いイベントを作成して分割する、「**D**」キーで複製する、なども可能です。（内容（コード）は後から変更できます）

コードを完成させる

以下の図を参考にコードトラックにすべてのコードを入力できたら、次へと読み進めてください。
次からの各種コード入力方法も参考にしてください。

KirakiraStar のコード、1コーラス分を完成させる

コード入力に関しては「コード入力方法」(229ページ) 参照。

　これでソングの用意が完成しました。次の「ハーモニー編集」(232ページ) に進んで、様々な機能を使ってソングを作り込んでいきましょう。

コード入力方法について

コードの入力と編集

　コード入力するには、まずコードトラックにイベントを作成して、イベントに対してコードネームを指定します。(「ソングのコード進行を入力する｜コードトラック｜(226ページ)参照)
　作成済みのイベントにコードを指定する方法は複数用意されています。以下を参考に、状況に応じて使い分けましょう。

(1) コードイベントをダブルクリックしコードセレクターでコードを選択
　　(※コードセレクターの中心をダブルクリックしてコードネームを直接入力することも可能です。)

(2) コードイベントにカーソルを合わせて、トラックのコード表示欄に直接タイプしてコードを編集

（3）コードイベントを選択しておき、インスペクター（**F4**）を開き、コードをリストで編集

インスペクターでは、コードイベントのサイズ編集（スタート／エンド）や、コードセレクターの呼び出しも可能です

（4）コードイベント上で **Alt** キーを押しながらマウスホイールを回してルートを変更

マウスオーバー（マウスカーソルを合わせること）しておき、**Alt**＋マウスホイールで数値変更や選択肢を切り替えられるシチュエーションはたくさんあります。この操作が気に入っている場合は、ほかの画面でも試してみるとよいでしょう。

コードの種類、表記について

例：Cmmaj7/G の場合

- ルート：C
- タイプ：m
- インターバル：maj7
- ベース：G

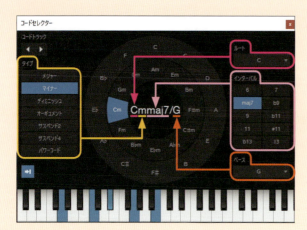

コードセレクターのタイプ名称と楽譜での一般的な表記の対応表	
タイプ	楽譜での表記例
メジャー	無印
マイナー	m、-
ディミニッシュ	dim、o
オーギュメント	aug
サスペンド2	sus2
サスペンド4	sus4
パワーコード	5

> コードの構成音は、コードセレクターの鍵盤に表示されるので参考にしてください。
> 　サスペンド2（sus2）は構成音（1度、2度、5度）、add 9は構成音（1度、3度、5度、9度）で処理されます。
> 　パワーコードは、3度を抜いたギター特有のコード表記で、慣例的にC5などと記載されます。構成音は（1度、5度）
> Cm7♭5（＝φハーフディミニッシュ）は、「タイプ：ディミニッシュ」、「インターバル：7」を選ぶか、「cm7b5」とタイプすると、「Cφ7」と表示されます。
> 　ディミニッシュ（dim ＝ o）は厳密には3和音ですが、ジャズなどではしばしば4和音を意味します。その場合は「タイプ：ディミニッシュ」と「インターバル：♭7」を組み合わせた「o7」を指定します。

> インターバルの選択肢は、選択中のタイプによって変化します。これは、理論的に使用可能なインターバル（＝テンション）は、タイプごとに限定されているためです。

> コードは、オーディオイベントやインストゥルメントパートから検出することができます。コードの検出については「事前にコードを検出しておく」（241ページ）参照。

鍵盤で弾いたコードを認識

「インストゥルメント入力」をオンにしてMIDI鍵盤でコードを弾くと、即座に選択中のイベントにコードが入力（修正）されます。コードネームがわからなくても鍵盤を弾くと、そのコードが表示されるので便利です。

「次のコードを編集」ボタン

「インストゥルメント入力」をオン →

MIDI鍵盤でコードを弾いて認識させられる

> **入力TIPS**
> 　コードを選択中に右矢印キーを押すと、次の（右側の）イベントが選択されます。（これは、コードセレクター左上の「次のコードを編集」ボタンと同じ動きです）
> 　あらかじめイベントを作成しておき、コードを弾いて右矢印、コードを弾いて右矢印……と、流れ作業で入力できます。

> **ボイシングについて**
> 　オクターブ内で弾いた場合は、ボイシング（展開形）は関係しません。（＝ドミソ、ミソド、ソドミ、どれでもCと認識します）
> 　ベースをオクターブ以上離して弾くと、ベース音を指定できます。例えば、低いところで「G」、上の方で「CEG」と弾くとC/G（ConG）を指定できます。

> v4.5では、コードを試聴できるようになりました。プレイバックや、コードイベントの選択、入力時などにコード音を鳴らすことができます。「コードを試聴」（477ページ）参照。

2 ハーモニー編集｜ノートデータをコードトーンにマッチ

ハーモニー編集では、ノートデータやオーディオの音程（ピッチ）をコードにマッチするように追従させることができます。作業例として、コードトーンをシンプルに演奏するキーボードのトラックを作成してみましょう。

> ノートデータがコードと一致していなくても、正しい音程に自動で追従（移動）するのがポイントです。
> 採用テイクにしたいのに一部が不協和音になってしまった場合や、偶然できたフレーズをコード進行にマッチさせる、ループ素材を作成中のソングに完全マッチさせるなど、幅広く活用できます。

元となるノートデータを用意

手順

① トラック作成
（ここでは、Presence＞Artist Instruments＞Keyboards＞「Wurly EP」をブラウザーからドラッグしました）
② アレンジA部分に、空のイベントを作成
（作業例：アレンジAを選択して「P」を押すと、アレンジ「A」がループ範囲に指定されます。その後、WurlyEPのトラック（1～4小節）上でダブルクリックすると、すばやくイベントを作成できます。）

③ 作成されたイベントを選択し、編集ビュー（F2）を開く
④ ノートデータを入力
（ここでは二分音符で「C3、E3、G3、B♭3（A#3）」を入力しました。図を参照。）

> このノートを基にコードトーンに移動します。ここでは、効果がわかりやすいようにCEGB♭を入力しました。元のノート数やピッチによって結果は変わることもあります。

⑤ 入力した4つのノートを選択し、「D」キーを複数回（ここでは7回）押して、イベント全体にノートを配置

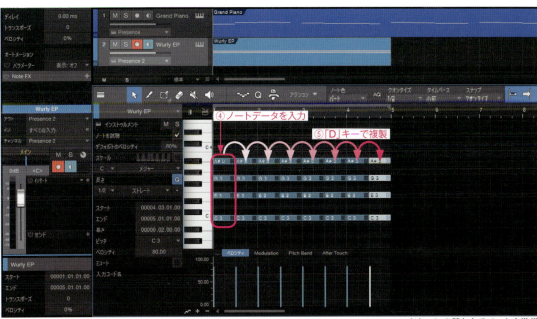

コードトーンの基となるノートを準備

⑥ ノートで埋まったイベントをB,C,にもコピー
（ここでは、ノート入力したイベントを選択してから「D」キーを2回押しました。）

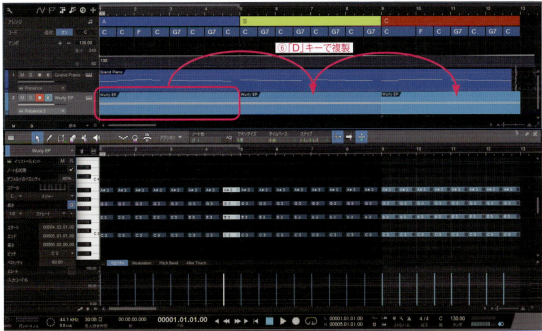

A、B、C全体で二分音符が演奏されるようイベントを用意した

> ここでは、4小節ごとに1イベントでまとめていますが、実際には、Aメロ、Bメロ、サビと、ソング構成を把握しやすく分けたり、コードが切り替わるごとにイベントを分けてブロック感を出したりするなど、馴染む手法を見つけると良いでしょう。

コードに従うように設定

手順

① インスペクターを開く
② 「コードに従う」を「ナロー」モードに設定
　→ノートデータがコードに追従して、コードトーンに移動します。

> イベントの左下には、コードに従いノートが移動していることを示すマーク（　）が表示されます。

再生して、コードが演奏されるのを確認してください。

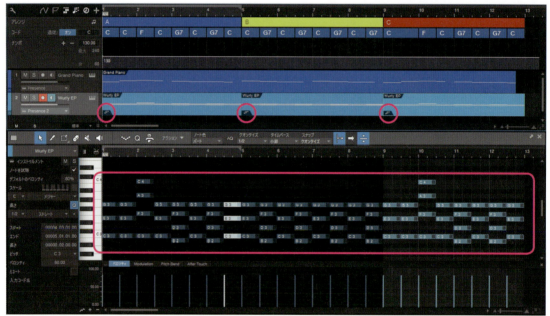

ノートデータがコードにマッチするように移動する

コード追従の結果が思わしくなかった場合は

コードに追従したピッチは、絶対的なものではありません。時には思わしくない結果となる場合もあります。

以下を参考に、設定を変更したり、元となるノートデータの位置を修正するなどして、目的のサウンドになるよう調整してください。

・ナローをパラレルにするなどモードを変更する

・コードトラックのコードを調整する

・元となるノートデータの位置やインターバル（音程）を調整する（音の間隔を広くしたり狭くしたり、ベース音を変更したり、ボイシングを変更してみる）

・ノートを追加する（ハーモニー編集でノートが自動で追加されることはありません。セブンスコードやテンションコードが必要であれば、相応のノート数が必要です。例えば、ナローで3音の場所でメジャー7の音が鳴らない場合は、ノートを4つに追加することでうまくいく場合があります）

・重複ノートをチェックする（同じピッチにノートが重なって、4つのノートが3和音になることもあります。適宜、重複ノートの削除や移動で対処しましょう）

モードの選択肢は以下を参考にしてください。
オフ：コードトラックの影響を受けません。
パラレル：ルート（根音）がコードトラックと一致するように平行移動します。そのため、キーから外れるノートが含まれ不協和音になることもあります。逆に、メロディックな経過音を効果的に残せる場合もあります。
ナロー：ノートがコードトーンに移動し確実にコードにマッチした音程で演奏します。前後の音程がなめらかに（跳躍しないように）なるようボイシングされます。半ば強制的に移動するので、同じピッチにノートが重複して移動してしまう場合もあります。装飾的な音までコードトーンにシフトしてしまう一面もあります。
ベース：ベース用の特別な単音のモードです。コードのベースノートへと移動します。単音ではないトラックには通常は適しません。

今回のデータをパラレルモードにした例。コードにマッチしないノートも散見される。トライ＆エラーでよい結果を見つける

このあたりで一度ボリュームチェック

　Wurly EP の音量が大きくてクリップ（レベルオーバー）しているかもしれません。「チュートリアル：ミックス」の項でも解説したように、制作段階からボリューム調整を心がけておくとよいでしょう。
　ここでは、Presence の Global Volume を少し下げて、コンソールで -24～-12dB の間に収まるように調整してみました。

今回は Presence 側で音量を調整してみた。ミックスの本格的な作業までフェーダーをフラット（0dB のまま）にしておけるメリットもある。

　今回は、その他のトラックもだいたい -24dB ～ -12dB の間になるように音量調整しながら作業しています。レベル管理術は色々とありますので、自分にあった方法を見つけるとよいでしょう。

ベースパートをハーモニー編集（ベースモード）

ベースパートをハーモニー編集機能で作成してみましょう。

手順

① トラック作成
（ここでは、Presence＞Artist Instruments＞Bass＞「Fingered Bass」をブラウザーからドラッグしました）

② 作成された「Fingered Bass」トラック上にイベントを作成し、編集ビュー（**F2**）を開き、ノートデータを入力
（ここでは、アレンジA～C全体に四分音符C2・C3のオクターブを配置しました。）

②-1 四分音符でC2・C3の音を入力

②-2 「**D**」キーでアレンジ全体にコピー

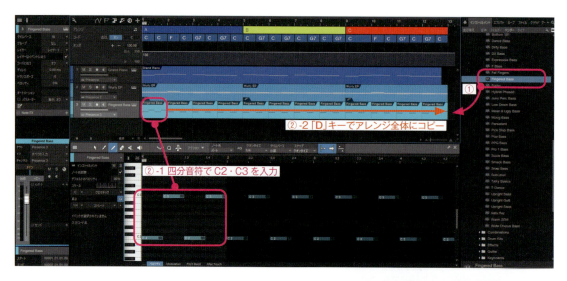

③ インスペクター（**F4**）を開き、「コードに従う」を「ベース」モードに設定
　→ノートデータがコードのベース音に移動します。

再生して、ベースラインがコードに追従していることを確認してください。

これでコード（Wurly EP）とベース（FIngered Bass）の伴奏パートをつくることができました。引き続き「パターンでのドラムパート作成（Impact XT）」（244ページ）に進んでください。

便利機能｜「エディターをアレンジに同期」ボタン

チュートリアル本編とは直接は関係しませんが、作業や編集において便利な機能やコマンドをいくつか紹介します。

編集ビューの「エディターをアレンジに同期」ボタンをオンにすると、編集ビュー（エディター）とアレンジビューのタイムラインが同期します。拡大率が同じなので、イベントやコード、エディターのノートデータなどの表示場所も一致します。タイムラインが揃うことで、全体の構成を把握するのに役立つでしょう。また、似ている場所と間違えてしまうことも予防できます。

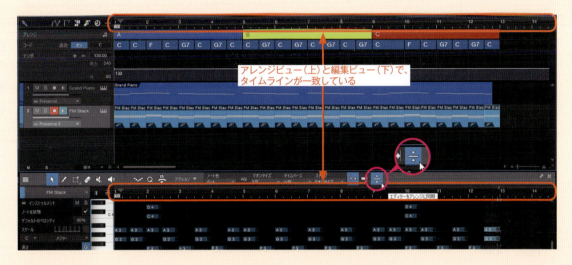

便利機能｜コンテンツにクロップ

インストゥルメントトラック上のイベント（＝インストゥルメントパート）のサイズを、内包するデータに合わせてクロップ（端を切り落として前後を切り詰めることが）できます。

手順

クロップするイベント上で右クリック＞イベント（イベントの一般操作）＞コンテンツにクロップ を選択

> メニューのイベント＞コンテンツにクロップ でも可能です。

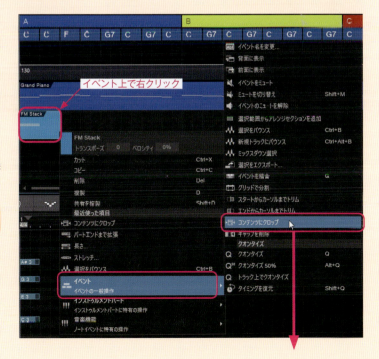

237

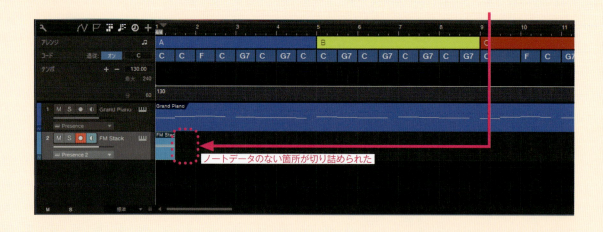

イベント分割時に右のノートを残す（Alt ＋ クリックで分割）

・**Alt** ＋ クリックでの分割：分割ポイントより後ろをノートとして残す

　インストゥルメントのイベントを分割する際に、分割ポイントをまたぐノートデータがあると、分割した右側のイベントにノートは残りません。
　余計なノートデータが残ってしまうのを避ける合理的な動作ですが、あえて、右のイベントにノートを残したい場合は、**Alt** を押しながら分割します。

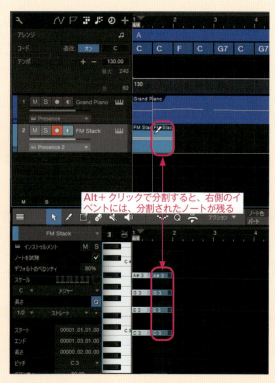

アクション｜重複ノートの削除

重なっている不要なノートデータを自動で判別して削除する機能です。

例えば、ハーモニー編集でノートが追従すると、同じピッチにノートが移動して重複する場合があります。ノートが重複すると音量が大きくなるインストゥルメントもあるので気をつけたいところです。「重複ノートの削除」なら、一気に不要ノートの削除をおこなえます。

また、コピー&ペースト作業でいつのまにか重複ノートができてしまっている場合にも有効な機能です。

> ハーモニー編集機能を使用している場合は、モードを切り替えると重複が解消したり、テンションで必要な音になったりする場合もあります。完全にアレンジが完了してから削除するほうが確実でしょう。

手順
① 重複ノートがありそうな場所（複数のノート）を選択
② アクション＞ノートを削除 を選択
　→「ノートを削除」画面が開きます。
③「重複音を削除」にチェックして「OK」をクリック
　→選択中のノートに重複があれば削除されます。

「次より短いノートを削除」では、指定した長さよりも短いノートだけを削除できます。ミスタッチや思いがけずできたノートのゴミを削除するのに便利です。

アクション｜ピッチをフリーズ

ノートデータを現在のピッチに固定します。

例えば、ハーモニー編集機能によりノートが移動した結果が気に入った場合は、フリーズすればその後は編集の影響をうけません。また、コードに追従させたくないノートをあらかじめ保護しておくこともできます。

手順

① ピッチをフリーズさせるイベントもしくはノートを選択
② アクション>ピッチをフリーズ を実行
　→ピッチがフリーズして、作業の影響を受けなくなります。

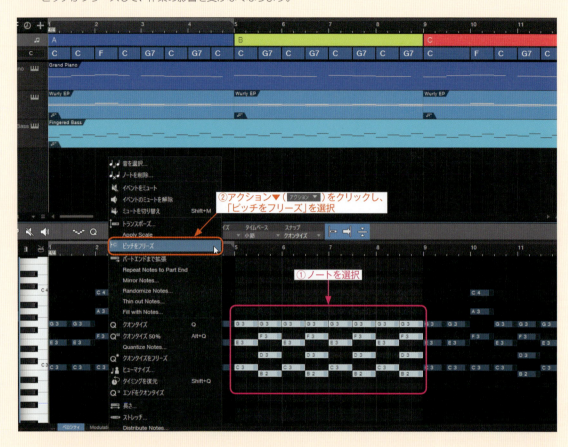

以下の図では、ハーモニー編集機能で移動したノートデータのうち、セクションBのノートだけピッチをフリーズしています。そのため、「コードに従う」をオフにしても、セクションBだけはピッチが保持されています。

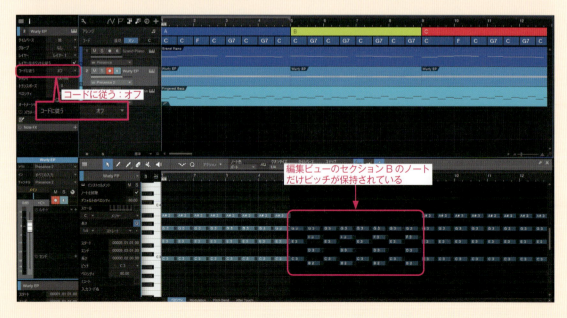

オーディオトラックでのコード・ハーモニー編集

ハーモニー編集は、オーディオトラックにも有効です。
操作はインストゥルメントトラックと同様ですが、オーディオ特有の項目についてや注意点を紹介します。

事前にコードを検出しておく

ハーモニー編集の前に、オーディオイベントのコードを検出しておきます。

> コードを検出しておくことで、コードトラックのコードに正しく追従するようになります。検出した結果が正しくない場合は、適宜コードを修正しておきます。

手順

オーディオイベントを選択し、右クリック＞オーディオ（オーディオイベントに特有の操作）＞コードを検出 を実行
→コードが検出されイベント下部に表示されます。

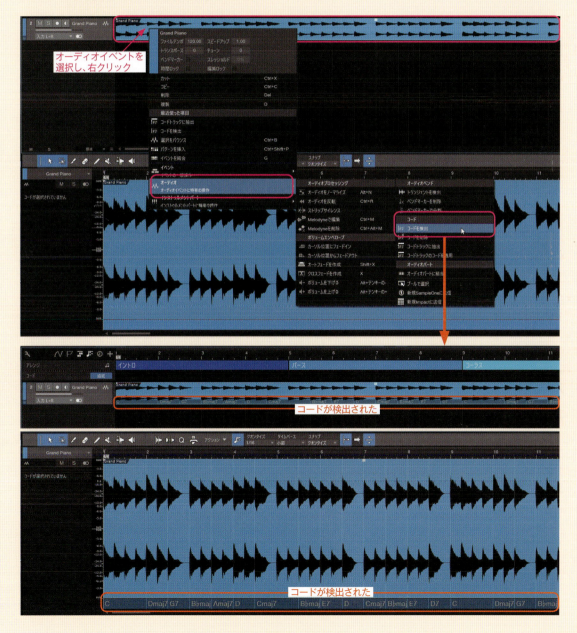

241

検出されたコードの修正方法

　検出されたコードは、編集ビュー（**F2**）で編集できます。以下のように複数の編集方法があるので、やりやすい方法で作業するとよいでしょう。

・編集ビュー内のイベント下部に検出されたコードをダブルクリックして、コードセレクターで編集（①）
・左側でコードを編集（②）
・編集ビュー下部に記載されているコード上にマウスオーバーして、**Alt**（**Option**）＋マウスホイール でコードを変更

コードトラックに抽出

　イベントが持つコード情報をコードトラックに抽出することができます。
　オーディオイベントを選択しておき（①）、メニューのオーディオ＞コードトラックに抽出 を実行します（②）。

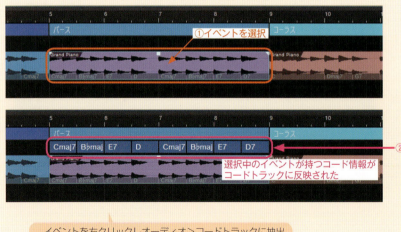
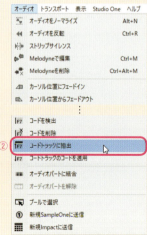

　イベントを右クリックし、オーディオ＞コードトラックに抽出 でも同様に実行できます。
　すでにコードが入力されている場合は、上書きされます。

コードトラックのコードを適用」
　メニューのオーディオ＞コードトラックのコードを適用 を実行すると、選択中のイベントのコードが、コードトラックに入力されているコードに置き換わります。

「コードに従う」のオーディオ用モード

インストゥルメントでのモードに加えて、以下のモードが用意されています。

Scale：ノートが、対象のコード内の直近のスケールのノートにスナップします。

ユニバーサル：ノートが、対象のコードのスケールのノートに強制的に従います。このモードでは、事前の［コードを検出］を必要としません。

チューンモード

ハーモニー編集機能でコードに従うためにピッチシフト処理がおこなわれますが、この変換アルゴリズムを指定できます。

手順

「チューンモード」から、Bass Guitar、Guitar、Piano、Brass、Lead、Strings、を指定します。

> 選択肢の楽器名は目安です。良好な結果を得られるのであれば、ピアノのトラックで Strings を選択してもよいでしょう。

> チューンモードを変更しても音程には影響しません。オーディオ処理（ピッチシフト）の品質や音質などの設定です。
> ピッチ変換の独特な質感が気になる場合に、変更してもっとも自然にピッチシフトされるものを探しましょう。

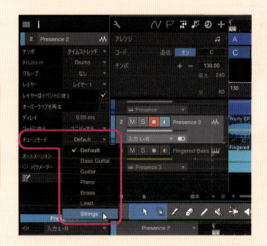

ポイント

オーディオでのコードトラック／ハーモニー編集のポイント

コードトラック機能は強力ですが、オーディオでのピッチ編集（ピッチシフト）には技術的にも音色的にも限界があるので、重要なオーディオパートに関しては、フレーズが決定したら、再録音しなおすことが奨められています。

しかし、伴奏的なパートを部分的に編集するツールとしては、十分なクオリティーで作業が可能です。例えば、デモやスケッチで偶然性のある素晴らしい演奏が録音できたのに一部分だけ響きが合わないような場合も、リテイクすることなく、その魅力的なプレイを楽曲にマッチさせられます。

これは、再録音する時間的・人的余裕がない時にも助かるでしょう。

また、お気に入りのオーディオループも、メジャー・マイナーキーを問わず曲にマッチさせる、強制的にピッチ修正される独特の質感を、あえてエフェクティブに活用する、といったことも面白いかもしれません。

3 パターンでのドラムパート作成（Impact XT）

パターン機能でリズムトラックを作成

最近はハードウェアシーケンサーの復刻などもあり、パターン化したリズムトラックがフィーチャーされることもよくあります。パターンを使うと、あえて昔ながらのワークフローで作業することができます。これは、作り出されるサウンドにも変化をもたらすことでしょう。ここでは、バージョン4の新機能「パターン」を使って、刷新された「Impact XT」で、リズムトラックを作成してみましょう。

Impact XT のトラックを用意

ここでは Impact の「Electro Producer Pack」をアレンジビューにドロップしてトラックを作成しました。

パターンを挿入（**Ctrl + Shift + P**）、ノートでパターンを作成

パターンイベントを作成し、ノートを入力しましょう。※通常のイベント（＝インストゥルメントパート）との違いを理解しておきましょう。

手順

① トラック「Electro Producer Pack」を選択
② 挿入位置にカーソルを合わせる
③ イベント＞パターンを挿入　を実行（ショートカット：**Ctrl + Shift + P**）
　→空のパターンが1小節分作成されます。
④ パターンをダブルクリックして編集ビューを開く

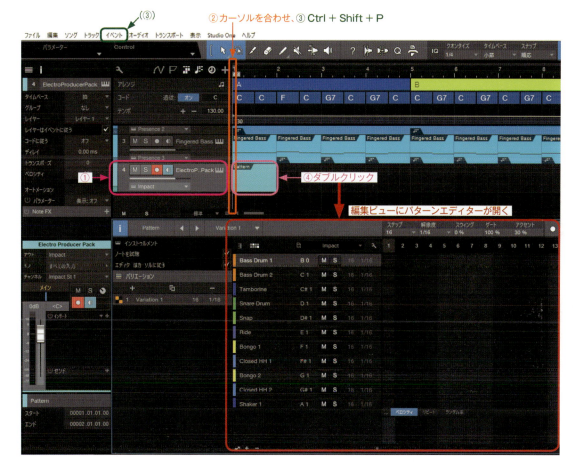

⑤ ステップをクリックしてパターンを作成（ここでは、以下のように入力してみましょう。）

手順⑤のポイント（次頁の図と併せて参照）
a) ステップを16に設定、解像度を1/8に設定
b) ステップをクリックしてノートを入力（ここでは図を参照して入力）
c) 「オートメーションレーンを表示／隠す」ボタンをクリックしてレーンを表示
d-1) Closed HH1を選択
d-2) オートメーションレーンの「ベロシティ」タブを選択
d-3) 強弱（ベロシティ）を調整　（青いバーをクリックして上下して、揺らぎやビートが感じられるように設定してください。あえて一本調子でもよいかもしれません。）
e) パターンを2小節分に広げる

f）完成した2小節分のパターンを、アレンジA〜Cの全体でプレイするために、パターンを広げる

2小節パターンがソング全体で繰り返される

同じパターンを繰り返したい場合は、パターンを広げます。パターン内では、ステップ数で演奏データが管理されているので、イベントパートのように複製する必要はありません。

バリエーションを加える

アレンジBでは、パターンにバリエーションを加えてみましょう。

手 順

① 5〜6小節目のパターンを分割
　（スマートツールでパターン上側をダブルクリックするか、分割ツールで分割します。）

イベント同様に、スマートツールでパターン上部をダブルクリックすると分割される

② 分離したイベントを選択
③ 「パターンインスペクター」ボタンをクリックしてインスペクターを開く
④ 「バリエーションを複製」をクリック
　→Variation2が追加されます。（ノートにはVariation1と同じものが複製されています）
⑤ ノートを追加するなどバリエーションを作成

手順⑤のポイント（次頁の図と併せて参照）

ここでは以下の a）b）の手順で、図のようにBongo 2に16分音符のランダムな乱れ打ちを加えました。

a）Bongo 2を選択し、ステップを「32」、解像度を「1/16」に変更しました。

b）Bongo 2のノートを図のように入力（※左端の最初のステップをクリックしたまま右にドラッグすると一気にノートを入力できます）

※次図 a）をみて、Bongo2 のステップ / 解像度だけを変更します。全体の設定を変更しないよう注意。ステップ変更は、数値欄をダブルクリックして数値を入力。解像度はクリックして選択肢から選択します。

c）「ランダム率」タブを選択し、例えば図のように設定します
　→ランダム率を設定すると、音の発生率がランダムになります。その結果、プレイするたびに変則的なボンゴの連打となる効果を狙ってみました。

⑥ 区別するためパターンの色を黄色に変更
　（パターン上で右クリックし、メニュー左上でカラーを選択します）

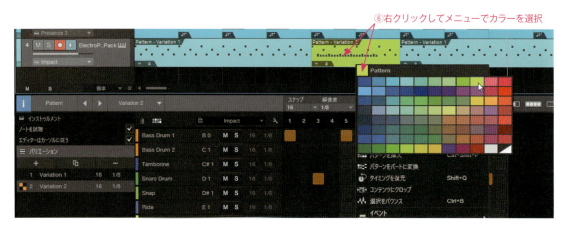

⑦ 同様の手順で、アレンジCの後半をVariation3に変更（以下の図を参考にしてください。）
　⑦-1　11小節目でパターンを分割し、色は赤に変更
　⑦-2　バリエーションを複製
　⑦-3　Bongo1とBongo2のステップと解像度を変更してからノートを入力
　⑦-4　それぞれのランダム率を調整

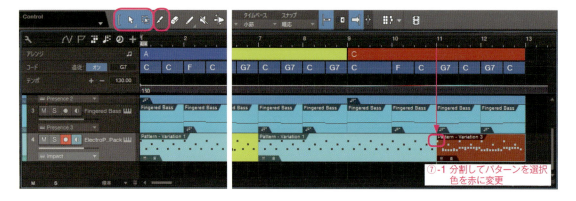

Studio One 機能体験ツアー　パターンでのドラムパート作成（Impact XT）

11-12小節をVariation3としてプレイ

ノートはクリックで入力します。クリックしたままなぞるようにスライドすると、連続して入力できます。削除する場合は、削除したいノートをもう一度クリックします。ツールを変更する必要はありません。

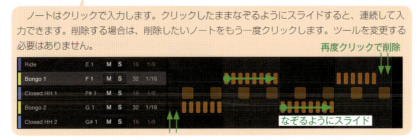

パターンでは、オートメーションレーンの値は、選択中のパーツに対してのみ有効です。Bongo1を選択してからランダム率を調整し、Bongo2を選択してからランダム率を調整しましょう。

バリエーションを加えられたら、パターン機能を使ったリズムトラックの完成です。再生して聞いてみましょう。

これで楽曲の核となる、メロディ、コード、リズムのトラックを用意することができました。251ページからの「スクラッチパッドでアイディアを練る」に進んでイントロを作成してみましょう。

パターンの詳細は、次項「パターン機能について」（250ページ）、「パターン」（343ページ）参照。

パターン機能について

リズムモードとメロディモード

パターンには「メロディモード（■）」と「リズムモード（■）」があり、ボタンで切り替えられます。

メロディモードではピアノロール表示になるため、音程を意識したメロディックなシーケンスパターンを組む作業をおこなえます。前項で作業したように、パターンは、リズムトラックの構築に便利ですが、音程のあるメロディパートでもパターンを活用した制作をおこなえるのです。

> メロディックなシーケンスをパターン機能で構築する手順は、「イントロのシンセサイザーフレーズをパターン機能で作成」（253 ページ）」参照。

> リズム系音源 Impact XT のトラックでは、パターンはリズムモードで開きます。Presence や MaiTai などはメロディモードで開きます。Presence でドラム系の音色を選んでもメロディモードで開くので、必要に応じてボタンで切り替えましょう。

メロディモードでは鍵盤が表示される

パターンとイベントの共存

パターンはイベントとは区別され共存できます。イベントのある場所でパターンを挿入すると、重なり合い、どちらも演奏されます。

ベーシックなリズムはイベントで作成しておき、フィルはパターンに任せる、といった活用方法などがあるでしょう。

重なっていると、区別や管理がややこしくなる場合もあるので気をつけましょう。もちろん同じ音源でトラックを 2 つ作り、一方はイベントでの入力用にして、パターンはもう一方で作成してもよいでしょう。

なお、パターンを挿入するキーコマンドは「Ctrl + Shift + P」で、通常のイベント挿入（＝インストゥルメントパートを挿入）は「Ctrl + P」です。

パターンをイベント（パート）に変換

パターンはイベント（パート）に変換できます。パターン上で右クリック＞インストゥルメントパート（インストゥルメントパート特有の操作）＞パターンをパートに変換 を選択します。

4 スクラッチパッドでアイディアを練る

＊Professional のみ

　スクラッチパッドは、思いついたアイディアやアレンジを本編とは関係なく気楽に試すことができます。
　ここでは、スクラッチパッドでイントロのアイディアを練り、試作してから本編に挿入する流れを紹介します。

スクラッチパッドでイントロを試作

　アレンジAの前にイントロを追加してみましょう。いきなり追加して収拾がつかなくなってしまっても困ります。まずは、スクラッチパッド側で試作してアイディアを固めましょう。

スクラッチパッドを表示

手順
① スクラッチパッドボタンを押す
②（必要に応じて）作業面積を広くする

①スクラッチパッドボタン

②スクラッチパッドのエリア
（境界線部分をドラッグでサイズ変更）

スクラッチパッドを非表示にするには、スクラッチパッドボタンをもう一度クリックします。

イントロのドラムパターンをデータ作成

スクラッチパッドでイントロのドラムパターンを試作しましょう。トラックは本編と同じ「ElectroProducerPack」トラックを使用します。以下の手順と図を参照してください。

手順

① スクラッチパッドの2小節目にカーソルを配置、トラック「ElectroProducerPack」を選択します。次に、〈イベント〉＞パターンを挿入（**Ctrl + Shift + P**）で新規パターンを作成
② 作成したパターンを編集ビュー（**F2**）で開き、ステップ「32」、解像度「1/16」に設定
③ ノートを入力（ここでは、パターン機能の確認にもよさそうな、80'sの雰囲気のキックのみのリズムパターンにしてみました。）
④ パターン名称を「Intro」に変更（図中④をダブルクリックして名称を変更します。）
⑤ パターンイベントを2小節分の長さに伸ばしてパターンがすべて演奏されるように調整

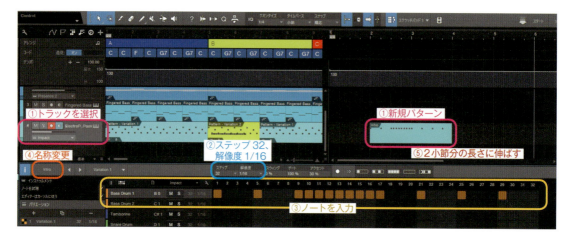

音色にこだわる｜キックの音色調整

キック（Bass Drum 1）の音色を少し変更しようと思います。ここでは以下のように調整しました。

① 「ElectroProducerPack」トラックの鍵盤アイコンをクリック（**Shift + F11**でも可）
② 「Bass Drum 1」のパッドを選択
③ Transposeを「7」に設定して音程を少し高めに変更

実は、入力したキックにふさわしい音のイメージが頭の中にはあるのですが、プリセットのままだと少々違うようでした。そこで、パラメーターを調整してイメージに近づけることにしました。プリセット音も、音色調整すればもうオリジナルの音色です。
文面で説明するため「Transposeを+7」と具体的に記載しましたが、実際の作業では、よりよいサウンドになるよう耳で確認して調整してください。もちろんPitchセクションの他のパラメーターやFilterセクションを調整してもかまいません。

Studio One 機能体験ツアー　スクラッチパッドでアイディアを練る

イントロのシンセサイザーフレーズをパターン機能で作成

　イントロに合うシーケンスを、パターン機能を使って作ってみましょう。パターン機能は、音程のあるインストゥルメントでも使えます。普段のピアノロールとはまた違ったアプローチでフレーズを作成できるかもしれません。以下の手順と図を参照してください。

手順

① Mojitoをドラッグしてトラックを作成
② スクラッチパッドの2小節目にカーソルを配置
③ イベント>パターンを挿入（**Ctrl + Shift + P**）で新規パターンを作成
④ 作成したパターンを4小節分（2〜5小節）になるよう伸ばす（イベント右下をドラッグします。）
⑤ パターンを編集ビュー（**F2**）で開き、ステップ「32」、解像度「1/8」に設定
⑥ ノートを入力（ここでは、メインメロディを"シーケンス風"にしてみました）

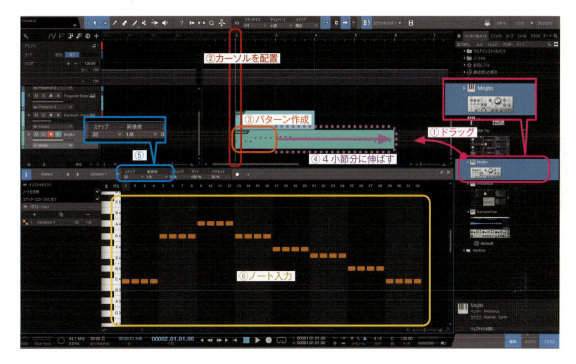

　連打ではつまらないので、メリハリをつけてみます。

⑦ 「オートメーションレーンを表示/非表示」をクリック
　→オートメーションレーンが開きます。
⑧ 「ランダム率」のタブを選択し、図のように設定

　「ベロシティ」の強弱でメリハリをつけるのもよいのですが、Mojitoはベロシティ値では音量が変化しないので、「ランダム」で音の発音率をコントロールしました。0/100以外の数値にすれば、再生ごとに鳴るノートが変化する偶発的フレーズになるでしょう。
　「リピート」タブで数値を設定すると、その音はダラララと連打され、ノイズサウンドやグリッチ（機械的エラー音のサウンド）を演出できます。自由に組み合わせて楽しいフレーズを作ってください。

253

音色にこだわる｜シンセサイザーの音色調整

Mojitoの音色をエディットしてみましょう。ここでは先に入れたドラムとマッチするように「ミュミョン」という感じのフィルターのかかったチープなシンセサイザーサウンドにしてみました。

手順

① Mojitoトラックをソロにする
② 再生（ループ設定しておくと作業をしやすい）
③ パラメーターを調整

> ループ再生して聴きながら設定を変更していくと、パラメーターと音色変化の関係を感じ取りながら作業できます。ループ設定では以下の操作が便利です。
> ・**イベントの範囲をループさせる**＝イベントを選択して **P** キーを押す
> ・**ループのオンオフを切り替える**＝キーコマンドの「**/**（スラッシュ）」か、ループ範囲をダブルクリック

手順③のポイント

ここでは、次のように調整しました。
（プリセット「default」から以下のパラメーターだけを操作）

a) AMPのGainで音量を調整し（24%）、ADSRのS（-17.92dB）とR（345.4ms）で余韻を調整。
b) OSCのWave（0.69）とWidth（22%）で波形音色を調整。
c) FLTのReso（63%）とCutoff（1.04k）で音色（フィルター）を調整。LFOを有効にして（1oct2st）フィルターの揺らし加減を調整（1/4）。

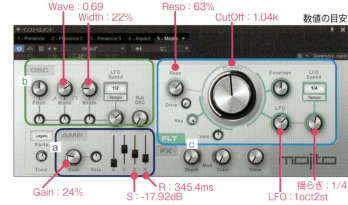

> Mojitoのパラメーターについては、「シンセでの音作り（Mai Tai・Mojito）」（189ページ）を参照してください。

> 画面左上にはパラメーター名と数値が表示されます。各ノブをクリックするか動かすと表示が更新されます。

執筆時に設定した数値を記載していますが、シンセは自分で音作りしてこそ！ 自由に調整してください。
最後に、Mojitoトラックのソロボタンを元に戻して、次に進みましょう。

自作の音色をプリセットとして保存

Mojitoの音色をプリセットとして保存しましょう。（あとの工程で他のトラックに使用する予定です）

手順

① プリセットメニューボタンをクリックし「プリセットを保存」を選択
② 開いたウィンドウで各項目を設定（ここでは以下のように設定しました。）
　　名前：（プリセットの名称）「kirastar」
　　説明：（ブラウザーの説明欄の表示内容 ※1）「ガイドブック用プリセット」
　　Subfolder：（保存先フォルダー ※2）「MyMojito」
③ OKをクリック
　　→プリセットが保存されます。

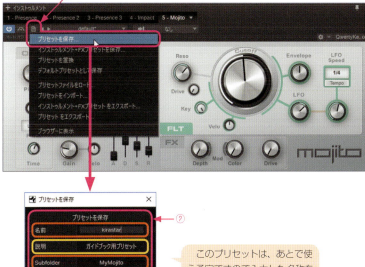
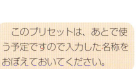

> **そのほかのプリセットメニュー**
> ・**インストゥルメント＋FXプリセットを保存** を選ぶと、トラックにインサートされているエフェクトの情報を含むプリセットが保存されます。
> ・**プリセットをエクスポート** で書き出したプリセットファイルを、他のPCで **プリセットをインポート** で読み込めば、プリセットデータのやり取りが可能です。

イントロのベースをハーモニー編集で作成

イントロのベース作成では、ハーモニー編集機能を活用してみましょう。
　ベースラインのリズムだけを考えて入力し、ピッチはハーモニー編集にまかせてルート（＝コードの基音となる最低音、根音）を演奏するようにします。（※コード進行はセクションAと同じ進行にすることにしました。）

手順

① アレンジ「A」のコードをスクラッチパッドにコピー（コードを複数選択してからドラッグ＆ドロップでコピーします。）
② MaiTaiのBass＞「Bass-Simply Stereoid」をドラッグしてトラックを作成

> コードを連続選択するには、**Shift** キー＋クリックしたまま、横になぞるようにスライドすると簡単です。
> 　スクラッチパッドへのドラッグ＆ドロップが思いどおりの位置にドロップできない場合は、いったんドロップできる位置に配置してから移動するか、コードを選択してコピーした後にカーソルをコピー先に配置してペーストしてください。

③ 作成されたトラックにイベントを作成（ここでは、通常のイベント（＝インストゥルメントパート）をスクラッチパッド2小節目に1小節分作成しました。なお、あとでイベントサイズは広げます。）
④ 編集ビュー（**F2**）を開き、クオンタイズを1/16に設定
⑤ 図のように音符を入力（ここでは、C2の16分音符を図のリズムで1小節分入力しました）

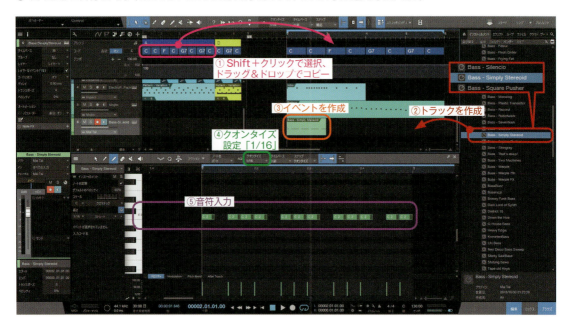

⑥ 作成したフレーズがイントロ全体でプレイされるように、イベントをコピー（イベントを選択し**D**キーを押すと簡単にコピーできます。）
⑦ インスペクター（**F4**）を開き、コードに従うを「ベース」モードに設定
　　→コードのルートを演奏するよう音程が移動します。

音量調整、音色調整なども自由におこなってください。

5
アレンジを発展 |
構成変更～ Note FX 活用、データ調整など

アレンジが固まったら、スクラッチパッドから本編に挿入

アレンジ「Intro」を作成

手順

① 試作イントロの箇所を、アレンジトラックで「Intro」として定義
　ここでは、アレンジトラックの2小節を **Ctrl** ＋クリックしたまま右に5小節目（6小節頭）までドラッグしてアレンジセクションを作成しました。（色や名称はセクションを右クリックして変更します。詳細は「アレンジトラックのセクションを作成」（225ページ）参照。）

② 手順①で作成したアレンジ「Intro」を、本編1小節目に挿入
　→アレンジABCは右に移動します。

　アレンジの移動先の微妙な位置によって動作（挿入か置換）が変わるので、挿入になるよう注意してください。
　スクラッチパッドとアレンジビュー間のイベントのやりとりについては「セクションの移動やコピー」（331ページ）も参照。

③ 「スクラッチパッド」ボタンをクリックしてスクラッチパッド画面を閉じる

257

③スクラッチパッドを閉じる

Intro が挿入され、ABC は右に移動した

スクラッチパッドの名称変更や活用

　スクラッチパッドは閉じても、再度開けば引き続き作業をおこなえます。複数のスクラッチパッドを追加することも可能です。「スクラッチ」ボタンの右側をクリックすると、追加・削除・名称変更・複製などをおこなえます。

　今回作業したスクラッチパッドは名称を「イントロ試作」に変更しておきましょう。

　スクラッチパッドで何を作業するかは自由です。1パートだけコピーしてきてフレーズを練る、Bメロの全パートをコピーして別アレンジを試す、フレーズのメモとしてちょっと録音しておくなど、活用方法は様々です。

ドラム、シンセサイザー、ベースの登場順をデータ編集

　楽器が1つずつ順番に登場するイントロにしてみましょう。イントロの前にさらに8小節追加して、ドラム、シンセサイザー、ベースの順で登場するよう編集します。

　アレンジトラックやパターンでは構成の変更が容易であることを体感できるでしょう。

手順

① 追加するイントロ用のスペースを確保

　（ここでは、アレンジをすべて選択し、9小節目から始まるよう移動して先頭に8小節の余白を作りました。全アレンジを選択するにはどれか1つ選択してから **Ctrl** + **A** を押すか、**Shift** + クリックしたままなぞるように選択します。）

② イベントを拡張

　②-1 ドラム「ElectroProducerPack」が1小節目からプレイされるよう拡張します。

　（図のように、パターンイベントの左下をクリックしてドラッグします。）

パターンではコピーいらず

　今回のドラムとシンセは「パターン」なので、パートを拡張すれば中のパターンも自動で付いてきます。通常のイベントパートのようにコピーする必要がないのはパターン機能の特徴のひとつです。

　②-2 同じくドラムのパターン右下をクリックして13小節目までプレイされるよう拡張します。

　②-3 シンセサイザー「Mojito」が5小節目からプレイされるよう、図のように拡張します。

トラブルシューティング

　執筆時には、スクラッチパッドから移動、アレンジの移動などの際に、「コードに従う」によるピッチ変更がおかしくなることがありました。（再生時に音がぐちゃぐちゃになるのですぐ気がつきます）

　「コードに従う」が「ナロー」に設定されている各トラックで、一度「オフ」や他のモードに切り替えてから、もう一度「ナロー」に戻すと正しく動作したので、同様の状態になったら試してみてください。

Studio One 機能体験ツアー　アレンジを発展｜構成変更〜Note FX 活用、データ調整など

ブレイクパターンをはさむ｜ループ無音を挿入／ループ時間を削除

Intro から A への入りが唐突なので、イントロの後ろに2小節のブレイクをはさんで、間をとることにします。

手 順

① Intoroの後ろの2小節（13-14小節）をループ範囲に指定
② 指定したループ範囲上で右クリック＞「ループ無音を挿入」を実行
　→指定した範囲に無音が挿入され、以降のデータはすべて右に移動します。

ループ範囲の指定方法
タイムラインルーラーの上部でカーソルがペン（ペイントツール）になったらクリック＆右にドラッグしてループ範囲を指定します。

③ 以下の手順でブレイク部分にパターンでリズムを作成
　③-1 「ElectroProducerPack」トラックを選択
　③-2 13小節目にカーソルを合わせ、イベント＞パターンを挿入 を実行（**Ctrl + Shift + P**）
　③-3 作成されたパターンを編集ビュー（**F2**）で開き、ステップ「16」、解像度「1/16」に設定
　③-4 次図のようにノートデータを入力
　③-5 パターンを2小節分に広げる
　③-6 パターン名をダブルクリックして「Break」に変更

259

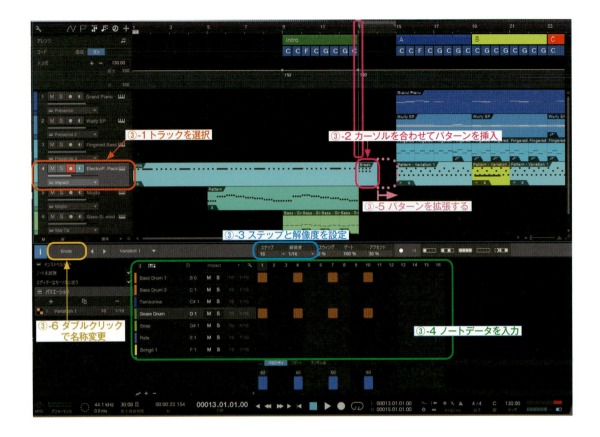

アレンジ「A」「B」「C」のベースをほかのトラックでプレイ

イントロのベースを「Bass-SimplyStereoid」でプレイすることにしたので、アレンジA, B, Cのベースも同じ音色でプレイするようにします。

ここでは新しい機能や操作は登場しませんが、ソング全体で同じベースの音色にするために作業しておきましょう。

手順
① トラック「Fingered Bass」上のイベントをすべて選択
② 選択したイベントをドラッグして「Bass-SimplyStereoid」のトラックに Alt +ドロップしてコピー
（ドロップする前に Alt キーを押すことで移動ではなくコピーされます。）

③ 不要になった「Fingered Bass」のトラックをミュート

以上で、ベースの音色をソング全体で統一することができました。

※使わないトラックは「削除」するのではなく、「無効化」や「ミュート」して残すという選択もあります。後で元に戻したり、ほかの使い方があるかもしれません。それぞれの違いをチェックしておきましょう。

> **「ミュート」「無効化」「削除」の使い分け**
>
> **「ミュート」**では、ミュート解除で即座に音が鳴るようにスタンバイされています。（＝インストゥルメントの負荷がかかっている状態）。一時的に音を鳴らさない場合はミュートします。
>
> **「トラックを無効」**では、インストゥルメントが無効になりその分負荷も軽くなります。間違えていつのまにか鳴っていた！というミスもありません。なお、同じインストゥルメントを複数のトラックが出力先に指定している場合は、どれか１つを無効化すると、他のトラックも無効化されてしまうので注意が必要です。（「トラックを無効」に関しては、次頁の「トラックを無効化」（262 ページ）参照。）
>
> 完全にいらなくなった場合はトラックを右クリック＞**「トラックを削除」**すればよいでしょう。

トラックを無効化

トラックを無効にするには、トラック上で右クリックし「トラックを無効化」を選択します。無効化を解除するには、同トラック上で右クリックし「トラックを有効化」を選択します。トラックが不要になったが、後で再使用するかもしれないので削除はしたくない場合などに有用でしょう。

トラックを無効化しておくと、PCの負荷も軽減でき、間違って鳴ってしまうことも防げます。

手順

① トラック上で右クリックし「トラックを無効化」を実行
　→トラックが無効化され、グレーになり音も鳴らなくなります。

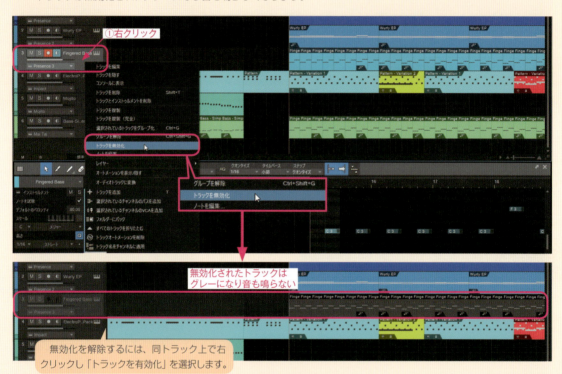

表示＞パフォーマンスモニター を表示して「デバイスを表示」にチェックを入れると、インストゥルメントごとの負荷を確認できます。

図ではPresence3（Fingered Bass）が無効化され、その分負荷が軽減されている様子がわかります。（パフォーマンスモニターは、トランスポートのパフォーマンスメーターをクリックしても表示できます。）

トラックを非表示にする(トラックリスト)

　トラックを無効にした場合など、しばらく不要になったトラックは、トラックリストで非表示にすると、アレンジビューをスッキリさせられます。必要になったらいつでも再表示できます。

手順

① 「トラックリスト」ボタンをクリックし、トラックリストを表示
② 非表示にするトラック(ここでは「Finger Bass」)の〇をクリック
　　→トラックが非表示になります。
③ 「トラックリスト」ボタンをクリックし、トラックリストを隠す

> 再度〇をクリックすると再表示されます。トラックリストに関しては、「アレンジビューのトラックリスト」(150ページ)参照。

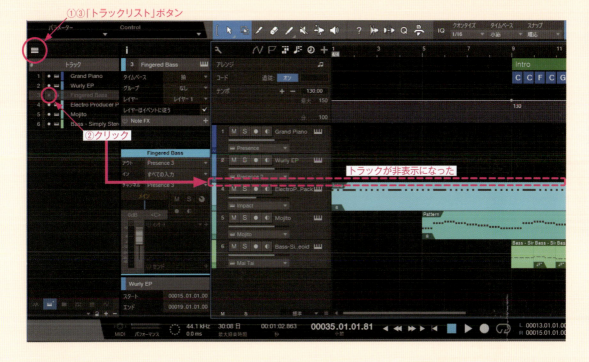

263

コードに追従したフレーズを一部変更

「コードに従う」で移動したノートのピッチを、後から編集したい場合もあることでしょう。ここでは、「ベース」モードで作られたベースラインがルート音ばかりで単調なので、少し変更してみましょう。自動処理で生成されたフレーズにオリジナリティを加えられます。

「コードに従う」で変更されたピッチを変更

「コードに従う」で移動したノートデータは、ドラッグで移動するなど手動編集が可能です。

「Bass-SimplyStereoid」でプレイすることにしたアレンジ ABC のベースラインですが、現在はすべてルート（根音）だけを演奏しています。コードが G7 のところでは、7th（セブンス）も含む演奏に変更してみましょう。

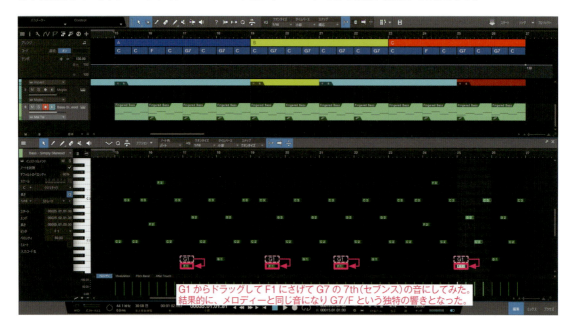

G1 からドラッグして F1 にさげて G7 の 7th（セブンス）の音にしてみた。結果的に、メロディーと同じ音になり G7/F という独特の響きとなった。

手動で移動したノートの間隔情報は保持されます。例えば、モードを変更しても同じピッチにとどまり、コードを変更したら、移動間隔を保持しているのでそのコードの 7th に移動します。（モードや音程など様々な要因により挙動は変化します）

モードをオフにすると、変更した間隔が保持されているのがわかる

アクション | ピッチをフリーズ

ノートデータは「ピッチをフリーズ」を実行すると、その音程に固定され、自動処理の影響を受けなくなります。
ハーモニー編集機能で移動したピッチを保持するためにフリーズしたり、逆に自動処理で移動しないようにあらかじめフリーズしておくといった利用法があります。

手順
① フリーズさせるノートを選択
② アクション>ピッチをフリーズ を実行

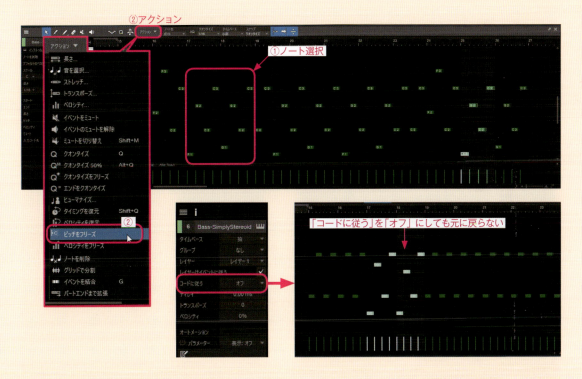

アルペジオをNote FX(Arpeggiator)で自動演奏

伴奏に彩りを添えるためにアルペジオのパートを加えてみましょう。Note FX(Arpeggiator)とハーモニー編集を使って、アルペジオの自動演奏を簡単に作成することができます。
　また、自作プリセットの活用例として、「自作の音色をプリセットとして保存」(255ページ)で作成したプリセット「MyMojito > kiraMojito」を使用して、イントロのMojitoと同じ音色でアルペジオを演奏させます。

トラックを準備

手順

① アルペジオ用のトラックを用意(ここでは、Mojitoの自作プリセット「MyMojito>kiraMojito」を空きスペースにドロップして、イントロと同じ音が鳴るトラックを用意しました。)
② 演奏データを用意(ここでは、「Wurly EP」のアレンジA、B、Cのイベントを選択し、**Alt**+ドラッグしてコピーしました。)※アルペジオの元となるコード音として流用します。
③ 「コードに従う」を「ナロー」に設定
　→ノートデータのピッチがコードに合うように移動します。これでアルペジオの元となるトラックを用意できました。

MyPresetの「kiraMojito」をドラッグして作成

イベント/パートをトラックネームに変更 (Shift + Enter)

コピーしたパートやイベントは、コピー元のトラック名称になっていることも多く、紛らわしくなりがちです。前項でも「kirastar」のトラックのイベント名称が「Wurly EP」という不整合が起きていますので、トラックネームと同じイベント名に変更しておきましょう。以下の手順で素早く作業できます。

手順

① トラックネーム「kirastar」をダブルクリックしてハイライト
② **Shift**+**Enter** を押す
　→トラック上のすべてのイベントパートの名称がトラックネームと同じに変更されます。

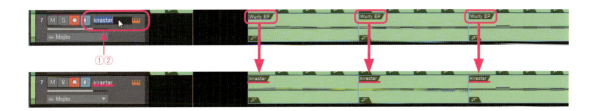

トラックに NoteFX（Arpeggiator）を用意

手順

① トラック「kirastar」を選択しておき、インスペクター（**F4**）を開く
② NoteFXの「＋」をクリックし、Arpeggiatorを選択
③ プリセットにStraight Oneを選択
④ Play Modeを選択
　（今回は上下するアルペジオ「up/down（ ）」を選択しました。）
⑤ Holdをオフ
　（**Hold**オフ：ノートがなければ演奏しません。**オン**：再生中は鳴りっぱなしになります。）

再生して、アルペジオが演奏されることを確認しましょう。音量調整もおこなってください。

「kirastar」トラックをソロにすると、効果がよくわかります。

Note FX に関しては（「Note FX の活用」（342 ページ）も参照してください。

Note FX 画面の表示／非表示は、トラックのアイコン（ ）で切り替えられます。

ソロ的なフレーズをNoteFX（Repeater）で生成

アレンジCの後に、ソロ的なフレーズを演奏するセクションを追加してソングを拡張しましょう。
ここでは、Note FXのRepeaterを使って印象的なフレーズにしてみました。

ソロの前にブレイクをはさむ（データ作成）

ソロのセクションを追加する前に、アレンジCの後ろに2小節のブレイクを挟んでみようと思います。
前回作成した、13 - 14小節のパターンからバリエーションを作成します。（「ブレイクパターンをはさむ｜ループ無音を挿入／ループ時間を削除」（259ページ）参照）

手順

① トラック「ElectroProducerPack」の13-14小節のBreakパターンを27-28小節に**Alt** + ドラッグしてコピー
② コピーしたBreakパターンを編集ビュー（**F2**）で開く
③「＋」（新規バリエーション）をクリック
　→Variation2が作成されます。
④ ステップを32に変更
⑤ ノートデータを入力（ここでは、図のようにノートを入力しました。）

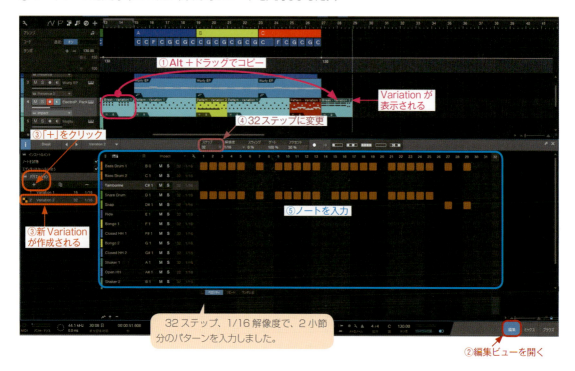

再生して確認、音量調整などをおこなってください。ノートデータは参考です。自由にソロ前のブレイクを作成してください。

コードやトラックなどを準備

手順

① シンセソロのトラックを用意（ここでは、Mai Tai＞Lead＞TarkBrass をドラッグしてトラック作成しました。）
② アレンジAを29小節目にAlt＋ドラッグしてコピー
　→各トラックには、アレンジAと同じイベントやコードがコピーされます。
③ トラック「TarkBrass」の29〜32小節にイベントを作成（ダブルクリックでイベントを作成しサイズを調整しました。）

④ 作成したイベントを編集ビュー（F2）で開く
⑤ メロディーを入力（図を参考に入力してください。後で適用するNoteFX（Repeater）の効果を考え、二分音符（クオンタイズ：1/2）のメロディーにしました。またソロっぽくするためGrandPiannoのメロディーより1オクターブ高くしています。C4から始まるメロディーになっています。）

Note FX (Repeater) を用意

手順

① インスペクター（**F4**）を開き、NoteFXの「+」をクリックし、Repeaterを選択
② プリセット「Analog Machine」を選択

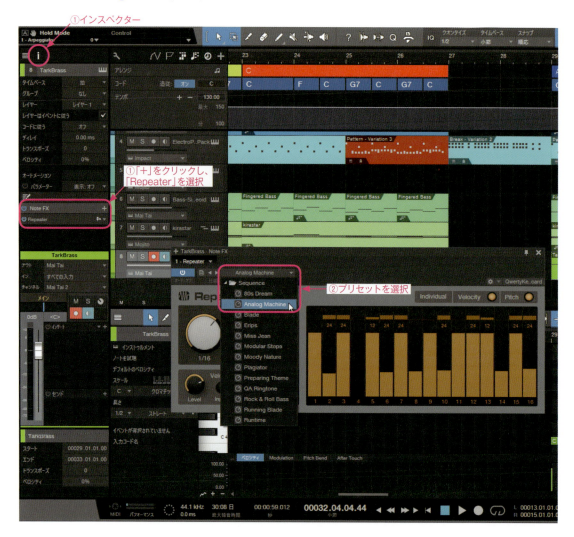

　再生して、Repeaterの効果を確認してください。また、音量も調整しておきましょう。（ここでは、TarkBrassのMaiTaiを表示し、GlobalエリアのVolumeを-19.2dBにしてみました。耳で確認しながら音量バランスをとってください。）

6 エンディングを作成

最後にエンディングをつけましょう。例として、イントロ後のブレイクを2回繰り返して、キラキラしたSEも加えます。

ブレイクを繰り返してエンディングにする（データ作成）

ちょっとしたエンディングを追加しましょう。イントロ後ろのブレイク（break-Variation1）を流用して2回繰り返すことでエンディングとします。

手順

① 「ElectroProducerPack」トラックの13-14小節目のパターン「break-Variation1」を33小節目に**Alt**＋ドラッグしてコピー
② 2回分になるようパターンを拡張

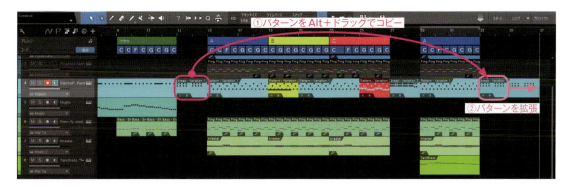

③ Variation1が選択されていることを確認（イントロ後と同じパターンにするにはVariation1が選ばれている必要があります）

コピー後に内容を変更してもよいでしょう。「新規」ボタンをクリックすると、新規に「Variation3」が作成され、新しいパターンを作成できます。「複製」ボタンでは、Variation1 をコピーした新 Variation が作成されるので、それを元に変更してもよいでしょう。

キラキラした SE（サウンドエフェクト）を作成

最後を星っぽい効果音で締めくくるのはどうでしょうか。
ここでは、シンセサイザーでキラキラした SE を作成してみましょう。

手順

① MaiTai の「+init」（＊1）をドロップしてトラックを作成
② ダブルクリックしてパートを作成し、エンディングのサイズ（33〜36小節）になるよう調整
③ 作成したパートを編集ビュー（**F2**）で開く
④ ノート「C5」を4小節分の長さで入力（※ただし音の最後は、ドラムと同じタイミングで終わるように調整してみてください。）

MaiTai のプリセット「+init」はイニシャライズ（＝初期状態）の音が鳴ります。
オシレーター（OSC）で波形を切り替えると、他の項目の影響を受けていない MaiTai の素の音（サイン波、三角波、鋸波、矩形波）を聴けます。
初めてシンセサイザーの音作りをスタートするのに最適です。

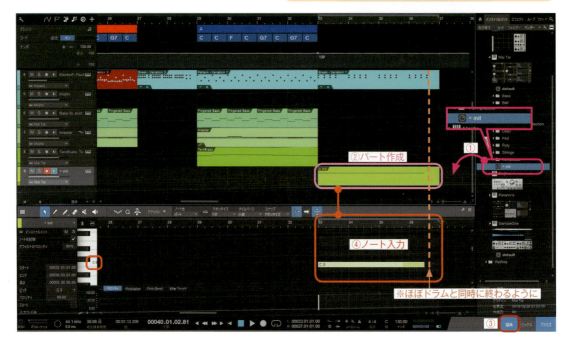

⑤ MaiTaiの音色を調整

手順⑤のポイント

ここではキラキラしたSEにするために、上図、及び以下のような調整をしました。シンセサイザーの用語もたくさん登場しますが、まずは手順通りに作業してみてください。

シンセサイザーの扱いは、メーカーを問わず共通部分が多いものです。登場する用語や、どこをいじると音がどう変化するかを覚えておくと、後々シンセサイザーについて調べたり学ぶ際にも役立つでしょう。

なお、音作りは自由です！ この手順はあくまで参考にして、実際は、耳で聞きながら自分の好きな音（SE）を作成してください。

a) 高い音が欲しいのでオクターブを2'にします。（2' 4' 8' 16' 32'の数字が小さいほどオクターブが上がります。）
b) 矩形波（ ）を選択。
c) LFOを2つ使って、落ちてくる感じ（＝ピッチが下がる）とキラキラした感じ（＝音量を揺らす）を表現してみます。
　c1) LFO1、2を有効にするため、Mod Aをオンにする。
　c2) 「2」の下にLFO1を選択し、最下段にOSC1 Pitchを選択する。スライダーを右に振る。
　c3) 「3」の下にLFO2を選択し、最下段にOSC1-Levelを選択する。スライダーを右に振る。
d) 図の青枠内で「LFO1」「LFO2」をクリックしてアクティブにし、以下のように調整する。
　d1) LFO1は、キラキラと音が降ってくるようなイメージになるように、ピッチが上から下に変化するよう設定しています。執筆時は図のようにしてみました。
　d2) LFO2は、音量を揺らすことで浮遊感やキラキラ感を出しています。図のように調整。
e) Global設定のVolumeで適正な音量に調整しておきます。

さらに音色を作り込むために、次ページ図のように、MaiTaiに備わるエフェクト（FX）も使用しました。

f) FX Aをオンにする。

f1) 「Delay」をクリックしてオンにして図のように設定。やまびこ効果が残るようにしました。「Double」にすることで広がりがでます。フィードバック（FB）を上げて宇宙的にしました。

f2) 「Reverb」をクリックしてオンにして図のように設定。広い空間を感じるよう残響を豊かに設定しました。

　これでキラキラ星での機能体験ツアーはひと段落です。いかがだったでしょうか。Studio Oneならでは、といった機能がたくさん登場しましたが堪能していただけたでしょうか。

　次からは、紹介しきれなかった機能を個別に紹介しています。ここまでは、インストゥルメント主体で作業しましたが、オーディオ録音についても解説していますので、ボーカルや生楽器の録音にも挑戦してさらに作り込んでください。

第 5 章

機能ツアー　発展編

　機能ツアーで作成したソング「KirakiraStar」を素材として、より高度な機能や制作手順を紹介します。順番に作業していくと、さらに作り込める内容となっています。
　より専門的な内容ですので、ヒントや補足ページ（背景色の違うページ）なども参考にしてください。

1 オーディオ録音と編集作業での機能

オーディオ録音や編集に関連する機能を紹介します。ソング「KirakiraStar」でのボーカル録音を例にしていますが、他の楽器などの録音にも応用できます。

歌詞について
キラキラ星のメロディーは、フランスの古いシャンソンが元で、アメリカでは Twinkle,twinkle,littlee star やアルファベットを覚える ABC の歌（替え歌）、日本ではおなじみキラキラ星、古くはモーツァルトのピアノ変奏曲と、古今東西で親しまれています。

メロディーはすでにパブリックドメインですが、日本語歌詞は権利があります。録音の際は、みなさんのオリジナル歌詞で挑戦してみてください。

録音トラックを用意｜Fat Channel XT のプリセットを活用

メロディーを歌って録音するには、まずオーディオトラックを用意します。その際、Fat Channel XT のプリセットを使うと、ミックスに必要なエフェクトを一気に用意できます。

トラックを用意

手順
① ブラウザーのエフェクト（F7）を開く
② 空きスペースに、Fat Channel＞Vocal＞「Female 1」をドラッグ
　→インサートデバイスラックにFat Channel XTの読み込まれたトラックが作成されます。また、Fat Channelの操作パネルが開きます。

③ Stacked Modeボタンをクリック
→展開し、すべてのエフェクトが表示されます。
詳細は「FatChannel XT の機能」（278ページ）参照。
ここでは、画面を閉じるか、横によけてから次に進みましょう。

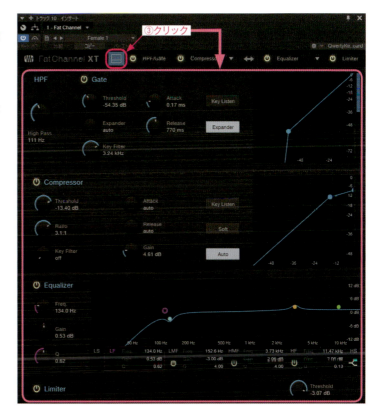

④ トラック名をダブルクリックして変更
（ここでは「Vocal」にしました。生楽器を演奏するのであれば楽器名にするなど適したトラック名にしてください。）
⑤ チャンネルモードをクリックして、ステレオ/モノを設定
（ボーカルはマイクから1チャンネルで録音するので、モノに切り替えました。）
⑥ 録音入力を設定
（マイクが接続されている入力ポートを選択します。）
準備ができたら、「録音作業の詳細」（280ページ）に進んでメロディーを録音してみましょう。

オーディオ録音の基本操作に関しては「オーディオトラックへの録音（ボーカルや楽器など）」（57ページ）参照。

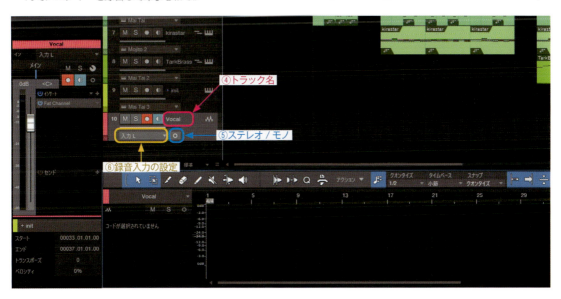

Fat Channel XT の機能

ミックス時には、コンソール上に Compressor、Pro EQ、Gate、Limiter などの基本エフェクトを組み合わせて、自分なりのチャンネルストリップを構成して作業しますが、Fat Channel は、これひとつで、ミックスに必要な基本エフェクトを備えています。いつもとは違うアプローチで作業したり、ただ単に気分を変えたい！　といった場合にもオススメです。

Stacked Mode ボタン（▤）をオンにして展開した状態では、上の段から HPF と Gate/Expander、Compressor、Equalozer、Limiter が並んでいます。不要なセクションは電源ボタン（アクティベートボタン）でオフにできます。

各セクションの特徴的な機能や操作を以下に紹介します。

①ハイパスフィルター（HPF）

左に回し切るとオフになります。

②ゲート / エキスパンダー（Gate/Expander）

ゲートのセクションをエキスパンダーに切り替えるには「Expander」をオンにします。キックだけに反応させたい、など帯域を限定したい場合は Key Filter を設定しますが、「Key Listen」をオンにすると対象となる音をモニターしながら設定できます。

③コンプレッサー（Compressor）
④イコライザー（Equalizer）

　Compressor と Equalizer には、ビンテージモードが用意されています。それぞれの「▼」ボタンをクリックして、初期状態の Standard からビンテージモード（Compressor は Tube/FET）、（Equalizer は Passive/Vintage）に切り替えられます（画像は Tube と Passive を選択）。それぞれ、ビンテージの名機を彷彿させる見た目とサウンド傾向になっています。初期状態の Standard は、"クリーンでハイファイなモダン設定"となっています。

　コンプレッサーとイコライザーは、音声信号を通す順番によって結果がことなります。「Swap Comp/EQ Order」ボタン（⇔a）をクリックすると、Compressor と Equalizer の音声信号の流れる順序が入れ替わります。

⑤リミッター（Limiter）

　Threshold ノブでリミッターが効く信号レベルを設定します。

ハードウェアとの統合

　FatChannel は、PreSonus StudioLive シリーズ（デジタルミキサー）のチャンネルストリップを完全バーチャル化したもので、プリセットもハードウェアと互換性があります。例えばライブでこのミキサーを使って PA＆収録したマルチオーディオを、Studio One 上でエフェクトも含めて再現することができます。

　また、PreSonus のオーディオデバイス「Studio」シリーズのいくつかには DSP の FatChannel が搭載されており、Studio One のミキサーからコントロールすることができるようになっています。（※ Studio One 内の Fat Channel は、パソコンの CPU で計算処理されるのに対して、オーディオデバイスに搭載されている専用チップ（DSP）により「at Channel の機能が実装され処理されます。この、デバイス側の Fat Channel を Studio One からコントロールできるのです。）

Fat Channel のアドオン

　コンプレッサーやイコライザーを拡張できるプラグイン・バンドル「RC500、VT1」が無償で提供されています。

　有償版「Complete Fat Channel Collection Vol. 1」では、最大 12 種類のハイブリッド Fat Channel XT シリーズのプラグインを追加可能です。

　Fat Channel が気に入ったら、販売元のエムアイセブンジャパンのページなどをチェックしてみてください。

Complete Fat Channel Collection Vol. 1

2 録音作業の詳細

ここでは、先の機能ツアーでは登場しなかった、録音や編集に関わる機能を紹介します。

重ね録りと編集（レイヤーとコンピング）

納得のいくトラックを完成させるには、録音（テイク）を重ねたり、場合によってはテイクを編集したりすることも必要になります。

ここでは、何度も録音を繰り返し、OK テイクをつないでベストなトラックを作成する「コンピング」を試してみましょう。

> 機能ツアーの KirakiraStar ソングで、アレンジ A,B,C（15〜26 小節）の部分に歌を録音してみましょう。

録音テイクをレイヤー化する

手順
① 録音待機ボタンをオンに設定
② 録音パネル（**Shift** + **Alt** + **R**）を開き「テイクをレイヤー化」をオンに設定
③ 録音ボタンを押して、1回目（1テイク目）を録音
　→トラックの下にレイヤー2が自動作成され、そこに波形が録音されます。
④ 録音を停止

録音パネルは、メニューの 表示 > 録音パネル（**Shift** + **Alt** + **R**）で開くか、トランスポートの歯車ボタンをクリックします。

機能ツアー　発展編　録音作業の詳細

⑤ 手順③④を繰り返して、2回目、3回目……と同じ場所に録音
　→トラックの下に、レイヤー3、レイヤー4……と順次作成されていきます。

録音のたびにレイヤーが作成されていく

この時点では、トラックには、最後に録音したレイヤーの内容が、表示されています。
再生すると、最後のレイヤー（テイク）が流れます。

最後の録音（テイク）が表示されている

図では、テイク1だけ、Intro（9小節目）から録音し、テイク2以降はAの2小節前（13小節目）から録音しています。録音したい場所の少し前に余裕を持ってカーソルを配置して録音をスタートしましょう。

コンピングする（OK箇所の範囲指定とレイヤー切り替え）

レイヤーごとのいい部分だけを採用することができます。この作業がコンピングです。
下図のVocalトラックでは、複数のレイヤー（テイク）をコンピングして作成しています。

コンピングして1つのトラックを作成する例

　採用範囲を指定したり、その範囲でどのレイヤーを使用するかを切り替えたりしながら、ベストテイクをつなぎ合わせていきます。「採用範囲を設定」するにはクイックスワイプ（＝ドラッグして範囲を指定）が便利です。また、範囲に採用されている「レイヤーを入れ替える」方法には、ダブルクリック、ショートカット、マウスホイール、イベント左下のマーク、など複数用意されています。それぞれ以下の手順を参考にしてください。

採用範囲の設定｜クイックスワイプ（＝ドラッグして範囲を指定）
手順
① スマートツールを選択
　→レイヤー上では、採用範囲を指定するツール（I）に自動で変化します。
② レイヤーをクイックスワイプ（＝ドラッグして範囲を指定）
　→その範囲が採用テイクとしてトラックイベントに反映されます。

クイックスワイプで採用範囲を指定

281

ダブルクリックでレイヤーを切り替え

スマートツールでレイヤーをダブルクリック
→ダブルクリックした箇所が、採用範囲のレイヤーとなり、入れ替わります。

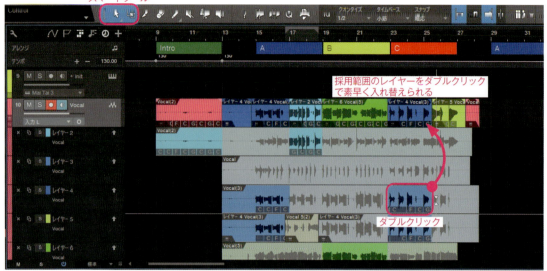

ショートカットキーで切り替える（Alt + G / Alt + H）

イベントを選択し、以下のショートカットで上下のレイヤーに切り替えます。

・1つ上のレイヤーに切り替え：Alt + G
・1つ下のレイヤーに切り替え：Alt + H

Alt + マウスホイールで切り替える

イベント上で、Alt + マウスホイールを回す
→上下のレイヤーに切り替わります。

> イベントを選択しなくても切り替えられるのがポイントです。

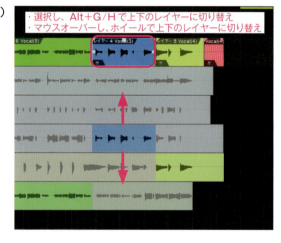

イベント左下マークで切り替える

複数テイクを持つイベントでは、左下にレイヤーアイコン（■）が表示されます。
レイヤーアイコンをクリックしてレイヤーを切り替えます。

テイク選びでソロセーフ（ソロ保存）のススメ

テイク選びでは、ボーカルをソロにしたりオケ全体で聞いたり、と切り替えることも少なくありません。

ボーカルをソロにしてもベースだけは常に鳴らしたい、といった場合は、ベーストラックを「ソロセーフ」にします。

ソロセーフ（solo safe）：Shift + ソロボタンをクリック

→ソロボタンが緑色に点灯。他トラックでソロが有効になっても、ミュートされないようになります。

解除する場合はもう一度同じ操作（**Shift** + クリック）をします。

FX チャンネルのソロセーフ

FX チャンネルは、最初からソロセーフになっているのが大きな特徴です。

他トラックのソロ状態に影響されることなく常に FX チャンネル（センドエフェクト）が鳴るので、「ボーカルをソロにしたらセンドのリバーブ音がミュートされてしまった！」ということが起きないのです。

センドトラックがあるのでバスを FX チャンネル（センドエフェクト）として使いたいシチュエーションもありますが、その場合は手動でソロセーフにするとよいでしょう。

ソロセーフにしても音が出ない？

出力先がメイン以外（バスなど）になっており、そこがミュートされていないか確認しましょう。ルーティング（音声信号の流れ）を確認して、出力先のバスもソロセーフにしましょう。

バスは初期状態ではソロセーフではない

インストゥルメントのソロセーフが効かない場合

インストゥルメントをソロセーフするには、トラックとチャンネルの両方で、それぞれ **Shift** + [**S**] ボタンをクリックして [**S**] ボタンを緑色の状態（■ → ■）にする必要があります。

これは、インストゥルメントではトラックとチャンネルが必ずしも一対一の関係ではないので分けて管理されているためです。ソロセーフにしても機能しない（他がソロになるとミュートされてしまう）場合は、トラックとチャンネルの両方でソロセーフ設定できているか確認しましょう。

レイヤーとコンピング | その他の操作や TIPS

レイヤーを聴き比べる TIPS

コンピングは、複数のレイヤーを聴き比べてベストテイクを見つける作業です。
　何テイクもあると聴き比べも一苦労ですが、「選択したトラックでループを有効」「選択したトラックでソロを有効」の設定を使えば、次々とレイヤーを切り替えて比較することができます。

手順

① 以下の設定にチェックを入れる
a) ルーラー上で右クリック＞「選択したトラックでループを有効」
　（ショートカット：**Ctrl + Alt + P** ／ Mac：**option + command + P**）
b) アレンジウィンドウ左上のスパナアイコンから「選択したトラックでソロを有効」

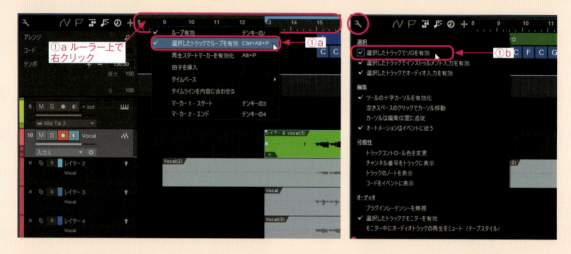

② 範囲ツールを選択（ショートカット：**2**）
③ 聴き比べたい場所（レイヤー上）をクリック＆ドラッグして範囲指定
　→指定範囲がループ範囲になります。（※ループ範囲が水色ではなく灰色の場合は、メニュー＞トランスポート＞ループ有効 にチェックをいれて、ループを有効にします。）

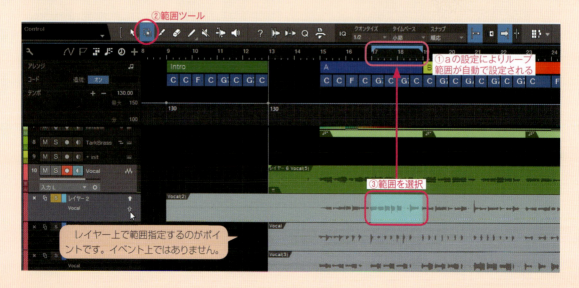

④ 再生（ループ）開始
⑤ 聴くレイヤーのソロボタンをオン
→一時的にソロのレイヤーがプレイバックされます。

> トラックのソロボタンとは異なり、他のトラックはミュートされません。メイントラックのイベントは半透明になり、ソロレイヤーが一時的に採用テイクとなります。

⑥ **上下矢印**キーで聴くレイヤーを切り替え
→ソロのレイヤーが上下に切り替わるので、**上下矢印**キーだけで迅速に聴き比べられます。
⑦ 採用レイヤーが決まったら、選択範囲上でダブルクリック
→メイントラック上にそのレイヤーが採用されます。（範囲をトラックへコピーボタンをクリックしても採用されます。（ショートカット：**Alt + V**）※最後にソロボタン「S」をオフにして、通常のモードに戻します。

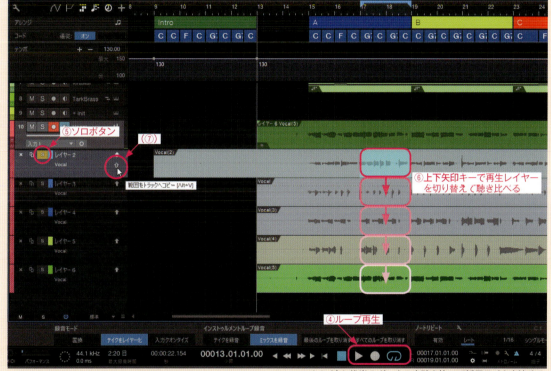

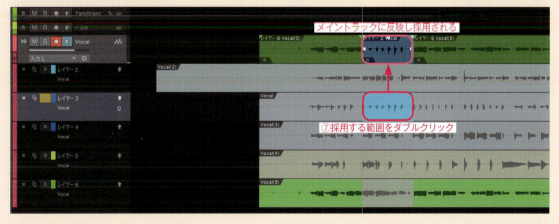
アレンジ A 後半のボーカルを聴き比べて採用テイクを決める

作業のポイント

①a により、範囲の設定と同時にその範囲がループ範囲となります。この設定は、メニューのトランスポート > オプション > 「選択したトラックでループを有効」や、トランスポートバーの各ボタン付近で右クリックからでもおこなえます。

①b 「選択したトラックでソロを有効」のショートカットは未設定ですが、項目は用意されているので、頻繁に切り替える場合はキーボードショートカットで設定するとよいでしょう。

手順②で範囲ツールにするのは、スマートツールのままでは採用範囲の指定になってしまい、レイヤー上で範囲選択できないからです。ショートカット：1（スマートツール）、2（範囲ツール）を覚えておくと素早く切り替えられます。

手順⑦でテイクが決定したら、次の範囲でも同様に作業してすべての採用テイクを決定していくことでしょう。途中で他の作業をする場合や完全に終了する場合は、各種設定を元に戻しましょう。
レイヤーのソロを解除し、スマートツールに戻し、設定①a.bも必要に応じて元に戻しましょう。

レイヤーを隠すには、トラックの「レイヤーを展開」ボタン（■）をクリックします（もう一度クリックで再表示）。2つ並んでいるボタンのうち、上のボタン（■）が「レイヤーを展開」ボタンで、下のボタン（■）はエンベロープを表示するためのボタンです。

設定を元に戻す
今回試した設定は操作全般の挙動に影響します。読み進める上で思いがけない挙動にならないように、元に戻しておきましょう。
・レイヤーのソロボタン「S」をオフにして、通常のモードに戻す
・ルーラー上で右クリック＞「選択したトラックでループを有効」のチェックを外す

レイヤー｜イベントの名称、カラーなど

レイヤーには、メイントラックの名前が表示されています（①）。テイクがレイヤー化される際に自動で「レイヤー2」などの名称がつきます（②）。

トラック上のイベント名で、採用元のレイヤー名がわかります（③）。カラーをクリックして色を変更できます（④）。「レイヤーを複製」ボタンではレイヤーをコピーできます（⑤）。

範囲ツールで範囲を指定すると「範囲をトラックへコピー」ボタン（⑥）が表示され、クリックするとメイントラックに採用テイクとして反映します。

最初は、メイントラック（採用レイヤー）＝レイヤー1となっており、インスペクターの「レイヤー」（⑦）では、一気に採用レイヤーを切り替えられます。

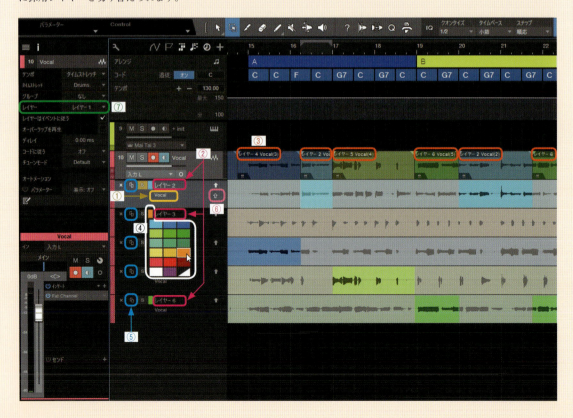

286

レイヤー活用例 | 他の人の録音データも簡単にコンピング

　レイヤー上でコンピングするオーディオは、他のトラックや、デスクトップなどからオーディオをドロップして追加することが可能です。

　例えば、他の DAW で録音したボーカルやギターソロを 10 テイクもらってきたら、10 個のレイヤーを用意してオーディオを並べれば、すぐにコンピングでベストテイクを作成することができます。

　オーディオトラックにレイヤーを追加するには、トラック上で右クリック ＞レイヤー ＞レイヤーの追加 を実行します。

　なお、データをもらう場合は、曲中のソロであっても、1 小節目から書き出すようにお願いしておけば、先頭をそろえることで時間軸管理も簡単に行えます。

> **外部ファイルを見失わないために**
> 　外部ファイルを使用したら、ソング＞外部ファイルをコピー…を実行しておきましょう。ソングフォルダーにメディアがコピーされます。（これを実行しないと、ファイル移動した際などにリンクが切れてファイルを見失い、音が鳴らなくなる場合があります。）

レイヤーだけを新規作成できる

録音後の修正

オートパンチでリテイク（パンチイン・アウト）

録音し終わったパートの一部分だけを録りなおすには、オートパンチ（パンチイン／パンチアウト）が便利です。一人でも（もしくは両手を離せない楽器でも）、録音のオンオフを自動かつ正確な場所でおこなえます。

手 順

① 録音するトラックを録音待機状態にする
② 録音したい範囲を指定
③ ループをオフにする
④ オートパンチをオン（ショートカット：「I（アイ）」）
⑤ パンチインする箇所よりも前の小節にカーソルを配置
⑥ 録音ボタンをクリック
　→再生が始まり、ループ範囲の間だけ録音されます。
⑦ 停止ボタンをクリック
　→録音が終わったら忘れずにオートパンチをオフにしましょう。

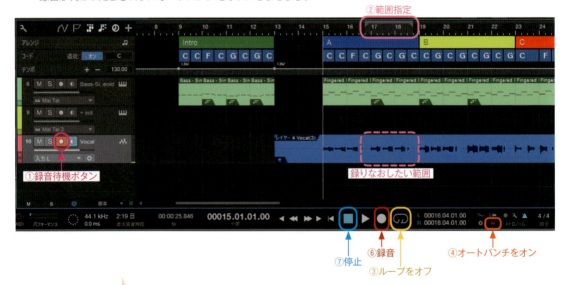

つなぎ目に注意
　オートパンチでは、無音部分がつなぎ目になるように、うまく設定しましょう。音が鳴っている箇所がつなぎ目になると、不自然になったり、プチッとノイズになる場合もあります。もしくは、前後に余裕をもって録音して、後からイベント範囲を調整してもよいでしょう。

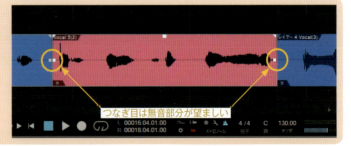

手動でパンチイン・アウト
　プレイヤーと Studio One のオペレーターが別にいるなら、再生しておいて、録りなおしたい場所で録音ボタン（テンキーの「＊（アスタリスク）」）を押し、録音できたら録音解除（再度＊をクリック）をする、という操作でもパンチイン/アウトが可能です。

機能ツアー　発展編　録音作業の詳細

メロダインでピッチとタイミングの編集

* Professional のみ

　Melodyne は、ピッチやタイミングの解析、補正、編集をおこなえる Celemony 社のプラグインエフェクトです。Studio One では、メニューから直接呼び出せるなど、シームレスに統合されています。ボーカルエディットの一例を紹介します。

ピッチ解析と編集

手順

① スマートツールを選び、オーディイベントを選択
② **Ctrl + M** を押す
　→オーディオ・エディターが開き、ピアノロール上に解析されたピッチデータが表示されます。
③ データを上下にドラッグしてピッチを修正

> 手順②では、イベントをダブルクリックしてオーディオ・エディターを開いてから、アクションメニューの「Melodyneで編集」でも同様の画面が開きます。

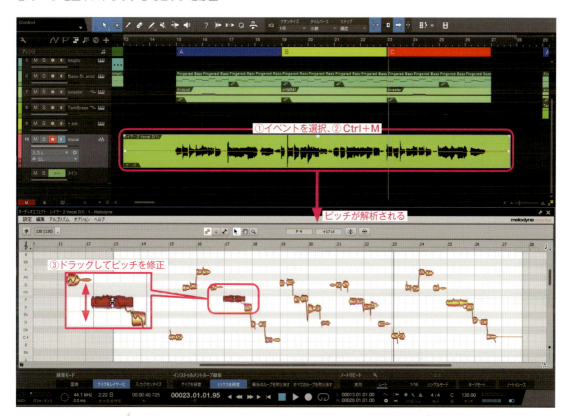

> **Alt** +ドラッグで、グリッドに沿わず無段階で移動させられます。もしくは、Melodyne 画面内のオプション>ピッチグリッド>スナップなし にチェックを入れます。
> 　**Alt** + **Ctrl** でエディター内をクリックしてドラッグすると、拡大率を変更できます。上下左右や斜めドラッグで縮尺が変わります。
> 　左上「設定」メニュー下にある「比較」ボタン をオンにすると、Melodyne はバイパスされます。元のオーディオを聴いて比較するのに便利です。
> 　ノートデータを左右にドラッグしてタイミング修正もおこなえます。
> 　ノートの上にカーソルを配置して、カーソルが変化した状態でダブルクリックすると、ノートを分割できます。

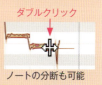

ノートの分断も可能

Melodyneで編集後の操作

補正が完了したら、トラックインスペクターの「レンダー」をクリックしてバウンスしましょう。編集結果が適用されたオーディオに置き換えられます。レンダーすることでイベントを扱いやすくしたり、Melodyneがオフになるので負荷を減らせます。また、レンダー後は「復元」ボタンに変化し、いつでもやりなおせます。

Melodyneは、ピッチの補正以外にも、ボーカルを複製して3度ずらしてハモらせるような音楽的な編集から、ナレーションや台詞に音程をつけ、リズムを調整して音楽にする、など想像力をかき立てられる機能です。

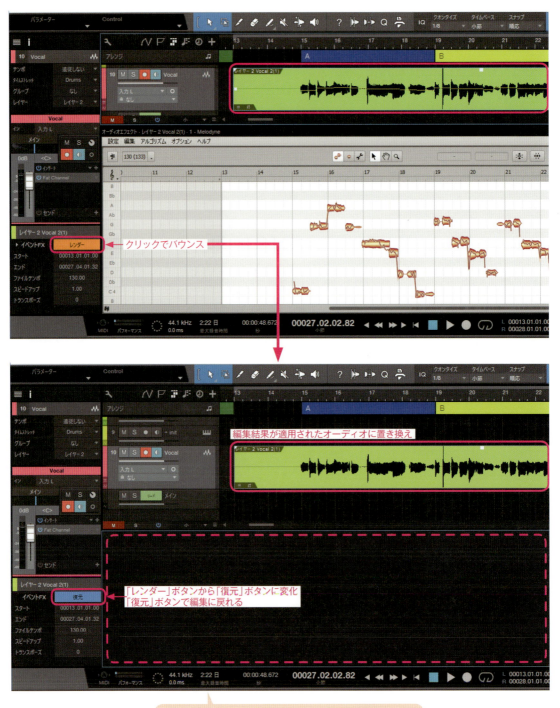

「レンダー」ボタンをクリックするとエディターは消え、オーディオトラックは編集後のオーディオに書き変わります。

機能ツアー 発展編 録音作業の詳細

解析したピッチ情報を MIDI データに変換

　Melodyne で解析したオーディオのピッチ情報を、インストゥルメントトラックの MIDI ノートデータにすることができます。はな歌を録音して Melodyne で解析し、それを MIDI ノートデータにしてシンセサイザーで鳴らす、といったことも可能です。

手順
① 解析するイベントを選択して **Ctrl + M** を押す
② Melodyneで解析されたピッチを修正
　→オーディオイベントに重なるように、解析されたノートデータが表示されます。
③ インストゥルメントトラックを用意する
④ 手順②で解析・修正したイベントを、任意のインストゥルメントトラックへドラッグ
　→MIDIノートデータのイベントとしてコピーされ、通常のインストゥルメントパート同様に扱えます。

解析されたノート情報は、必要に応じて編集してください。

録音での便利な設定

録音の設定 | プリカウント

録音前にカウントが欲しい場合は、プリカウントをオンにします。カウントがあることで、スタート直後からでもスムーズに演奏をおこなえます。

手順
① プリカウントボタンをクリック（**Shift + C**）
② 録音開始位置へカーソルを配置
③ 録音ボタンをクリック
　→プリカウント分の余拍をカウントしてから録音が始まります。
④ 録音を停止

プリカウントの小節数を設定

プリカウントを何小節にするかは、メトロノーム設定でおこないます。スパナボタンでメトロノーム設定を開き、小節数を入力します。

※2小節分のカウントが必要なら「2」と入力します。

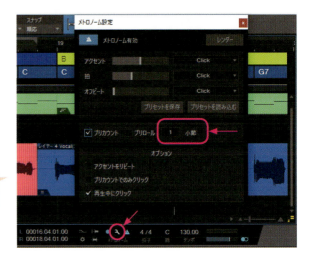

「プリカウントでのみクリック」にチェックを入れると、カウント時に鳴り、録音スタートで鳴らなくなります。

機能ツアー　発展編　録音作業の詳細

録音の設定｜プリロール設定

プリロールを設定して録音すると、設定した小節数だけ前から演奏が始まり、カーソル位置になると録音されます。
プリカウントとの違いは、録音前の部分の演奏が流れることです。（※プリカウントではメトロノームのクリック音のみ。）

手順

① プリロールボタンをクリック（  ）
② メトロノームのスパナボタンをクリック
　→メトロノーム設定が開きます。
③ 「プリロール」にチェックを入れ、小節数を入力
④ 録音開始位置へカーソルを配置
⑤ 録音ボタンをクリック
　→設定した小節数分前から再生され、カーソル位置から録音が開始します。
⑥ 録音を停止

録音の設定｜メトロノームを使う

メトロノーム（クリック）のオン／オフ切り替えは、ショートカット（**C**）キーが便利です。トランスポートのメトロノームボタン（①）でも切り替えられます。スパナボタン（②）でメトロノーム設定が開きます。

レンダー（③）をクリックすると、メトロノームをオーディオ化したトラックが書き出されます。

アクセント（＝強拍）、拍、オフビート（＝裏拍）（④）で、それぞれの拍の音量や音色を設定できます。

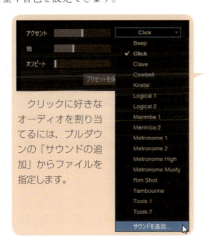

クリックに好きなオーディオを割り当てるには、プルダウンの「サウンドの追加」からファイルを指定します。

293

録音の設定｜プリレコードの設定

　プリレコードとは、録音ボタンを押す前から、あらかじめ録音しておく機能です。プリレコードを有効にして録音したイベントは、イベント左端を左へドラッグするとプリレコード分伸ばせるようになっています。

　あらかじめ設定しておけば、録音ボタンを押すのが遅れてしまった！といった場合や、パンチイン直前の音を使いたい！といったケースにも対処できます。

手順

① Studio One ＞ オプション をクリック
② オプション ＞ 詳細 ＞ オーディオタブ を開く
③「オーディオ入力をプリ録音」にチェックを入れる
④ プリレコードの時間を指定（デフォルトでは5秒）
⑤ OKをクリック

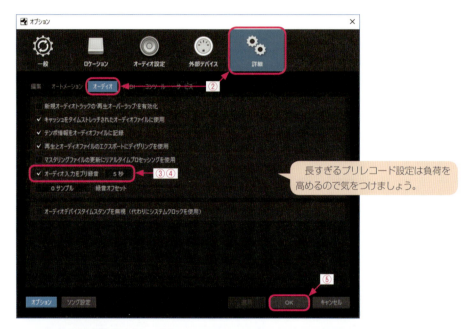

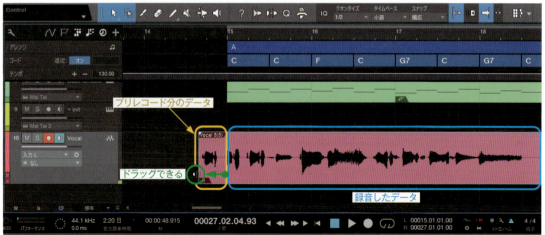

録音後にイベントの左端をプリレコード分ドラッグできるようになる

3
オートメーションの活用

「オートメーション」は、ボリュームフェーダーやパンポットの動き、エフェクトのパラメーターの変化やオン／オフ（バイパス）、インストゥルメントのノブ設定など、ソング上のあらゆる項目の動きを「エンベロープカーブ」として連続的に記録・編集することができ、再生時には忠実に再現されます。

時間経過による変化を操れるため、表現や演出の幅を広げられるでしょう。

フェーダーをオートメーションで制御

体験用データの用意

ここでは、メイン出力のフェーダーをオートメーションで制御して、エンディングをフェードアウトしてみましょう。体験用データには、機能ツアー「KirakiraStar」（下図）を用います。

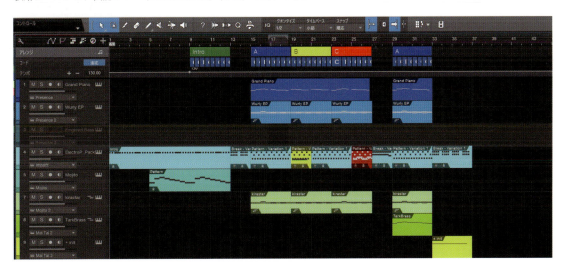

① 33～37小節目のドラムパターン（Break-Variation）の右下をクリック＆ドラッグして、半分の2小節に縮める
② アレンジ「Intro」を**Alt**＋ドラッグして、3回繰り返すようにコピー（35～46小節に配置。下図参照）

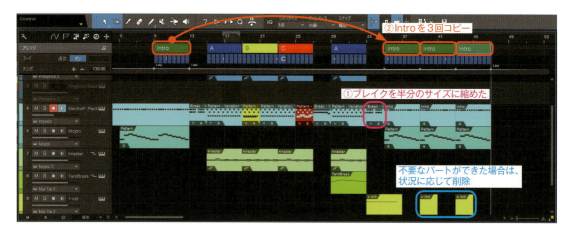

オートメーショントラックを作成

手順

オートメーションする項目上で、右クリック＞オートメーション"●●"を編集 を選択
（ここでは、ミックスビュー（**F3**）を表示して、メイン出力のフェーダー上で右クリックし、「オートメーション"ボリューム"を編集」を選択しました。）
→アレンジビューに、オートメーショントラックが作成されます。

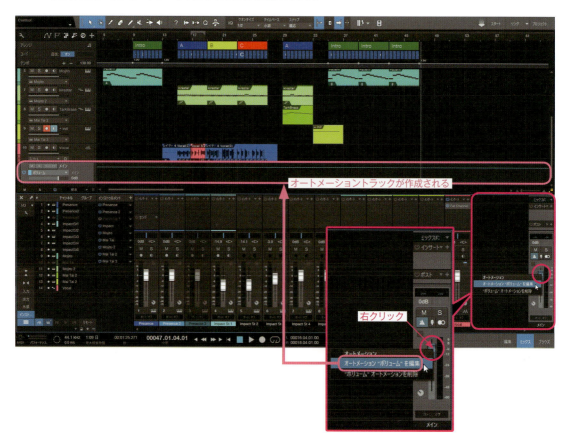

機能ツアー　発展編　オートメーションの活用

エンベロープを書いてボリューム制御

エンディングでフェードアウトするよう、以下のようにエンベロープを編集しました。

線上をクリックしてポイントを2つ作成し、右側を0まで下げた

エンベロープの編集は「エンベロープカーブの編集・修正」(303ページ) 参照。

再生して、メインのフェーダーがエンベロープカーブのとおりに動くのを確認してください。

エンベロープどおりに動く

再生

エンベロープどおりに制御される

マスタリングを他の人に頼む場合は、そちらでフェードアウトしてもらったほうが良い場合もあります。また、マスターフェーダーは、0dBから動かさないのが基本ですが、効果がわかりやすい例としてとりあげました。

マウス操作をオートメーションで記録・再現

オートメーションは、ノブやスライダーなどのマウス操作をリアルタイムで記録できます。
ここでは、「KirakiraStar」のエンディングで、Mojito上のノブやスライダーをマウス操作し音色を激しく変化させて、その動きをオートメーションとして記録してみましょう。(手順例ではDepth、Color、Drive、Pitchを操作し記録します)

297

Mojitoの音色を変化させながらフェードアウトするエンディング

インストゥルメントのマウス操作を記録

手順

① Mojitoの操作パネルを表示
② Mojitoのオートメーションモードを「ラッチ」に設定
　→オートメーションを書き込むモードに切り替わります。
　モードに関しては、301ページ参照
③ ソングを再生したらすぐに④に進みノブを操作
　（ここではエンディングから再生しました）
④ ノブを操作
　（ここではDepth、Color、Drive、Pitchを操作）
　→リアルタイムで操作が記録されていきます。
　※CutoffやResoなど、他のノブも操作して面白い音作りをしてください。
⑤ 停止

⑥ オートメーションモードを「リード」に変更

⑦ 「エンベロープを展開」（■）をクリック
　→記録されたエンベロープが表示されます。
　（ここでは、Depth、Color、Drive、Pitchを操作しています。）
⑧ 再生（→各パラメーターが記録されたとおりに動くのを確認してください。）

満足なパフォーマンスができなかった場合は、もう一度、手順②からやりなおしたり、エンベロープを直接編集したりして、音色変化を自由に演出してください。

オートメーション記録後にトラックがオートメーション表示に切り替わる場合があります。元に戻すには、右クリック>オートメーションを表示／隠す を選択します。（「オートメーション画面の切り替え」(302 ページ）参照。）

手順⑥で記録後すぐに「リード」に戻したのは、その後の予期せぬ上書きを防止するためです。作業後は「リード」にするのを習慣にしましょう。手順⑦で表示したオートメーションレーン（エンベロープ）は、もう一度同じボタンをクリックすると隠せます。

オーディオエフェクトの操作パネルにも、オートメーションモードの設定が用意されています。同様の手順で操作を記録できます。

オーディオエフェクトにもオートメーションモードの設定がある

　ここまでで、機能ツアー「KirakiraStar の作成」は、すべて終了です。12 小節のメロディーとコード進行を元に、Studio One の機能を活用して楽曲を発展してきましたが、いかがだったでしょうか。

　アレンジが完成したら、チュートリアルの「ミックス」78 ページを振り返ってミックスや最終的な書き出し作業をおこないましょう。ミックスを人にお願いしたり、ボーカリストに歌を録ってもらうなどコラボレーションする場合は「連携や共同作業のための機能や操作」373 ページも参考になるでしょう。

　この後は、機能ツアー内で取り上げた機能の詳細についてや、紹介しきれなかった有用な機能などを解説していきます。

オートメーションモードの切り替え

オートメーションのモードは、インスペクターや、オートメーション表示にしたトラック上でも切り替えられます。
モードの設定によっては再生するだけでエンベロープが書き換えられてしまいます。予期せぬ変更を防ぐためにもしっかりとモードごとの動作を把握しておきましょう。

オフ
オートメーションが無効になります。

リード
既存のオートメーション情報（エンベロープ）を読み込み作用します。オートメーションの書き込み後はこのモードにしておきます。

タッチ
操作している時だけその動きを書き込みます。操作をやめると、既存のエンベロープの値に戻るため、急に値がジャンプするような操作感になる場合があります。比較的扱いやすいモードですが、予期せぬ書き込みを防ぐためにも、操作が終わったらリードに戻しましょう。

ラッチ
ラッチにセット後、操作するまでは既存のオートメーションが作用しますが、少しでも動かすと書き込みを始めます。こちらも扱いやすいモードです。一旦動かすと操作をやめても「操作していない状態」を書き込み続けるので、目的の操作が終わったらすぐに停止しリードに戻すべきでしょう。

ライト
再生と同時に現在の状態を書き込み始め、停止するまで完全に上書きされます。

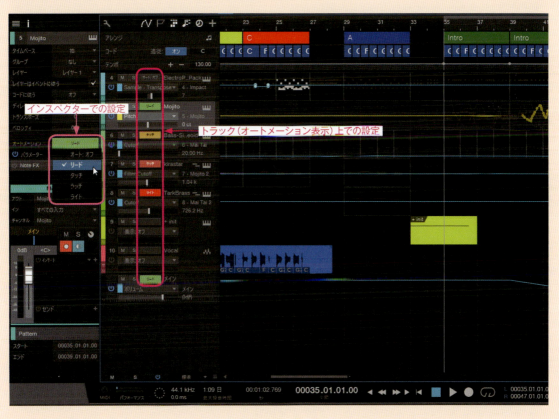

オートメーション画面の切り替え

トラックは、オートメーション専用の表示に切り替えられます。また、自動で切り替わる場合もあります。

オートメーション表示では、イベントや波形、ノートがグレーで描画され、参考用の背景となるため、イベント関連の操作・編集はおこなえません。

「編集できなくなった！」とあわてないよう、通常トラックとの表示切り替え方法を覚えておきましょう。

特定トラックをオートメーション表示

トラック上で右クリック > オートメーションを表示/隠す を選択
→特定のトラックだけ表示を切り替えられます。

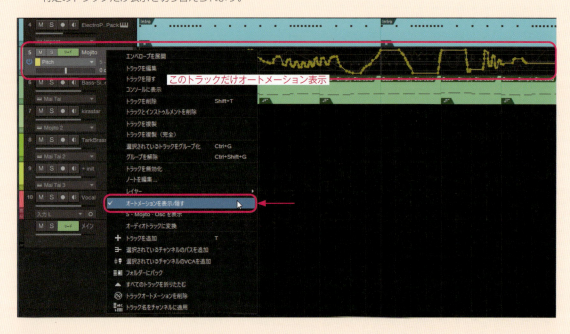

全トラックをオートメーション表示 / 通常トラックに戻す

オートメーションを表示 ボタンをクリック（ショートカット：A）
→すべてのトラックの表示をオートメーション表示／通常表示に切り替えます。

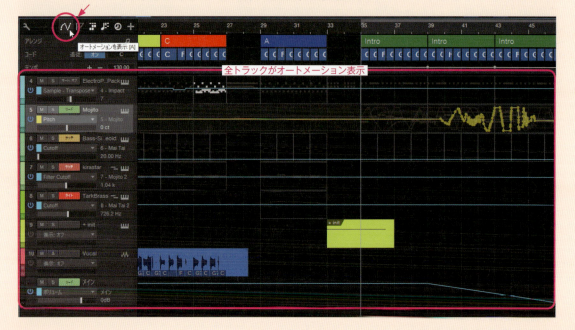

エンベロープカーブの編集・修正

エンベロープを編集する主な操作を紹介します。

ポイントを追加
ライン上をクリックすると、ポイント（ノード）が追加されます。

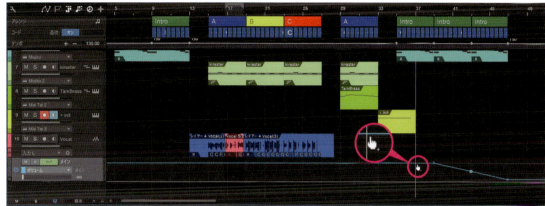

指のカーソルに＋マーク

ポイントを移動
ポイントはドラッグできます。指のカーソルになります。

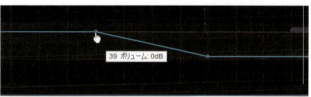

指のカーソル

ポイントの数値を指定と削除
数値指定するには、ポイントを右クリックし「値」を入力します。削除するには右クリック＞「削除」を選択します。

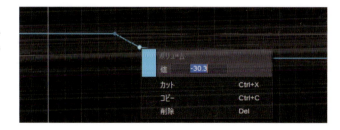

値/時間をロックしてポイント移動（Ctrl＋ドラッグ）
Ctrlを押しながらポイントをドラッグすると、左右移動時は縦の値がロックされ、上下移動時は時間がずれないようにロックされます。

値を微調整（Shift＋ドラッグ）
Shiftを押しながらドラッグすると、数値の変化幅が極小になるため、微調整しやすくなります。

複数のポイントを選択（Shift＋クリック）
Shiftを押しながらポイントをクリックすると、選択ポイントを追加していけます。

複数ポイントを部分的に選択

Altを押してポイントを囲むように選択します。

指定範囲だけを選択できるので、最大値だけをすべて下げたい、最低値を底上げしたい、といった場合に便利です。

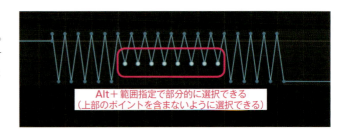

なめらかなカーブを描画

ポイント間にカーソルを合わせると表示される◎マークをドラッグすると、なめらかなカーブを描けます。

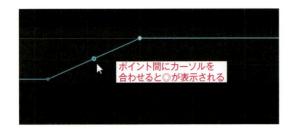 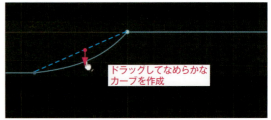

スマートツール、ブラケットツールで効率的にエンベロープ編集

範囲指定、カーブの編集や移動、と複雑な操作が伴うエンベロープ編集では、スマートツールでの作業がオススメです。スマートツールでは、トラックやレーンのエリアのどこにカーソルを置くかによって、ポインターの形状や機能が自動変化するので、ツール切り替えのひと手間を省けるのです。カーソルの変化するエリアや機能について紹介します。

最上部：ブラケットツール

最上部ではブラケットツールになります。ポイント間を上下にドラッグすると、エンベロープが垂直に移動します。

（※左右どちらかにポイントがない場所では、全体が垂直に移動します）

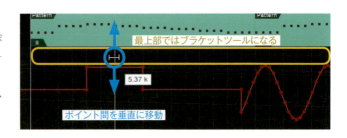

上側（最上部を除く）：範囲ツール

上側では範囲ツールになります。ドラッグして範囲選択した後、最上部（ブラケットツール）で上下にドラッグすると、選択範囲のエンベロープだけを素早く垂直に移動できます。

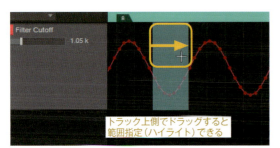 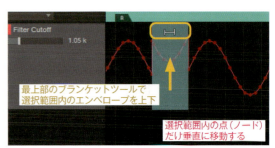

選択範囲の両端に自動でポイントが作成されるので、わざわざポイント作成する必要はない

下側：矢印ツール（ポイントを選択）

下側では矢印ツールになります。ドラッグした範囲のポイントを選択できます。特定の範囲内のポイントだけを編集したい場合はこの方法で選択します。

> 範囲ツールでは「範囲を指定」するのに対して、この方法は「ポイントを選択」する、というところが異なります。

範囲指定ではドラッグの始点位置が重要です。

始点が上側エリアだと範囲指定になってしまいます。下側からドラッグを始めるとポイント選択となります。

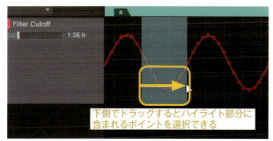
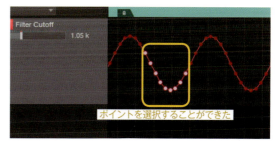

下部からドラッグして範囲選択すると… 範囲内のポイントが選択できる

エンベロープカーブ上のポイント編集：追加 / 移動 / 削除

- ポイント追加：エンベロープカーブ上でクリック
- ポイント移動：ポイントをつまんでドラッグ
- ポイント削除：ポイントをダブルクリック

> ポイントを 右クリック>削除 でも作業できます。また、右クリックからのメニューでは、値を数値入力したり、カット / コピー / 複製もおこなえます。

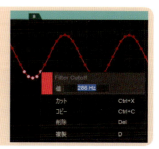

複数のポイントを同時編集

オートメーション編集では、複数ポイントを同時に扱う機会がよくあります。複数ポイントを編集する際の操作をチェックしておきましょう。

選択ポイントをすべて移動

もっとも一般的な操作です。エリア下側でドラッグして選択すると、範囲内のすべてのポイントが選択されます。次に、ブラケットツールで上下にドラッグすると、すべてのポイントが配置を保って垂直に移動します。

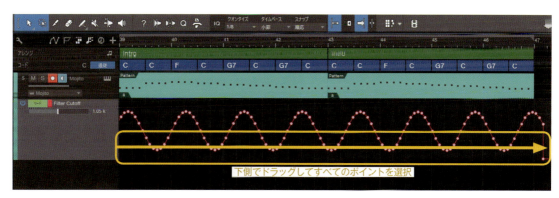

複数ポイントを部分的に編集

複雑なエンベロープの下側だけを選択したい、といった場合は、**Alt** + ドラッグで、部分的にポイントを選択します。

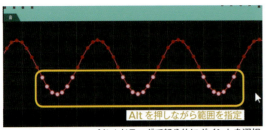

Alt + ドラッグで部分的にポイントを選択

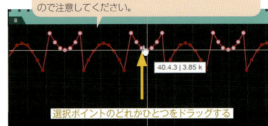

動かす場合は、選択中のポイントの任意の1つをドラッグします。ブラケットツールで上下に動かすと、選択されていないポイントも含め全体が動いてしまうので注意してください。

選択中のポイントだけを移動できる

変形ツールで総合的に編集（Alt + T）

変形ツールでは、範囲内のポイントをグラフィカルに総合的に編集できます。

手順

① 上側エリア（範囲ツール）で範囲指定
② Alt + T を押す
　→ 変形ツールがセットされます。
③ 変形ツールで編集

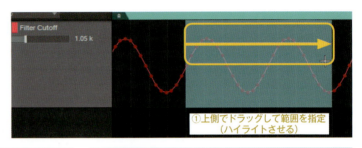

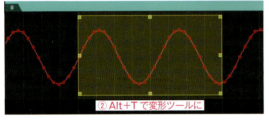

② Alt + T で変形ツールに

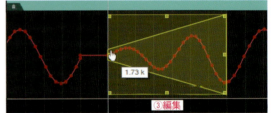

③ 編集

四隅＋上下のハンドルをドラッグしてカーブの形を変えられます。

上下ハンドルでは天井を下げる、底上げする、といった作業も簡単におこなえます。思いもよらぬカーブが作成される場合もあるので、偶然性を期待するのも面白いでしょう。

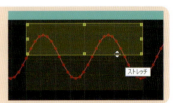

Alt キーを押しながらハンドルをドラッグすると、変形ツールでの作業対象の範囲を調整できます。

▍他のトラックでの範囲選択も有効

ブラケットで編集する対象範囲は、他のトラック上で選択してもかまいません。任意のトラックで範囲指定し、その他のトラックでその範囲を編集することができます。

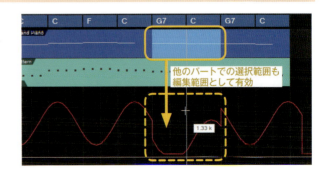

他のパートでの選択範囲も編集範囲として有効

機能ツアー　発展編　オートメーションの活用

操作パネルにない項目のオートメーション｜サスティーンの例

操作パネル上にない項目のオートメーションレーンを表示させる方法を紹介します。例えば、Presence XT の「Grand Piano」で「サスティーン」を扱いたい場合に、操作パネル上にはサスティーンのペダルやボタンなどは用意されておらず操作できません。そこで、以下の方法で用意します。

手 順

① トラックを選択
② インスペクターのパラメーター欄で「追加／削除」を選択
　→「オートメーション」画面が開きます。
③ 画面右側で追加項目を選択
　（ここでは、MIDI Control＞「Sustain」を選択しました。）
④ 「＜＜追加」ボタンをクリック
⑤ 「閉じる」をクリック
　→パラメーターの選択肢にSustainが表示されるようになります（⑤b）。
⑥ オートメーションレーンを表示
　※図中⑥のボタンをクリック、もしくは、「A」を押して、すべてのトラックをオートメーション表示にします。
⑦ Sustainのエンベロープを編集
　※Sustainはオン／オフのみ対応しているので、最上部（オン）と最下部（オフ）に値を振り分けています。
⑧ 再生して効果を確認

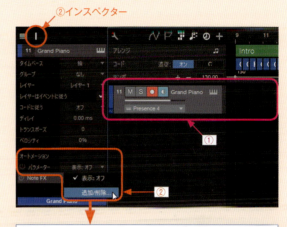

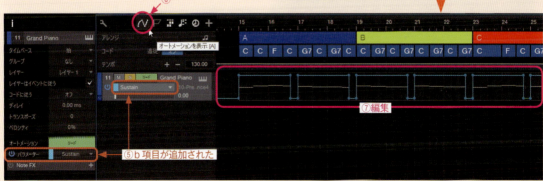

サスティーンペダルの情報は、インストゥルメントパートのオートメーションレーンで編集することも可能です。
「「N」コントロールレーン」（138ページ）参照。

オートメーションと音楽エディターの MIDI メッセージの違い

オートメーションのエンベロープと、音楽エディターのコントロールレーン、どちらも MIDI メッセージを扱えますが、厳密には少々異なるものです。少々ややこしい話ですが、ここでピッチベンドを例に確認しておきましょう。

コントロールレーンに入力した MIDI メッセージ（例えばピッチベンド）は、音楽エディターで編集できることからもわかるように、MIDI イベントが持つ情報です。
いわゆる MIDI データなので、例えばピッチベンドをコントロールレーンで編集して、musicloop として書き出せば、ベンドの内容も反映されたループを作成できます。
一方、オートメーションは、外部からインストゥルメントトラックを制御しているイメージです。オートメーションでピッチベンド操作すると、ソング上ではピッチベンドが適用されますが、musicloop を書き出してもベンド情報は含まれていません。オートメーションの場合は、再生時にリアルタイムでインストゥルメントを外部から制御しているような状態なので、MIDI データ自体には、ベンド情報は含まれないのです。

ソング内で完結する作業なら、お好みでどちら側で制御しても大丈夫ですが、上記のような場合もあることを知っておくと、いざというときに慌てずにすむでしょう。

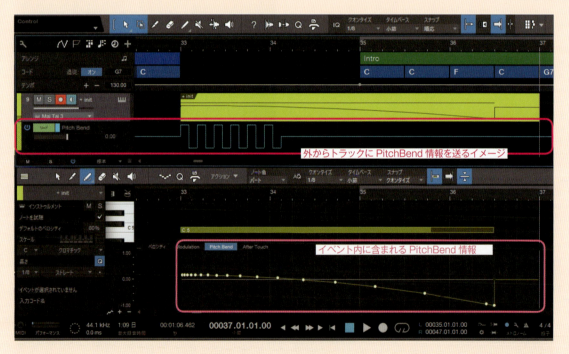

他社製プラグインのオートメーション｜手のひら、Ａボタン

サードパーティー製のプラグインで、項目を右クリックしても、「"項目名" オートメーションを編集」が出ない場合は、マッピングパネルに並んでいる、手のひらボタン（🖐）とＡボタン（Ⓐ）が便利です。

① 「マッピングを編集」ボタンをクリック
　→パネルが開きます。
② 操作したい項目をクリック
　→パネルに項目が表示されます。
③ 以下のどちらかの方法でオートメーショントラックを表示
　・Ⓐ（Ａボタン）をクリック
　・🖐（手のひらボタン）をトラックにドラッグ
　→トラックがオートメーションに切り替わります。項目には、②でクリックした項目が設定済みです。

マッピングパネルに関しては、「登録したノブを使う（コントロールリンク）」（414ページ）参照。

4 複数のトラック／チャンネルをまとめて管理（VCA、フォルダー、グループ）

コーラスや弦楽器、ブラス、リズムなどの出力やエフェクトをまとめて操作したいなど、複数のトラックやチャンネルを一元管理したいシチュエーションがあります。

ここでは、複数のトラックやチャンネルを扱う際の機能を紹介します。ミックスでのワークフローの効率化、アレンジビューの整理などに有用です。

複数トラック／チャンネルの操作

一時的にまとめて操作（Shift ＋選択）

トラックやチャンネルを、**Shift** キーを押しながらクリックすると、複数を同時に選択できます。フェーダーやソロ／ミュートボタン、録音・モニターなどの操作は、選択中のすべてのトラック／チャンネルに作用します。

フェーダー位置にすでに差がある場合は、その差を保って操作されます。パンなど、リンクすると不便な項目は、複数選択中も単独操作が可能です。

複数選択していると、各種ボタンやフェーダーを一斉に操作できる

グループ化（Ctrl + G）

複数のトラック / チャンネルを選択中、**Ctrl + G** を押すと、グループ化されます。**Shift** + クリックでの一時的な選択とは違って、グループ名をつけて編集したり、複数グループの管理もおこなえます。

フェーダー操作などの他、イベントの選択や編集もグループ全体に作用するので、複数トラックで構成されたセクションの編集にも便利です。v4.5 でグループ化機能がさらに便利になりました。（「再設計されたグループ化機能」（471 ページ）参照。）

Alt で一時的に個別操作
グループ選択中でも、**Alt** を押しながら操作すれば、一時的にリンクが解除されます。

グループを解除するには、右クリック＞「グループを解除」を選択します。（ショートカット：**Ctrl+Shift+G**）

フォルダーにまとめる

＊Artist Professional のみ

トラックやチャンネルをフォルダーにパックすると、アレンジビューやミックスコンソールを整理できるだけでなく、フォルダーに出力設定をして、オーディオ信号の流れ（ルーティング）を整理したり、エフェクトを一括で適用したりすることも可能になり、作業の効率化も計れます。

フォルダーにパック

手順

① フォルダーにまとめるトラックを選択（**Shift**＋クリックで複数選択）
② トラック上で右クリック＞フォルダーにパック を選択
　→フォルダートラックが作成され、選択中のトラックがフォルダーに内包されます。

フォルダートラック内のグループ化

フォルダートラックのグループ化ボタンを押すと、フォルダー内のトラックが、グループ化されます。

フォルダートラックのグループ化ボタン

グループの解除
グループ化ボタンを再度クリックすると解除できます。

フォルダーの出力先を設定

フォルダーには出力先（バスチャンネル）を設定することができます。出力先を設定したフォルダーに入れる＝「バスにまとめる」と同じ作業になるので、出力先やエフェクトを一元管理するのにも役立ちます。

準備

フォルダートラックに名称をつけておきます。これにより、出力先を明確に管理できます。

※ここでは Drum Folder という名称にしました。

ダブルクリックでフォルダー名称を変更

手順

フォルダートラックの出力先から「バスチャンネルを追加」を選択
→フォルダーの名称と同じバスが作成される。

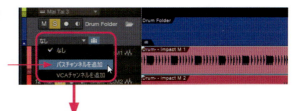

フォルダーの出力チャンネルが作成された

コンソールでフォルダーの展開

フォルダーを使用すると、場合によっては、アレンジビューのトラックとコンソールのチャンネル、トラックリスト項目で表示が食い違う、といった不整合が生じてしまいますが、それらを調整するのに有用な設定を紹介します。コンソール左上のスパナアイコンから、以下の項目を設定します。

①フォルダートラックのあるバスの並び順を維持

チェックを入れると、コンソール上で、フォルダーのバスチャンネルと、内包されるトラックのチャンネルが並んで表示されます。

②トラックリストとコンソールの表示／非表示をリンク

チェックを入れると、トラックリストでのフォルダー開閉をコンソールにも反映します。

③フォルダートラックの展開・折りたたみを表示／非表示にリンク

チェックを外すと、アレンジビューやトラックリストでフォルダートラックを開閉しても、コンソールのチャンネルは非表示になりません。チェックを入れると、コンソールのフォルダーアイコン（③a）でも、フォルダーの開閉がおこなえます。

トラックとチャンネルの番号を統一する

初期状態では、アレンジビューのトラック番号と、コンソールのチャンネル番号は一致しない場合があります。

これは、アレンジビューのフォルダートラックにはトラック番号がないのに、コンソールではチャンネル番号が割り振られていたり、アレンジビューには表示されないバスチャンネルやFXチャンネルにも番号が割り当てられるなどして、番号がずれていくからです。

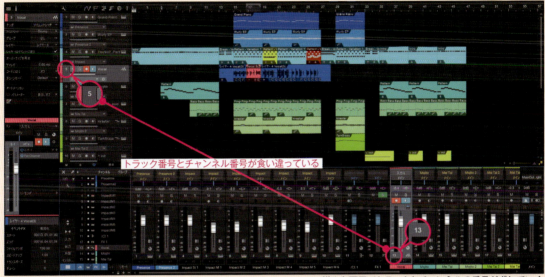

様々な要因でトラックとチャンネルの番号がずれていく

以下の設定をすることで、トラックにもチャンネル番号が表示されるようになり、混乱を避けることができます。

☑チャンネル番号をトラックに表示

VCA フェーダー

＊Artist Professional のみ

　VCA フェーダー（Voltage Controlled Amplifier）は、ライブコンサートなどで使う大きなミキサーに搭載されている機能で、複数のチャンネルの音量を一括で相対的にコントロールできるのが特徴です。

　例えば、ストリングスやブラスのセクションで、各楽器ごとのバランスは、それぞれのチャンネルフェーダーで調整し、セクション全体の音量は1本の VCA フェーダーで一括で調整するといったことが可能です。

　図では、ドラムをパーツごとにトラック分けしたものを、VCA フェーダーで調整できるようにしています。

　バスに送ったり、フォルダにまとめても似た作業をおこなえますが、これらがオーディオ信号がバスに送られ通過していくのに対して、VCA は外部からのコントロールなので、音声信号のルーティング（経路）には関わりがない点で大きく異なります。オーディオ信号の流れない VCA フェーダーには、エフェクトを読み込めません。センドという考えもなく、パンもありません。バスやフォルダーとは、動作や仕組みが根本的に異なると考えてよいでしょう。

VCA フェーダーを追加

手順

　VCAで操作するチャンネルを複数選択しておき、右クリック>「選択されているチャンネルのVCAを追加」を選択
→選択チャンネルをまとめてコントロールできるVCAフェーダーが作成されます。

VCA の新規作成と VCA 接続

　コンソール上で右クリック>「VCA チャンネルを追加」で、VCA を単独で新規作成できます（①）。各チャンネル下部には、VCA 接続（どの VCA で制御されているか）が表示され、プルダウンで切り替えられます（②）。

VCA 接続

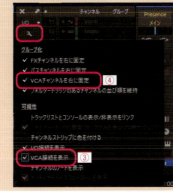

「VCA 接続」は、スパナアイコン＞VCA 接続を表示」で表示 / 非表示を切り替えられます（③）。

VCA チャンネルの表示は右に固定されている場合があります。自由に位置を移動するには「VCA チャンネルを右に固定」のチェックを外します（④）。

VCA フェーダーの名称は、ダブルクリックで変更できます。シングルクリックすると色を選択できます。

VCA フェーダーのオートメーション

VCA をオートメーションで制御する場合は、以下の手順でオートメーショントラックを用意します。（VCA フェーダーをコンソールに追加しただけでは、アレンジビューには何も表示されません。）

手順

VCAフェーダーの赤いフェーダーの上で右クリックし「ボリュームオートメーションを編集」を選択
　→VCAのボリューム用のオートメーションとトラックがアレンジウィンドウ上に作成されます。

VCAを追加すると同時にオートメーショントラックを自動作成するには、メニュー＞Studio One＞オプションを開き、詳細＞オートメーション＞「チャンネルのオートメーショントラックを自動作成」にチェックを入れます。

チェックを入れると、バスやFXチャンネルを作成した場合も、自動でオートメーショントラックがアレンジビューに作成されます。

VCAオートメーションの結合

各トラックとVCAの両方でボリュームオートメーションのエンベロープカーブを書いてあると、双方が複雑に組み合わさり一目見ただけは、どのように変化するのかわかりにくくなる場合があります。

VCAでの操作が完全に決定したら、「オートメーションを結合」すると、各トラックではVCAのカーブを結合した状態になります。

【手順】

VCAフェーダー上で右クリック ＞ 「VCAオートメーションを結合」を実行

→「VCAオートメーションを結合」を実行すると、それぞれのチャンネルのボリュームエンベロープに、VCAのオートメーションが加味されて上書きされます。また、VCAのオートメーション情報は初期状態に戻ります。（オートメーションのエンベロープがフラットな状態になります）

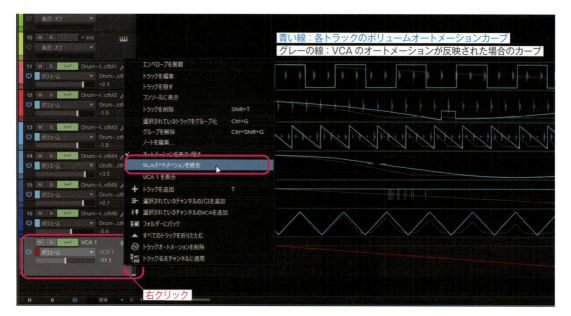

5

ミックスFXとメモパッド

Mix Engine FX

*Professional のみ

　Mix Engine FX（ミックスFX）は、Studio One のコンソールに異なる質感を与えるものです。

　例えば「アナログ コンソール」サウンドをエミュレートするFX（エフェクト）を読み込めば、ビンテージのコンソールでミックスしているようなサウンドを、アウトボード（外部ハードウェア）を導入することなく得ることができます。その FX 第 1 弾が、Console Shaper です。

> **アドオンでの拡張性**
> 　Mix Engine FX の第 2 弾として、有償アドオン「CTC-1 Pro Console Shaper」があります。アナログコンソールをモデリングした 3 種類のコンソールモデルを切り替えられるようになっています。

ミックスエンジン FX を利用する

手順
① ミックスビュー（コンソール）を表示（**F3**）
② メインアウトやバスにミックスエンジン FX を選択し読み込む

> ミックス FX のラックが表示されていない場合は、ミックスビューの表示（コンソールレイアウト）を、大・標準にしてください。

　Console Shaper を読み込み、プリセットを選択したり（③）、各種項目を調整し音作りをおこないます。

　例えば、メインアウトにはミックス FX を読み込まず、ドラムパートをまとめたバスに、Console Shaper を読み込みます。ドラムのバスは、ドライブ感やウォームなひずみや音のにじみなど、アナログコンソールを通したかのようなまとまりのある馴染んだサウンドにして、メイン楽器やボーカルは、そのままメインアウトに送り、64bit エンジンならではの分離のいいクリアな質感にする、といった複合的なサウンド作りも可能でしょう。

> Drive、Noise、Crosstalk、それぞれのスイッチでオン・オフを切り替え、ノブで、ドライブ感、ノイズ、クロストーク（複数トラック間の信号の漏れや干渉）など、アナログ卓ならではの要素を加えて好みのサウンドになるよう調整します。

ミックスFXは、バスや出力で使用できます。

コンソールのインジケーターについて

　ミックスFXが読み込まれているチャンネルは、左下側の橙色のインジケーター（①）で確認できます。また、ミックスFXを読み込んだチャンネルを経由する（＝ミックスFXの影響をうける）チャンネルには、別途下側のインジケーター（②）が点灯します。なお、青のインジケーターは、インサートエフェクト、センドエフェクトの有無を表しています。これらにより、コンソールレイアウトが小・縮小でもエフェクトの有無を確認できるようになっています。

機能ツアー　発展編　ミックスFXとメモパッド

メモパッドにメモする

トラックやチャンネル、ソングに、ちょっとしたメモ（ノート）を付けられます。録音した日付や使用したマイクをメモしたり、「ベストテイク」と記したり、ちょっとしたアイディアのメモなど管理の助けとなります。

メモを表示するには、以下の項目にチェックを入れます。どちらも同じ内容が表示されます。

・トラックのスパナアイコン＞トラックのノートを表示
　→トラック横にメモ欄が表示されます。

・コンソールのスパナアイコン＞チャンネルのノートを表示
　→チャンネル下にメモ欄が表示されます。

メモ欄をダブルクリックしてテキストを入力します。
また、インスペクターの「ノートを編集」ボタンから、ソング情報を開くと、「トラックノート」で一覧できます。

「情報」は、ソング＞ソング情報 の内容が表示されます。
「ソングノート」は、このソング全体のメモです。
「トラックノート」は、トラックごとのメモを一覧／編集できます。
　ソングノートを開いたままソングを閉じれば、次回作業時にまずメモが目に入り備忘録にもなります。

第5章

321

6 テンポと拍子

テンポと拍子の設定

テンポトラック

曲のテンポは、テンポトラックで設定します。曲途中でのテンポ変更や、次第に速く/遅くすることも自由におこなえます。

手順
① テンポトラックを開く
② テンポを変更する場所にカーソルを配置
③「+」ボタンをクリック
　→テンポ変更のポイントが挿入され、選択されます。
④ テンポトラックの数値入力欄へテンポを入力

テンポカーブ上でクリックしても簡単にポイント作成できます。

テンポの値を編集

テンポ情報は、なめらかなエンベロープカーブで表示され、変更点にはポイントが作成されます。ポイントは、ドラッグで移動したり、右クリックから「テンポ値」を直接入力して編集できます。

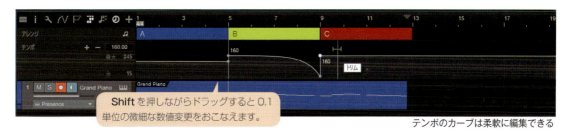

テンポのカーブは柔軟に編集できる

テンポ範囲の設定（テンポレンジ）

テンポ表示の上限下限の数値（最大/最小）をダブルクリックで変更できます。（※執筆時は「分」と記載されていますが「最小」に修正される見込みです）

例えば、図では範囲を120-170 にしています。これにより、テンポトラックの限られた縦幅でも、わずかな変化を視認でき、微調整もやりやすくなっています。

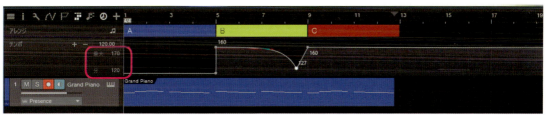

表示幅を狭くすれば、小さな変化もしっかり視認できる

拍子の設定

拍子はタイムラインルーラー上で確認や管理をおこなえます。途中で拍子を変更することも可能です。

手順

① 拍子を変更する場所にカーソルを配置
② ルーラー上で右クリック＞拍子を挿入 を選択
　→拍子設定画面が開きます。
③ 拍子を設定しOKをクリック
　→拍子が追加されます。

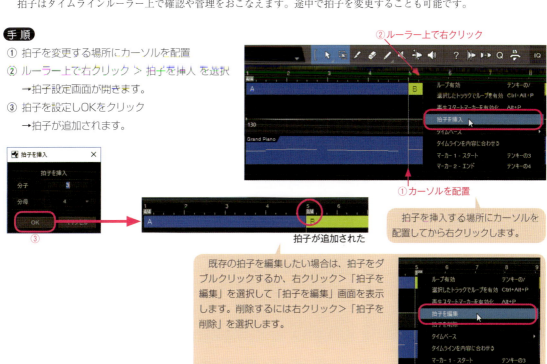

既存の拍子を編集したい場合は、拍子をダブルクリックするか、右クリック＞「拍子を編集」を選択して「拍子を編集」画面を表示します。削除するには右クリック＞「拍子を削除」を選択します。

トランスポートでの拍子とテンポ

トランスポートエリアでも拍子とテンポを編集できます。

拍子の分母／分子をクリックして変更すると、カーソル左側の最も近い拍子設定が変更されます。

「テンポ」のテキスト部分を、希望するテンポで4回以上クリック（タップ）すると、そのテンポに設定されます（現在のカーソル位置からさかのぼってもっとも近いテンポ情報が変更されます）。

テンポの数値部分をクリックして上下することでも数値を変更できます。

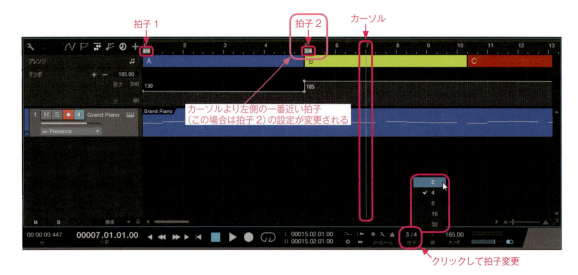

タイムリニア / ビートリニア

タイムラインルーラーの表示メモリは、時間を常に一定の幅で表示するか、ビート（拍子）を常に一定の幅にするかを切り替え可能です。

手順

タイムラインルーラー上で右クリック＞タイムベース＞タイムリニア/ビートリニア、で切り替えます。

以下の特徴があるので、状況に応じて表示を切り替えましょう。

ビートリニア：

テンポが変化しても小節の幅は常に一定です。テンポが速い場所では、再生カーソルの動きが速くなります。

リズムやフレーズが同じイベントは、テンポが違う場所にあっても同じ見た目（幅）になります。（テンポが速いとイベントがギュッと縮む、もしくはテンポが遅いとイベントが伸びたように見える、といったことがありません）

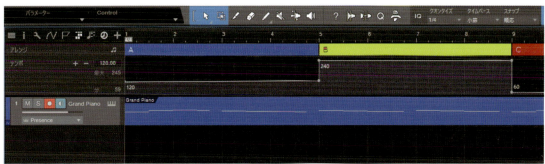

ビートリニア

タイムリニア：

テンポが変化しても再生カーソルの動きは一定です。ルーラーの見た目の一拍の横幅が変化します。

テンポが速まると幅が狭くなるので、同じリズムでもギュッと表示されます。

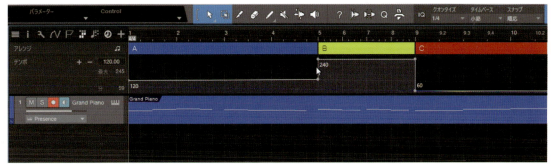

タイムリニア

> 好みで選んでもかまいませんが、オーディオからテンポマップを作成する場合は「ビートリニア」のほうが作業しやすいといった例など、一部の作業で操作性に影響する場合もあります。

フリーテンポの演奏にビートを合わせる

テンポマップの作成

　ここでは、一旦 kiraStar の制作は置いておき、テンポトラックを活用したテンポ合わせについて紹介します。いわゆるテンポマップ作成の手順例です。

　例えば、フリーテンポの弾き語りをアーティストから受け取り、StudioOne に取り込んでテンポを合わせる、といった場合に有用です。

※制作中の「kiraStar」とは異なるソングで試しましょう（すでにメトロノームに合わせて録音しているソングでは意味のない作業です）。フリーテンポで演奏した素材で試すと理解しやすいでしょう。

フリーテンポで演奏されたオーディオ。この時点では、Studio One のメトロノームとテンポが一致していない

> テンポマップ作成（テンポ解析用）の新しいソングで試します。他のトラックの関与も気にすることなく手順や仕組みを理解しやすいでしょう。

準 備

① 1拍目がイベント先頭になるよう、余計な拍や余白を削除し、左に詰めておく
② インスペクターでテンポを「追従しない」に設定
③ ファイルテンポが「未設定」であることを確認
　※テンポ値が設定されている場合は、ダブルクリックで選択してから Delete キーで削除すると「未設定」になります。

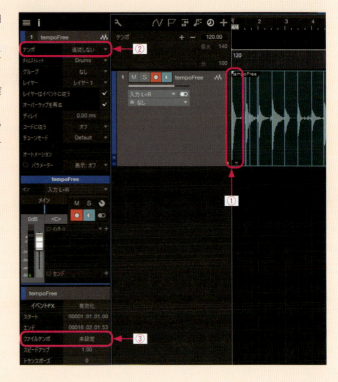

④ イベントを選択
⑤ オーディオベンドをオン
⑥ 「分析」をクリックしトランジェントを検出しておく
⑦ スナップをオンにしておく
⑧ タイムルーラーを右クリックし、タイムベースをタイムリニアにしておく

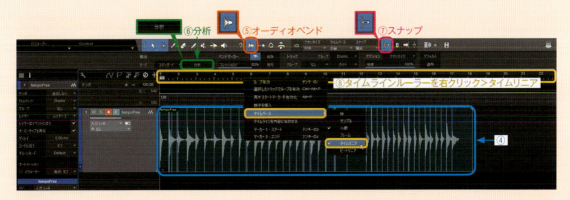

手順

① 演奏と小節を合わせる

①-1 波形の2小節目の場所を確認

①-2 テンポトラックの2小節1拍目の上でCtrlを押し、カーソルが（ ）になったら、波形の2小節目の頭にドラッグ

→テンポトラック2小節目と波形2小節目が一致するよう作業します。

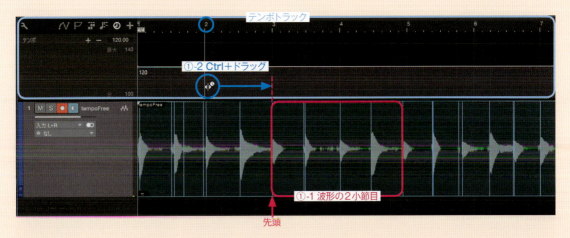

①-3 同様に3小節目、4小節目……と、小節頭がテンポトラックと波形で一致するようにすべて作業する。

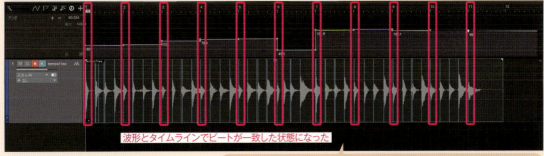

② 演奏と拍を細かく合わせる

　手順①と同様の方法で、拍も細かく合わせていきます。1小節内での *rit.* やテンポルバートにもしっかりとビートを合わせます。

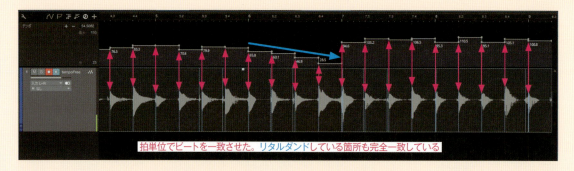

　これで、拍単位で演奏とテンポトラックが一致しました。フリーの演奏にシーケンスを加えたり、BPMに同期するエフェクトやドラム音源を使ったりすることもでき、制作の自由度があがりました。

> つまりフリー演奏のオーディオのテンポマップが作成できました。

フリーの演奏をビートに合わせる

　前項でテンポマップが作成できたら、今度はフリーテンポの演奏を、Studio One の均一なテンポに合わせることも可能になります。ポイントは、新しいオーディオにバウンス（**Ctrl + B**）することで、ファイルにテンポ情報を埋め込められることです。

【手順】

① イベントを選択し **Ctrl + B**（選択をバウンス）を実行
　　→テンポマップを持つイベントに書き換えられます。（ファイルテンポ情報が「マップ」になります）

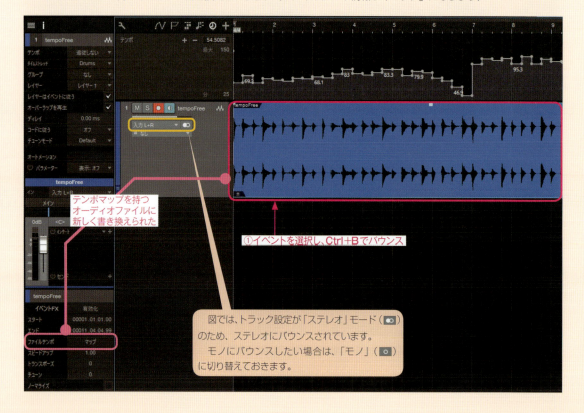

② テンポ「タイムストレッチ」に変更
　→Studio Oneのテンポにオーディオが追従する設定になります。
③ テンポマップのポイントをすべて消す（※ポイント上で 右クリック＞削除 を実行するか、選択して「delete」キーを押します）
　→テンポフリーだった演奏が、強制的に均一なBPMに修正されます。

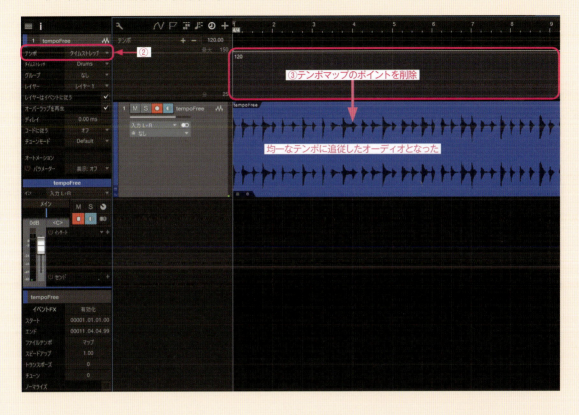

　これで、テンポフリーだった演奏が、テンポトラックに追従するオーディオ素材としてあらたに活用できるようになりました。

7 アレンジトラック

アレンジトラックを活用

　アレンジトラックは、曲の構成を変更したり組み合わせたり……といった、スケッチやアレンジ段階などで便利な機能です。

　例えば、1番のAメロを2番で流用する場合も、イベント単位でコピーすると、ちょっとずれていたり、選択忘れのイベントがあったり……とミスが心配ですが、アレンジトラックなら迅速・正確に構成の変更やコピーが可能です。

アレンジトラックを表示

　「アレンジトラックを開く」ボタンをクリックしてアレンジトラックを表示します。インスペクターにも概要が表示されます。

セクションの作成と定義

手順

① スマートツールを選択
② **Ctrl** +クリック&ドラッグして、セクションを作成
　※ここでは、「イントロ」「バース」「コーラス」を作成しました。

セクションの名称や色の変更

セクションを右クリックすると、名称変更や色の選択をおこなえます。

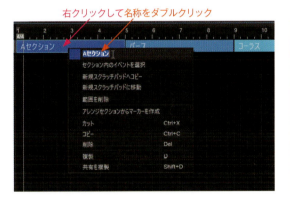

セクションの移動やコピー

　セクションを移動/コピーすると、属するイベントやパートも一緒に移動/コピーされます。ドロップ先の場所や、修飾キーの併用によって結果が異なります。

元の状態

移動：アレンジセクションをドラッグ

アレンジセクションのみを移動：Ctrl + Alt + ドラッグ

コピー（分割ポイントをまたぐノートを残す）：Alt + ドラッグ

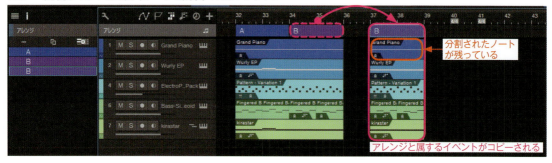

コピー（分割ポイントをまたぐノートを残さない）：Ctrl + ドラッグ

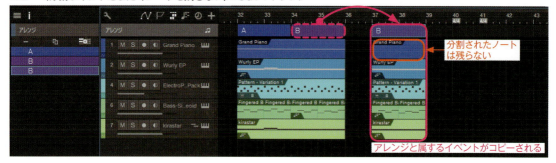

セクション上で右クリックから「コピー」「ペースト」も可能です。また、イベント同様に「D」での複製も可能です。

分割ポイントをまたぐノートデータ

通常の作業では、イベントを切り分けてノートも分割されると、ノートオン情報を失った右のノートは削除され、左のノートだけが残るようになっています。

しかし、セクション移動により分割された場合は、中のノートデータが分割されても、右側のイベントにノートが残るほうが実用的なので、そのように配慮されています。あえて、右のイベントにノートを残さないようにするなら、Ctrl + ドラッグでセクション移動します。

セクションの削除

セクションの削除には、以下の2つの動作があります。

セクションだけを削除

右クリックから「削除」を選択。もしくは、セクションを選択して「**Delete**」を押す。

セクションとセクション範囲内のすべてのイベントを削除

右クリックから「範囲を削除」を選択。
→セクション範囲のすべてが削除されます。時間も削除されるので、右にあるすべての要素が左に詰められます。

インスペクターでセクション並び替え

セクションの並び替え（挿入）や置き換え（置換）には、インスペクターでの作業が便利です。

ドラッグして並び替えたり、重ねるようにドロップして置き換えることができます。

挿入では、それより後ろのセクションは下（アレンジビュー上では右）に移動されます。重ねるようにドロップすると置き換えられます。また、Altを押しながら置換すると、元の場所にセクションを残しつつ置き換えられます。

ドラッグする先によって図内の「挿入」は「置換」に切り替わります。

CをBメロの上に移動

セクションをマーカーに変更

セクション上で右クリックから「アレンジセクションからマーカーを作成」を選択すると、セクション名のマーカーが作成されます。

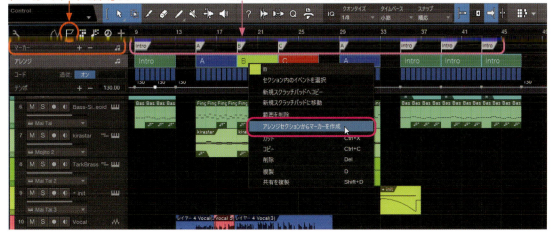

タイムベースの切り替え

タイムベースを「拍」と「秒」で切り替えられます。

拍

セクション範囲が拍で管理されるので、テンポを変更しても、小節位置からずれません。通常の楽曲作成ではこちらがおすすめです。

秒

秒（絶対時間）で管理されるので、テンポを変更すると、小節とはズレが生じます。拍に関係なく絶対的な位置をキープしたい場合はこちらが便利です。

機能ツアー　発展編　アレンジトラック

無音を挿入・時間を削除

「無音を挿入」「時間を削除」の動作をチェックしておきましょう。前述のアレンジトラックと合わせて、アレンジや構成変更に役立つ操作です。

ループ無音を挿入 / ループ時間を削除

ループ範囲の時間を削除したり、無音を挿入したりすることが可能です。

> 「ループ機能のショートカット」（104 ページ）参照。

ループ範囲に無音を挿入

- ループ範囲を設定した後、ループ範囲上で右クリック＞ループ無音を挿入を実行
→無音部分が挿入され、以降は右に移動します。

ループ範囲の時間を削除

- ループ範囲を指定した後、ループ範囲上で右クリック＞ループ時間を削除 を実行
→ループ範囲のすべてが削除され、範囲より右のすべてが左に詰められます。

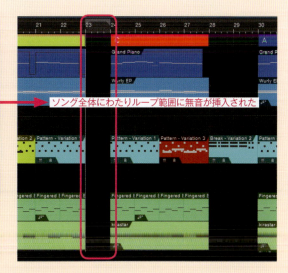

無音を挿入 / 時間を削除

スタートとエンドを数値で指定して時間を削除したり、無音を挿入することができます。

無音時間を挿入

- 編集＞無音を挿入（**Ctrl + Alt + I**）

時間を削除

カーソルを配置し、編集＞無音を挿入（**Ctrl + Alt + D**）

> スタートポイントには、現在のカーソル位置がセットされています。数値はマウスホイールを回すか、クリック＆上下ドラッグでも変更できます。

範囲を入力して時間を削除 / 無音を挿入

335

特定のトラックでのみ時間を削除/無音を挿入

特定のトラックでのみ、時間を削除、無音を挿入、を行うことも可能です。
トラック上で範囲指定してハイライトしたら、右クリック＞時間を削除/無音を挿入 を実行します。

> 範囲選択するには、スマートツールのカーソルが「＋」の状態でドラッグしたり、範囲ツール（ショートカット「2」）で選択する方法があります。

範囲指定したトラックにのみ時間が挿入された

8 パターン

パターン

インストゥルメントトラック上のイベントは、通常のパートの他に、「パターン」があります。

あらかじめ用意した音楽フレーズ（シーケンスやリズムパターン）を1つの要素（パターン）として扱い、ループ、入れ替え、などを自由におこないトラックを組み立てていきます。

パターンを作成するには、トラックを選択（①）、カーソル配置（②）、**Ctrl** + **Shift** + **P** で、空のパターンが用意されます（③）。ダブルクリックで音楽エディターのパネルを開き編集します（④）。（パターン基本操作の流れは 244 ページ参照）

メロディーのシーケンスを組むなら鍵盤アイコン、ドラムパターンのシーケンスならパネルアイコンをクリックします（⑤。図は、ドラムパターン）。パネルにクリックでノートを入力してシーケンスを作成します（⑥）。パネルのステップ数などは、全体もしくはパーツごとに柔軟に設定することができます（⑦）。

ステップ：1パターン内のノートの数を設定
解像度：1ステップの音価（ノートの長さ）
　※ステップ16、解像度1/16だと、1パターンは1小節分の長さになります。同じステップ16でも、解像度が1/4なら1パターンは4小節分になります。
スウィング：スウィングさせたい場合にハネる率を設定します。
ゲート：1ステップが4分音符でも、ゲートを50％にすると、半分の発音時間になります。スタッカートのような表現が可能です。
アクセント：アクセント付きのノートの強調率を設定します。

ノート入力は、マウスクリックでおこなえますが、ステップ入力（⑧）をオンにして鍵盤などのデバイスから録音も可能です。「＞＞」で1ステップ右に移動して休符入力となります。
　ステップ録音を開始する場所の指定（カーソル配置）は、ルーラーをクリックするか、パネル内で**Alt**＋クリックします。

　効率的に入力するボタン（⑨）も用意されており、4ステップごとにノートを入力、1つおき、全ステップを埋める、全ステップを削除、が1ボタンでおこなえます。

　オートメーションレーンを表示（⑩）すると、発音確率をランダムにしたり、グリッジ的に連続リピートしたり、ベロシティの調整などが可能です。無機質なシーケンスに表現や偶然性を加えるなど、アイディアの広がる機能です。
　ドラムパターンでは選択中の楽器のオートメーションが表示され編集できます。

　バリエーションを加えて展開していくのもパターンの特色の1つです（⑪）。バリエーションを複製（⑪a）して編集したり、新規作成（⑪b）したりするなどして、複数のバリエーションを用意し、トラック上でどれをプレイするかを組み立てます。

機能ツアー　発展編　パターン

A) **選択中のパターン**：ダブルクリックで名称を変更できます。
B) **選択中のバリエーション**：プルダウンや、バリエーションエリアで切り替えられます。
C) トラック上の選択パターンを右/左に切り替えます。

339

パターンは右クリックからイベント（パート）に変換できます。パターンで作成しておき、詳細をドラムエディターで編集することが可能になります。

パターンはパートの上に（下に）重ねることも可能です。例えば、ベーシックフレーズをピアノロールで入力して、フィルなど装飾的なフレーズをパターンで扱うという手法もおこなえます。

スパナボタンをクリックすると、楽器の並び順をドラッグで変更できます。また、トラックリストと同じように○をクリックして表示/非表示を切り替えられます。

　メロディー（ピアノロール）のパターンでは、パターンの特徴でもあるランダム率やリピートと同様に、インストゥルメントのパラメーターも棒グラフ状で扱えます。

　なめらかなエンベロープとは違ったステップ単位のパラメーター変化が、ちょっとした特徴となります。表示パラメーターを追加するには「…」ボタンからオートメーション画面を開き、右側の欄から表示したい項目を選択して「追加」をクリックします。

メロディー（ピアノロール）でのパターンとオートメーションレーン

パターンは、ブラウザー>ファイル にドラッグするだけで「.pattern」ファイルとして保存されます。（ドロップの際に **Shift** キーをクリックすると、保存形式を musicloop か pattern のどちらかに切り替えられます。）

他の場所や他のソングにドラッグ＆ドロップすれば、すぐに再利用できます。

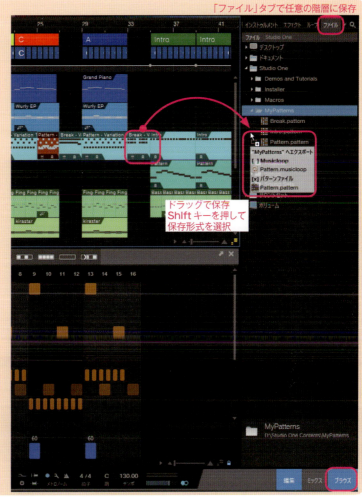

9 Note FX の活用

＊Artist、Prime では、Input Filter のみ利用可能

Note FX「Arpeggiator」

　Note FX は、インストゥルメントトラックの演奏情報に、リアルタイムで効果をあたえます。ここではプリセットなどで効果を試してみましょう。

準 備
　新しいトラックで試しましょう。ここでは、Presence の Grand Piano のトラックを新規に作成しました。

手 順

① 対象のトラックを選択し、インスペクター（**F4**）を表示
② インスペクターのNoteFXの「+」をクリックし「Arpeggiator」を読み込む
　→Arpeggiatorのエディター画面が表示されます。
③ プリセットから「Boogie Buzz」を選択
　→Arpeggiatorにパターンが読み込まれます。

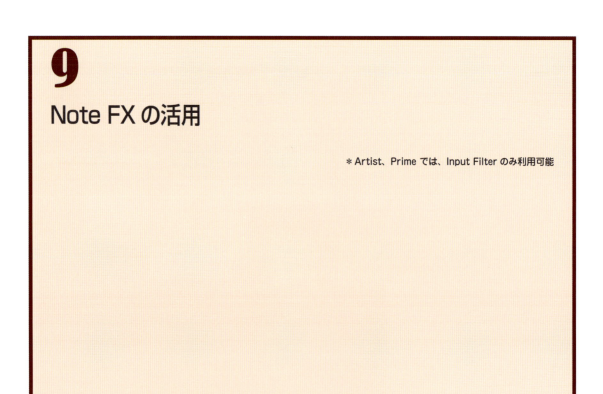

機能ツアー　発展編　Note FX の活用

リアルタイムの効果を確認

④ 録音待機ボタンをオンに設定
⑤ 鍵盤でコードを演奏

　※ここでは、C7（ド、ミ、ソ、シ♭）を押さえました。
　→鍵盤を押している間、ブギのリズムでアルペジオが演奏されます。

④録音待機ボタン

色んなコードを弾いたり、単音で弾いたりすると効果がよくわかります。

緊急時のオールノートオフ
音が鳴りっぱなしになったら、「MIDI モニターを開く」ボタンをクリックし、MIDI モニターで「オールノートオフ」ボタンをクリックします。（ショートカット：#）

音が鳴りっぱなしになったらオールノートオフを実行

パターンの編集

アルペジオのパターンは、自分で編集できます。

アルペジオ方向（Play Mode）では、以下のように演奏パターンが変化します。好みの演奏になるモードを選んでみましょう。（以下、左のボタンから順に）

up　：上昇系
down　：下降系
up/down　：上がって下がる
down/up　：下がって上がる
random　：ランダム
chord mode　：コードで演奏
from input　：押さえた順にアルペジオ

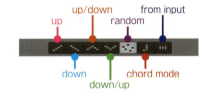

また、パターンシーケンサー画面では、各ノートの強さ（Level）や長さ（Gate）が調整可能で、様々なパターンを創り出せます。

Hold をオンにすると、手を離しても音が鳴り続けます。（Hold をオフにするか、再生を停止すると止まります。）

長さ（Gate）の調整
横方向は長さ（Gate）を調整
アルペジオ方向のボタンとパターンエリアでの編集

343

演奏を録音

自由に演奏しながら録音してみましょう。録音手順は、通常の方法と同じです。

なお、録音されるデータは、実際の演奏情報なので、アルペジエーターの効果はついていません。しかし、Note FX がオンになっていれば、再生時に、リアルタイムで Arpeggiator の効果付きでプレイバックされます。

「入力モード」をオンにして録音すれば、Note FX の効果付きで録音されます。

入力モードボタン

再生時にはリアルタイムで FX がつく

録音されるのは実際の演奏

Note FX の効果をノートデータとして保存

Arpeggiator の効果を、実際のノートデータにするには、イベント選択しておき、右クリックから「インストゥルメントトラックをレンダー」を実行します。

イベントを選択し右クリック

イベント単位で Note FX の効果を実際のノート情報に変換できる

機能ツアー　発展編　Note FX の活用

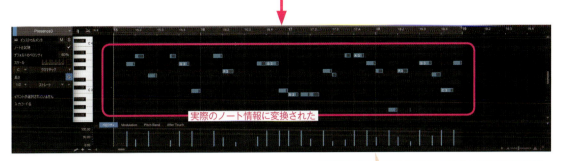

実際のノート情報に変換された

レンダー後は、二重にFX効果がかからないように、Arpeggiatorは自動でオフになります。

Note FX「Chorder」

Chorderは、コードジェネレーターです。1つの音を弾くと、コードが演奏されます。前項と同じく、新規トラックで効果を試してみましょう。

準備

新規トラックを用意し、他のFX効果などの影響が無い状態であることを確認しておきましょう。

手順

① Note FXにChorderを呼び出す
② プリセットを選択
　※ここでは、「Chord Groups > Diatonic Major Chord Group」を選択しました。
　→鍵盤ごとにダイアトニックコードが割り当てられました。

Chorderにプリセットを読み込んだ

この鍵盤にコードが割り当てられている

③ Chorderでの演奏
　※ここでは、ドソラミファドファソと弾いてみましょう。
　C｜G｜Am｜Em｜F｜C｜F｜G｜のコード進行で演奏されます。
　※Cメジャーキー（ハ長調）のダイアトニックコードで演奏されます。

画面上でオレンジになっている、コードの割当たっている鍵盤で演奏してください。

345

他のキーの曲への対応（移調）

他のキーを演奏したい場合は、「Transpose」で移調します。

例えば、Fキーの曲（ヘ長調）でFのダイアトニックコードを演奏するなら、「5」と入力します。（半音5個分トランスポーズするため。）

→鍵盤のドレミが、F、G、Am ……になります。

移調
割り当たっているコードの半音5つ分上の音が鳴る
（Cの鍵盤でFのコード構成音が鳴る）

他のプリセット

他のプリセットも試してみましょう。

ChordGroups フォルダーの中には、マイナーダイアトニックの他、直接作曲にも使えるコードグループが用意されています。

Chord Type フォルダーの中には、基本的なコードがすべて用意されています。少々手間ですが、構成音がわからない場合などには頼りになるでしょう。

Interval フォルダーの、FifthやOctovesなどは、メロディーを重ねたり、ギターカッティング風の演奏をしたりするのに便利でしょう。

鍵盤にコードを割り当てる

鍵盤ごとに、自由にコードを割り当てられます。自作のコードセットを作成できるほか、例えば、左の鍵盤から順に、曲に登場するコードを全て割り当ててしまえば、順番に弾いていくだけでも伴奏ができる…… など、様々な活用方法も見つかるかもしれません。

手 順

① Learn Modeをオン
　→コードを割り当てるための編集画面に切り替わります。
② Clear Allをクリック
　※ここでは、「Clear All」をクリックして、一旦すべての設定をクリアしました。
③ コードを割り当てる鍵盤を選択（もしくはキーボードを実際に弾く）
　→鍵盤がオレンジ色になります。
④ 割り当てるコードを弾く（もしくはクリック）
　→鍵盤の上部に、コード構成音が表示されます。

割り当てはこれで完了です。手順③と④を繰り返して他の鍵盤にも同様にコードを割り当てられます。

⑤ 割り当てが終了したら「Leran Mode」をオフ
　→演奏すると、割り当てたコードが鳴ります。

①Learn Mode
②Clear All
コードが割り当てられると表示される印
③鍵盤を選択
割り当て用の画面

間を埋めてくれる Auto Fill

Auto Fill をオンにすると、コードを割り当てていない鍵盤も、左側の割当済みの鍵盤を参照して同じ構成のコードを鳴らします。

レンジの設定

マウスでドラッグするか数値を入力し、Chorder が有効な範囲（レンジ）を設定できます。

左手で Chorder によるコード演奏、右手でメロディーの演奏、といったことも可能です。

Note FX「Input Filter」

Input Filter は、鍵盤からの信号をフィルターします。リアルタイム演奏でのミスタッチをフィルターするなどの用途にも使えます。

MinVelocity：弾き方の弱い（ベロシティの小さい）音をフィルターします。スライダーや数値入力で指定できます。
Max Velocity：ベロシティの大きすぎる演奏をフィルターします。
Key Range：演奏される鍵盤の範囲を限定します。

Note FX「Repeater」

Repeaterは、演奏情報を繰り返すことでグルーヴを生み出します。その際、音の長さやピッチを変更することもできるので、アルペジエーターや、シーケンスパターンのような演奏にもすることができます。

ここでは、プリセットの「Modular Steps」を試してみましょう。

以下のようなイベント（4小節のループでシンプルな音）をループ再生しながら、各パラメーターを操作すると、効果や機能を確認しやすいでしょう。

他にも「Rock and Roll Bass」のプリセットでは、単音で演奏すると、ロックンロールなベースラインを演奏してくれるなど、楽しめるプリセットも用意されています。もちろん、自作することもできるので自由に作成してみてください。

Note FXの画面は、トラックの「Note FX エディター」ボタンをクリックして表示/非表示を切り替えられます。

第 6 章

より高度な機能

1 オーディオの編集機能

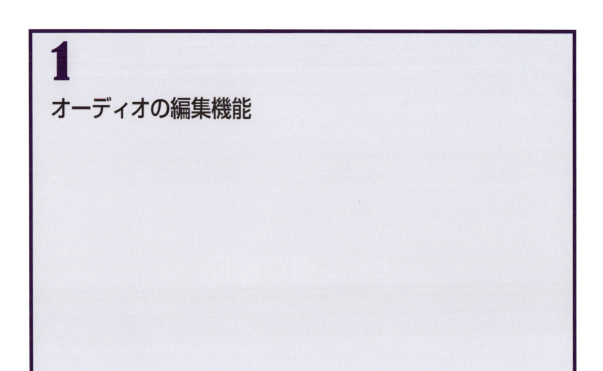

イベントをオーディオに変換

選択をバウンス（Ctrl+B）

　オーディオ、インストゥルメント、どちらのイベントも、「選択をバウンス」（**Ctrl + B**）を実行すると、新しいオーディオイベントに書き換えられます。（インストゥルメントでは新たに書き出しされます。）
　オーディオイベントを独立させる、インストゥルメントイベントをオーディオに変換するなど、様々な活用場面があります。

手順
① 対象のイベントを選択
② 選択したイベントのバウンス（**Ctrl + B**）を実行

> 【メニューのイベント > 選択をバウンス】【イベント上で右クリック イベント > 選択をバウンス】【キーボードショートカットの **Ctrl + B**】のどれで実行してもかまいません。

　イベントを独立・変換する意義は色々とありますが、例えば、オーディオイベントは、分割やコピーで分かれても、それぞれ同じオリジナルデータを参照して共有しているので、それぞれの編集状態が影響し合ってしまいます。しかし、イベントを独立させることで単独のイベントとなり、他からの影響を受けません（他に影響を与えません）。編集作業もより自由になります。

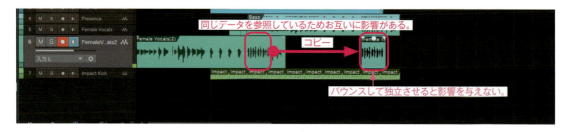

インストゥルメントをバウンスした場合

インストゥルメントからオーディオに変換されたことで、オーディオならではのアレンジや編集をおこなえるようになります。バウンスすると、真下にオーディオトラックが作成されて、そこにオーディオ化されたイベントが配置されます。元のイベントはミュートされて再生されなくなります。

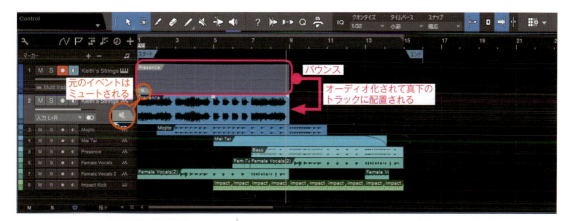

インストゥルメントのデータに戻りたくなったら

演奏データに戻って修正をしたくなった場合は、ミュートを解除すればすぐに元に戻ります。その際、不要になったオーディオ化されたイベントやトラックは、自分で削除するなどして、演奏内容が重複しないように気をつけましょう。

バウンスでイベントが広がってしまったら

スナップがオンの状態で、イベントをバウンス（独立）させると、イベントサイズは、スナップ設定に準じて区切りなおされるので、イベントが広がってしまう場合があります。

「オーディオを独立させしたら、イベントサイズが大きくなってしまった！」という場合は、「スナップを切り替え」のボタンをオフにしてやりなおしてみましょう。

スナップがオフになっていれば、Ctrl + B を実行時に指定した範囲どおりにイベントが独立します。

新規トラックにバウンス（Ctrl+Alt+B）

オーディオイベントを選択しておき、メニューの「イベント > 新規トラックにバウンス（**Ctrl**+**Alt**+**B**）」を実行すると、新しいトラック上にバウンスされます。元のイベントはミュートされて、もとの位置にとどまるので、元のイベントをキープしつつ、新しいイベントで作業をする場合などに便利でしょう。

元のイベントをキープしながら新しくバウンスできる

エフェクト効果を含めたオーディオに変換

　トラックにインサートしているエフェクトの効果をオーディオ波形に適用する手順を試しましょう。そのトラック上のすべてのイベントが、エフェクト効果ありの波形イベントに変換されるので、ラック内のエフェクトは不要になります。

> イベント単位でエフェクトをレンダリングする場合は、「イベント単位のエフェクト」（176 ページ）を参照してください。

オーディオトラックの場合

手順

　変換するオーディオトラック上で、右クリック > レンダリングされたオーディオに変換 を選択
　→エフェクト効果の適用されたオーディオに変換され、エフェクトは自動で解除されます。また、ボリュームフェーダーで調整していた場合は、その分の音量が反映されて、フェーダーは初期状態（0dB）に戻ります。
　パン設定も同様にクリアされセンターに戻り、その分オーディオに直接反映されます。

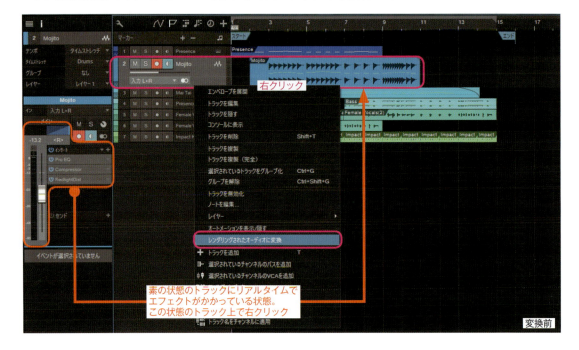

より高度な機能　オーディオの編集機能

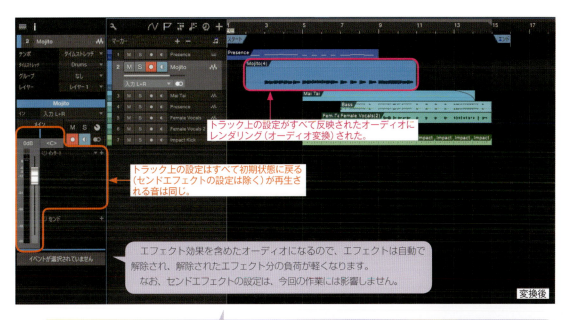

トラック上の設定がすべて反映されたオーディオにレンダリング（オーディオ変換）された。

トラック上の設定はすべて初期状態に戻る（センドエフェクトの設定は除く）が再生される音は同じ。

エフェクト効果を含めたオーディオになるので、エフェクトは自動で解除され、解除されたエフェクト分の負荷が軽くなります。
なお、センドエフェクトの設定は、今回の作業には影響しません。

変換後

元に戻す（リアルタイムオーディオに変換）

「レンダリングされたオーディオに変換」を実行した際に、「オーディオトラックを変換」画面が表示されます。ここで「リアルタイム状態を維持」にチェックを入れておくと、後で元に戻ることができます。

レンダリングされた状態を元に戻すには、トラックを右クリックし、「リアルタイムオーディオに変換」を実行します。

インストゥルメントトラックの場合

インストゥルメントトラックもトラック上で「オーディオトラックに変換」を実行してオーディオ化できます。

その際、「インストゥルメントトラックを変換」画面が開くので、「インサートをレンダー」にチェックを入れると、エフェクト効果を含めて書き出されます。

（インストゥルメントのオーディオ出力チャンネルにインサートされていたエフェクトによる効果を含めたオーディオイベントにレンダリングされます。）

※レンダリングされると、エフェクトは自動で削除されます。

※インサートをレンダーしない場合は、そのままリアルタイムでエフェクトがかかる状態が保持されます（エフェクトトラック内にエフェクトが残る）。

※「インストゥルメントトラック状態を維持」にチェックしておくと、後で元に戻すことができます。

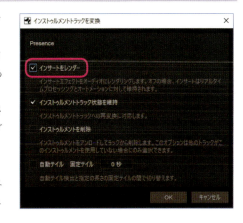

353

特定のイベントだけをエフェクト効果付きでオーディオ化

インストゥルメントトラックのイベントを既存のオーディオトラックにドロップすると、エフェクト込みでレンダリングされます。

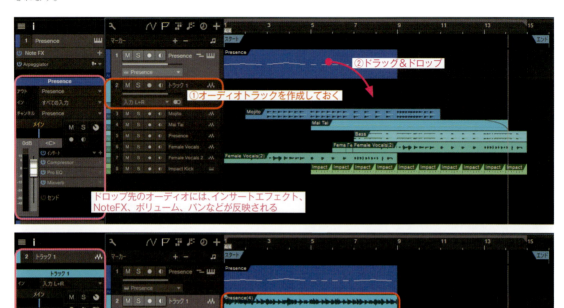

オーディオのタイミング補正

オーディオ素材や録音データは、波形データとしてアレンジビューに表示されています。波形での音の立ち上がり部分（トランジェント）を検出し移動することで、テンポ感やリズム感などのタイミング修正をおこなえます。

＊Artist Professional のみの内容を含みます。

準備
事前にイベントを独立させておく

イベントをコピーしている場合は、コピー先のイベントにも、タイミング修正が反映されてしまいます。それを防ぎたい場合は、コピー元かコピー先どちらかのイベントをあらかじめ独立させておきます。

ここでは、先に登場するイベントを選んで **Ctrl + B**（選択をバウンス）で独立させました。

コピー先のイベントを独立させて、編集がリンクしてしまうことを避ける

ベンド／トランジェント検出と編集

手順

① 対象のオーディオイベントを選択
② 「編集（F2）」をクリックしてエディターを開く
③ 「オーディオベンド」ボタンをクリック
④ 検出の「分析」をクリック
　→検出されたトランジェントにマーカーが配置されます。

> トランジェントとは、波形の音の立ち上がり（アタック）部分のことです。

ここでは、スタンダードで検出します。検出結果が思わしくない場合は、「センシティブ」に切り替えるとうまく行く場合があります。
また、「スレッショルド（閾値）」（＝アタックに反応する度合い）を上下すると、検出されるトランジェントが増減するので、マーカーが多すぎるか少なすぎる場合に試すとよいでしょう。

⑤ ベンドツールを選択
⑥ ベンドマーカーをドラッグしてタイミングを編集
　※ここでは、10小節目のタイミングにぴったり合うように調整しました。（**Shift**＋ドラッグ で微調整も可能）
　→マーカーをドラッグすると周りのオーディオを伸縮してタイミング修正されます。

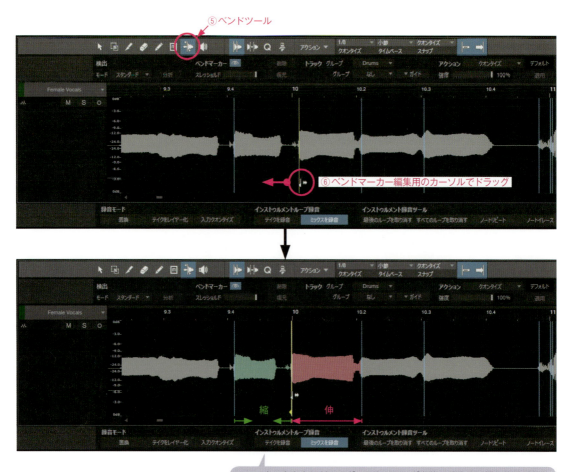

マーカーを左右にドラッグしてタイミングを修正する際、編集状況が色でグラフィカルに表示されます。（※伸縮率が大きいほど色が濃い）
赤＝波形が伸びた箇所　　**緑**＝波形が縮んだ箇所

ベンドマーカーの編集

ベンドマーカーの位置だけを移動
ベンドマーカーを「Alt」を押しながらドラッグすると、オーディオを伸縮させずにマーカーの位置を移動できます。)

ベンドマーカーを手動で追加
ベンドツールでクリックして追加します。

不要なベンドマーカーを削除
ベンドツールでマーカーをダブルクリックして削除します。
または、マーカー上で右クリック＞削除 を選択します。

イベント上のベンドマーカーを表示しない
アレンジビューのイベント上で右クリックして「ベンドマーカー」のチェックを外します。

マーカーのリセット
マーカー上で右クリックから「ベンドマーカーをリセット」を選びます。

オーディオクオンタイズで手軽に修正

検出されたトランジェントは、クオンタイズを適用できるので、手軽に演奏のタイミング補正をおこなえます。

手順

① 対象のイベントを選択
② 「クオンタイズ（Q）」を実行
　→トランジェント部分がクオンタイズされて、演奏のタイミングが補正されます。

> クオンタイズを実行するには、**Q** キーを押すか、メニューの イベント > クオンタイズ 内や、アクションメニューから「クオンタイズ」を選択するなどの方法があります。

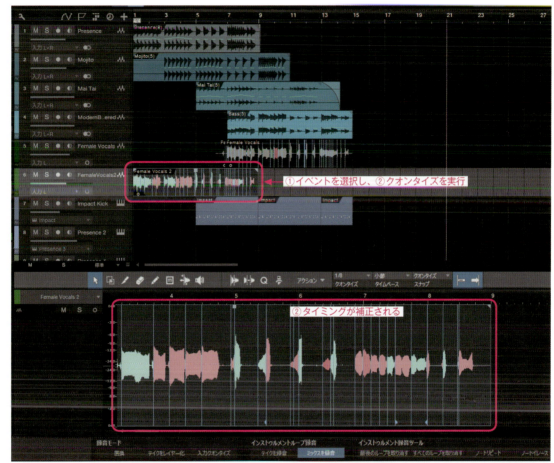

Q キーを押すだけで手軽にオーディオクオンタイズが適用される

自動で適用された結果が気に入らなければ、前項と同じようにマーカーでの調整などを行いましょう。また、クオンタイズされる精度は、クオンタイズの設定も確認しましょう。

> 手順②で「**Alt + Q**」を押すと、50% クオンタイズになります。押すたびにジャストのタイミングに近づくので、生演奏ならではの揺らぎを持たせつつ、タイミング修正できます。

グルーヴクオンタイズの活用

＊ Artist Professional のみ

　オーディオや MIDI のイベントからグルーヴ（ノリ）を検出して、他のイベントのタイミングを補正するクオンタイズに使用できます。

　ここでは、チュートリアル「Kaeru Song」で、リアルタイム録音した2番手パート（Mojito）のトラックを、Impact のトラックから抽出したグルーヴで一致（クオンタイズ）させてみましょう。

> 操作は簡単ですが、正しくグルーヴを抽出するための下準備やコツが少々必要かもしれません。クオンタイズのかけかたにもセンスや好みを反映させることができるので挑戦してみてください。

準備

正しくクオンタイズされるように以下の確認をしておきましょう。

・参照元のイベントの先頭と後ろを小節線に合うよう調整しておく。
・参照元となるイベントが何小節のパターンなのかを把握しておく。
　※ここでは、Impact Kickの1小節分のイベントを参照します。

手順

① アレンジビューの「Q」をクリック
　→クオンタイズパネルが開きます。（メニューから 表示 > その他のビュー > クオンタイズ でも可）
② 「グルーヴ」をクリック
③ 参照元（ここではImpactトラック）のイベントをクオンタイズパネルへドラッグ
　※ここでは、Impact の1つめのイベントをドロップしました。
　→以下のような変化があります。
　③-a　パネルにグルーヴが検出されます。
　③-b　クオンタイズ値に検出したイベント名が表示されます。

> オーディオイベントを参照元としてドロップすることも可能です。オーディオをドロップした場合は、波形からグルーヴが抽出され、イベントにはベンドマーカーが表示されます。

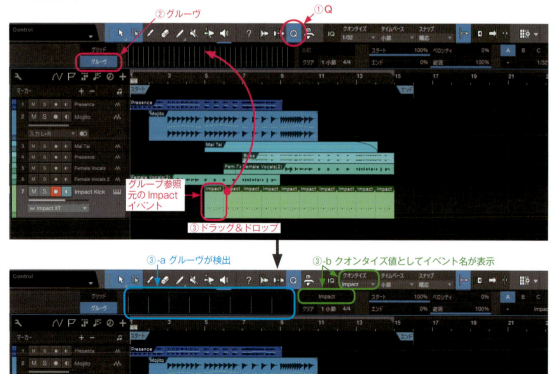

358

④ クオンタイズするイベントを選択

　※ここでは、2番手のMojitoのイベントを選択します。

⑤ クオンタイズを適用（**Q**キー）

　→抽出されたベンドマーカーと同じタイミングにクオンタイズされます。

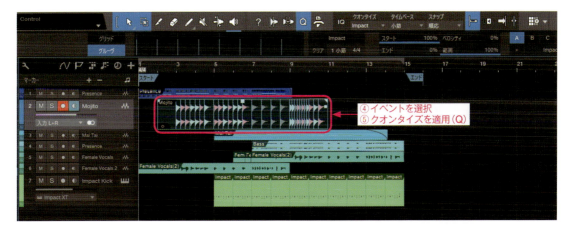

クオンタイズ結果の修正

　思わぬポイントへとクオンタイズされた場合は、ベンドツールでベンドマーカーをドラッグして手動修正することができます。（アレンジビュー、編集ビューのどちらでも作業できます）

> ベンドツールのカーソルは、ポイントする位置によって「ベンドマーカーの移動」「ベンドマーカーの追加」が自動で切り替わるので注意しましょう。
> ドラッグでベンドマーカーを左右に移動する
> クリックでベンドマーカーを追加する

後からベンドマーカーをドラッグして手動でタイミング修正も可能

作業のポイント

オーディオイベントをグルーヴ参照元にする場合

　あらかじめトランジェントを検出してから、イベントをグルーヴパネルへドロップします。

　ベンドマーカーが、クオンタイズポイントとなるので、グルーヴとして抽出させたくないマーカーがあるなら、ドロップする前に削除しておきます。

MIDI（ノートデータ）をクオンタイズする場合

　ノートデータ付近にクオンタイズポイントがないと、最寄りのポイントまで移動することになり、思わぬ結果になりかねません。

　参照元となるグルーヴを抽出する際に、マーカーをしっかりと作成するか、クオンタイズポイントのない時間軸にあるノートデータは、選択しないでクオンタイズ対象から外すなどの措置をしましょう。

グルーブクオンタイズのノリをノートデータに変換

クオンタイズパネルのグルーヴからノートデータを作成することができます。

例えば、ドラム（オーディオ）のイベントからグルーヴを抽出してノートデータ化し、音程や長さを調整すれば、ドラムとグルーヴが完全一致したベースパートを作成できます。その逆にベースとぴったりのキックの作成も可能です。

ここでは、Bass のオーディオイベントから抽出したグルーヴでノートデータを作成する手順を確認してみましょう。

手順

① クオンタイズパネルを開く
② 参照元のイベントをパネルへドラッグ
　※ここでは、Bassのイベントを参照元としました。
　→パネルにグルーヴが検出されます。（トランジェント検出されてない場合は、イベントにマーカーが自動で作成されます。）
③ クオンタイズパネルをインストゥルメントトラックの空きスペースへドラッグ
　→抽出されたグルーヴがノートデータとして配置されます。

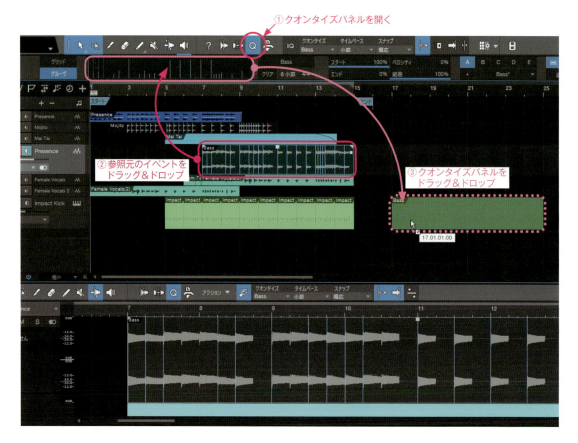

④ ノートデータの音程を曲に合うように編集

> MIDI ノートにデータ化されたグルーヴは、極短い C3 のノートとして配置されます。
> これを、キックが鳴るように移動（音程調整）すれば、ベースと同じタイミングのキックパートができあがります。
> ドラム音源では音程調整するだけですが、音程楽器では音の長さも調整する手間が必要です。手動でノート長を1つずつ調整してもよいですが、アクションメニュー内の「長さ」では、レガート処理やすべてを同じ音の長さに一括処理できるメニューがあるので便利です。

より高度な機能　オーディオの編集機能

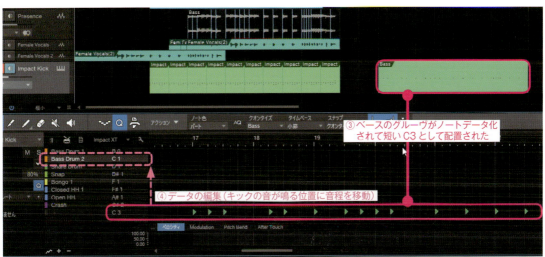

C3の短いノートデータに変換される

ストリップサイレンスで無音やノイズをカット　＊Artist Professional のみ

　不要なノイズや無音部分の除去には、ストリップサイレンス機能が便利です。一定の音量以下の箇所を自動でカットできます。

　バックで「サー」というフロアノイズが入っている場合や、ボーカルトラックで歌っていない部分を削除するなどの作業に便利です。

手順

① 編集するオーディオイベントを選択
② 「ストリップサイレンス」ボタンをクリック
③ 検出「素材」から作業内容を選択
　※ここでは「ノイズフロア」を選択しました。
④ 「適用」をクリック
　→ノイズ部分が取り除かれます。

（下図は、左右同じイベントをコピーしたもので、右はノイズフロアのストリップサイレンスを実行した例です。）

> 手順③の「素材」では、カット対象を選択します。
> **たくさんの無音**：無音部分が多くなるように動作します。必要な波形でも音量レベルが小さめだと削除されてしまうかもしれません。
> **ノイズフロア**：ごく小さなノイズのみ削除します。なるべく波形を残したい場合に試してみましょう。
> **手動**：数値を指定できます。

361

2 インストゥルメントトラックでの録音設定と編集

トラックの録音設定

　MIDI鍵盤やコントローラーなど入力用デバイスの選択は、インスペクターかトラック上の「イン」で指定します。「すべての入力」にしておけば有効なデバイスの信号をつねに録音します。

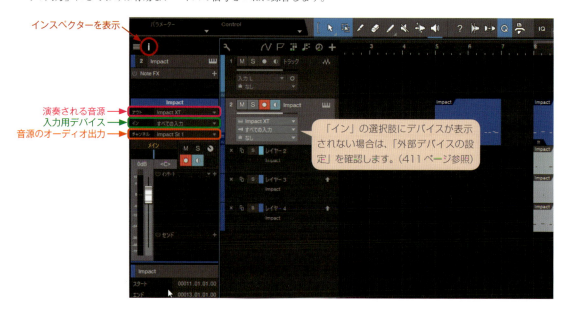

録音パネル

インストゥルメントの重ね録り

　インストゥルメントトラックの録音を重ねていく場合は、目的に応じた録音モードの設定が必要です。イベント内にノートを重ねていくのか、複数テイクに分けておきコンピングするのか、設定によって結果が大きく異なります。

　録音モードを設定するには、下部の歯車アイコンをクリックするか、メニューから表示＞録音パネル（Shift＋Alt＋R）を選択して録音パネルを開きます。

歯車アイコンをクリック（Shift＋Alt＋R）　　　録音モードは録音パネルで設定する

録音モード｜置き換え・テイクをレイヤー化

「置換」オンで重ね録りした場合

　すでに録音済みのイベントは上書きされて削除されます。最新のテイクだけが残ります。キック、スネア、ハイハット……と順番に録音しても、最後のハイハットだけしか残りません。

「テイクをレイヤー化」オンで重ね録りした場合

　重ね録りするたびに、レイヤーが作成されます。また、トラック上には、すべてのレイヤーの音が統合されます。
　キック、スネア、ハイハット……と順番にレイヤーに録音すれば、すべてのパーツが鳴る状態になります。

「置換」と「テイクをレイヤー化」両方をオン

　重ね録りするたびに、レイヤーが作成されますが、トラック上には、最後に録音したレイヤーの音だけが残ります。
　この状態は、前項のオーディオでのコンピングのMIDIバージョンと考えてもよいでしょう。
　図ではドラムを例にしていますが、メロディーや伴奏を担当する楽器を何度か録音して、よい部分をつなげて完成度の高い演奏データを作成するのに向いています。

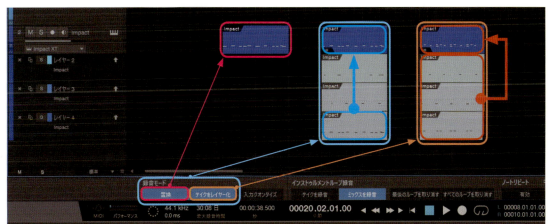

録音モードによる録音結果の違い

インストゥルメントループ録音｜テイクを録音・ミックスを録音

「テイクを録音」と「ミックスを録音」は、インストゥルメントトラックでループ録音する場合にのみ有効な設定です。ループ範囲を繰り返しながら録音を重ねる場合に、テイクのイベントが増えるのか、1つのイベント内にマージされていくのかなどを設定できます。前項「録音モード」との組み合わせによっても結果が異なります。

「テイクを録音」

「テイクを録音」は、「テイクをレイヤー化」と一緒にオンにする使い方が便利です。

録音データは、ループのたびにレイヤーとして保存され、トラック上には最新のテイクが残ります。その前のテイクはレイヤーとして残っているので、同じフレーズを何度も演奏して、後でテイク選びやコンピングをおこなえます。

「ミックスを録音」

ループ録音すると、1つのイベント内に演奏が重ね取りされていきます。キック、スネア、ハイハット…とループさせてどんどん重ねて行くような作業に向いています。

> ループ録音するには、ループをオンにしてループ範囲を設定してから録音を開始します。これでループ範囲内を繰り返しながら録音を重ねられます。

> **インストゥルメントのイベント（パート）を結合**
> ドラムをパーツごとにトラック分けして作成した場合など、複数のイベントを結合させたいシチュエーションがあります。
> イベントを同じトラック上に配置して、囲むように選択してからイベントを結合（「G」を押す）する方法が便利でしょう。
> ※結合時にイベントの両端が伸びる場合があります。これは、スナップ設定に準じて調整されるためです。「スナップをオフ」にしておけば、イベントサイズを変更することなく結合されます。

入力クオンタイズ

入力クオンタイズを有効にすると、録音と同時にクオンタイズが実行されて、タイミング修正されたノートが配置されます。（※インストゥルメント録音のみ）

また、後から録音時のタイミングをそのまま使用したくなったら、取り消す（タイミングを復元する）ことができます。

入力クオンタイズをオン：録音パネルを開き、「入力クオンタイズ」をクリック
　→現在設定されているクオンタイズ値が適用されます。

> アレンジビュー上の「IQ」ボタンでもオンにできます。

入力クオンタイズを取り消す:
ノートを選択し、アクション>タイミングを復元, を実行
→ノートデータが、録音時の本来のタイミングに戻ります。

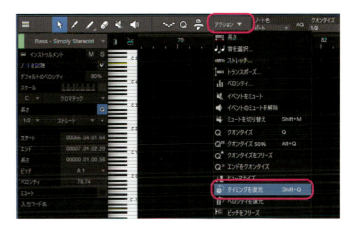

インストゥルメントトラックでの録音 TIPS

録音待機の設定

録音を開始したら、オーディオトラックも同時に録音されていた！ といったことが頻繁に起きる場合は、アレンジビューのスパナマークをクリックして、以下の設定を確認しましょう。

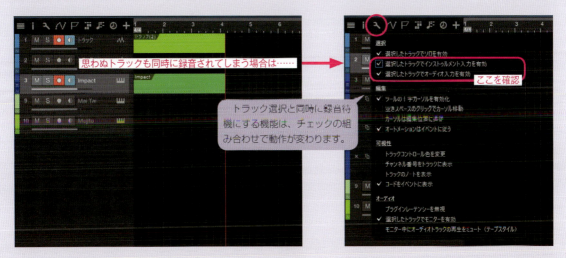

トラックを選択するだけで録音待機になり便利ですが、インストゥルメントとオーディオで別に反応するなど、少々思わぬ動作となる可能性があります。状況によって設定を使い分けてみましょう。

3 マクロ

マクロツール　　　＊Artist Professional のみ

マクロツールの活用

マクロツールを使うと、1回の命令（コマンド）で複数の操作を実行させられます。たとえば、ボーカル録音したイベントのブレス（息継ぎ）部分を選択して「Audio -3dB」を実行すれば、選択範囲の分割、イベントを選択、イベント音量を 3dB 下げる、という一連の作業を一気に自動処理できます。

手 順

① マクロツールバーを表示
② マクロを適用する範囲を指定
　※ここでは、息継ぎ部分（＝ブレスノイズ）を選択しました。
　（スマートツールでイベント上側をドラッグするか、範囲ツールでドラッグして範囲指定します。）

③ Pageを「Audio Editing」に切り替え、「-3dB」をクリック
　→選択範囲が分割され、選択イベントの音量が3dB下がります。ボタンをクリックするたびに3dBずつ下がるので、必要なだけクリックします。

クリックでイベントを選択した場合は、イベント全体が対象となります。また、Shiftキーを押しながら複数の範囲を指定すれば、一気に選択箇所全部が3dB下がります。

図ではアレンジビューで作業していますが、編集ビュー（F3）でも同様にマクロツールバーを表示し操作できます。

マクロツールバーのページ

マクロツールバーのPageは5ページあり、左のプルダウンから切り替えられます。

Global ページ

Audio Editing ページ

Music Editing ページ

Music Creation ページ

Explore Macros ページ

前項で試した「-3dB」は、「Audio Editing」ページにあり、オーディオ編集に便利なコマンドが並んでいます。「Music Editing」にはインストゥルメントパート（音楽エディター）向けのコマンドがあり、「Music Creation」は、ノートデータの生成や条件選択、移動などクリエイティブな操作コマンドです。「Global」は、主にアレンジウィンドウで有用なコマンド類ですが、Edit の Action にはかなりの数のコマンドが用意されています。「Explore Macros」のコマンドは、編集系やエフェクト効果を加えるものなど多様です。

「-3dB」はオーディオイベント用のコマンドです。インストゥルメントパートで音量を下げたい場合は、「Music Editing」ページに切り替えて「Velo」内の「Velocity -10」（ベロシティ値を 10 下げる）などが便利です。

v4.5 から、アレンジウィンドウ、音楽エディター、オーディオエディター、それぞれのウィンドウでマクロバーが独立して、個別にカスタマイズが可能になりました（これまでは各ウィンドウのマクロツールバーは、ソング全体で共通のものでした）。

各ツールバーの右上にある「取り外す」ボタンをクリックすると、「マクロ（アレンジビュー）」「マクロ（音楽エディター）」「マクロ（オーディオエディター）」の 3 つのツールバーが独立していることがわかります。

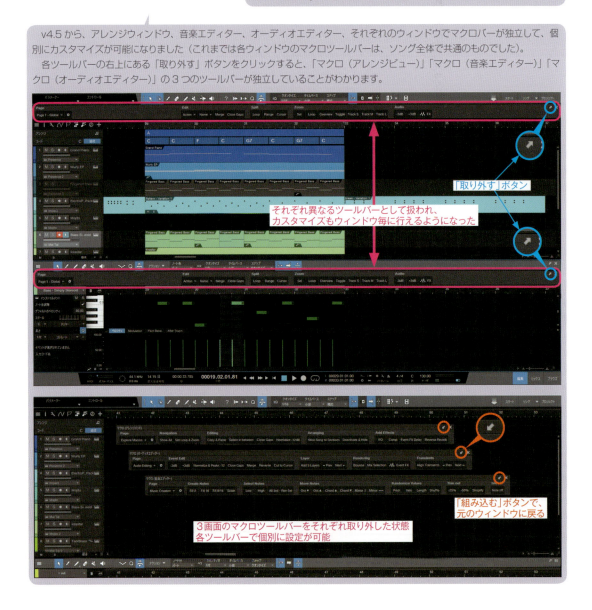

より高度な機能　マクロ

マクロの編集や自作

マクロツールバーの歯車アイコン（①）から「マクロオーガナイザー」（②）を選択すると、マクロの編集や新規作成をおこなえます。たとえば前項で試した「-3dB」コマンドは、「Decrease Volume -3dB」（③）という名前で登録されています。選択して「編集」（④）をクリックすると、マクロの内容を見ることができます（⑤）。

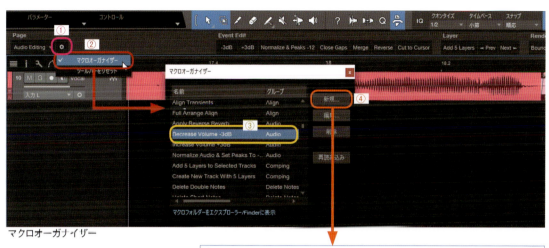

マクロオーガナイザー

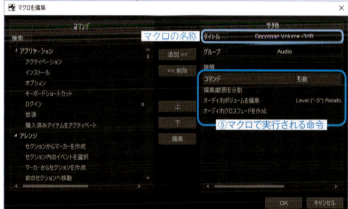

ちょっとした編集テクニックですが、「引数」をダブルクリックして「-3dB」を「-10dB」に変更すれば、ワンクリックで音量が10dB下がるマクロに変更できます。

ほかにも様々なコマンドがあるので、まずは「編集」で仕組みを理解してから、自作マクロに挑戦するとよいでしょう。

1から新しいマクロを作成するには、マクロオーガナイザーで「新規」をクリックします。（組み込みたいコマンドを左欄（コマンド）から選んで、右のマクロ欄に「追加>>」ボタンで追加し複数のコマンドで構成します）

既存のマクロは、設定の参考にもなります。例えば「Apply Reverse Reverb」を「編集」で見てみると、オーディオを反転し、Room Reverb を読み込み、オーディオに書き出し、さらにもう一度波形を反転して元に戻す、という、リバースされたリバーブを付けるエフェクティブなマクロが実行されることがわかります。(※右側の引数をダブルクリックすると、さらに詳細な設定が確認できます。)

マクロをボタンとして登録

自作マクロや、ボタン化されていない既存マクロも、ボタンとして登録することができます。

手順

① 既存のボタン上で右クリック＞新規ボタン を選択
　→空のボタンが作成されます。
② 空のボタン上で右クリック＞アサイン＞マクロ＞"登録するマクロ"を選択
　→マクロがボタンに登録されます。

> マクロのボタンは、**Ctrl** を押してからクリック＆ドラッグで移動できます。（※クリック後に **Ctrl** を押しても移動できません）

他のページにある「Apply Reverse Reverb」を Audio Editing ページにも登録してみた。使い勝手がよくなるように各ページごとにカスタマイズしておきたい。

より高度な機能　マクロ

Exchange で共有されているマクロ

「PreSonus Exchange」では、ユーザー間でのマクロプリセットなどの共有もおこなわれています。

ブラウザーのホーム ■ から「クラウド ■」の「PreSonus Exchange ■」にアクセスすることができます。(※アクセスには、MyPreSonus ID でのログインが必要です。)

Exchange には、他にもユーザー作の FX Chain や、ドラムエディターのピッチマップほか、さまざまなデータが共有されています。

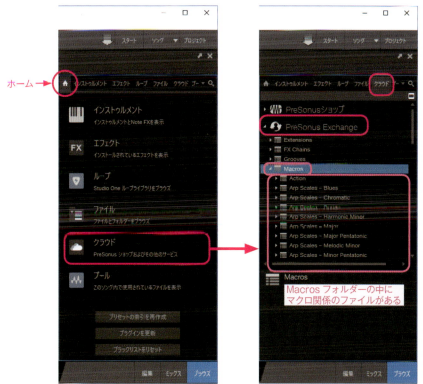

PreSonus Exchange で共有されている Macros

第 **7** 章

連携や共同作業のための機能や操作

　異なるソング間でのやりとり、他の人との共同作業やアーティストに一部協力してもらう、外のスタジオにデータを持ち出しての作業など、データをやり取りする機会は意外と多いものです。ここでは、連携や共同作業で必要になる機能や作業についてチェックしておきましょう。

1 MIDI ファイルでの連携（SMF）

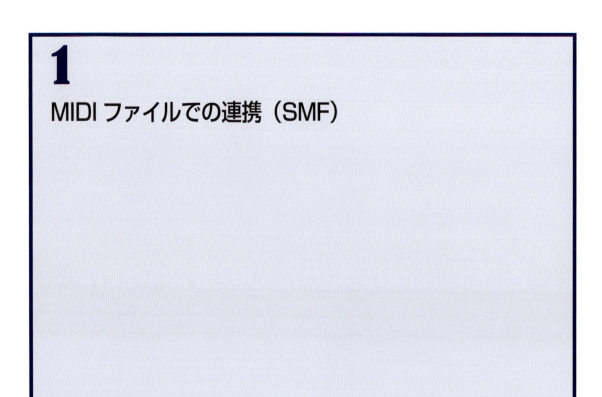

MIDI ファイルの書き出し

MIDI データファイル（.mid）は、様々なソフトウェアとやりとりが可能な形式です。Studio One で MIDI ファイルを扱う上でのポイントをチェックしておきましょう。

ソング全体を MIDI 書き出し

手順

① メニューから ファイル > 別名で保存 を選択
② ファイルの種類に「MIDIファイル」を選択し、保存
　→ソング上のインストゥルメントトラックの演奏データ（MIDI）が書き出されます。

MIDI 書き出しでの注意点
・パターンは MIDI 情報として書き出されません。必要であれば、書き出し前にパターンからパートに変換（パターンを選択し、右クリック>パターンをパートに変換）を実行しておきましょう。
・マーカーやアレンジに日本語が使われていると文字化けする場合があります。互換性のためには半角英数がオススメです。（スタート・エンドマーカーも日本語のため、読み込み先で文字化けする可能性があります）

イベント単位の MIDI 書き出し

イベント単位で MIDI データを書き出すことも可能です。

手順
① ファイルブラウザを開く（**F9**）
② イベントをファイルブラウザへドラッグ
　※この時、**Ctrl** を押して「MIDIファイル」を選択します。
　→イベントがMIDIファイルとして保存されます。

ファイルブラウザ内に保存されたファイルは、「右クリック＞エクスプローラーに表示」（Mac：Finder に表示）を実行すると、OS 上で表示されます。実際のファイルを素早く見つけ出す場合に便利です。

MIDI ファイルの読み込み

MIDI ファイルを読み込む場合は、手順によって反映されるデータや情報が異なるので注意が必要です。テンポ情報、拍子、マーカーなど、目的に応じて適切にインポートできるようにしましょう。

MIDI のテンポ情報を反映させる（テンポトラックにドラッグ＆ドロップ）

テンポトラックに MIDI ファイルをドロップすると、テンポ情報が読み込まれます。
ドロップした小節からテンポ情報が反映されるので、1小節目に正確にドラッグします。

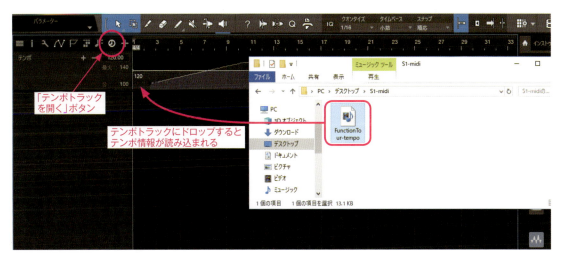

MIDIのノート情報やCCなどを反映させる（アレンジビューにドラッグ&ドロップ）

アレンジビュー内にMIDIファイルをドロップすると、ノートデータなどの演奏情報がインストゥルメントトラックとして読み込まれます。

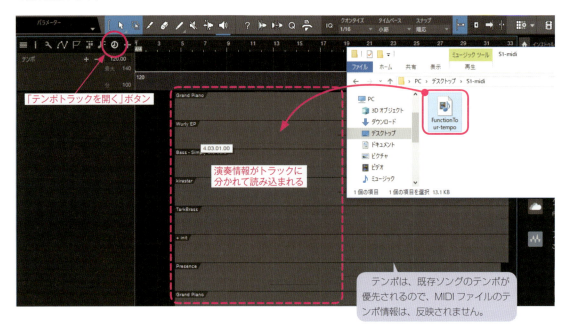

MIDI情報をなるべく多く反映させる（スタート画面にドラッグ&ドロップ）

スタート画面上にMIDIファイルをドロップすると、新規ファイルが作成され、そこにノートデータ、テンポ、拍子、マーカーなどが読み込まれます。テンポトラックやマーカートラックを開くとそれぞれの情報を確認することができます。拍子はルーラーに表示されます。

連携や共同作業のための機能や操作　MIDIファイルでの連携（SMF）

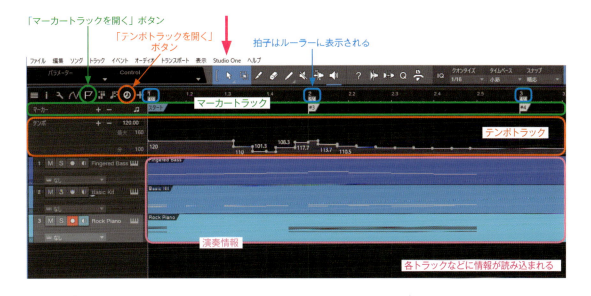

MIDIファイルから特定のパートだけを読み込む

ファイルブラウザ（F9）上でMIDIファイルを表示し、▶をクリックして展開すると、トラック（チャンネル）単位でファイルが表示されます。たとえばMIDIデータのベースパートだけ必要！というときに、そのパートだけをドラッグして読み込むことが可能です。

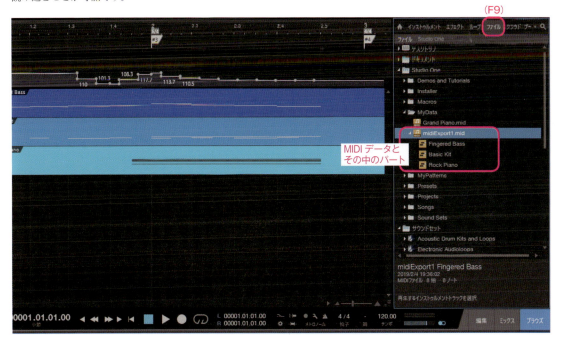

377

2 オーディオでの連携(ステム・AAF)

トラックごとに(ステムの)書き出し

　トラックやパート別にそれぞれ書き出されたファイルをステムといいます。トラック別にバラバラのオーディオデータにする目的の場合と、ドラムバス・ベース・ウワモノ全部、などある程度パートを振り分けてそれぞれ1ファイルにまとめる目的などでステムに書き出されます。

　「ステムのエクスポート...」では、それぞれのオーディオファイルが、同じ範囲(長さ)で書き出されます。例えば、データを持ち込む先のスタジオが、Studio One以外のDAWであっても、このオーディオファイルを全て読み込んで、先頭の位置を揃えて配置すれば、すぐに作業に入れます。

> **ステムの活用**
> 　例えば、ボーカルの録音をお願いする際に、ステレオファイルのオケを1つ渡すのではなく、ステムにして、各パートに分けておけば、ボーカリストは、音程感を得られるパートを大きめにモニターしたり、刻みの細かいパートをリズム感の助けにしたり、とモニタリング環境を好みの状態に調整できるので、演奏にもよい影響を与えるでしょう。
> 　また、ミックスをお願いする場合も、ステムであっても「ドラムトラック」を1つ渡すよりも、キック、スネア、タム、オーバーヘッド……と分けておくと、ミックスの自由度も高くなります。
> 　なお、細かいほどよいものでもなく、ライブで回線数の限られた状態なら、リズムセクションやSE/リズム以外の楽器/コーラスやストリングス/ベースなど個別にしたいもの/クリック(メトロノーム)……などのように、大きくグループ分けしたほうが、扱いやすい場合もあるでしょう。ボーカリストにセルフ録音をお願いする場合も、膨大な全トラックを管理してもらうより、ざっくり何本かのステムにまとめて渡した方が喜ばれるかもしれません。どの程度のステムにするかの判断も重要です。

> すべてのトラックをまとめて1つのステレオファイルに書き出す場合(いわゆる2ミックスやトラックダウンと呼ばれる作業)は、「ミックスダウンをエクスポート」を実行します(「ミックスダウンをエクスポート」(90ページ)参照)。

連携や共同作業のための機能や操作　オーディオでの連携（ステム・AAF）

手順

① メニューのソング ＞ ステムをエクスポート を選択

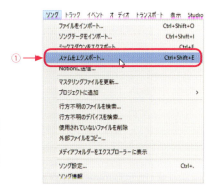

② 各種設定を確認

※ロケーションでの保存先や名称、フォーマットでのファイル形式、範囲をエクスポートでの書き出し範囲、オプション項目などを目的に合わせて設定・確認しましょう。以下の「書き出し設定のポイント」も参照してください。

書き出し設定のポイント（次図参照）

ポイント A

チャンネルと**トラック**は、それぞれ「ミックスビューのチャンネル」と、「アレンジビューのトラック」を意味します。表示方法が異なるので選びやすいように切り替えます。

例えば、複数のドラムパーツのトラックをドラムバスとしてまとめてる場合は、チャンネルにして、そのバスを選択すると、ドラム全体で1つのステムを得られます。

ポイント B

ソング上でミュートされているトラックやチャンネルは初期状態ではチェックが外れ、（ミュート）と併記されています。

ポイント C

モノトラックでリバーブなどステレオ効果のエフェクトを使っている場合は「モノトラックを維持」のチェックを外します。

ただし、他のDAWでの作業のための書き出しなのであれば、エフェクト類はオフ（ドライな状態）にして、モノのまま書き出した方がよいこともあります。

ポイント D

外部エフェクトを使うPipelineを使用している場合は、「リアルタイムプロセッシング」にチェックを入れます。

ポイント E

書き出したオーディオをソング上に自動で読み込む場合は、「トラックにインポート」にチェックを入れます。既存のトラックと内容が重複するので、読み込みたくない場合は、チェックを外します。

ポイント F

書き出したデータを渡す相手がいる場合は、「フォーマット」を確認しましょう。データ容量重視で圧縮ファイルにする場合もあれば、サウンド重視で高品質なフォーマットを求められることもあるでしょう。

③「OK」をクリックして書き出し

→ロケーションで指定した場所にオーディオデータが書き出されます。

他の人にミックスを頼むための、ステム作成の場合は、モノトラックはモノで、また、パン設定などもせず、エフェクトも外して素の状態（ドライ）で、書き出しましょう。ミックスする人にまかせるには、なにも処理されていないクリーンなオーディオデータを渡すことが大切です。

自分のイメージ伝えたい場合は、別途、自分なりのミックスファイルやメモを渡してもよいかもしれません。

書き出す範囲は、ループ間、マーカー間などを指定できます。必要に応じて、作業前にループやマーカーを設定しておきましょう。

書き出し先は、初期状態では、ソングフォルダ内の「Stems」フォルダーが指定されています。

複数のチャンネルの出力先をバスにまとめる

ドラム全体のステム、ブラスセクション全部のステム、など、チャンネルをまとめるためにステム書き出しする場合は、あらかじめ出力先を同じバスに設定しておきます。

手順

① ミックスビューを開く（**F3**）
② まとめたいチャンネルを選択（**Shift**を押しながらクリックします）
③ 右クリック＞選択されているチャンネルのバスを追加 を選択
　→バスが作成され、選択トラックの出力先がそのバスに設定されます。

連携や共同作業のための機能や操作　オーディオでの連携（ステム・AAF）

ステムに書き出す際には、ソースを「チャンネル」にして、作成したバスを選択します。これで、そのバスに出力されているオーディオ信号がまとまって書き出されます。

AAF インポートとエクスポート　＊Professional のみ

AAF（Advanced Authoring Format）で書き出すと、ほかの AAF に対応しているソフトウェアに読み込ませることができます。また、AAF で書き出されたデータを Studio One で読み込むことも可能です。

AAF はマルチメディアにおける互換性のあるフォーマット（形式）です。AAF に対応しているソフトウェアには、DAW だけでなくムービー編集ソフトも含まれます。
ほかの DAW から Studio One に移行する際に、データを引き継ぎやすくする目的もあります。

AAF の書き出し（エクスポート）

【手順】
① AAFに書き出すソングを開く
② メニューからファイル＞別名で保存（**Ctrl + Alt + S**）を選択
　→名前を付けて保存のウィンドウが開きます。

381

③ ファイルの種類に「AAFファイル（*.aaf）」を選択
④ 必要に応じてファイル名を変更し、保存先を指定
⑤ 保存をクリック
　→「AAFファイルとして保存しますか？」とメッセージが表示されるので「AAFファイルフォーマットを使用」をクリックします。

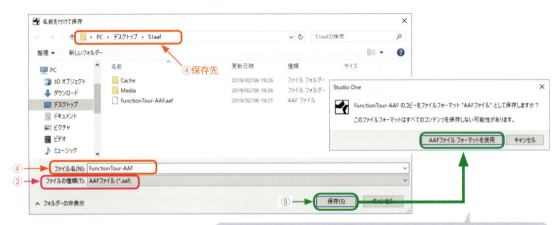

「このファイルフォーマットはすべてのコンテンツを保存しない可能性があります。」と表示されるのは、たとえばインストゥルメントトラックやテンポトラックなど AAF に対応していない要素は保存されないことをお知らせしています。

⑥ AAFをエクスポートウィンドウで、書き出しの設定をおこない「OK」をクリック
　→手順④で指定した保存先にAAFファイルが保存されます。

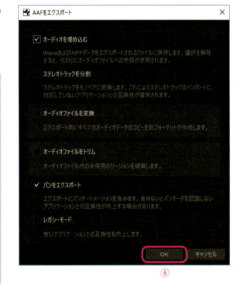

「オーディオを埋め込む」：チェックを入れると、AAF ファイルにオーディオファイルが含まれます。チェックなしでは、オーディオファイルへの参照情報だけなので、ほかの PC で開くとオーディオファイルを見失います。

「ステレオトラックを分割」：ステレオトラックに対応していないソフトウェア用に書き出すためのオプションです。（例：ステレオトラックをサポートしない Pro Tools 用に書き出すならチェックを入れる）

「オーディオファイルをトリム」：オーディオのデータ容量を削減したい場合に有効です。（無音部分が削除されます）

「パンをエクスポート」：パンのオートメーション情報に対応していないソフトウェア用に書き出す場合にチェックを外します。

「レガシーモード」：一部のソフトウェアと互換性を持たせるためのオプションです。（例：Digital Performer など AAF1.0 のみインポート対応の DAW 用に書き出すならチェックを入れる）

　　Studio One では、モノラルオーディオ、ステレオオーディオ、オートメーションデータ、フェード、クロスフェードの読み込みと書き出しが可能です。
　　そのほかの情報は保存されません。たとえば、インストゥルメントトラックは反映しないので、事前にオーディオ化するか、別途 MIDI ファイルを書き出すなどの対策が必要です。テンポマップやマーカーもクリアされるので、必要であれば別途 MIDI ファイルとして書き出して用意します。（「ソング全体を MIDI 書き出し（374 ページ）」参照）
　　AAF と MIDI を渡した相手は、AAF を読み込むとオーディオがタイムライン上に配置され、MIDI ファイルを読み込むとテンポマップやマーカー情報、ノートデータなどの演奏情報を読み込むことができます。

AAFの読み込み（インポート）

　AAFファイルを読み込むには、スタート画面にAAFファイルをドロップするか、ソングのアレンジビュー上にドロップします。
　→新規ソングが新たに開き、AAFに含まれるデータが読み込まれます。

スタート画面にドロップ

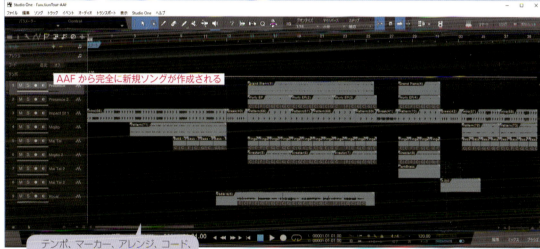

AAFから完全に新規ソングが作成される

テンポ、マーカー、アレンジ、コード、トラックカラー、そのほか、AAFに含まれない情報は読み込まれません。

ポイント

　AAFは互換性があり、多くのソフトウェアとのやりとりが可能ですが、完全な互換性を保証するものではありません。うまくいかない場合は、ステム書き出しやオーディオ書き出し、MIDIファイルでのやりとりも検討するなど、柔軟に対処できるように考えておくとよいでしょう。

以前のソングの一部を活用する　　*Professional のみ

　バージョン4から、ソングデータをインポートできるようになりました。過去に作成したあのソングのドラムだけを使いたい、といった場合も、簡単に呼び出せます。

手 順

① メニューのソング>ソングデータをインポート を選択
　→「開く」画面が開きます。
② 希望するソングを選択して「開く」をクリック
　→「ソングデータをインポート」画面が開きます。
③ 読み込むトラックにチェックを入れる
④ OKをクリック
　→ほかのソングのトラックを読み込めました。

ほかの PC で作業する

外部スタジオでレコーディングなど、ほかの PC で作業する際に注意すべきことをいくつか紹介します。ほかの DAW での作業になる場合はもちろんのこと、Studio One 同士でソングデータを直接やり取りする場合であっても、気をつける点があります。

外部ファイルの読み込み忘れに注意

外部ファイルを使っていると、ソングデータにはそのファイルは含まれていません（オーディオの参照情報だけ保持されています）。このままでは、ほかの PC でソングを開くと、参照先やデータがないためデータを見失ってしまいます。

こういった場合は、事前にメニューからソング>外部ファイルをコピー…を実行しておきます。これで、ソング内にファイルがコピーされ見失うこともありません。

使われている外部ファイルがリストアップされるので、チェックしてソング内にコピーしておく

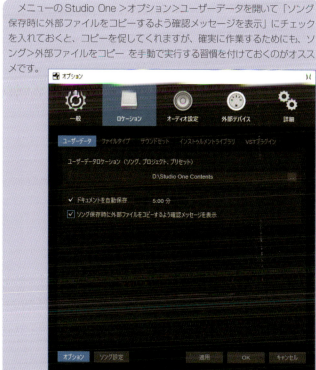

メニューの Studio One >オプション>ユーザーデータを開いて「ソング保存時に外部ファイルをコピーするよう確認メッセージを表示」にチェックを入れておくと、コピーを促してくれますが、確実に作業するためにも、ソング>外部ファイルをコピー を手動で実行する習慣を付けておくのがオススメです。

プラグインの有無に注意

同じ Studio One でも、コンピューターが変わると、インストールされているインストゥルメントやエフェクトも異なります。特に外部プラグインなど、作業先の PC には入っていなそうなプラグインを使っている場合は、事前にオーディオ化しておくと、プラグインが関係なくなるので、音が変化することもなくなります。

インストゥルメントトラックはオーディオに変換し、外部エフェクトを使ったトラックはエフェクト効果を含めたオーディオにバウンスしておきます。

「エフェクト効果を含めたオーディオに変換（352 ページ）」参照。
「インストゥルメントをオーディオへ変換（70 ページ）」参照。

グレードの機能差に注意

同じ Studio One でも、グレード（Prime、Artist、Professional）によって、付属インストゥルメントのコンテンツ量や、付属エフェクトの数に差があります。

グレードに関係なく同じ音を鳴らすのであれば、オーディオ化が確実です。前項同様に、事前にすべてのトラックをオーディオ化し、エフェクトの適用されたオーディオに変換しておくと安心です。

Studio One ではない DAW で作業する

DAW が異なると、まったく同じサウンドにするには、ステム（オーディオのパラデータ）を書き出してのやり取りが確実です。すべてのトラックをオーディオ化しておきます（「トラックごとにステムの書き出し」(378 ページ) 参照）。

AAF に対応していれば、AAF ファイルに書き出す方法もありますが、互換性については事前にチェックが必要です。（「AAF インポートとエクスポート」(382 ページ) 参照）

テンポ情報も必要であれば、MIDI ファイルを書き出してそれをテンポマップとします。（「ソング全体を MIDI 書き出し」(374 ページ) 参照）

3
Notionと連携・楽譜の用意

＊Artist Professional のみ

Notionとの連携

　Studio Oneと同じPreSonus社の楽譜制作ソフト「Notion」に、ノートデータやオーディオデータを転送することができます。Studio Oneで作成したトラックを楽譜化してプレイヤー用に印刷する、曲の構成を把握できるリードシートを作成する、といったことが可能になります。Studio Oneのソングメニューから Notionに送信 を選択するだけなので、MIDIやオーディオファイルに書き出すといった作業が不要です。

Studio OneからNotionに転送

手順

① ソング>Notionに送信 を選択

右図のメッセージが表示されたら「Notionを起動」をクリックして Notion を起動します。

387

② 転送するデータの種類を選択して送信をクリック
　→Notionにデータが転送されます。

「開いているドキュメントに結合」にチェックを入れると、現在Notionで開いている楽譜にデータが結合されます。
「次のNotion：」には転送先のPCを選択します。通常は「このコンピューター」を選びますが、同じネットワーク上でNotionが起動しているコンピューターも選択肢に表示されます。

転送するデータの種類を選択する

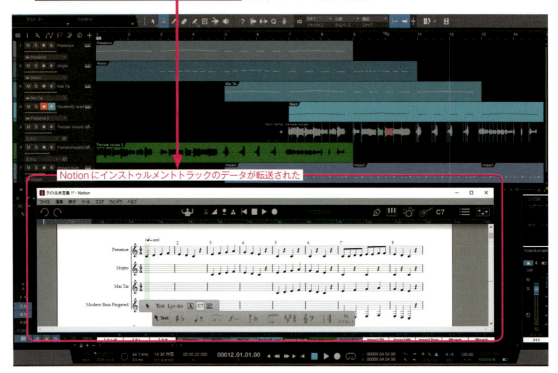

Notionにインストゥルメントトラックのデータが転送された

オーディオトラックは、楽譜には反映されません。

音色は、転送後にNotion側で再設定するのが基本となります。両ソフトで共通して使用できるVSTインストゥルメントでは音色の連携がとれる場合もありますが、Studio One付属音源はNotionでは使用できないので注意しましょう。

ドラムトラックではそのままのノートデータが表示されるため、楽譜にするには修正や編集などそれなりの作業が必要です。
　転送の機能はバージョンアップごとに向上しており、執筆時点での直近のアップデートでは、「Drums」などの名称のトラックは自動でドラム譜となり、バスドラム、スネア、ハイハットクローズだけの極々シンプルなパターンは認識するようになりました。まだまだNotionで新規にドラム入力するほうが速いレベルで修正が必要ですが今後のアップデートに期待したいところです。

ポイント

反応がない場合は、Studio OneとNotionどちらのファイル名も半角英数で保存し直してから試してみましょう。全角のファイル名ではうまく動作しない場合があります。

Notionで楽譜（リードシート）として仕上げる

Notionに転送して、リードシート（＝メロディーと歌詞、コード、リハーサルマークなどボーカリストやプレイヤーに曲構成がわかるよう用意する楽譜）を作成することができます。

準備
- リードシート用のデータをStudio Oneで用意しておく。
  ※メロディー用に参照するトラック、コードトラック、マーカー（＝リハーサルマーク）などを必要に応じて作成しておきます。
- Notionを起動しておく。

手順
① メロディーが入力されているインストゥルメントトラックを選択
② メニューからソング>Notionに送信 を選択
③ 「選択されているトラックのノートデータを送信」を選択
④ 「リードシートを作成」にチェックを入れる
⑤ 「送信」をクリック
　→Notionが開き、ノートデータが楽譜化されて表示されます。

「××サウンドは使用できません」と表示される場合があります。これは、Notionでの代替サウンド（音色）がない状態です。そのまま「OK」をクリックして開き、Notion側であらためて音色を設定します。

⑥ リードシート用に楽譜を編集（Notionでの作業）

※今回の例では、メロディー部分以外は不要、タイトルを変更したい、ピアノ譜になってしまったので単線譜にしたい、長休符が必要、歌詞の入力、段ごとの小節数を調整などの作業が必要でした。

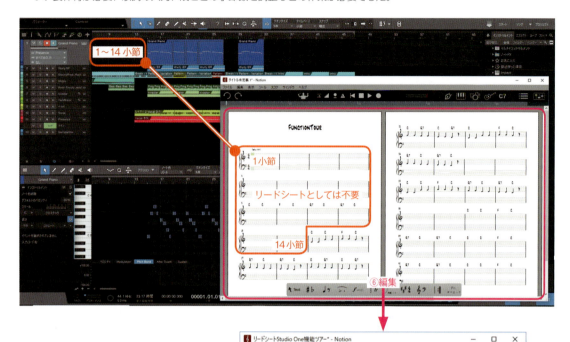

Notion で修正や編集を施したリードシート

第 8 章

設定

1 設定に関する項目

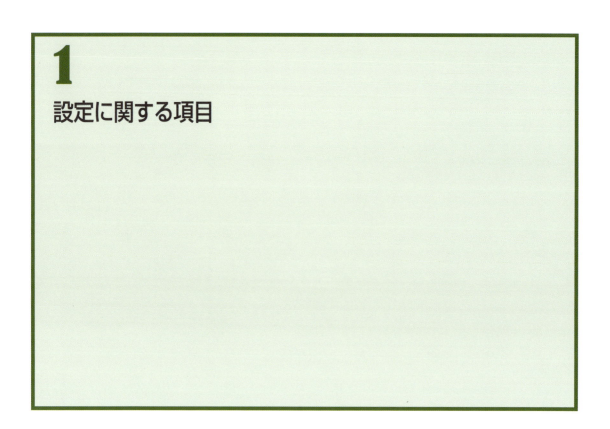

オーディオの設定

オーディオデバイスの設定

　「オーディオデバイス」は音の出入り口となる機材です。オーディオインターフェースやサウンドカードと呼ばれることもあります。

【手順】

① スタート画面の「設定」欄にある「オーディオデバイスを設定…」をクリック
　→オプション画面が開きます。

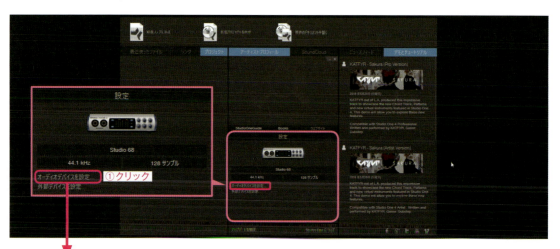

② オーディオデバイスのプルダウンメニューから使用する
オーディオデバイスを選択
③「OK」をクリック

> 後からオーディオデバイスを変更する場合は、StudioOne メニューの オプション（Mac：環境設定）＞ オーディオ設定 を開きます。（ショートカット：Ctrl＋, ）

> ここに希望するデバイスがない場合は、Studio One の設定とは別の問題の可能性が高いでしょう。まずは、使用する機器が正しく OS に認識されているかなども確認しましょう。

以上でデバイスの設定は完了です。入出力ポートを有効にするために「入力チャンネルと出力チャンネルを設定する」（396ページ）も確認してください。

オーディオデバイス欄の選択肢について

「オーディオデバイス」欄には、ASIO 対応デバイスの ASIO ドライバー名が表示されます。（※ASIO：オーディオインターフェースのドライバー規格。大抵は機種名などが表示されます）。

ASIO 対応のデバイスがない場合は、「Windows Audio」を選ぶと、Windows のコントロールパネル「サウンド」で再生・録音デバイスに設定されているものが Studio One でも使用されます。

レーテンシーの設定

手順

① オーディオ設定画面を開く
　※メニューのStudio One＞オプションを開き、オーディオ設定のオーディオデバイスタブを選択します
②「コントロールパネル」ボタンをクリック
　→オーディオデバイスのコントロールパネル（ユーティリティー）が開きます。
③ ユーティリティーでレーテンシー（バッファサイズ）を指定
④「OK」をクリック

> ユーティリティーの画面や機能は、デバイスの機種によって異なります。レーテンシー設定は、ブロックサイズやバッファサイズとも呼ばれます。
>
> 設定すると、Studio One の「デバイスブロックサイズ」の値に反映され、その下の「入力レーテンシー」「出力レーテンシー」が計算され表示されます。（※入出力のレーテンシーを足した時間が録音時のモニターの遅延時間となります。）

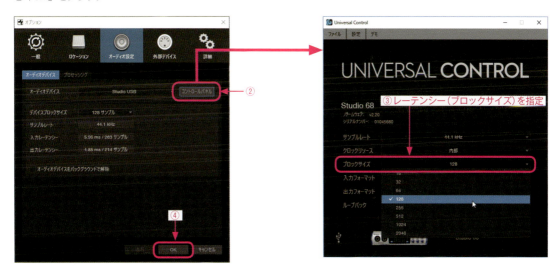

下部にある「入力レーテンシー」「出力レーテンシー」を足した時間が、録音時のモニターの遅延時間です。

レーテンシーに関しては、「レーテンシーについて」（402 ページ）、「Studio Oneの低レーテンシー機能」（403 ページ）も参照。

Mac でのレーテンシー設定
Mac では、デバイスブロックサイズのプルダウンメニューから数値を選びます。

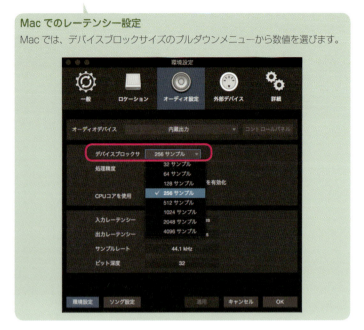

サンプルレート、ビット深度の設定

サンプルレートやビット深度（解像度）は、ソング作成時に指定します。
後から変更するには、メニューのソング＞ソング設定 から「一般」タブを開きます。（ショートカット：**Ctrl + .**）

ソング作成時に指定する

トランスポートで、サンプルレート表記の周辺をクリックすると素早く「ソング設定」画面を開けます。

サンプルレートとは

　一般的な音楽CDのデータは、サンプルレート44.1kHzで、ビット深度16ビットで記録されています。これは、1秒間に44100回音の情報を採取していて、採取ごとの音量の大小を16bit（理論的には65,536段階）で表現しているということです。

　実用的な知識としては、もらったオーディオをStudio Oneに読み込んだら、早回しになった、遅くなった、といった原因には、サンプルレートの設定が録音時と異なっていることなどが考えられます。書き出し時に設定をしっかり確認するか、読み込む前に変換して一致させておくことが基本です。

　ブラウザーのプール内では、オーディオデータの詳細を確認できます。また、右クリックから「ファイル変換」でレートやビット、形式などの変換も可能です。

　なお、44.1から48kHzに、もしくは、16から24bitにと、より高い数値に変換しても、元のデータの密度（粗さ）が補われて高品質になるということはありませんが、48kHz 24bitのソングで作業することで、エフェクトプラグインの処理が細やかであるといったメリットはあります。

入力チャンネルと出力チャンネルを設定する

オーディオデバイスの持つ物理的な入力チャンネル、出力チャンネルをどう使うかは、「オーディオ I/O 設定」でソングごとに設定します。（ソング内の入出力チャンネルと、物理的ポートの対応表ともいえます。）

環境設定ではなくソング設定であることにより、ソングを持ち出してデバイスが変更されても、ポートとチャンネルを紐付ければすぐに作業を継続できます。

> 物理的なポート数以上の設定はできません。
> ※パソコン付属のスピーカーやヘッドフォン、マイク端子、などを使う場合は、一般的に2イン2アウトなどシンプルな構成が多いでしょう。Prime は2イン2アウトしか扱えない機能制限があります。

手順

① ソング>ソング設定 を開き、「オーディオ I/O設定」を選択
② 「入力」タブを選択
　→入力関連の設定をおこなえます。
③ 「出力」タブを選択
　→出力関連の設定をおこなえます。

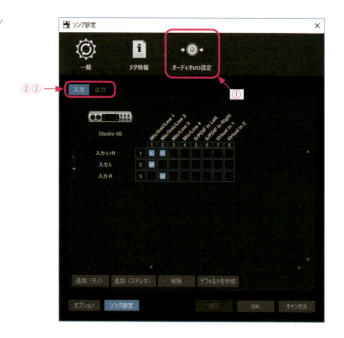

入力の I/O 設定

図では、Studio One 内の入力チャンネルと物理的ポート（PreSonus 製 USB オーディオデバイス Studio 68）のポートを紐付けています。

設定を見ると、ソングのチャンネル「入力 L」では、デバイスの「Mic/Inst/Line1」からの入力信号を受けることがわかります。

また、「入力 L+R」というステレオ入力のチャンネルは、「Mic/Inst/Line1」「Mic/Inst/Line 2」の2つのポートからの信号を受けます。

設定　設定に関する項目

チャンネルを増やす

チャンネルを追加するには、「追加（モノ）」「追加（ステレオ）」をクリックします。

追加されたら、そのチャンネルを物理ポートのどれと紐付けるかを設定します。（マトリックス（マス目）をクリックして「LR」もしくは「M」を割り当てます）

チャンネル名称はダブルクリックで変更できますが、ポート名は固定です。

ステレオチャンネルで指定済みポートを、モノチャンネルでも指定することは可能です。たとえばマイクを2本接続してステレオトラックに録音したり、どちらかだけを使ってモノラルトラックに録音したり、といったことが可能です。（図内の入力L+RとIn-1/In-2がその関係です）

チャンネルは、選択してから「削除」をクリックすると削除できます。物理ポートは削除できません。

設定が完了してから「デフォルトを作成」をクリックすると、新規ソングにもこのI/O設定が適用されるようになります。
自分のコンピューターでいつもこのデバイスを使う場合は、クリックしておくとよいでしょう。

I/O設定を理解すると、ミックスビューでの設定や、録音時の設定を把握しやすくなります。

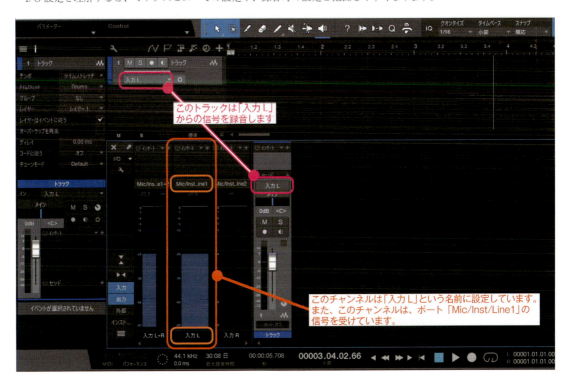

このトラックは「入力L」からの信号を録音します

このチャンネルは「入力L」という名前に設定しています。また、このチャンネルは、ポート「Mic/Inst/Line1」の信号を受けています。

397

出力の I/O 設定

出力もソング内の出力チャンネル（出力バス）と物理的ポートを紐付ける一覧表になっています。

「メイン」は、コンソールのメインアウトの設定です。

「試聴」では、ブラウザーでのプレビューなど試聴時の出力先を選択できます。通常はメインのままでかまいませんが、ほかの出力チャンネルも選択できます。

コンソールで「出力」を表示すると、設定状況を把握しやすくなります。

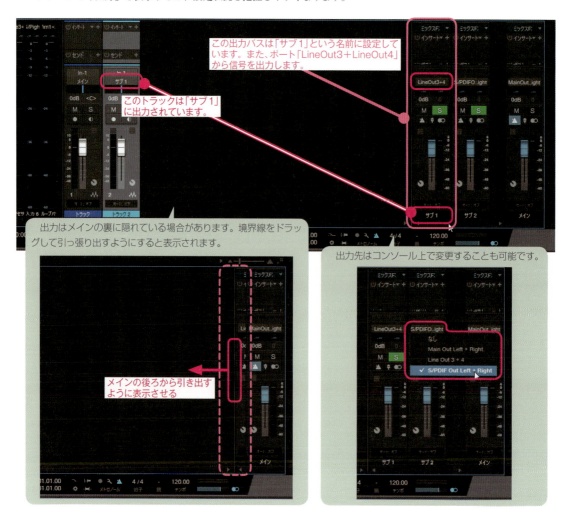

設定　設定に関する項目

キューミックスの構築

メインアウトとは別に、録音時にプレイヤー向けに用意するミックスをキューミックスといいます。

例えばボーカル録音であれば、シンプルなリズムセクションだけモニターしたい、もっとベースやハイハットを大きく聴きたい…… など、ボーカリストの要望に応じたキューミックスを簡単に用意することができます。

> キューミックス用に、メインアウトとは別の物理的な出力ポートが必要です。例えば2アウトしかないオーディオデバイスではキューミックスは設定できません。

手順

キューミックス出力先を設定する

① メニューのソング>ソング設定>オーディオI/O設定> 出力タブ を開く
② 「追加（ステレオ）」をクリック
　※モノではキューミックス出力は作成できません。
　※テンプレートからソングを作成した場合などで、すでにキューミックスにチェックが入っているのであれば、この行程は必要ありません。
③ 作成された新規チャンネルの「キューミックス」にチェックを入れる
　→チェックをいれた出力チャンネルがキューミックスの出力先になります。
④ 「適用」をクリックし、「OK」をクリックして画面を閉じる

キューミックスを作成する

⑤ ミックスビュー（**F3**）を開く
　→コンソール画面にキューミックス設定用の項目（オブジェクト）が追加されています。次のミックス作成へ進みましょう。（コンソール表示は「大」か、「→」で拡張表示させておきます）

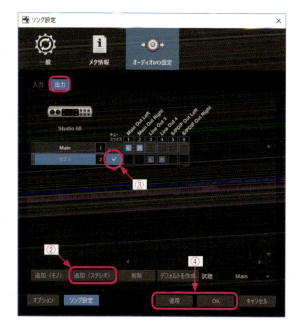

メイン出力とは別のミックスを作成できる

399

⑥ キューミックス用オブジェクトでプレイヤーの望むミックスを作成

> **ポイント**
>
> **ボリュームスライダー**：キューミックス用出力へ送るこのチャンネルのボリューム調整
> **パンスライダー**：同じくキューミックス用パン調整
> **アクティベートボタン**：消灯でキューミックスをミュートする
> **鍵マーク（チャンネルロックボタン）**：クリックすると初期状態に戻る
> ※初期状態とはメインアウト用の設定と同じ状態のことです。

　キューミックス用出力を複数設定することで複数のプレイヤーに別々のモニターミックスを聞いてもらうことも可能になります。

３人分のキューミックスを作成してそれぞれでバランス調整をした状態

　コンソールのミュートやソロの状態は、キューミックスとはリンクしないよう設定されています。（＝オペレーター側の都合でトラックをミュートしても、プレイヤー側のモニターではミュートされないので都合がよい）

　ただし、この設定では、FXチャンネルの音をキューミックスで送ることができません。（現時点でのプログラム的な制約と思われます。）

　プレイヤーにFXのリバーブを送りたい場合や、あえてコンソールとキューミックスのソロやミュートをリンクさせたい場合は、以下の設定をおこないます。

・メニューのStudio One＞オプションを開き、詳細＞コンソールの「キューミックスミュートはチャンネルに従う」にチェックを入れる

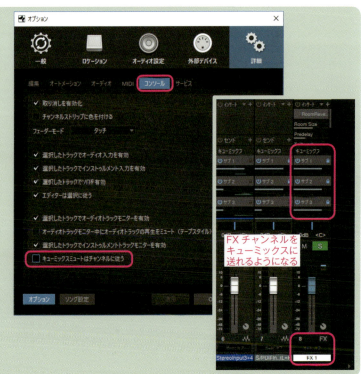

出力チャンネルでのメトロノーム調整

出力チャンネルにはそれぞれメトロノーム音量を調整するスライダがあります。これにより、キューミックスの出力先ごと（プレイヤーごと）に、メトロノーム設定を調整することが可能です。

手順

① ミックスビューを表示（**F3**）
② 「出力」ボタンをクリックして出力チャンネルを表示
③ キューミックスの出力に指定しているチャンネルのメトロノーム音量（♩ボタン）をクリック
　→表示されるスライダーでメトロノームの音量を調整します。

メトロノーム音が不要な場合、クリックオン / オフ ボタン ▲ でオフにできます。

レーテンシーについて

録音時にエフェクト音をモニターしたい場合（例えばギターアンプシミュレーターを通した音を聴きながら演奏したい場合など）は、そのトラックのモニターボタンをオンにします。（ショートカット：録音（R）、モニター（U））

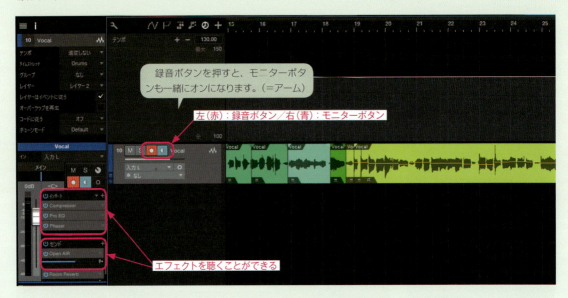

この場合、一度 Studio One の処理を経由してから音が出力されるので、出てくるモニター（エフェクト音）は、処理時間分の遅れが伴います。この遅延をレーテンシーといいます。

コンマ数秒程度の遅れですが、タイトなリズムや速い曲ではディレイがかかったようで演奏しにくいので、なるべくレーテンシーは小さくしたいものです。しかし、小さくしすぎると処理能力が追いつかず、プチプチと音切れが発生したり不安定になります。この遅れと音切れの狭間でレーテンシーの数値を自分で決めていくのです。

おすすめの設定は、録音と編集時でレーテンシーを変更する方法です。

・**録音作業時**：タイミングの遅れは演奏にも悪影響なのでレーテンシーは極力小さくします。
・**編集作業時**：レーテンシーを大きくして安定度を重視します。再生ボタンを押してから音がでるまで 0.1 秒なのか、0.03 秒なのかといった微小な違いは重要ではありません。

実際には、リバーブなど遅延系エフェクトは少々遅れても気になりません。

逆に、タイトなリズムギターでモニターをオンにすると、エコーや山びこが発生して演奏しにくいでしょう。また、アンプシミュレーターを使うなら、エフェクト音なしではプレイヤーの気持ちにも悪影響です。レーテンシーを極力小さくし、かつ音切れなどしないように調整してみましょう。

なお、どこまでレーテンシーを下げられるかは、コンピューターとオーディオデバイスの性能次第です。コンピューター付属のサウンドカードでは一般的にレーテンシーはあまり小さくできません。

また、ソングが大きくなると負荷も増え、レイテンシーを下げにくくなってきます。そこで、外部ミキサーを導入してそちらでハードウェアのエフェクターをかけつつクリーンなサウンドを録音できるようルーティング（配線）を工夫したり、オーディオデバイスのダイレクトモニタリングを活用したり、といった工夫が必要になってきます。

Studio One のネイティブ低レーテンシー機能（403 ページ）を使うと、レーテンシーを大きくとりながらもキューミックス（プレイヤーのモニター）は遅延しないようセッティングできます。

録音時のモニター環境構築も大切にしたいものです。

設定　設定に関する項目

Studio One の低レーテンシー機能

　Studio One のオーディオエンジンには、遅延時間や処理の負荷を軽減するバッファ機能が搭載されています。
　以下の機能が主なポイントです。レーテンシーの設定や、音切れなど PC の負荷が気になった場合のセッティングなどの参考にしてください。

・インストゥルメントの低レーテンシーモニタリング
・ドロップアウト保護
・ネイティブ低レーテンシーモニタリング

> **バッファとは**
> プログラム処理において、一時的に情報を蓄える仕組みです。蓄え量が多いほど処理は安定します。その分処理までに遅延が生じます。Studio One では、「デバイスブロックサイズ」や「ドロップアウト保護」などがバッファに関する設定となります。

> **ドロップアウトとは**
> CPU 負荷などの要因により処理が間に合わず音切れや抜け落ちなどが生じる状況をいいます。「ドロップアウト保護」は、「ドロップアウトしないように守る」という意味合いになります。

インストゥルメントの低レーテンシーモニタリング

　インストゥルメントの演奏時に、キーボードの打鍵から発音までのタイミングは極力短い方がよいものです。
　しかしこれまでは、ドロップアウトを避けるためにバッファを大きく設定すると、その代償に高レーテンシーになってしまい打鍵から発音までの遅れが目立つといった悩みがありました。
　インストゥルメントの低レーテンシーモニタリング機能は、バッファ設定に関わらずレーテンシーを極力小さくするモニタリングシステムです。

手順

① メニューのStudio One>オプション（Mac：環境設定）>オーディオ設定>プロセッシング を開く
② 「インストゥルメントの低レーテンシーモニタリングを有効化」にチェックを入れる
　→画面下部のモニタリングレーテンシーのエリアで「インストゥルメント」に緑のZマーク（☒）が点灯します。また遅延（レーテンシー）がms・サンプルで表示されます。
③ 外部キーボードを演奏して遅延が少ないことを確認します。

> 手順②でグレーアウトしてチェックできない、緑に点灯しない、といった場合は、「ドロップアウト保護」（詳細は後述）を「高」や「最大」にすることで有効になるか試しましょう。また、「オーディオデバイス」タブの「デバイスブロックサイズ」が 2048 サンプルなど大きい数値では有効にできない場合があります。

403

低レーテンシーモニタリングが有効な（＝モニターボタンがオン）のインストゥルメントは、アクティベートボタンが緑色に点灯します（通常は青色）。また、コンソールフェーダーの下に白のZマーク（■Z）が表示されます。

ドロップアウト保護

「ドロップアウトを避けるためにバッファ（デバイスブロックサイズ）を大きく設定すると、今度はその代償にレーテンシーが高くなってしまう」という悩みを解消するのが、もうひとつのバッファ機能である「ドロップアウト保護」です。

手順

メニューのStudio One＞オプション（Mac：環境設定）＞オーディオ設定＞プロセッシング を開き「ドロップアウト保護」のプルダウンメニューで設定します。

ドロップアウト保護を大きく設定することで、デバイスブロックサイズが小さい値であっても、安定した（ドロップアウトを避けられる）動作が見込めます。

> **描画処理への影響**
> 「ドロップアウト保護」と「デバイスブロックサイズ」は、どちらもPC処理に余裕を持たせるバッファ機能ですが、大きな違いは「ドロップアウト保護」は音声出力に遅延が発生しないことです。
> ただし、画面描写の処理には遅延が生じます。「高」レベル以上に設定すると、メーター表示や画面の反応などに影響があることを把握しておく必要があります。

ドロップアウト保護の設定

設定　設定に関する項目

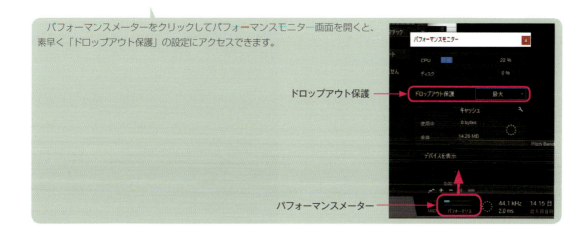

パフォーマンスメーターをクリックしてパフォーマンスモニター画面を開くと、素早く「ドロップアウト保護」の設定にアクセスできます。

ドロップアウト保護

パフォーマンスメーター

ネイティブ低レーテンシーモニタリング

これまで、トラックに録音する音をモニターしたい場合はモニターボタンをオンにしますが、バッファ設定が大きいと音に遅延が生じ、プレイヤーのパフォーマンスに悪影響を与えていました。また、オーディオデバイス側でのダイレクトモニタリングは、遅延はほぼありませんが、トラックのエフェクト音をモニターできません。

しかし、ネイティブ低レーテンシーモニタリング機能により、「デバイスブロックサイズ」や「ドロップアウト保護」などのバッファ設定が大きくても、遅延の少ない（低レーテンシーの）ソフトウェアモニタリングが可能になりました。

ネイティブ低レーテンシーモニタリングを有効にするには、いくつかの設定項目があります。以下の手順を参考にしてください。

手順

〈事前の設定1〉デバイスブロックサイズの設定

① メニューのStudio One>オプション（Mac：環境設定）>オーディオ設定>「オーディオデバイス」タブを開く
② -Win：「コントロールパネル」をクリックしてデバイス側の設定画面を開き「ブロックサイズ」（Buffer Size、Latency）を「64」～「256」など小さい値に設定する。
→デバイスブロックサイズに数値が反映されます。

コントロールパネルは、使用しているオーディオデバイスによって異なります。図はPreSonus Studio 68の画面です。

Windowsでのデバイスブロックサイズの指定

②-Mac：デバイスブロックサイズのプルダウンメニューから「64」〜「256」など小さい値に設定する。

> コンピューターの処理能力によっては「64サンプル」より小さくすると高負荷になる場合があります。

Mac でのデバイスブロックサイズの指定

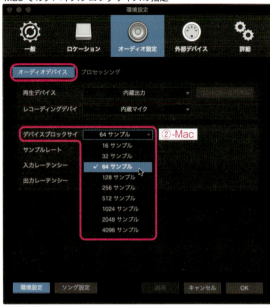

〈事前の設定２〉ドロップアウト保護の設定
① 「プロセッシング」タブを開き、「ドロップアウト保護」を「中〜高」に設定する
　→画面下部のモニタリングレーテンシーのエリアで「オーディオラウンドトリップ」に緑のZマーク（Z）が点灯したら、ネイティブ低レーテンシーモニタリングが有効になった状態です。また、遅延（レーテンシー）がms・サンプル単位で表示されます。
② 「OK」をクリックし画面を閉じる

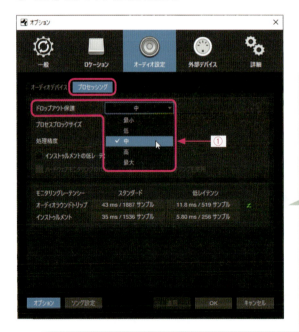

青いZマークが表示された場合
　オーディオラウンドトリップの右に青いZマーク（Z）が表示された場合は、「ハードウェアモニタリングの代わりにネイティブ低レーテンシーモニタリングを使用」にチェックを入れると緑のZマーク（Z）になります。

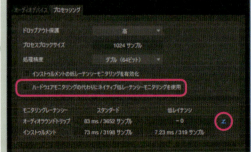

ハードウェアモニタリングが有効な状態

　青いZマークは、オーディオデバイス側で独自にハードウェアモニタリングされている状態を示します。
　Studio Oneを介さないため、ほぼゼロレーテンシーでモニタリングできる優位点がありますが、録音トラックにインサートしたエフェクト音をモニターできないなどの不都合もあります。例えばギターアンプシミュレーターをインサートしていてもエフェクトのかかっていないクリーンな音しかモニターできません。
　「ハードウェアモニタリングの代わりにネイティブ低レーテンシーモニタリングを使用」のチェックをいれることで強制的にネイティブ低レーテンシーモニタリングに切り替わります。こちらはトラックのエフェクトもモニター可能です。

① 機能を有効にする出力バスを指定

コンソールを開き、低レーテンシーモニタリングする出力バスの「Z」マークをクリックする

→ここでは、マスター出力の「Z」をクリックし緑に点灯しました。

低レーテンシーモニタリングは、「デバイスブロックサイズ」「ドロップアウト保護」の設定値を参照して自動でオン・オフされます。手順②で緑のマークが点灯しない場合は、これらの設定値を上下して再度試してみましょう。
具体的には、プロセスブロックサイズがデバイスブロックサイズより大きい場合にのみ低レーテンシーモニタリングを有効にできます。）

ドロップアウト保護を「最小」、低レーテンシーモニタリングを「未使用」の状態にすると、旧バージョンまでのオーディオエンジンと同じ状態の設定となります。

マスター・バスの「Z」をクリックして緑に点灯させた

これで、低レーテンシーモニタリングが有効な状態となります。

オーディオトラックのモニターボタンをオンにして、演奏しながら出力バスの「Z」マークをオン・オフすると効果を体感できるでしょう。

キューミックスでの低レーテンシーモニタリング

録音エンジニア用（マスター出力）とプレイヤー用（キューミックス）のモニター環境が分かれている場合は、プレイヤー用モニターだけを低レーテンシーモニタリングにすることも可能です。

プレイヤー用キューミックスとは
例えば、ベースとハイハットを大きめにして他は小さく…など録音時のプレイヤーからの要求に応えるには、プレイヤー用の専用ミックス（キューミックス）を別途用意して、マスター出力とは別の出力バスからプレイヤーに送ります。（「キューミックスの構築」（399ページ）参照）

低レーテンシーを有効にしたいバスで「Z」を緑にする

「Z」をオンにしたバスだけが低レーテンシーモニタリングになる

ポイント（なぜすべてのバスでオンにしないのか）

必要なければ低レーテンシーモニタリングはオフにしておいたほうがよい場合があります。

低レーテンシーモニタリングが有効な出力バスでは、以下の音がプレイバックされず全体のサウンドに影響を与える場合があります。（処理の都合上一時的に無効（音が出ない状態）になります）。

- 遅延が3ms以上のインサートプラグイン
- スプリッターの含まれるFXチェーン
- DSP処理の外部プラグイン
- Pipeline経由の音
- 解析系のアナライザープラグイン

※センドデバイスラックのエフェクトは、遅延が3ms以上でも無効にはなりません。

そこで、いくつかの音がバイパスされてでも低レーテンシーが必要なプレイヤー用出力と、すべての音を完全にモニターする必要のあるマスター（エンジニア用）出力とで設定を使い分ける必要がでてくるのです。

オーディオデバイスの導入

オーディオデバイスを導入することで、高品位な録音やオーディオ出力が可能になりますが、たくさんあるモデルから自分に合ったものを見つけるのはなかなか大変なものです。

"目的に合ったデバイス"とは、「必要なポートの種類と数」「付加機能」などがポイントとなります。

ここでは、PreSonus 製のデバイスを例に見てみますが、ポート名称などは他のメーカーでも同様ですので、デバイスを検討する際の参考としてください。

例：弾き語りを録音したいシンガーソングライターの場合

「入力」に関して考えると、ボーカルマイクを接続するマイク入力が必要です。また、コンデンサーマイクを使うなら 48V ファンタム電源も必要になります。

マイクを 2 本使える環境ならば、歌とアコースティックギターを同時に、それぞれのトラックへ録音できます。

ギターの場合は、クリーンな音を録音するなら、Inst 端子（Hi-Z）に接続します。エフェクターやアンプシミュレーターを経由するなら、ライン入力に接続することになります。

シンセサイザーなどキーボード類の録音も、ライン入力が必要になります。ステレオサウンドを録音するには、L/R で 2 つのポートが必要です。

そのデバイスだけの特徴となる機能が搭載されている場合があります。ソフトミキサーを搭載しているか、ダイレクトモニタリングに対応しているか、などはその一例です。

①コンボ端子

コンボ端子は、マイク入力と、ライン / インスト兼用入力の 2 種類が組み合わさった端子です。

マイクを接続して③のゲインコントロールで入力レベル（＝内蔵マイクプリアンプのレベル）を調整できます。

ギターやベースを直接接続するには、インスト（Inst）端子を使います。インストのスイッチ（④）は、インピーダンス（抵抗値）を切り替えます。ラインとインスト（ハイインピーダンス）では、抵抗値が大きく異なり、組み合わせによっては極端に低域がなくなるなど、音質に影響するので注意が必要です。

シンセサイザーのライン出力や、エフェクターを経由してラインレベルになった信号を録音するのはライン入力です。

右図の場合は、コンボ端子ではなく、マイク端子と Inst 端子が 1 つずつあります。マイク録音とギターなどをインスト端子で録音を同時におこなえますが、ライン入力がありません。

②48V ファンタム電源

　48V の電源供給が必要なコンデンサーマイクで録音する場合には、このボタンをオンにします。

　外部に別途マイクプリアンプを用意している場合は、そちらで 48V を供給すれば、ここでは不要です。
　また、外部のマイクプリアンプからは、ラインレベルの信号がくるので、デバイス側のマイクプリアンプは不要になります。つまり、③ゲインコントロールを上げる必要はないということです。③ゲインコントロールを上げると、外部のプリアンプからの信号に、このインターフェース内蔵のプリアンプのキャラクターが加わることになります。

⑥ヘッドフォン端子

　モニタースピーカー以外にヘッドフォンでのモニターが必要な場合もあるでしょう。前面にヘッドフォン端子とそのボリュームノブがあると、取り扱いが便利です。

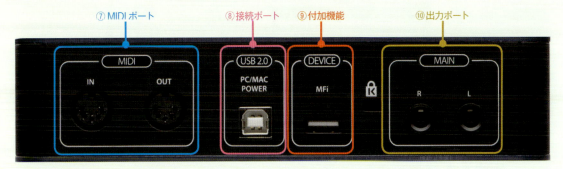

⑦MIDI ポート

　入力用鍵盤が USB 接続なら、必ずしも必要ではありませんが、MIDI 端子のあるキーボードや音源、コントローラーなど様々な MIDI 機器と接続できるので、制作環境を拡張するのに便利です。

⑧接続ポート

　コンピューターとの接続方法も、重要な検討項目です。図のデバイスは USB 接続ですが、FireWire や Thunderbolt、PCIe などで接続するデバイスもあります。

⑤⑨付加機能

　⑤は、録音時にダイレクトモニタリングする音量と、Studio One 経由のモニター音のミックス度合いを調整するノブです。別途ソフトウェアミキサーやエフェクトが付属するモデルもあります。
　⑨は、iPad などアップル製品と接続できる「MFi」（Made For iPhone/iPad/iPod）対応のポートです。
　付加機能は、そのデバイス特有のものも多く、導入を決定づけるポイントでもあります。

⑩出力ポート

　前ページの図では、ステレオ 2ch のメインアウトが 1 つ装備されています。出力端子が増えると、複数のスピーカーに切り替えられるのに加えて、アウトボードを接続できたり、メイン出力とは別に、録音時のプレイヤーのモニター環境を構築できたりなど、環境の拡張が可能になります。

本格派機材の Quantum

今度は、プロフェッショナルユースな PreSonus Quantum を見てみましょう。下図のように、たくさんの機材や楽器を接続できることがわかります。前述のデバイスと比べてみると、必要な機能や性能がみえてくるでしょう。

Quantum での接続例

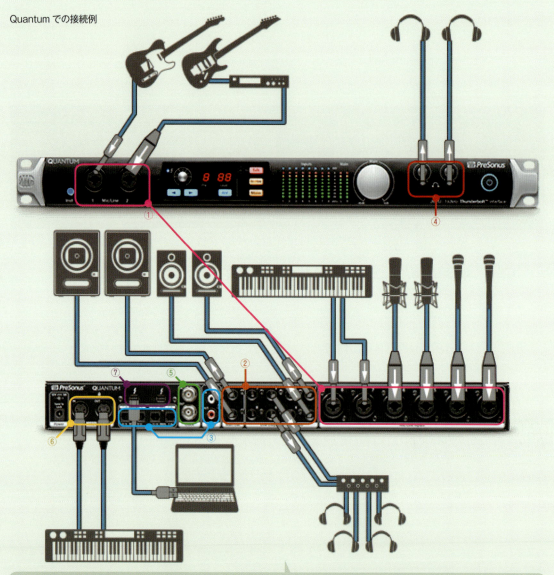

　Quantum/Quantum 2 には、マイク / ライン / インストゥルメント入力、コンボ・マイク / ライン入力が搭載されており、図のようにギターやキーボードやギター、エフェクトボードを通したギター、ダイナミックにコンデンサーマイク、と様々な機器を接続できます（①）。出力も、メインアウトとは別にサブモニターやキューミックス用の出力にも対応できます（②）。
　デジタル入出力も S/PDIF 端子×1 や、1 つの端子で 8ch 扱える「ADAT」が In と Out で 2 系統ずつ装備されています（③）。また、ヘッドフォン出力が 2 系統あり（④）、同期用ワードクロックの BNC 端子（⑤）、MIDI ポートの入出力も搭載しています（⑥）。
　PC とは Thunderbolt で接続し（⑦）、入出力チャンネルを拡張したい場合は、Thunderbolt 経由で Quantum シリーズを最大 4 基まで同時接続できるので、大規模なシステム構築も可能です。
　Quantum の大きな特徴として、Thunderbolt 2 接続の採用と最適化したドライバー・ソフトウェアの開発があります。DAW へダイレクトに接続する設計デザインは、Studio One との直結を意味しており、デバイス内でのハードウェアモニタリング機構さえも省き、徹底的に超低レーテンシーを実現しています。
　希少な性能として、全てのアナログ出力が DC カップリングに対応しており、モジュラー・シンセ等の外部アナログ機材と CV のやり取りができます。

外部デバイスの設定（MIDI デバイス）

入力用 MIDI キーボードの設定

入力用の MIDI キーボードを使用するには、外部デバイスの「キーボード」として登録します。

手順

① MIDI キーボードを接続しておく（必要であればドライバーもインストールしてコンピューターに認識させておく。）
② スタート画面の「外部デバイスを設定...」をクリック
　→オプション画面が開きます。
③ オプション画面の「追加」をクリック

④ 「デバイスを追加」画面左のリストから、MIDI キーボードのメーカー名を探し、そのフォルダ内の該当する機種を選択
　※見つからなければ、「新規キーボード」を選択します。（「デバイス名」欄に機種名を、「製造元」欄へメーカー名を自分で入力しましょう。）
⑤ 「受信元」のプルダウンメニューから該当する機種を選択
⑥ 「OK」をクリックしてデバイスを追加画面を閉じる
⑦ オプション画面の「OK」をクリックして画面を閉じる

> 受信元とは、MIDI インターフェースの INPUT のことです。
> ※ USB キーボードではキーボードの名称そのものが表示されることもあります。

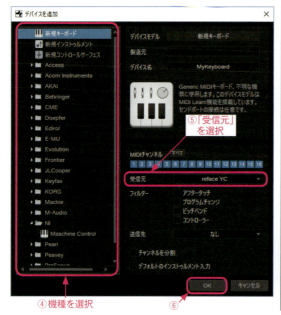

これで、元の画面で新たにデバイスが表示され、今後はどのソングでもこのデバイスを利用できます。

> キーボードに備わるコントローラー（ノブやスライダー、ボタンなど）の設定は、「キーボード付属のノブを登録（MIDI Learn）」（414ページ）参照

キーボード・音源・コントローラーを登録

外部デバイスは、キーボード（鍵盤）、音源モジュール、コントロールサーフェース（コントローラー）と、機能ごとに登録します。以下を参考にしてください。

キーボード部

「新規キーボード」として追加。「受信元」を設定。（※ Studio One からキーボードに信号を送る必要はないので送信先の設定は不要です。）

音源部

「新規インストゥルメント」として登録を追加。「送信先」を設定。（マルチティンバーの場合は、MIDIチャンネルも適宜設定。）※送信元（受信ポート）の設定は不要です。

コントローラー部（MIDIコントローラー）

「新規コントロールサーフェス」として追加。「受信元」を設定。（「キーボード付属のノブを登録（MIDI Learn）」(41ページ）を参照。）

これらの設定をすることで、インストゥルメントトラックの IN の選択肢には、キーボードが表示され、OUT には登録した音源部が、コントロールサーフェスとしてコントローラー部が、それぞれ認識されるようになります。

> シンセサイザーでは、鍵盤部と音源部をそれぞれ登録します（音源を使わないなら鍵盤部だけ登録することもできます）。鍵盤を弾いてから音が出るまでの遅れ（レーテンシー）が気になる場合は、オーディオ設定で「デバイスブロックサイズ」を調整します（405ページ参照）。「インストゥルメントの低レーテンシーモニタリング」（403ページ）参照。

設定　設定に関する項目

パソコンキーボードを鍵盤にする（Qwertyキーボード）

パソコンのキーボードを鍵盤代わりにする手順です。一度設定すれば、どのソングからでも使用できます。

手順

外部デバイスとして登録

① オプション を開き、「外部デバイス」を選択
　（スタート画面で「外部デバイスを設定」をクリックするか、メニューのStudio One＞オプション で「外部デバイス」を選択します）
② 「追加」をクリックし「デバイスを追加」画面を開く
③ リスト内のPreSonus＞Qwerty Keyboard を選択
④ 「OK」をクリックして「デバイスを追加」画面を閉じる
⑤ 「OK」をクリックして「オプション」画面を閉じる

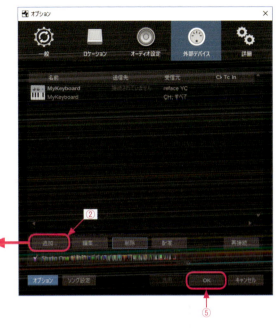

ソング内でQwerty Keyboardを使用するには

⑥ ミックスビューの「外部」をクリック
⑦ 外部デバイス欄に追加された「Qwerty Keyboard」の▼から「編集」を選択
　→Qwerty Keyboardの画面が開きます。
　この画面が開いている間だけ、コンピューターキーが鍵盤になります。（QWERTY…でドレミファソラ と演奏できるMIDI鍵盤になります）
　オクターブは左右矢印キーで切り替えられ、**Tab**キーはサスティーンペダルになります。また、マウス操作でピッチベンド（PB）やモジュレーション（Mod）も操作できます。

⑦ ▼から「編集」を選択

Qwerty Keyboardで使われているキーを含むショートカットが利用できなくなるので、不要な時は画面を閉じるか、Powerをクリックして無効にするようにしましょう。もう一度クリックすると有効になります。

413

キーボード付属のノブを登録（MIDI Learn）

キーボード付属のノブやスライダーの登録手順の一例を紹介します。（※あらかじめ「入力用 MIDI キーボードの設定」（411 ページ）の手順で、キーボードを外部デバイスとして登録する作業を完了しておきます。）

手順

① ミックスビュー（**F3**）を開く
② 「外部」をクリック
③ 外部デバイスに登録されているキーボードの▼から「編集」を選択
　→キーボードのエディット画面が開きます。
④ 「MIDI Learn」ボタンをクリック

⑤ 登録する機材側のノブを少し動かす
　→ノブが認識され画面に表示されます。
　すべてのノブやスライダー、ボタンを認識させたら、再度「MIDI Learn」をクリックし作業を完了します。

正しく認識すると、機材側でノブを動かすと、連動して画面内のノブが動きます。

モジュレーションホイール、ベンドホイールは、初期状態で鍵盤左側に認識されています。

認識された信号はノブとして表示され、そのノブが発信している CC 番号が表示されます。また、Control # の名称が割り当てられますが、これはダブルクリックで名称変更できます。

まずはノブタイプで表示されますが、クリックしてフェーダーやボタンタイプに変更できます。

登録したノブを使う（コントロールリンク）

前項で認識させたノブをソング内で活用してみましょう。ここではMojitoのカットオフを、先ほど登録したノブで操作する手順の一例を紹介します。

準備

ブラウザー（**F6**）からMojitoをアレンジビューにドラッグしてMojitoトラックを作成しておきます。

手順

操作対象のマッピング

① 操作対象を表示
（ここでは、Mojitoのカットオフ）
② 「マッピングを編集（歯車ボタン ⚙）」をクリック
　→マッピングパネルが表示されます。
③ MojitoのCutoffをクリック
　→マッピングパネル左側に「Filter Cutoff」がマッピングされます。

機器のつまみをマッピング

④ 操作用デバイスを動かす
　→マッピングパネル右側に、動かしたノブがマッピングされます。
⑤ 「デバイスにフォーカス」欄の▼で、操作する機器を指定
　→ここでは前項で自作した「MyKeyboard」選択しました。デバイスが黄色くハイライトされます。

操作項目とつまみをリンクする

⑥ アサインボタン「◀」をクリック（ショートカット：**Alt + M**）
　→操作対象と機器がリンクし、機器のノブと操作対象の動きがリンクします。
　※◀は黄色になりフォーカスマッピングであることを示します。

機器のつまみを動かしてから、操作対象上で右クリックからでもマッピングできます。

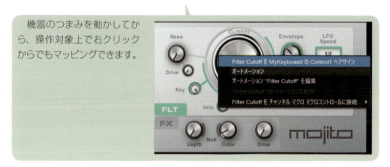

フォーカスマッピングとグローバルマッピング

　コントロールリンクされると「◀」は黄色くなります。これは、フォーカスマッピングであることを示しており、たとえばMojitoの操作パネルが開いているときだけそこにフォーカスしてMojitoのカットオフを操作できます。たとえばMaiTaiの操作パネルを表示すると、もう操作はできませんが、かわりに今度はMaiTaiのパラメーターを割り当てることができます。

　手順⑤の「デバイスにフォーカス」ボタンをオフ（グレー表示）にしてからマッピングすると、グローバルマッピング（◀は青色）になります。こちらはMojitoの画面を閉じても、裏でカットオフを操作し続けられますが、ほかのパラメーターをノブに割り当てるにはマッピングを解除しなければいけません。

　チャンネルのボリュームフェーダーやパン、ミュートには、フォーカスマッピングはありません。マッピングするパネルは、画面左上にあります。

　なお、グローバルマッピングされた項目を操作するには、必ず「デバイスにフォーカス」ボタンがオフでなければいけません。

　一度設定したフォーカスマッピングは、ほかのトラックのMojitoやほかのソングでも有効です。※「デバイスにフォーカス」を黄色く点灯させれば、Mojitoのカットオフとして操作できます。

　マッピングの基本は、パネルの左に操作対象を表示し、右にそれを操作するコントローラーを表示し、真ん中の◀をクリックしてリンクする手順です。

　以下の動作と機能を覚えておくと、マッピング作業が楽になります。

・マッピングパネルの▼をクリックして、**マウスオーバー**にチェックを入れると、マウスカーソルをポイントしているパラメーターが表示されます。（※マウスオーバーモードでは文字が青く表示されます）

・**直近のパラメータ**にチェックを入れると、直近で操作したパラメーターが表示されます。（外すとノブを動かしたりマウスで操作してもここに表示されなくなります）

・リンクさせる◀のショートカットは「**Alt＋M**」です。もう一度押すとリンク解除されます。もしくは、パラメーター上で右クリックから「○○を××にアサイン」でもリンクさせられます。

マッピングの解除と一時無効の使い分け

　マッピングを一時的に無効にするには、「デバイスにフォーカス」を消灯します。再度点灯させればリンクが復帰します。（※グローバルマッピングされた項目を操作する場合も、フォーカスマッピングを一時無効にします）
　リンクボタン（◀）をクリックして解除すると、復帰はできずあらためてリンク作業が必要です。

マッピングパネルからのドラッグ操作

マッピングが完了したあとに、手のひらボタンをアレンジビューにドラッグすると、そのエンベロープが表示されすぐに編集できるようになります。ここでは、次項のために、Mojito のカットオフ（Filter Cutoff）を表示しておきましょう。

デバイスのノブでの操作を記録する

ノブでの操作はオートメーションとして記録し再現できます。前項までに作成・設定してきたノブで、Mojito の Filter Cutoff を操作する動きを記録する手順の一例を紹介します。

手順

① オートメーションモードを「ラッチ」に変更
② 再生
③ デバイスのノブを操作
　→操作内容がエンベロープとして記録されていきます。
④ 停止

音が鳴っていないとカットオフの効果はわかりません。あらかじめメロディーを録音しておいて、カットオフの操作に集中して記録してみてください。
応用として、カットオフとレゾナンスの2項目を用意して、同時にノブ操作して記録するのも面白いでしょう。複数のパラメーターを同時に操るのは、マウスではできない作業です。

外部機器でカットオフのオートメーションを記録した

⑤ オートメーションモードを「リード」に変更
⑥ 再生
　→操作が再現されることを確認しましょう。

機器でおおまかな操作を記録し、エンベロープで細かい編集をすると、より細やかに作り込んでいけるでしょう。

コントローラーの集合体「マクロコントロール」

＊Professional のみ

マクロコントロールは、複数のエフェクトのパラメーターを1画面にまとめたコントローラーです。機能や仕組みを確認するのに適したFXチェーンがあるので、そちらを見てみましょう。

マクロコントロール画面の表示

マスターチャンネルのチャンネルエディターを開き（①）、マクロコントロールボタン（②）をクリックします。

チャンネルエディターの機能の1つとして、マクロコントロールがあります。

FXチェーン「Air-Bus」の読み込み

マスターチャンネルのインサートデバイスラックに、FXチェーン（Mixing > Air-Air Bus）を読み込みます。
→インサートデバイスラックに、複数のエフェクトが割り当てられています。
また、マクロコントロールにも複数のパラメーターがアサインされています。

マクロコントロールマッピングの確認

アサインされているパラメーターを、マクロコントロールマッピングビューで確認してみましょう。

手順

① スパナアイコンをクリック
　→マクロコントロールマッピングビューが開きます。
② Knob1 を選択
　→Knob1 に割当たっているパラメーターが中央に表示されます。

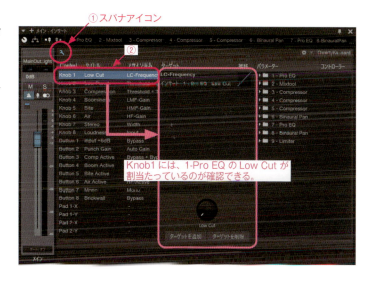

動作の確認

ピンアイコンをオンにしてから（①）、「1-Pro EQ」のタブを選択すると（②）、別画面で Pro EQ を開けます。

元の画面と新しく開いた画面はリンクしているので、マッピングビュー中央のノブを動かすと、「1-Pro EQ の Low Cut」が連動して動くのを確認できます（③）。

他のノブやボタンも同様に確認すると、マッピングビューの記載通りに、割当たっていることがわかるでしょう。

この FX チェーンは、ローカットや、ブーミーな帯域と AIR 感を得る高域を調整できるようになっており、ステレオのワイド感や、Limitter でのラウドネス調整、Compressor での各種調整などもできるマルチなエフェクトを形成していることがわかります。

FXチェーンでの割り当てを分析すると、どのような設定が効果的かといったエフェクトテクニックも学べるでしょう。

1つのknobに複数パラメーターを割り付ける

マッピングビュー右側のパラメーターをダブルクリックすると、項目が追加されます。1つのkonbに複数のパラメーターを割り付けることも可能です。

複数割り当たっているノブは、名称のとなりに「＋」マークが表記されます。

アサインしたいknobを選び、パラメーターの欄から設定したい項目をダブルクリックするか「ターゲットを追加」ボタンをクリックして追加します。

削除するには「ターゲットを削除」ボタンをクリックします。

knobの挙動の詳細設定

中央ではknobの反応を設定できます。図のよう「Low Cut」の項目で、推移を設定すると、Knobを動かしても、ごく狭い範囲でしか数値が変化しないようにすることも可能です。

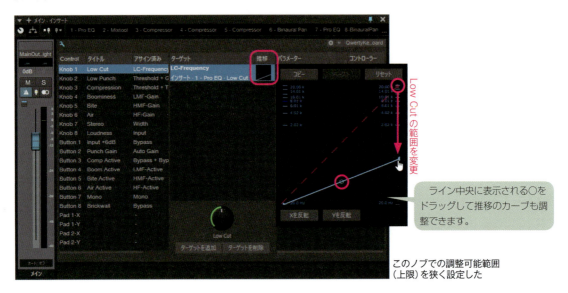

このノブでの調整可能範囲（上限）を狭く設定した

エフェクトのルーティング

ルーティングボタンをクリックすると、ルーティングビューに切り替わり、ルーティング（エフェクト信号の流れ順）の確認や編集をおこなえます。

詳細は「ルーティングビュー（拡張FXチェーン）」（185ページ）も参照してください。

ルーティングビューで信号の流れを編集

設定 設定に関する項目

マクロコントロールの自作とコントロールリンク

　FXチェーンを例として、マクロコントロールの概要を紹介しましたが、1から自作したり、すでに読み込んでいるエフェクト類をコントロールすることも可能です。

　インサートデバイスラックにお好みのエフェクトを読み込み、まだ空っぽのマクロコントロール画面を開いたら、マクロコントロールマッピングビューで、自由にパラメーターをアサインして、自分だけのマルチコントローラーを作ってみてください。

　もちろん、マクロコントロールのノブやボタンは、コントロールリンクが可能で、エフェクトの画面を切り替えることなく、複数にまたがるパラメーターを一括操作することも可能です。

マクロコントロールの編集内容を保存

　マクロコントロールの設定を保存するには、FXチェーンとして保存します。

　使用するには、チャンネルのエフェクトデバイスラックでFXチェーンを読み込むと、保存した状態が再現されます。

FXチェーンとして保存

XYパッドの活用

　マクロコントロール上部の▼をクリックすると、2つのXYパッドが表示されます。（開いている場合は▲で閉じる）

　パッドのX軸Y軸には、上部のノブやボタンと同様にパラメーターを割り当てられます。たとえばフィルターのカットオフとレゾナンスを割り当てて、パッドで音色を操るといったことも可能です。

XYパッドにパラメーターを割り当ててマウス操作できる

手順

① XYパッドで操作するエフェクトを用意

　（ここでは、新規にオーディオトラックを作成し、デバイスラックの「＋」からAutoFilterを読み込みました）

② チャンネルエディターボタンをクリック

　→マクロコントロールが開きます。

421

③ スパナボタンをクリック
　→編集画面に切り替わります。

④ X軸で操作したいパラメーターをPad1-Xに、ドロップ
　（ここでは、Autofilter＞Filter＞CutoffをPad1-Xドラッグ＆ドロップしました。）
　→「タイトル」と「アサイン済み」が表示されます。

⑤ 同様に、Y軸のパラメーターを設定

　（ここではAutofilter>Filter>ResonanceをPad1-Yに登録しました）

⑥ スパナボタンをクリックし元のコントロール画面に戻る

⑦ ▼をクリックしてXYパッドを表示

　→パラメーターの割り当てが確認できます。また、◎をマウスで操作すれば、XY軸を同時に操れます。

　これで、カットオフを開けながらレゾナンスを上げていくといった、2つのパラメーターの同時操作もマウスでおこなえるようになりました。

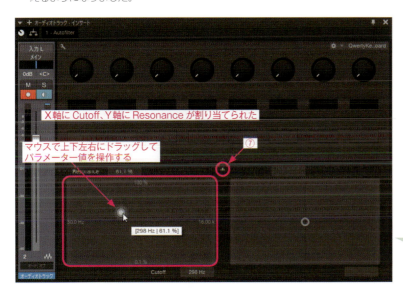

マッピングウィンドウから素早くアサイン

　マッピングウィンドウからパラメーターをドラッグしてアサインすれば、より素早く操作できます。

　また、マクロコントロールはインストゥルメントでも同様に操作できます。ここでは、MaiTaiのCutoffとResonanceをXYパッドに素早く割り当てる手順を紹介します。

手順

① MaiTaiのチャンネルで「インストゥルメントエディター」をクリック
② MaiTaiのチャンネルで「チャンネルエディター」をクリック

「MaiTaiの操作パネルとチャンネルエディターを同時に開いた」

③ 「マッピングを編集」ボタンをクリック
　→マッピングウィンドウが開きます。
④ 操作対象（ここではCutoff）をクリックして選択
　→マッピングウィンドウにCutoffが表示されます。
⑤ 手のひらアイコンをXパッドにドロップ
　→X-Padにcuttoffが割当たります。

⑥ 同様にRes（Resonance）をクリックしてから手のひらアイコンをYパッドにドロップ
　→Y-Padに Resonanceが割当たります。

少ない行程で XYPAD に割り当てられた

Studio One Remote で遠隔操作

＊Professional のみ

　タブレット用アプリの Studio One Remote を使うと、タブレットをコントロールサーフェスにしたり、Studio One の遠隔操作をすることが可能です。

　コンピューターと録音の場所が離れていると、行き来するだけでも大変ですが、これならマイクの前で楽器を構えてからでも Studio One を操作できます。また、タッチデバイスならではの操作性で ControlLink を操作するのも便利です。ここでは、iPad を例に説明します。

準備

　あらかじめ、AppStore / Google Play などで「Studio One Remote」をダウンロードしておきます。また、コンピューターとタブレットが同じ LAN 上にあることを確認しておきます。

　先に PC の Studio One を起動してから、タブレットの「Studio One Remote」を起動すると、画面上に Studio One が認識されます。

> Studio One Remote は、iPad、Android タブレットおよび Windows タブレット用のアプリがそれぞれ用意されています。

操作する Studio One をタップ

認識されていない場合は、scan ボタンで再認識させる

> 「このバージョンの Studio One への接続には対応していません。」と表示される場合は、ファイアウォール設定などアクセス制限がされていないか確認しましょう。

PC で開いている Studio One のソング名

コンピューターで開いているソングが iPad 内で表示される

設定 設定に関する項目

PC側のソング画面

※ここでは、チュートリアルで作成したKaeruSongを開いています。なお、あらかじめ、トラックやチャンネルに色をつけたり、アレンジトラックでセクションを作成するなど、Studio One Remoteとの連携がわかりやすくなるように事前に作業しています。

Professionalを利用していない場合でも「デモモード」をクリックすると、操作を疑似体験できます。デモンストレーション的に画面が表示されるので、雰囲気を確認することができます。

トランスポート系の操作

トランスポートパネルでは、PC同様の作業をおこなえます。画面右上では、スワイプで再生位置を調整できます。

タイムルーターをスワイプして再生位置を指定できる

アレンジトラック

トランスポートパネル

コンソール（チャンネル）の編集

PC のコンソールと同様にチャンネルを編集できます。

チャンネルの「■■」をタップすると、単独の編集画面が開きます。

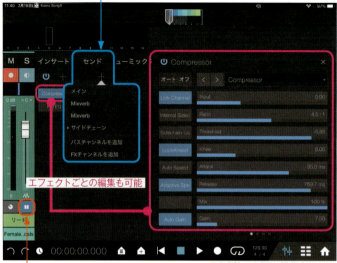

マクロコントロールでの操作

あらかじめ PC 側でマクロコントロールの設定をしておくと、タッチパネルならではの操作感でコントロールできます。

「マクロコントロール」（418 ページ）も参照してください。

設定　設定に関する項目

キーボードショートカット操作

手順

① キーボードショートカット画面に切り替える
② カテゴリーを選択
③ 操作対象となるチャンネルを画面上部で選択
④ パネルの実行するショートカットをタップ
　→実行するコマンドによっては、さらに内容を指定していきます。
　※図では、インサートするエフェクトを指定するプルダウンメニュー　が表示されています。

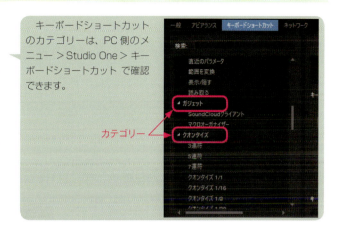

キーボードショートカットのカテゴリーは、PC 側のメニュー > Studio One > キーボードショートカット で確認できます。

①キーボードショートカット画面
②カテゴリーを選択
③操作対象のチャンネルを選択
④ショートカットをタップ

パネルへの割り当てと編集

パネルに割り当てるショートカットは編集が可能です。

パネルに割り当てるショートカットを編集できる

編集

第8章

429

そのほかの設定

サードパーティー製のディザリングを使用

　Studio One の内部では、高い解像度（ビット深度）でオーディオ処理されています。これをオーディオ CD 用の 16bit などへ変換（＝解像度の変換）する際に発生する違和感を無くすための機能が「ディザリング」です。

　Studio One では、状況に応じて自動でディザリングが適用されますが、サードパーティー製のプラグインでディザリングしたい場合は、自動適用を無効にしておきましょう。

手順

① Studio One > オプション をクリック
② オプション > 詳細 > オーディオタブ を開く
③ 再生とオーディオファイルのエクスポートにディザリングを使用 からチェックを外す
④ OKをクリック
　→ディザリングの自動適用が無効になるので、メインアウトのポストデバイスラックで、好みのディザリングを利用します。

小節オフセット

　アレンジビュー上の開始小節は、1 小節目から始まりますが、小節オフセットを設定すれば、0 小節や -3 小節などに変更することができます。

　これは、ヒットアップ用に 0 小節を先頭に設けてノートデータは 1 小節目から入力する、構成を把握しやすいように小節番号を調整する、といった利用法があります。

手順

① メニューからソング>ソング設定 を開き「一般」を選択
② 小節オフセットを設定
　（※初期状態の「0」では1小節目からスタートします。「-4」では-3小節スタート（4小節分のオフセット）になります）
③ 「適用」をクリックし「OK」で閉じる

設定　設定に関する項目

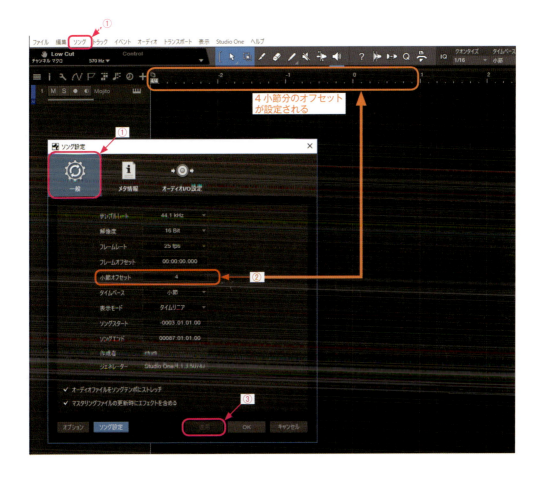

Studio One の色付け（アピアランス）

アピアランスの設定

メニューの、Studio One ＞ オプション ＞ 一般 ＞ アピアランス を開きます。

アピアランスのプリセットも用意されています。「プリセットを読み込む」ボタンをクリックして選択肢から選びます。

「リセット」をクリックすると、初期状態へと戻せます。

> アピアランスを変更し、チャンネルストリップに色をつけると印象が変わるので気分転換によいかもしれません。また、ダーク系にすれば目にも優しいでしょう。

> 「トラックとチャンネルに色付けする」(432ページ) 参照。

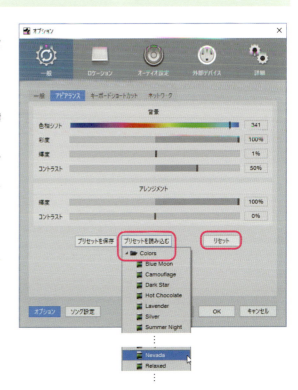

トラックとチャンネルに色付けする

　トラックやチャンネルの全体に色をつけることができます。視認性が高くなり、管理や作業がしやすくなる効果が期待できます。本書では、混乱を避けるため初期設定から変更せず、色はつけていませんが、実際に作業する際にはオンにしたい機能です。

　チャンネルとトラックでそれぞれスパナマークから以下の項目にチェックを入れます。

☑トラックのスパナマーク＞トラックコントロール色を変更
☑チャンネルのスパナマーク＞チャンネルストリップに色をつける

設定 設定に関する項目

イベントを透過する（イベントアピアランス）

イベントを透過すると、背景のタイムライングリッドが透けます。これは、テンポ合わせ（「テンポマップの作成」(326ページ) 参照）で、ベンドを表示することなく波形のアタック部を小節グリッドに位置合わせする場合などにも便利です。

手順

① メニューからStudio One＞オプションを開く
② 詳細をクリックし「編集」を選択
③ 「透明イベントを描画（グリッド透過）」にチェックを入れる
④ 「適用」をクリックし「OK」で閉じる
　→イベントが透過され背景が透けます。

イベントアピアランスでは、イベント名やコードの表示・非表示も切り替えられます。必要に応じてカスタマイズするとよいでしょう。

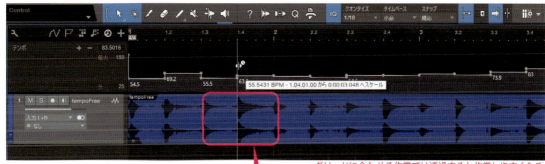

グリッドに合わせる作業では透過すると作業しやすくなる

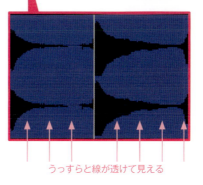
うっすらと線が透けて見える

433

履歴機能

「履歴」には、コンソールでのフェーダーやパンの操作、エフェクトの設定、インストゥルメントの操作パネルの動きなど様々な操作が履歴として記録されています。これらの操作をウィンドウ内で確認しながらアンドゥ(操作の取り消し)することができます。

履歴の状況を見る

編集＞履歴 を開く

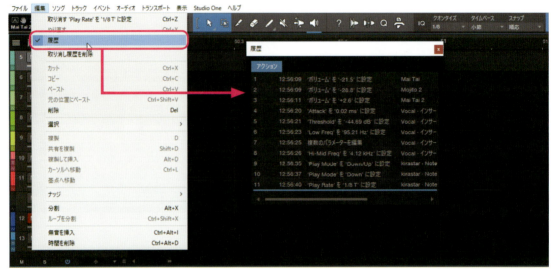

履歴の記録状況を見られる

まとめて履歴をさかのぼる

履歴ウィンドウの青いバーを希望の位置までドラッグして戻す

青いバーを上にドラッグして操作を取り消せる

> ミックス作業ではパラメーター値の変更前後の聞き比べ(A/B 比較)をしたいものですが、履歴の青いバーを上下して、フェーダーやパン、エフェクトパラメーターなどの履歴をアンドゥ・リドゥすることで、簡単に変更前後を比較できます。
> また、インストゥルメント音源のパラメーターの操作履歴も同様に扱えます。

コンソール操作をアンドゥ（取り消し）の対象外にする

フェーダーやパンなどのコンソール操作をアンドゥ対象にしたくない場合は、以下の設定でアンドゥ（取り消し：**Ctrl + Z**）の対象外となります。

手順
① メニューからStudio One＞オプションを開く
② 「詳細」をクリックし、「コンソール」タブを選択
③ 「取り消しを有効化」のチェックを外す
④ 「適用」をクリックし「OK」で閉じる

第 **9** 章

プロジェクトページ

*Professional のみ

プロジェクト画面ではマスタリングをおこなえます。複数の楽曲をまとめて CD にしたり、配信アルバム用に統一感のある作品として完成させるのはその代表的な例です。

単にまとめるのではなく、全体をイメージして聴感上の質感やレベルを曲ごとに調整したり、リスナーの再生環境に配慮することも必要です。また、曲順や曲間の長さなども作品を構成する大切な要素です。

プロジェクト画面の機能や操作を紹介しますが、必ずしも必要のない項目も含まれています。目的の作業が完了したら「オーディオ CD を作成する」(452 ページ) へと進んでください。

> 一般的には別途アプリが必要なマスタリングツール（＝プロジェクト画面）まで用意されているので、制作から、CD 制作、公開、配信まで一貫して Studio One で作業を完結できます。
> ※ Professional 版のみ

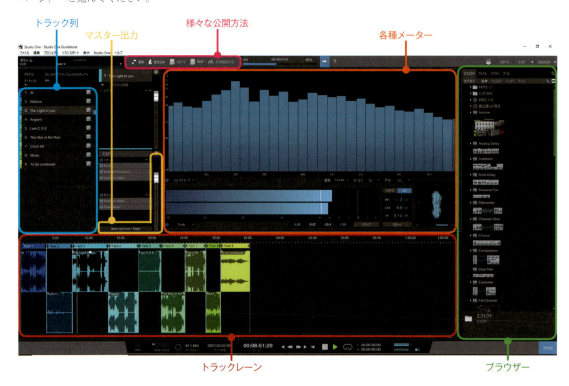

プロジェクトの作成と基本操作

プロジェクトの作成

手順

① スタート画面で「新規プロジェクト」を選択
（ファイル ＞ 新規プロジェクト でも可）

プロジェクトページ

② プロジェクト名や保存場所を指定して「OK」をクリック
　→プロジェクトが作成され、プロジェクト画面が開きます。

プロジェクト画面でのブラウズウィンドウ

右下の「ブラウズ」をクリックすると、ブラウザーが開きます。エフェクト（**F7**）、ファイル（**F9**）、クラウド、プール（**F10**）、のタブが用意されており、ソング画面と同様に扱えます。

マスター出力のデバイスポートを選択する

マスターチャンネルのアウトプット表示から、出力先となるデバイスポートを切り替えられます。

> オーディオI/O設定で、「出力」の物理ポートがステレオで2組以上ある場合に切り替えられます。

439

プロジェクトに楽曲（トラック）を配置する

　今回のプロジェクトで使用するすべての楽曲を画面に配置しましょう。読み込めるファイル形式はオーディオファイルやソングファイルです。以下のいずれかの方法で配置することができます。

方法

- ブラウズ画面から、左上トラック列か下部トラックレーンへファイルをドラッグして、楽曲を配置する。
- メニューの プロジェクト > ファイルをインポート から選択する。
- OSのウィンドウから直接ドラッグする。
- ソング画面で、メニューから ソング > プロジェクトに追加 で追加するプロジェクトファイルを指定する。

　楽曲が読み込まれると、トラック列に曲の情報、トラックレーンに波形データが配置されます。

　ソングをドラッグして「マスタリングを更新」画面が表示される場合は、まだプロジェクト用のマスタリングファイルを準備できていません。「OK」をクリックすると、一旦ソング画面に切り替わり自動でマスタリングファイルの更新（作成）がおこなわれます。

トラックの削除

　トラックを削除するには、トラック列の上で右クリックから「トラックを削除」を選択するか、トラックレーンのイベント（波形データ）上で右クリックから「削除」（Del）を選択します。

　読み込んだファイルはプール（F10）で確認できます。
　各ファイル上で右クリックすると、「エクスプローラーで表示」など管理メニューを実行できます。なかでも「外部ファイルをコピー」は、外部からドラッグした元ファイルをプロジェクト内にコピーするので、作業環境を変更した場合などにファイルを見失うリスクを抑えられます。

プロジェクトページ

曲順を決める

ここまでの作業で、自動的にイベントの先頭にマーカー（曲頭情報）が割り当たり、曲間には自動的に適した間（一時停止）が設けられています。

曲順を入れ替えるには、トラック列の曲情報リストを上下にドラッグします。

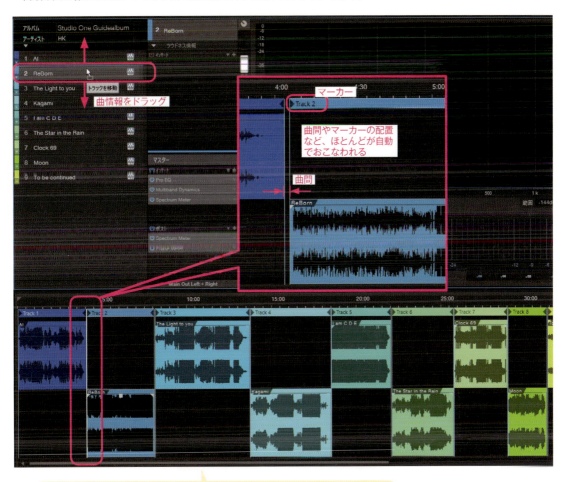

トラックレーンは2段で固定されており、互い違いになるよう自動で配置されます。

曲ごとのメタ情報を入力

トラック列で曲情報リストの「▼」をクリックすると、曲ごとのメタ情報を入力できます。

アートワークには、1400 × 1400 までの画像を読み込めます。

メタ情報は、デジタルリリースで作成した MP3 ファイルなどで反映されるので、公開や配布の際に正しい情報が表示されるように正確に入力しておきましょう。
アートワーク欄に画像を読み込むと、MP3 ファイルのアイコンになります。

メタ情報のコピー

メタ情報は、他のトラックにコピーすることができます。1つのトラック上でデータ入力を完了したら、トラック上で右クリックし「メタデータをすべてのトラックにコピー」を実行します。

ディスク全体の情報を入力

「ディスク」「アーティスト」には、それぞれディスク名とアーティスト名を入力しておきましょう。例えば、「ディスク」は、デジタルリリースでの書き出し時に保存先として作成されるフォルダー名に反映されます。(※ドキュメント（Mac: 書類）＞ Studio One ＞ Project ＞ "プロジェクト名" ＞ Releases の中に作成されます。)

また、▼をクリックして、デジタルリリースなどに反映されるディスクのメタ情報を入力できます。

ディスク全体の名称やメタ情報

曲ごとの質感や音量感を調整する

エフェクトでの調整

曲ごとのエフェクトと、マスター出力へのエフェクトを使用できます。
エフェクトデバイスラックでの操作はソング画面の時と同じです。

編集機能

デバイスラックでは、▼から「展開」を選択すると、ラック内でエフェクトが縮小表示され、メーターの確認やパラメーターの編集もおこなえます。

また、マクロコントロールを呼び出したり、Control Link も利用可能です。操作法などはソング画面の時と同じです。

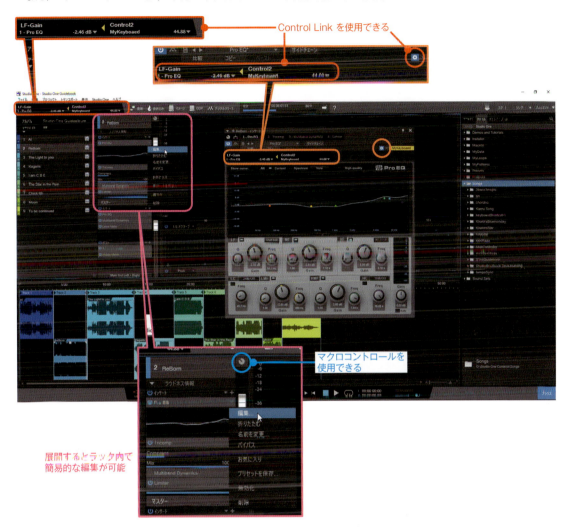

マスタリング用のエフェクト

まずはプリセットの利用からはじめるとよいでしょう。例えば、FX チェーンの Mastering > Channel を選ぶと、イコライザー、マルチバンドコンプ、リミッター、スペクトラムメーター、フェーズメーターなど、マスタリングの定番ツールが一気に読み込まれます。他にも、Boost the Beat、Save Master Level、Smooth and Clear などエフェクト結果を予想できる名前が付けられた FX チェーンもあります。

エフェクトのバイパス

アクティベートボタンをオフにすると、エフェクトがバイパスされます。エフェクトの有無での比較を素早くおこなえ便利です。インサート左のアクティベートボタンでは、インサートデバイスラック内のエフェクトを一括でオン / オフできます。

トラックをバウンス

トラック上で右クリック>トラックをバウンスを実行（①）すると、そのトラックのデバイスラックでのエフェクトやボリューム（②）を反映したオーディオに書き出して置き換えられます。完了するとエフェクトは削除され、フェーダーは初期位置に戻ります。

インサートデバイスラックのエフェクトやフェーダーを
反映したオーディオに書き出される

プロジェクトページ

メーターを利用した確認

耳で聴くだけでなく、メーターを使って目でも確認すると、より正しい判断ができることでしょう。右上に3つのメーター（スペクトラムメーター、音量メーター、位相メーター）が用意されています。

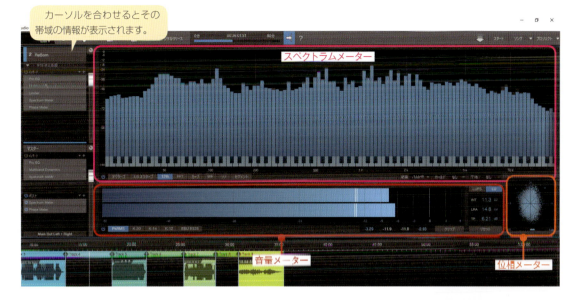

カーソルを合わせるとその帯域の情報が表示されます。

スペクトラムメーター

音の周波数の分布を目で確認できます。

メーターの左下で「オクターブ」や「FFT」「WF」「ソノ」など、好みの表示方法を選べます。

右下にある「平均」では、RMSレベルの反応速度を設定できます。※「なし」を選ぶと、点は表示されません。

RMSレベルとは、人間の聴感上のレベルに近い値を示す数値です。ピークで突発的な音量レベルを監視し、RMSレベルは音圧（音の強さや印象）の目安にするとよいでしょう。

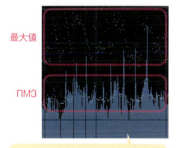

下側にある点はRMS（聴感上の音量）を、上側の点はピーク（最大値）を表します。

「12th」ではメモリ表示がピアノ鍵盤になり、音程を視覚的に捉えることができます。

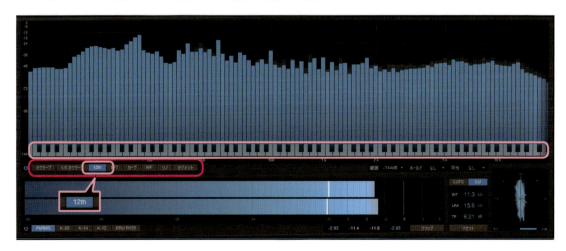

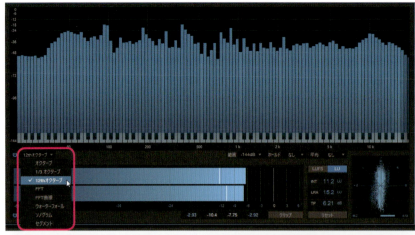

画面表示が狭いとプルダウン
メニューでの選択になる

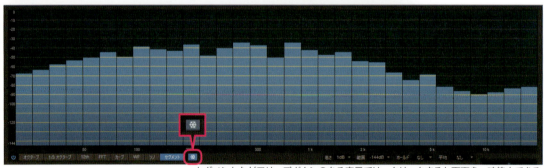

セグメントなどフリーズボタンのある表示では、クリックすると画面を一時停止できる

音量メーター

音量レベルを高精度に表示するメーターです。

「Peak/RMS」とK-System（K-20,K-14,K-12）、EBU Loudness（R128）の3種類の表示形式が用意されており、メーター上を右クリックして切り替えられます。（音量メーターについては456ページ参照。EBU Loudnessについては「ラウドネスメーターの搭載」（457ページ）」参照。）

位相メーター

左右の振れ幅や位相を視覚的に確認できます。

曲間の編集・調整

曲間を調整する

曲間は自動的に調整されますが、ドラッグで手動調整もおこなえます。あえて次の曲と重ねてクロスフェードを設定することも可能です。

曲間の調整や、クロスフェードもおこなえる

フェードインフェードアウトの調整

イベントにはボリュームエンベロープが表示されています。▼をドラッグすることで、フェードイン・フェードアウトの設定をおこなえます。また、**Shift** を押しながら三角を上下にドラッグした場合は、フェードのカーブ形を調整できます。（フェードの ■ をドラッグしても同様の操作をおこなえます。）

クロスフェードを設定する

イベントが重なり合っている部分にクロスフェードをかけることができます。両方のイベントを選択しておき、右クリックから「クロスフェード」を選択します。（ショートカット：**X**）

フェードインの時間やカーブを調整

曲間の時間調整

各トラックの冒頭には、自動で2秒間の無音が挿入されています。曲情報の「一時停止」欄では、曲ごとにこの長さを最長10秒まで変更できます。

トラック列の高さによっては、設定項目が見えない場合があります。「トラック高さを切り替え」ボタンをクリックすると、トラック列の高さが広がり、表示項目が増えます。

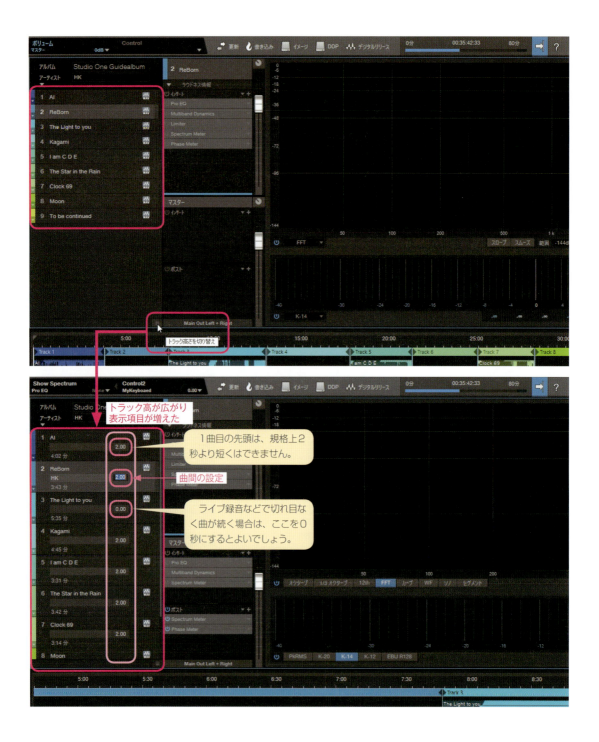

トラックマーカーの活用

トラックマーカーを使うと、1つのオーディオイベントを複数のトラックに分けたり、逆に複数のオーディオをまとめて1トラックにするなど、柔軟なトラック作成が可能になります。

トラックをカーソルで分割

実行すると、カーソル位置でトラックが分割されます。

1つのオーディオイベント内に複数のトラックマーカーを作成できるので、例えばひと続きで収録されたLiveを曲ごとにトラックで分割したり、古いレコードを録音して曲ごとにトラックマーカーを作成することも簡単におこなえます。

手順

① カーソルを分割ポイントに配置
② 右クリック>トラックをカーソル位置で分割 を選択
　→カーソル位置でトラックが分割されます。

分割され増えたトラックは左の
トラック列にも追加されます。

1イベントに収録されているレコードのA面をトラック別に分割

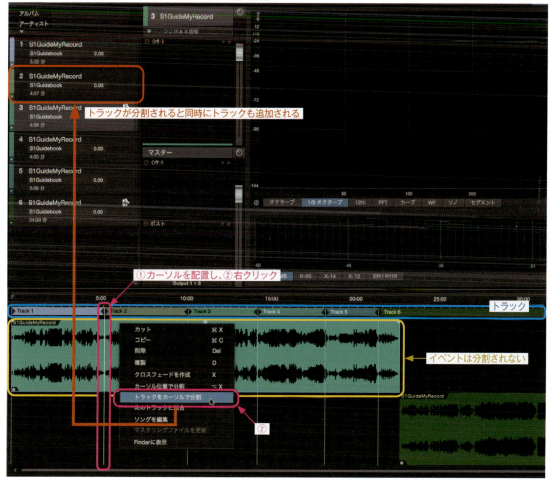

イベントをカーソル位置で分割

実行すると、カーソル位置でイベントが分割されますが、トラックは分かれません。

不要な箇所を分割して削除したり、曲単位でイベントを分割して余白の時間調整をしたりすることが可能です。

手順

① カーソルを分割ポイントに配置
② 右クリック＞イベントをカーソル位置で分割 を選択
　→カーソル位置でイベントが分割されます。

カーソル位置でイベントのみ分割される

次のトラックと結合

隣り合う2つのオーディオイベントを1つのトラックとしてまとめることができます。

手順

結合する2つのイベントの左側で、右クリック＞次のトラックと結合 を選択
　→トラックが結合されます。

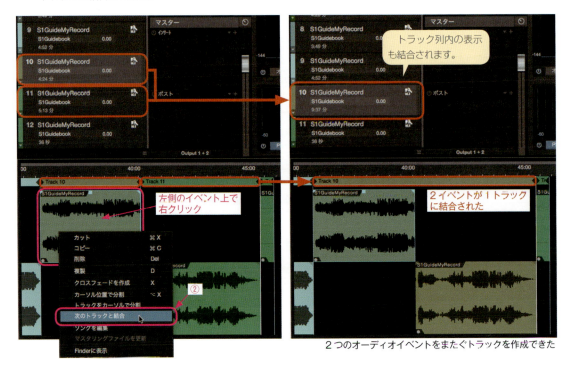

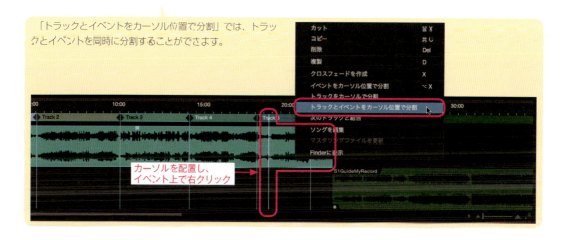

その他の操作

ソングファイルに戻って修正する

ソングから書き出したマスタリングファイル（Projectデータ）を取り込んだ場合は、ソング画面へ戻って編集をやりなおせます。このようにいつでもミックス前の作業に戻れるのは、オーディオファイルでのマスタリングと比べると、とても大きな利点です。※マスタリングファイルについては次項で解説します。

手順

① トラック列で、スパナ付きアイコンをクリック（もしくは右クリック > ソングを編集 を選択）
　→ソングが開き編集をおこなえます。
② ソングを編集
③ ソングページで、メニューのソング>マスタリングファイルを更新 を選択
　→ソングが保存され、編集結果がプロジェクト画面の曲にも反映されます。
④ 「プロジェクト」ボタンを押してプロジェクト画面へ戻る

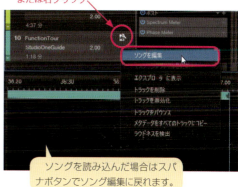

プロジェクトを閉じている時に、別途ソングで作業した場合は、曲情報の上で、右クリック > マスタリングファイルを更新 を選択しましょう。最新のソング状態を反映できます。

事前にマスタリングファイルを用意する

ソングファイルをプロジェクト画面へドラッグすると自動でマスタリングファイルを更新してくれますが、その書き出し時間は結構長く感じるものです。使用するソングは、事前に「マスタリングファイルを更新」しておくとよいでしょう。

手順

① ソング画面でソングデータを開く
② マーカートラックで「Start」「End」マーカーで範囲を指定

③ メニューから ソング > マスタリングファイルを更新 を選択
　→プロジェクト画面用のマスタリングファイル（Projectデータ）が作成されます。

マスタリングでのディザリング

　解像度（ビット数）の変換を伴うマスタリングではディザリングするべきですが、Studio Oneでは必要に応じて自動で処理されます。他社製のディザリングを利用する場合は、ポストのデバイスラックに読み、Studio Oneのディザリングはオフにしましょう。（「サードパーティー製のディザリングを使用する際に必要な設定」（430ページ）を参照）

【手順】
① メニューのStudio One > オプション > 詳細 の オーディオ タブ を開く
② 「ディザリングをオーディオデバイスとオーディオファイルのエクスポートに使用」のチェックを外します。

オーディオCDを作成する

　プロジェクト画面での作業が完了したらCDに書き出して完成させましょう。

【手順】
① 「書き込み」ボタンをクリック
　→「オーディオCDを書き込み」ウィンドウが表示されます。

② 空のCDを挿入します。
③ 書き込み用ドライブ（デバイス）と速度（スピード）を設定
④ 「書き込み」ボタンをクリック
　→Red Bookに準拠したCDが作成されます。

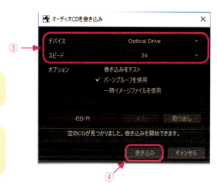

> CD-Rをドライブに入れた際に、Windows Media Playerが開いたり、自動再生に関する画面が表示された場合は、そのまま閉じてかまいません。

> 粗悪なCD-Rで作成すると、正しく作成できたように見えても、CDプレイヤーによっては認識してくれないことがあります。これは規格とは関係なく品質の問題です。信頼性のあるメディアを用意しましょう。

その他の公開方法

作品を完成させる方法は、前述のCDへの書き込み以外に、イメージファイル作成、DDPファイル作成、デジタルリリースなどが用意されています。

納品前には必ず確認しましょう

プレスのための納品データは、CD-Rに焼いて送ればいい、DDPで書き出してデータを送ればいい、という単純なものではありません。厳密なフォーマットに準拠していることはもちろん、納品先が業者さんであれば、それぞれ細かな決まりごとがあるかもしれません。
　データが正常に制作されているかを自分で確認しておくのはもちろんのこと、細かい部分は必ず業者の方にチェックしてもらってから納品するべきです。
　予期せぬトラブルを防ぐためにも、Studio Oneで作成したデータをそのまま不用意に納品するようなことは避けましょう。

イメージファイルを作成する

「イメージ」をクリックすると、「プロジェクト全体を1つのデータにしたWaveファイル」と「キューファイル」が書き出されます。この2つのデータで、CD作成専用アプリケーションへとデータを受け渡します。
　マスターCD-Rを送付する際の傷が心配であったり、自分の環境では書込みエラーがあるのでは、といった心配せずにデータを受け渡せます。

レベルオーバーの警告が表示されたら、キャンセルして音量レベルを見直しましょう。

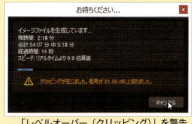

「レベルオーバー（クリッピング）」を警告されたらやり直すのが無難

公開しないを選択した場合は、Studio One ユーザーデータフォルダ内の Projects > Releases フォルダに Wave と cue が1つずつ保存されます。

Releases フォルダ内に書き出された2つのファイル

コンピューター内に保存する場合は「公開しない」を選択

DDP ファイルを作成する

「DDP」をクリックすると、「DDP イメージを作成しますか？」と聞いてくるので「はい」をクリックします。
プロジェクトフォルダー内に、「プロジェクト名＋DDP」フォルダと、「CD プロトコル」の2つのデータが保存されます。

DDP で作成されるデータ

プロジェクトフォルダーは以下の階層に保存されています。
ドキュメント（Mac：書類）> Studio One > Projects

DDP は、プレス業者とデータでのやり取りが可能なため、近年はよく利用されています。しかし一部では、規格の互換性によるトラブルが起きる例もあります。
内容や品質は、イメージファイルと差違はありませんので、やり取りする相手とも相談して、的確かつ確実なマスターデータのやり取りをおこないましょう。

DDP ファイルの読み込み

DDP ファイルを開くには、新規プロジェクトを作成する際に「トラックを DDP イメージからインポート」にチェックをいれて、読み込む DDP ファイルを指定します。

他の DAW から書き出した DDP の読み込みのほか、Studio One で書き出した DDP を読み込んでのチェックにも使用できます。

DDP フォーマットも浸透してきましたが、納品前には、思わぬエラーやデータ不良をさけるためにも、必ず納品先の業者さんとデータに問題がないことを事前にチェックしましょう。

DDP イメージをプロジェクトファイルとして開ける

プロジェクトページ

デジタルリリース用のデータを作成する

　デジタルリリースボタンでは、オーディオファイルを一括で書き出せます。ウェブサイトへの公開用データとしてMP3が必要……といった場合や、オンラインショップ販売用のデータを効率よく作成する際などに、ソングから個別にオーディオデータを1つずつ書き出すよりも効率よく作業できます。また、「公開」用のメニューが用意されており、「SoundCloud」へ直接アップロードすることも可能です。（※各サービスを利用する準備が別途必要です。）

手順

「デジタルリリース」をクリックして、各種設定を確認して「OK」をクリック
→プロジェクト内のトラックごとに個別のオーディオファイルが書き出されます。

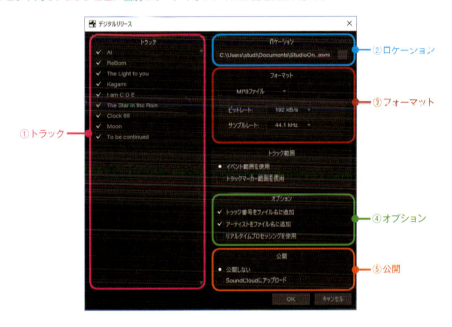

① **トラック**：書き出すトラックにチェックを入れます。
② **ロケーション**：保存場所を設定します。
③ **フォーマット**：書き出すファイル形式の設定をおこないます。
④ **オプション**：「名前設定」の各項目へチェックを入れると、作成されるファイル名が「（トラック番号）＋（アーティスト名）＋曲名」になります。「プロセッシング」は、エフェクトのPipelineやアウトボード（外部エフェクト）を設定している場合に自動的にチェックが入ります。
⑤ **公開**：コンピューター内に保存する場合は「公開しない」を選択します。

デジタルリリースで「公開しない」を選ぶと、Projects > Release > 「プロジェクト名」（もしくはメタ情報の「ディスク」名）内に個々のオーディオファイルが書き出されます。

書き出されたデジタルリリースデータ

音量メーターと K-System

ラウドネス（音の大きさ）を操るには、音量メーターの設定・活用も大切です。
Studio One のメーターは初期状態では RMS/Peak になっていますが、K-System やラウドネスメーター（EBU Loudness）に切り替えることもできます。

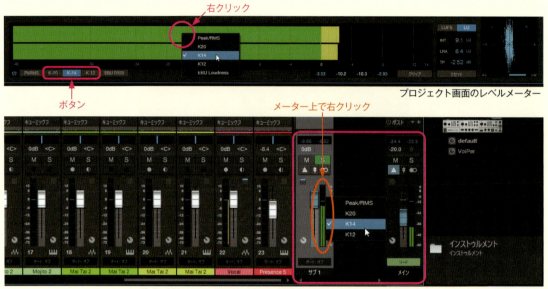

プロジェクト画面のレベルメーター

ソングページのコンソールでは、メインアウトと出力バスのメーター表示を K-System に切り替えられる

Peak/RMS（PkRMS）では、ピーク（最大値）を監視できる Peak と、人間が感じる音量感（音圧、音の強さ）を示す RMS を同時に表示します。

K-System は以下の 3 つの基準を切り替えられます。
- K-20：ダイナミックレンジの広い大劇場音楽や交響曲などのクラシック
- K-14：家庭用のホームシアターやポップスなど大半の音楽
- K-12：放送用

分野ごとに指標があったとはいえ各自で設定していたヘッドルームの設定にリファレンス（参照基準）を指し示すのが K-System であり、簡単にいうとメモリ表示の切り換えとも言えます。切り替えると 0dB 表示が移動（＝ヘッドルームの変更）するのがわかります。K-20（＝ヘッドルーム大）にして、小さな音から大音量までの差を表現するのか、K-12 にして小さなヘッドルームに音をギュッと詰め込んで頭をつぶし、音量差のない音圧の高いミックスにするのか、という異なる作業結果を導けるメーターであるのがわかります。ポップスなど音楽制作では K-14 でよいとされています。

プラグイン「Level Meter」を使えば、ソングページでもラウドネスメーターを使用できる

ラウドネスメーターの搭載

メーター表示をラウドネスメーターに切り替えることができます。ラウドネスメーターは、デジタル放送におけるコンテンツ（番組やCMなどプログラム）で平均ラウドネス値を管理する場合などに用いられています。最近では、ストリーミングサービスでラウドネス規制が設けられてきたことなどから、楽曲作成においても注目されるようになりました。

> **ラウドネス**
> ラウドネスとは、人が感じる"音の大きさ"を表します。
> 人間の聴覚は周波数特性を持っているので、同じ音圧でレベルメーターが同じdBを指していても、その音が含む周波数成分によっては、音量が違うように感じます。
> ラウドネスメーターを用いると、人が感じる"音の大きさ"（聴感上の大きさ）を数値で明確に表し、個人差なく読み取ることが可能です。ラウドネス値の単位は、LKFSやLUFSで記され、相対的に表す場合はLUが用いられます。

① EBU R128

ラウドネスメーターに切り替えるには「EBU R128」を選択します。

② 表示単位（LUFS・LU）の切り替え

LUFS（Loudness Unit Full Scale）は、ラウドネスを表す値の単位です。選択すると、メーター表示やINTの単位がLUFS表示に切り替わります。

LU（Loudness Unit）では、相対的なラウドネス値を表示します。EBU R128では、0LU＝ターゲットラウドネス値(-23LUFS)となります。なお、1LUの変化は1dBの変化と同じです。

③ INT、LRA、TP など計測された数値の表示

　INT（インテグレーテッドラウドネス）は、平均ラウドネス値を示します（＝ロングターム）。メーター上では白いバーで表示されます。LRA（ラウドネスレンジ）は、時間経過とともに変化するラウドネス値の分布の幅を表します。メーター上で赤い枠で表示されます。
　TP（トゥルーピーク値）は、アナログ信号の真のピーク値の近似値を算出した数値です。

④ リセット

　計測値をリセットする際にクリックします

⑤ EBU+18、Short-Term、Momentary

　EBU +18 は、メーターの表示領域を変更します。音楽ではほとんどの場合でオンにすることになります。
　Short-Term（ショートターム）は直近 3 秒のラウドネス値を表示し、Momentary（モメンタリ）では、400 ミリ秒ごとのラウドネス値を表示します。

柔軟なラウドネス検出オプション（プリ FX・ポスト FX）

　オフラインでラウドネスを検出するには、「ラウドネス情報」（①）をクリックします。
　「プリ FX」（②）ではインサートエフェクトの手前のラウドネスが表示され、「ポスト FX」（③）ではトラックフェーダーの後ろ（マスターデバイスラックの手前）のラウドネスが表示されます。

1 つのイベントを複数のトラックに分割している場合は、アイコンの表示されたトラックでラウドネスを検出します。アイコンのない方のトラックで検出しても数値は表示されません。

ラウドネスメーターの運用

これまでの（以前の）Peak レベルを基準にしたガイドラインでは、ダイナミックレンジの狭い音圧の高い音声が良しとされる傾向にあり、例えば目立つことが重要な TVCM では、音量感覚を大きくするよう工夫していった結果、番組から CM に切り替わると音量が大きく感じ、目立たせることには成功しても、視聴者はリモコンでボリュームを上下しなければいけない状況を生んだりしていました。

また、放送分野での、低コスト化、専門性の軽減、音圧での偏った評価の改善などのために、ノーマライズ方法や指針の見直し（音声ガイドライン – ラウドネスによる管理）が求められ、国連の機関である ITU により測定方法の国際基準も定められました。

例えば日本で策定された ARIB TR-B32 では、デジタル放送におけるコンテンツ（番組や CM などプログラム）の平均ラウドネス値を管理するために、以下の取り決めがあります。

● 番組の平均ラウドネス値（ターゲットラウドネス値）を -24LKFS とする（※1）
● 許容範囲は、ターゲット値には ±1dB の許容範囲が設けられる
● トゥルーピークの最大値は、-1dBTP とする

上記のような取り決めを管理するためにラウドネスメーターが活用されています。また、最近はストリーミングサービスでのラウドネス規制もあり、楽曲制作者もラウドネスの理解と管理技術が求められてきています。

> （※1）表示上のズレ
> Studio One に採用されている EBU R128 用メーターを、日本国内の放送分野で使用する場合は、ガイドラインの相違に注意が必要です。（※ガイドラインは、各国・地域ごとに制定されており、例えば、ATSC の A/85（北米）、EBU の R128（欧州）、ARIB TR-B32（日本）などがあります。）
> 例えば、相対表示（LU）にした場合、Studio One（EBU R128）では 0LU=-23LUFS ですが、日本（ARIB TR-B32）では 0LU=-24LKFS としているため 1LU のズレが生じます。このズレを意識してラウドネスメーターを使用する必要があります。

> ARIB TR-B32 の策定は、前述の通り放送業界（デジタル放送におけるコンテンツ）での話であり、音楽1曲もしくはアルバム全体では、-24LKFS（LUFS）を狙って制作しなければいけないわけではありません。
> 音楽 CD やストリーミング、YouTube 用コンテンツは、デジタル放送向けコンテンツではないので、ARIB TR-B32 とは別に各社がそれぞれラウドネス規制を独自に設けている状態です。おおむね INT を、-16 もしくは -14 ～ -12LUFS の間で調整するとよいといった話もでていますが、機会があればガイドラインなども参照してみてください。
> また、雑誌でのラウドネス特集などもよく見かけるようになってきましたので、Studio One でのラウドネス関連の項目を把握してから読むと理解が進むでしょう。

第 10 章

作品作り

Studio One 作曲法

　ここでは、Studio One を使った簡単な作曲法を紹介します。興味はあるけど作曲なんてできないよ……　という人向けの、あまり理論にこだわらない作曲法です。とにかく自由に制作を楽しむことから初めてください。Studio One が手伝ってくれます。

　音楽制作になれている人も試しにやってみてください。いつもと違うアプローチにより思わぬ名曲ができるかも!?　しれません。

　楽曲として成立させるには、メロディー、コード、リズムの3つの要素を盛り込むとよいでしょう。Studio One でそれぞれの項目を作成する一例を紹介するので、参考にしてください。

ソングを作成する

　「空のソング」テンプレートから新規ソングを作成します。

復習
「新規ソング作成」（95ページ）

　作成できたら拍子やテンポを設定しましょう。もちろん後からでも設定できます。（※4/4拍子のループが多いので、最初は4/4拍子が作りやすいでしょう。）

復習
「テンポと拍子」（322ページ）

作品作り

リズム

リズムが刻まれると音楽性が生まれます。メロディー楽器がリズミカルに演奏するだけでもリズムは生まれますが、ドラムなどのリズム楽器は、より明確にビートやグルーブ感を与えてくれます。

リズムトラックの作成

サウンドブラウザ（**F8**）を開いて、気に入ったリズムを見つけてリズムトラックを作成します。（※音程感のない楽器がよいでしょう。）

途中から違うループにして変化をつけてみましょう。もちろん自作のリズムパターンを作成してもかまいません。（違うループであっても、同じトラックに配置すれば、同じインストゥルメントで演奏させられます。）

復 習

「音楽素材を利用する（Musicloop/Audioloop）（ループ）」（210ページ）
「ドラムパートの入力（Impact）」（66ページ）
「**D**キーでどんどん複製」（68ページ）
「ブラウザー」（129ページ）ほか……

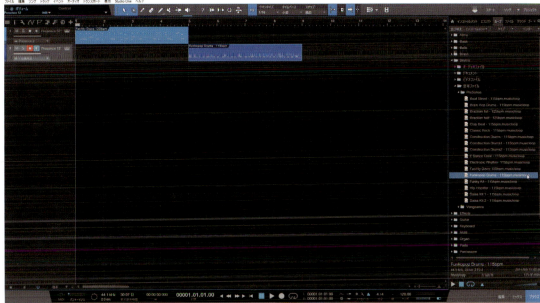

ドラムを作成した

コード

響きです。複数の音符が同時もしくは連続的に鳴ることでハーモニーが生まれます。さらに時間経過で響きが変わることで曲が展開していきます（＝コード進行）。

コードトラックの作成

サウンドブラウザ（**F8**）を開いて、リズムトラックにあうループを探します。音程感のあるループを並べてコード進行となるトラックを作成しましょう。

色々なループを並べてみる、移調機能で他のキーに変更する、ループ内のノートイベントを編集する、など変化を付けてみましょう。バージョン4から搭載されたコードトラックとハーモニー機能なら、ループ素材も思い通りのコード進行にはめられます。

好きな曲のコード進行を調べて、自分で入力してもよいでしょう。

復習

「ノートデータの移調（トランスポーズでオクターブ下げる）」（55ページ）
「ステップ録音」（48ページ）
「リアルタイム録音」（45ページ）
「ソングのコード進行を入力する｜コードトラック」（226ページ）
「ハーモニー編集｜ノートデータをコードトーンにマッチ」（232ページ）

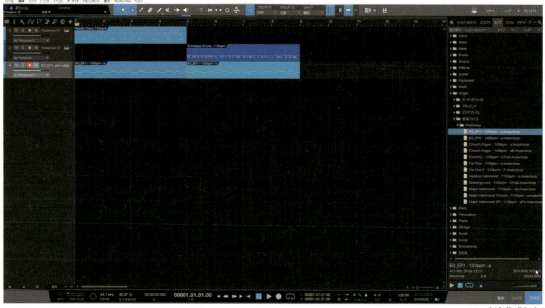

コードを作成した

作品作り

メロディー

旋律です。まずは歌うパートと考えておきましょう。曲の顔ともいえる主役です。

メロディートラックの作成

リズムとコードが作れていれば、その曲の持つ雰囲気も決まり始めているでしょう。何度も繰り返し聴いて、思いつくメロディーを形にしていきましょう。歌う場合は作詞にも挑戦してみましょう。

リズムとコードのトラックを流しながらループ録音して、思いつくメロディーを何度も繰り返し録音します。ループ録音したテイクからOK部分をコンピング機能で繋ぎ合わせます。

ギターなどの楽器を演奏する人は、ギターでメロディーを録音するのもよいでしょう。また、ボーカリストにデモを渡して録音してもらったり、他のアーティストとの競作も楽しいでしょう。

復習

「オーディオトラックへの録音」（61ページ）
「録音作業の詳細」（280ページ）
「オーディオでの連携（ステム・AAF）」（378ページ）

メロディー録音した

もうワンステップ

Melodyneを使えば、歌って録音したメロディーをMIDIデータに変換することができます。（Professionalのみ）
楽器や楽譜が苦手な人でも、自分の思いついたメロディーをシンセで演奏させたり、ボーカロイドで編集して歌わすなど、音楽制作の手助けとなるでしょう。　　　　　　　　　　　　　※ボーカロイドはStudio Oneには付属しません。

復習

「解析したピッチ情報をMIDIデータに変換」（291ページ）
「メロダインでピッチとタイミングの編集」（289ページ）

第10章

作品を完成させる

これで目標としていた3つの要素は完成しました。ミックスして書き出せば作品の完成です。

オーディオに書き出したり、SoundCloud（※ Artist, Professional のみ）などのウェブサービスに公開してもよいでしょう。Professional ではマスタリングや公開もおこなえます。

復習

「ミックス」（78ページ）
「書き出しやマスタリングに向けての作業」（87ページ）
「オートメーションの活用」（295ページ）
「プロジェクトページ」（437ページ）

アップロード画面

もっと作り上げるには

実際の音楽にはたくさんのパートが重なっています。いろんな楽器を想定しながら他のパートも作成してみましょう。パートを重ねていくと、次第に音程やリズムがぶつかるようになり、制作が難しくなっていくものです。自分の耳でなんども確認して、気持ちのよい響きを見つけましょう。Studio One の機能も助けてくれます。

復習

「音楽エディタ　の概要／1.スケール」（137ページ）

音程感のあるループを重ねる作業は不協和音に悩まされるものでしたが、コードトラックやハーモニー機能は、その悩みの緩和を期待できます。ヒット曲のコード進行をコードトラックに入力してからループを重ねてみるのもよい研究となるでしょう。

オリジナルのグルーブを生み出したいなら、パターンを使って Impact XT でドラムパートを構築したり、その Impact 用の音色を Sample One XT で自分で録音してパッドに割り当てたり、とこだわることもできます。

復習

「ソングのコード進行を入力する | コードトラック」（226ページ）
「ハーモニー機能 | ノートデータをコードトーンにマッチ」（232ページ）
「Impact XT」（205ページ）
「Sample One XT」（195ページ）

ループなど音素材はたくさんあるほどにアイディアや思いつきのきっかけとなるものです。また、ミックスでの音作りや制作段階での音色作りでは、オーディオエフェクトが充実していると制作の幅が拡がります。無償版 Prime を使用している場合は、遥かに多くの Musicloop や Audioloop、エフェクトなどを使用できる製品版の導入を検討するのもよいでしょう。

制作の動機

　泣きのコード進行から作る？ セオリーどおりに作る？ ノリノリの4つ打ち？ 作曲するには、いろいろなアプローチがあり、さまざまな手法が紹介されていることでしょう。
　ここでは、「音色をきっかけに発想を得る」という曲作りを提案してみようと思います。相反する2つの「音色の見つけ方」から作品作りの手法を考えてみましょう。

①求める音色を意識して探す（気持ちに合う音を探す）

　今、自分がどんな気分でいるのかを感じましょう。
　例えば、「今日は雨で憂鬱だなぁ、湿気も多いなぁ。」と感じたら、それを題材にして、音を探したりフレーズを曲にしてみます。

・自分の想い描いた「雨」のイメージに合う音色を探してメインとなるフレーズに使ってみる
・「雨」＝水の透き通ったイメージの音を探す。
・リバーブのかかっている音を使ってみると「湿気感」を表現できるかもしれない。
・「憂鬱」な音は、モワァ～としたエフェクトで表現してみる

　これは、一例に過ぎません。自分の感覚で、こういった音と意識の結び付きを見つけてみましょう。

> 音色だけでなく、「雨」のリズムからインスピレーションを感じて、ドラムトラックやメロディーを作ってみるのも面白いでしょう。

②音色を聴くことで意識を発見する（音から気持ちを見つける）

　音色から着想を得てみましょう。
　例えば、インストゥルメントで色々な音色で音を出してみます。好きだなぁと思う音や、オモシロい音や変な音など、ピンとくる音があったら、その音に合うフレーズを作ってみましょう。
　例えば、浮遊感のあるPAD系の音色にピンときたら、それに合うコード進行を作り、「宇宙っぽいなぁ」と感じたら、それだけでも素晴らしいインスピレーションとなるでしょう。
　一般的なイメージと必ずしも一致する必要はありません。確実なイメージではなくとも方向性を決めるきっかけにもなるでしょう。

音楽と自分のつながり

　いかがだったでしょうか。どちらも、自分の中のモノと音楽を結び付け、自分を表現するのに適した曲作りです。表現するためには、音楽の知識や理論も必要になりますので、ぜひ、色んな音楽を聴いて学んだり感じたりしてください。
　また、音楽以外の芸術に触れることや、日常のふとした気づきなども、自分を表現する作品へとつながることでしょう。

第11章

バージョン 4.5 の新機能（抜粋）

入力ゲインと位相反転をコンソールに搭載

ゲインコントロール

　コンソール上で入力ゲインを素早くコントロールできるようになりました。これまでもエフェクトの「Mixtool」をインサートすれば同様のゲイン調整が可能でしたが、より効率的に作業できるでしょう。

　入力チャンネルのゲインノブでは、あたかもオーディオデバイスのゲインを調整しているかのように、入力信号のゲインをコントロールできます。また、入力チャンネルだけでなく、各トラックにもゲインコントロールが搭載されています。

　ゲインコントロールを表示するには、ミックスビューのスパナマーク（🔧）をクリックし、入力コントロールにチェックを入れます。

> オーディオデバイスのノブやユーティリティを操作することなく、Studio Oneの入力チャンネルで録音レベルを調整できる利点や、インストゥルメントトラックの大まかな音量調整などの使いこなしがあるでしょう。（例えば、MaiTaiを用意したら音が大きかった！ といった場合にフェーダーやMaiTaiを操作することなくゲインを下げられます。これは、ミックスを始める段階でフェーダーが乱れておらず各トラックのボリューム状態を把握しやすいという利点にもなるでしょう。）

位相コントロールの搭載

　入力ゲインと同様に、位相の反転ボタンも搭載されました。これまではやはり「Mixtool」をインサートしてInvert Phaseで調整するなど若干の工程数が必要でしたが、コンソールからすぐに位相コントロールへアクセスできます。

> 音が思ったように前に出てこない場合の原因の一つに、位相のずれがあります。
> 　例えば、2本のマイクで録音して位相ずれが原因と思われる音の曇りがあったら、一方を位相反転して改善するか試しても良いでしょう。これまでは、オーディオデバイス（マイクプリアンプ）側のスイッチや別途エフェクトを用意、録音後にトラックのディレイを調整、などにより対処していましたが、コンソール上で素早く作業できるようになりました。

バージョン 4.5 の新機能（抜粋）

再設計されたグループ化機能

　グループ化の機能が再設計され、グループの取り扱いや編集の機能が強化されました。トラック管理や編集がさらに便利になりました。

トラックをグループ化

　グループ化すると、属しているトラックのどれかを操作すると、連動してグループのすべてのトラックに作用します。例えば、フェーダー操作やミュート、ソロ、イベントの移動や分割など、一斉に同じ作業をしたいトラックをグループ化しておくと便利です。これは複数トラックに分けているドラムパートなどで効果的です。

> オーディオもインストゥルメントも同じグループに属することができます。

[手順]

① グループ化するトラックを複数選択
② メニューのトラック>選択されているトラックをグループ化」（**Ctrl + G**）を実行
　（※トラック上で右クリックからでも実行できます。）
　→「グループを追加」画面が開きます。
③ グループの名前を入力して「OK」をクリック
　→グループ化され、操作が連動するようになります。

> **Alt キーで一時的に解除して操作する**
> 特定のトラックのフェーダーだけを操作したい場合は、**Alt** を押しながら作業します。一時的にグループから解除され、そのトラックだけを操作できます。

グループの編集

トラックリストを開き、「グループを表示」をクリックすると、グループの編集をおこなえます。

グループの中断

「○」をクリックして「●」にすると、グループを個別に無効/有効を切り替えられます。「すべてのグループを中断」ボタンは、全グループを無効にします。

連動する項目の設定

グループ名を右クリックすると、連動する項目を設定できます。例えば、ボリュームフェーダーだけを連動させる、イベントの編集は連動させない、といった設定も可能です。

グループへの追加とアサイン状態の確認

あとからグループに追加するには、インスペクター内のグループのプルダウンから、属すグループにチェックを入れます。チェックが入っているとそのグループにアサインされていることを示します。

インスペクターでのグループ欄

トラック高を大きくするとグループも表示される

バージョン 4.5 の新機能（抜粋）

コンソールでのグループ確認

ミックスビューのスパナマークから「グループアサイン」にチェックを入れると、グループのアサイン状態が各チャンネルに表示されます。

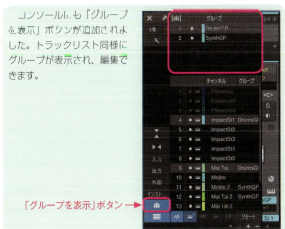

コンソールにも「グループを表示」ボタンが追加されました。トラックリスト同様にグループが表示され、編集できます。

「グループを表示」ボタン →

グループは入れ子状態にできます。また、複雑に複数のグループに属させることも可能です。新機能により複雑なグループ構成での管理も可能になるでしょう。

473

メータリングの機能アップ

ピークメーターの表示

ミキサーチャンネルでピークメーターだけの表示が可能になりました。メーター上で右クリックして、「Peak」にチェックを入れます。

これまでは、RMS と Peak が一緒に表示されていましたが、Peak だけに注目したい場合に切り替えることができます。

コンソール全体の表示が切り替わります。（チャンネル個別の設定ではありません）
反応の早い Peak メーターは突発的なレベルオーバーを監視できます。RMS は聴感上の音量感を確認できます。

プリフェーダーメータリング

フェーダー操作の影響を受けずに、チャンネルにきている信号レベルを表示することができるようになりました。メーター上で右クリックして「プリフェーダーメータリング」にチェックを入れます。

フェーダーを最小に絞っていても、信号がチャンネルにきているかチェックできる

バージョン 4.5 の新機能（抜粋）

オーディオデバイスの I/O 設定が機能アップ

オーディオ I/O 設定で、物理ポートに対して、複数の入力／出力チャンネルを設定できるようになりました。都合で同じポートでやり繰りするが、入力ポートの名称はそれぞれ変更したい場合などにも便利です。

また、ポート名は、クリックして色付けでき、ドラッグ＆ドロップで並び替えが可能になるなど、使い勝手が向上しています。

また、I/O 設定を保存、読み込み、できるようになりました（＊ Artist, Professional のみ）。

保存するには、「エクスポート」をクリックして保存先やファイル名を設定します。読み込むには「インポート」をクリックして I/O 設定ファイルを指定します。

例えば、ソングデータをスタジオに持ち出して作業した際に I/O 設定が変更されても、保存しておいた I/O 設定をインポートすれば、すぐに自宅用の設定に復帰できます。

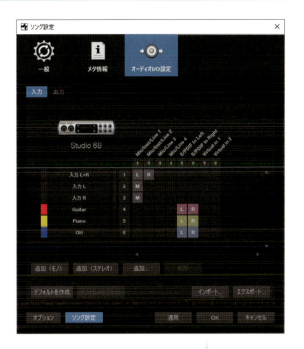

「入力チャンネルと出力チャンネルを設定する」（396 ページ）参照。

初期状態では、ドキュメント＞ Studio One ＞ IO Configurations フォルダに保存されます。I/O 設定ファイルの形式（拡張子）は「.ioconfig」です。

新しいサイドチェーンの設定方法

プラグインの操作パネルから、サイドチェーンでの送る側のトラックを選べるようになりました。

これまではコンソールのセンドデバイスらックで送り先を指定するなど複数の工程が必要でしたが、エフェクトの操作パネル上で、送り元のトラックを設定（制御信号ソースの指定）できるようになりました。これまでよりも簡潔かつ素早く設定が行えます。

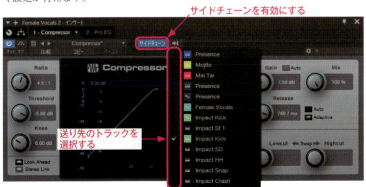

サイドチェーンの設定をしているプラグインをコンソール内でドラッグ＆ドラッグでコピーした場合は、サイドチェーン設定も適した状態に引き継がれつつコピーされます。

これまでのサイドチェーンの方法は 183 ページを参照してください。サイドチェーンの仕組みを理解するのに役立ちます。

第 11 章

475

ミックスダウンでモノ書き出しが可能に

オーディオミックスダウンの際、「モノ」が選べるようになり、これまで以上に簡単にモノラルのオーディオを書き出せるようになりました。（以前は、モノで書き出すには、若干の工程や仕組みの理解が必要でした）

例：ボーカルだけをモノで書き出すには、ボーカルトラックをソロにして、「ミックスダウンをエクスポート（Ctrl + E）」の際に、書き出し画面で「モノ」にチェックを入れるだけです。

> 複数トラックをステレオやモノ混在で書き出す場合は、これまでどおりのステムのエクスポートが便利です。
> 「書き出し（ミックスダウンをエクスポート）」（90ページ）、「トラックごとに（ステムの）書き出し」（378ページ）参照。

アクションメニューに機能が追加

アクションメニューが拡充しました。柔軟なMIDI編集が可能になり、クリエイティブな編集用のコマンドも用意されています。「アクションメニュー」（146ページ）参照。

スケールにトライアドが追加

スケールの選択肢にメジャートライアドとマイナートライアドが追加されました。シンプルなコードトーンだけを入力する際の手助けとなります。

※例：Fメジャートライアドにすると、シンプルにFのコードトーン（三和音、ファラド）だけを入力できます。

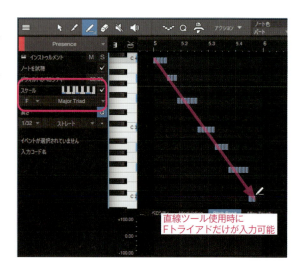

バージョン 4.5 の新機能（抜粋）

コードを試聴

＊Professional のみ

コードトラックのインスペクターで「コードを試聴」を有効にすると、コード入力やプレイバック時にコードトーンを鳴らすことができます。

手 順

① コードトラックを選択する
② インスペクター（**F4**）を開く
③ 「コードを試聴」にチェックを入れる
　→コードを入力したり、コードイベントを選択したりするとコード音が演奏されます。
④ 「アウト」で試聴用の音源を指定する
　（Chord Previewはコード試聴専用の音です。そのほかソングで使用中の音源がリストアップされます）
⑤ 「トラックを再生」にチェックを入れる
　→ソングを再生すると、コードトラックのコード音が演奏されます。
⑥ 「オクターブ」を設定
　（コード音のオクターブを指定します）

手順③の「コードを試聴」は、コードセレクター上のボタンでもオンにできます。

トラックやイベントの保護機能

イベントをロック

アレンジビュー上のイベントをロックできるようになりました。イベントを右クリックして、以下の項目にチェックを入れます。

時間ロック □：イベントの位置が動かないようにロックします。
編集ロック □：イベント内容を編集できないようにロックします。（イベント移動は可能です）

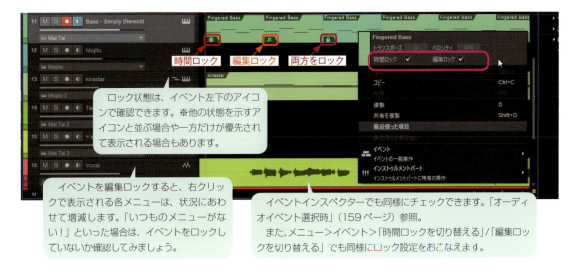

ロック状態は、イベント左下のアイコンで確認できます。※他の状態を示すアイコンと並ぶ場合や一方だけが優先されて表示される場合もあります。

イベントを編集ロックすると、右クリックで表示される各メニューは、状況にあわせて増減します。「いつものメニューがない！」といった場合は、イベントをロックしていないか確認してみましょう。

イベントインスペクターでも同様にチェックできます。「オーディオイベント選択時」（159 ページ）参照。
また、メニュー＞イベント＞「時間ロックを切り替える」/「編集ロックを切り替える」でも同様にロック設定をおこなえます。

トラックをロック

トラックをロックして編集できないようにすることができます。
トラック上で右クリック＞「1つのトラックをロック」を選択します。
→トラックにロックを示すアイコンが表示されます。

操作性に係わる機能アップ

スムーズな波形を描画

波形の描写が細かくなりました。オプション＞詳細＞編集＞「スムーズな波形を描画」のチェックを外すと以前の描画に切り替わります。

バージョン 4.5 の新機能（抜粋）

ビューごとに異なるクオンタイズの設定が可能に

クオンタイズ設定が、アレンジビューと編集ビューで個別に設定できるようになりました。（これまでは、一方を変更すると連動して同じ設定になっていました）

アレンジビューと編集ビューを行き来する作業では、異なるクオンタイズ値で作業をすすめられるのは便利でしょう。

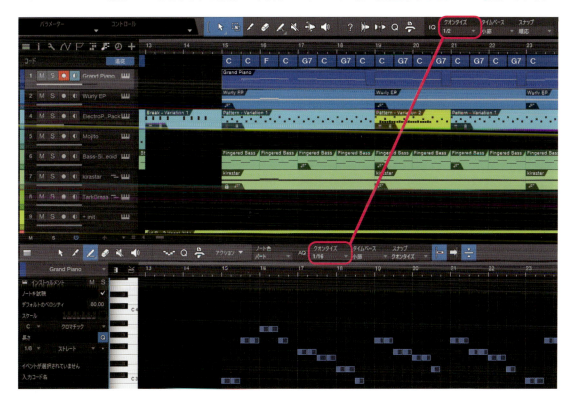

プラグイン選択メニューの表示方法が切り替え可能に

デバイスラックでエフェクトを選択する際の表示を切り替えられるようになりました。

オプション＞詳細＞コンソール＞「プラグインメニュー」で基本と詳細を切り替えられます。

「詳細」が、これまでと同じ状態で、「基本」に設定すると、エフェクトのタイプからエフェクトを選べるようになります。ディレイが必要なら「Delay」のなかから選択し、ダイナミクス系なら「Dynamics」からといったように、メーカーや独自の名称にとらわれずシンプルな思考でチョイスできます。

基本の表示

詳細では、メーカーや正しい名称を把握しておくと扱いやすい

ゼロクロスにスナップ（ゼロ公差にスナップ）

オーディオエディターでのスナップの選択肢に「ゼロクロスにスナップ」が追加されました。これにより、波形の完全なゼロクロスに素早く合わせることが可能になりました。

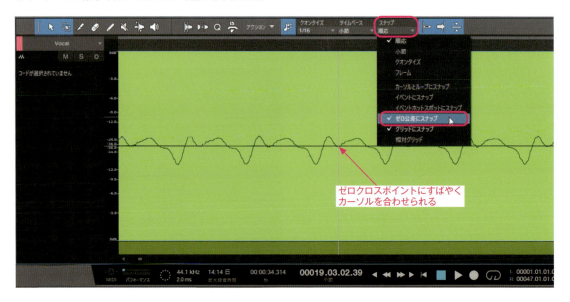
ゼロクロスポイントにすばやくカーソルを合わせられる

バージョン 4.5 の新機能（抜粋）

負荷が軽くなりました

ネイティブ音源の動作が見直され、負荷が軽減しています。特にマルチインストゥルメントなど高負荷の処理においては、かなりの軽減となっています。パフォーマンスメーターで負荷をチェックすることができます。

より多くのマーカーにアクセスできます

キーボードショートカットの項目に、より多くのマーカーが用意されました。

「マーカー 10 を呼び出す」～「マーカー 20 を呼び出す」が追加されたので、20 までのマーカーをショートカットで設定できます（これまではマーカー 9 まで）。

また、「マーカーを呼び出す」（**Ctrl** + **,**（テンキーのコンマ））が用意され、マーカー名を指定してカーソルを飛ばせるようになりました。

マーカーで検索すると、マーカー関連のショートカットを一覧できる。

「マーカーを呼び出す」では、マーカー名を入力すると、そこにカーソルが配置される

1 アクションでオーディオループを作成

オーディオループを作成する手順が、ファイルブラウザにイベントをドロップするだけでよくなりました。

今までのような、オーディオベンドでスライスしてからオーディオパートに変換しておく、といった事前処理が不要になり、大幅に作業が軽減されました。

「Audioloop を作成する」
（214 ページ）参照。

プラグインマネージャーの搭載

＊Professional のみ

サードパーティ製プラグインの管理と整理をおこなうプラグインマネージャーが搭載されました。表示するには、メニューの表示＞プラグインマネージャーを選択します。

> これまでの［プラグインの更新］や［ブラックリストのリセット］もプラグインマネージャーに統合されました。

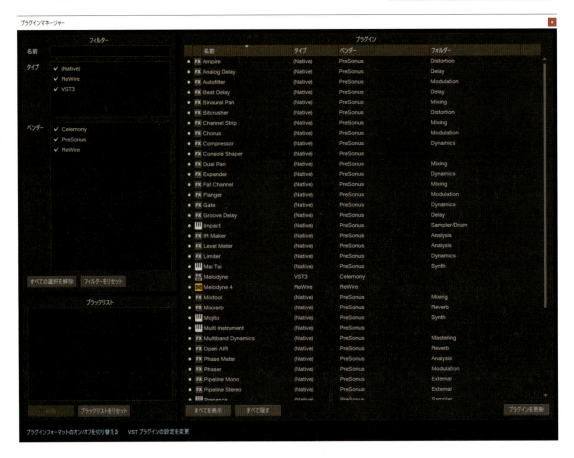

［プラグインマネージャ］ウィンドウには、インストールされているすべてのサードパーティ製プラグインがタイプ、ベンダー、および名前別に一覧表示されます。各プラグインをクリックして、表示または非表示を切り替えます。

起動時に問題のあるプラグインは、ブラックリスト（画面左下）に登録されますが、「ブラックリストをリセット」ボタンでリセットできます。また、特定のプラグインだけをリセットするには、選択して **Backspace** / **Delete** キーを押します。

バージョン 4.5 の新機能（抜粋）

マクロツールバー　　　＊Professional のみ

マクロツールバーのページが、Global、Audio Editing、Music Editing、Music Creation、Explore Macros の 5 ページに増加しました。新機能の動作など多くのマクロコマンドも追加されました。

また、アレンジビュー、音楽エディター、オーディオエディターそれぞれのマクロツールバーが独立して設定できるようになりました。詳細は「マクロツールバーのページ」(367 ページ) 参照。

ビデオの書き出し機能　　　＊Professional のみ

ビデオファイルを書き出せるようになりました。ビデオを読み込んで、映像に合わせてサウンドトラックを編集／作成した後に、そのままビデオファイルを編集したオーディオとともに書き出すことが可能です。(ビデオを読み込んでいないソングからビデオを書き出すことはできません。)

メニューのソング＞ビデオをエクスポート を選択すると「ビデオをエクスポート」画面が開くので、書き出し設定をおこない「OK」をクリックします。

ビデオをエクスポート画面

あとがき

最後までお読みくださりありがとうございました。皆さんの創作活動に本書が役立つと幸いです。

執筆にあたっては、Studio One 日本代理店のエムアイセブン ジャパンさんに全面的にご協力いただきました。また、株式会社シンクマスターの三原さんには今回もお世話になり頼らせていただきました。前回、Kenji Nakai さんに相談させていただき細やかなアドバイスをいただいたミックス編は、普遍的でバージョンが変わっても手を加える必要がありませんでした。

本書は初心者目線を心がけて書きました。これは自分が昔、音楽づくりで非常に苦労したからです。その時のことを思い出しつつ書いてきました。トロンボーンプレイヤーあがりのわたしが、こっそりバンド活動や制作・配信などに手を出しDAWの本を書くに至るまでの間、それはもう分からないことだらけでした。「分からない人は何が分からないのかもわからない」それが何かを分かっているのが自分の強みだと思っています。

とても個人的な話で恐縮ですが、陰ながら支えてくれるどころか、チュートリアルのテストプレイやアドバイスまでくれた家族には助けられました。家族にメンバーがひとり増えまして、ヤル気増進を担当してくれました。今も抱っこしながらこの文を書いています。入れ違うかのように、作品を楽しみにしてくれる人がいるという大きな喜びを何度も教えてくれたＳさんを突如失いました。あの制作活動がこの本に昇華されているといってもよいくらいです。自分のこころの冒頭ページには、「家族とＳに捧ぐ」と記されています。

最後に、ホントにホントに遅い原稿をお待ちいただき本書のすべてを取り仕切ってくださる株式会社スタイルノートの池田さんと、ともすれば初心を忘れて文章が端折りがちになるのを戒めてくださるスタッフの皆さんほか、本書の制作にご協力いただいたすべての方々に心より感謝いたします。

索引/INDEX

記号

-1 Oct 56

.ioconfig 475

数字

1つのトラックをロック 478

4分音符 41, 50, 51, 52, 69, 338

16ch 72, 74

48Vファンタム電源 408, 409

128段階 69, 145

アルファベット

A

AAFファイル 382, 383, 386

ADAT 410

ADSR 191, 254

AMP 191, 254

Ampire 171, 172, 176, 179

Analysis 178

「AQ」ボタン 47, 136

Artist 38, 44, 49, 87, 90, 96, 218, 220, 232, 236, 354, 358, 361, 366, 386

AU 27, 29

Audio -3dB 366

AudioBox iOne 408

AudioBox iTwo 408

Audio Editing 367, 368, 370, 483

audioloop 203, 205, 206, 212

B

BPM 95, 214, 224, 328, 329

C

CC 40, 146, 376, 414

Chorder 209, 345, 347

ChordGroups 346

Chord Preview 477

Chord Type 346

Clear All 346

D

DAW 26, 27, 31, 55, 69, 70, 91, 107, 153, 287, 378, 379, 381, 382, 385, 386, 410, 454

DDP 95, 453, 454

Delay 177, 179, 201, 274, 480

Distortion 179, 201

Dynamics 87, 179, 480

E

Envelope 191, 197

Exchange 131, 139, 371

Explore Macros 367, 368, 483

External 179

F

FFT 445

FLT 191, 254

Freq 84

FX 29, 53, 57, 58, 59, 60, 81, 82, 86, 87, 152, 159, 167, 160, 170, 173, 174, 175, 176, 182, 185, 188, 201, 255, 273, 274, 283, 315, 318, 371, 400, 407, 418, 419, 420, 421, 444, 458

FXチェーン 57, 58, 59, 60, 86, 87, 173, 176, 185, 407, 418, 419, 420, 421, 444

FXチェーンとして保存 421

FXチャンネルを右に固定 168

FX付きインストゥルメント 53

G

Gain 65, 77, 183, 191, 200, 254

Glide 197

Global 235, 270, 273, 367, 368, 483

GM Drum 139

I

Impact 66, 67, 71, 72, 73, 74, 77, 81, 82, 83, 139, 164, 166, 205, 206, 236, 244, 250, 358, 463, 467

Input Filter 347

Instruments 49, 220, 232, 236

Inst端子（Hi Z） 408

Interval 346

Invert Phase 470

IO Configurations 475

I/O設定 158, 164, 396, 397, 398, 399, 439, 475

「IQ」ボタン 136, 364

K

K-12/K-14/K-20 446, 456

Key Range 347

Knob 419, 420

K-System 446, 456

L

Learn Mode 346

LFO 192, 193, 197, 254, 273

LR反転 180

M

Macros 367, 368, 371, 483
MaiTai 45, 48, 49, 71, 250, 255, 270, 272, 273, 416, 423, 424
Mastering 87, 179, 444
Max Velocity 347
Melodyne 31, 178, 289, 290, 291, 465
MIDI Learn 412, 414
MIDI キーボード 411
MIDI 鍵盤 44, 231, 362, 413
MIDI 素材 210
MIDI データ 34, 69, 291, 308, 374, 375, 377, 465
MIDI 表記 69, 140
MIDI ファイル 374, 375, 376, 377, 382, 383, 386
MIDI フィルター 101
MIDI ポート 409, 410
MIDI メッセージ 308
MIDI モニター 343
MinVelocity 347
Mixing 180, 418
Mixtool 65, 77, 180, 470
Mixverb 81, 82, 83, 86, 173, 174, 175
Mod 53, 69, 71, 180, 201, 267, 273, 277, 278, 343, 346, 348, 413
Modulation 69, 180, 201
Mojito 44, 45, 49, 53, 66, 71, 79, 166, 189, 190, 191, 192, 253, 254, 255, 258, 266, 297, 298, 358, 359, 415, 416, 417
MS 処理 180
Music Editing 367, 368, 483
musicloop 308, 341

N

Note FX 158, 208, 209, 212, 257, 266, 267, 268, 270, 342, 344, 345, 347, 348
Notion 31, 387, 388, 389, 390

O

Oct 56, 346
OSC 189, 190, 193, 254, 272, 273

P

PAD 67, 72, 73, 74, 139, 205, 206, 425, 468
Pan 180, 201
PanLow 180
PB 413

Peak 446, 456, 459, 474
Peak/RMS 446, 456
Pitch 190, 192, 193, 197, 252, 273, 297, 298, 299, 308
Presence 37, 38, 39, 44, 49, 53, 56, 63, 66, 70, 74, 84, 86, 124, 125, 146, 171, 193, 194, 201, 206, 220, 232, 235, 236, 250, 262, 307, 342
PreSonus Exchange 131, 371
Prime 44, 49, 66, 83, 87, 95, 171, 218, 386, 396, 467
Pro EQ 83, 84, 86, 87, 180, 183, 185, 278, 419

Q

Qwerty Keyboard 413
Q に従う 52

R

Red Book に準拠した CD 453
Repeater 268, 269, 270, 348
Reverb 180, 186, 201, 274, 370

S

Sample One 195, 198, 201, 202, 203, 205, 467
SoundCloud 90, 96, 131, 466
S/PDIF 端子 410
Stomp 172

T

TD（トラックダウン） 87
tick 69
Transpose 56, 252, 346

V

VCA 76, 152, 167, 168, 170, 191, 310, 316, 317, 318
VCF 190
VCO 189
Velo 191, 347, 368
VST 27, 29, 388

W

Wave 90, 130, 190, 192, 196, 202, 212, 216, 254, 453, 454
WF 445
Width 190, 192, 254
Windows Audio 393

かな

あ

アーティストプロフィール 96
「IQ」ボタン 136, 364
アウトプットチャンネル 163
空きスペース 44, 53, 57, 58, 63, 66, 116, 117, 208, 210,

索引

211, 266, 276, 360

アクション　47, 48, 55, 69, 123, 136, 140, 141, 142, 146, 147, 148, 149, 239, 240, 265, 289, 357, 360, 365, 476, 481

アクセント　85, 197, 199, 293, 338

アクティブなシーン　151

アクティベートボタン　173, 174, 278, 400, 404, 444

アサイン　26, 67, 108, 157, 165, 205, 211, 370, 415, 416, 418, 419, 420, 421, 422, 423, 472, 473

アナログモデリングシンセサイザー　44, 49, 189

アピアランス　431, 433

アルペジエーター　208, 344, 348

アレンジセクション　257, 332, 333

アレンジセクションからマーカーを作成　333

アレンジトラック　30, 118, 219, 225, 257, 258, 330, 335, 427

アレンジトラックを使った移動　118

アレンジビュー　28, 30, 34, 37, 50, 53, 57, 58, 64, 99, 100, 104, 106, 117, 122, 123, 127, 131, 134, 136, 137, 150, 151, 152, 166, 195, 203, 210, 212, 214, 216, 237, 244, 257, 263, 296, 310, 312, 314, 315, 317, 318, 333, 354, 356, 358, 359, 364, 365, 367, 368, 376, 379, 383, 415, 417, 430, 477, 479, 483

アンプ　59, 172, 176, 191, 192, 402, 406, 408, 409, 470

い

位相コントロール　180, 470

位相反転　180, 470

位相メーター　178, 445, 446

イベント　28, 34, 39, 40, 43, 46, 47, 50, 51, 53, 54, 55, 56, 57, 60, 61, 62, 63, 64, 65, 67, 68, 70, 71, 91, 95, 99, 100, 104, 105, 106, 107, 110, 111, 112, 113, 114, 115, 116, 117, 118, 120, 122, 123, 127, 131, 134, 136, 137, 142, 144, 148, 149, 153, 155, 156, 157, 158, 159, 160, 177, 178, 189, 195, 197, 203, 204, 210, 211, 212, 214, 216, 221, 226, 227, 229, 230, 231, 232, 233, 234, 236, 237, 238, 240, 241, 242, 245, 246, 247, 250, 252, 253, 254, 256, 257, 258, 259, 260, 266, 269, 281, 282, 284, 285, 286, 288, 289, 290, 291, 294, 302, 308, 311, 325, 326, 327, 328, 330, 331, 332, 333, 336, 337, 340, 344, 348, 350, 351, 352, 353, 354, 355, 356, 357, 358, 359, 360, 361, 363, 364, 366, 367, 368, 375, 384, 433, 440, 441, 447, 449, 450, 451, 458, 464, 471, 472, 477, 481

イベント FX　159

イベントインスペクター　50, 155, 156, 159, 177

イベントエリア上側の範囲ツール　110

イベントのコピー　53, 68

イベントのミュート切り替え　123

イベントのミュートを解除　149

イベント範囲　43, 112, 113, 120, 288

イベント名の変更　54

イベントを結合　34, 148, 364

イベントをストレッチ　160

イベントを独立　350, 354

イベントをミュート　148

イベントをロック　477

イメージファイルを作成　453

インスト...　74

インストゥルメントトラック　26, 27, 34, 37, 39, 40, 47, 59, 63, 70, 71, 72, 75, 77, 99, 100, 101, 153, 158, 171, 189, 220, 237, 241, 291, 308, 337, 342, 344, 353, 354, 360, 362, 363, 364, 365, 374, 376, 382, 385, 388, 389, 412, 470

インストゥルメントトラック状態を維持　70, 353

インストゥルメントトラックを変換　70, 71, 353

インストゥルメント入力　59, 231, 410

インスペクター　33, 56, 57, 58, 69, 76, 98, 99, 100, 118, 155, 156, 159, 226, 230, 234, 236, 247, 256, 267, 270, 286, 290, 301, 307, 321, 326, 330, 333, 342, 362, 472, 477

インターフェース　95, 392, 393, 409, 411

インフォビュー　114

インプットチャンネル　163, 165

う

ウィンドウサイズ　33

ウェット　170

え

「AQ」ボタン　47, 136

エクスプローラーに表示　130, 215, 375

エディターをアレンジに同期　137, 237

「エディターを開いたままにする」ボタン　126

エフェクトテクニック　185, 420

エフェクトのバイパス（無効化）　84

遠近感　81

演奏情報　26, 34, 37, 99, 134, 140, 211, 342, 344, 348, 376, 377, 382

エンド 69, 87, 104, 122, 140, 148, 149, 159, 160, 230, 335, 374

エンドマーカー 87, 90, 122, 374

エンドをクオンタイズ 48, 148

エンベロープ 30, 116, 145, 151, 159, 191, 192, 197, 198, 200, 205, 286, 295, 297, 299, 300, 301, 303, 304, 305, 306, 307, 308, 318, 323, 340, 417, 447

エンベロープを展開 299

お

オーディオイベントの部分利用 62

オーディオイベントの分割 61

オーディオエフェクト 27, 53, 57, 211, 212, 300, 467

オーディオクオンタイズ 357

オーディオデバイス 34, 57, 59, 97, 101, 163, 168, 179, 279, 392, 393, 396, 399, 402, 403, 405, 406, 408, 452, 470, 475

オーディオデバイスの導入 57, 408

オーディオデバイスを設定 97, 392

オーディオトラック 28, 30, 34, 57, 58, 61, 70, 71, 98, 99, 156, 165, 171, 241, 276, 277, 287, 290, 351, 352, 353, 354, 365, 388, 407, 421, 465

オーディオトラックを追加 58

オーディオの録音 60

オーディオパートに結合 214

オーディオへ変換 70

オーディオベンド 327, 355, 481

オーディオを反転 370

オートパンチ 60, 102, 104, 288

オートメーション 26, 27, 29, 30, 64, 65, 86, 99, 100, 106, 138, 145, 151, 157, 165, 188, 245, 249, 253, 295, 296, 297, 298, 299, 300, 301, 302, 305, 307, 308, 309, 317, 318, 338, 340, 382, 417, 466

オートメーションモード 100, 165, 298, 299, 300, 301, 417

オートメーションを編集 309, 317

オーバーラップの修正 69

オーバーラップを再生 95, 98, 157, 219

オールノートオフ 101, 343

お気に入り 107, 132, 172, 215, 243

オクターブ 53, 55, 56, 143, 147, 149, 190, 197, 201, 231, 236, 269, 273, 413, 445, 464, 477

送り量（センドレベル） 174

オシレーター 49, 189, 190, 192, 272

音の反射（反響） 81

音を選択… 147

オフビート 293

折りたたみを表示 314

音域 53, 56, 143, 194, 197

音階 56, 137, 144, 145, 147, 200, 467

音楽エディター 39, 40, 47, 50, 55, 67, 69, 99, 104, 106, 126, 127, 128, 134, 139, 140, 142, 144, 146, 150, 153, 158, 308, 337, 368, 467, 483

音名表示 42

音名を編集 139

音量調整 64, 65, 75, 113, 139, 179, 235, 256, 267, 268, 401, 470

音量バランス 75, 77, 270, 316

音量メーター 445, 446, 456

か

カーソルを移動 103, 112, 117, 118, 120, 121

解像度 36, 90, 95, 98, 219, 245, 246, 247, 248, 252, 253, 259, 260, 268, 338, 394, 430, 452

外部キーボード 44, 164, 403

外部デバイス 45, 97, 99, 164, 362, 411, 412, 413, 414

外部デバイスを設定 97, 411, 413

カウンター 101

書き出し 31, 70, 87, 88, 89, 90, 91, 95, 122, 201, 216, 255, 300, 308, 350, 370, 374, 375, 378, 379, 380, 381, 382, 383, 386, 395, 442, 444, 451, 452, 453, 454, 466, 476, 483

鍵マーク 400

掛け録り 163

画面拡大率 42

空のソング 36, 95, 219, 462

き

キースイッチ 194

キーボード 28, 32, 37, 43, 44, 45, 47, 52, 57, 79, 103, 107, 108, 109, 117, 164, 196, 197, 201, 232, 285, 346, 350, 403, 408, 409, 410, 411, 412, 413, 414, 429, 481

キーボードショートカット 37, 43, 52, 107, 108, 117, 285, 350, 429, 481

キーボードマッピングスキーム 107

既存のドキュメントを開く 96

ギター 28, 57, 59, 74, 79, 95, 123, 171, 172, 176, 179, 194, 210, 212, 231, 287, 346, 402, 406, 408, 410, 465

キック　73, 77, 79, 118, 154, 183, 184, 211, 252, 278, 360, 361, 363, 364, 378

キャッシュアクティビティ　101

休符　41, 51, 338, 390

強調表示　127

曲間を調整する　447

曲順を決める　441

く

空白をクリック　117

クオンタイズ　41, 42, 47, 48, 52, 67, 68, 69, 100, 114, 135, 136, 137, 139, 147, 148, 256, 269, 357, 358, 359, 360, 364, 365, 479

クオンタイズ 50%　48

クオンタイズの自動適用　41

クオンタイズをフリーズ　48, 148

矩形波　189, 190, 272, 273

クラウド　130, 131, 371, 439

グリッドで分割　140, 148

グリッドにスナップ　41, 48, 137

クリップ　60, 75, 76, 91, 102, 168, 195, 196, 235

クリップインジケーター　168

グルーヴ　135, 348, 358, 359, 360, 361

グループ　76, 123, 151, 157, 164, 165, 205, 310, 311, 313, 346, 360, 378, 471, 472, 473

グループ化ボタン　165, 313

グループにアサイン　157, 472

クレッシェンド　194

グローバルソロ／ミュート　123

クロスフェード　382, 447

クロマチック　145, 197

け

ゲイン　59, 60, 64, 65, 77, 113, 159, 166, 179, 180, 408, 409, 470

ゲインコントロール　60, 65, 180, 408, 409, 470

消しゴムツール　104, 146

結　合　34, 125, 130, 148, 160, 206, 207, 214, 318, 364, 388, 450

鍵盤アイコン　100, 126, 207, 252, 338

こ

高域　83, 84, 185, 186, 190, 419

公開　60, 87, 90, 91, 95, 131, 438, 441, 453, 454, 455, 466

コード　30, 31, 52, 100, 118, 143, 145, 147, 157, 212, 214, 226, 227, 228, 229, 230, 231, 232, 233, 234, 235, 236, 237, 239, 240, 241, 242, 243, 249, 255, 256, 258, 264, 265, 266, 269, 294, 300, 343, 345, 346, 347, 383, 389, 433, 449, 462, 464, 465, 467, 468, 476, 477

コードジェネレーター　345

コードセレクター　226, 227, 229, 230, 231, 242, 477

コードトーン　232, 233, 234, 235, 476, 477

コードトラック　30, 100, 118, 157, 226, 228, 229, 234, 235, 241, 242, 243, 389, 464, 467, 477

コードトラックに抽出　242

コードトラックのコードを適用　242

コードに従う　157, 234, 236, 240, 243, 256, 258, 264, 265, 266

コードを検出　241, 243

コードを試聴　231, 477

コピー　39, 53, 54, 55, 62, 63, 68, 106, 114, 115, 125, 157, 181, 233, 236, 239, 255, 256, 257, 258, 260, 266, 268, 269, 271, 272, 285, 286, 287, 291, 296, 305, 330, 331, 332, 350, 354, 361, 385, 440, 441, 475

コマンド　130, 146, 237, 250, 254, 366, 368, 369, 429, 476, 483

コンソール　26, 29, 57, 58, 65, 72, 73, 74, 75, 76, 77, 78, 80, 81, 82, 99, 100, 102, 104, 122, 123, 126, 127, 128, 152, 155, 158, 161, 162, 163, 165, 166, 167, 168, 170, 171, 173, 175, 180, 235, 278, 312, 314, 315, 316, 317, 319, 320, 321, 381, 384, 398, 399, 400, 404, 407, 428, 434, 435, 456, 470, 473, 474, 475, 479

コンデンサーマイク　408, 409, 410

コンテンツにクロップ　237

コントロールチェンジ　40, 138, 146

コントロールリンク　309, 415, 416, 421

コントロールレーン　138, 145, 308

コンピング　28, 60, 280, 281, 284, 287, 363, 364, 465

コンボ端子　408

さ

最近使ったファイル　96

再生　30, 32, 43, 46, 56, 60, 70, 82, 84, 85, 87, 95, 98, 100, 101, 102, 103, 117, 119, 120, 121, 124, 130, 137, 150, 157, 158, 159, 160, 177, 189, 195, 196, 200, 202, 204, 205, 206, 210, 211, 219, 234, 236, 249, 253, 254, 258, 267, 268, 270, 281, 285, 288, 293, 295, 297, 298, 299, 301, 307, 308, 325, 343, 344,

348, 351, 353, 393, 402, 417, 427, 430, 438, 453, 477

再生モード 160, 202

再生レベルメーター 150

採用テイク 232, 281, 285, 286

サイン波 189, 272

サスティーンペダル 307, 413

サムネイルを表示 133

三角波 189, 272

サンプルレート 36, 90, 95, 98, 101, 219, 394, 395

し

シーケンスパターン 250, 348

シーンの追加／削除や切替 150

時間ディスプレイ 101

時間へ移動 117

時間ロック 159, 477

時間を削除 259, 268, 335, 336

自作フォルダー 215

指数関数的変化 64

自動スクロール 137

自動テイル 70

修飾キー 24, 114, 197, 331

受信元 411, 412

順応 137

ショートカット 32, 34, 37, 38, 39, 40, 41, 43, 45, 46, 47, 48, 52, 56, 65, 68, 99, 100, 102, 103, 104, 105, 106, 107, 108, 109, 114, 115, 117, 118, 120, 122, 123, 124, 130, 136, 162, 214, 221, 223, 245, 281, 282, 284, 285, 286, 288, 293, 302, 311, 336, 343, 350, 393, 394, 402, 413, 415, 416, 429, 447, 481

新規キーボード 411, 412

新規ソングを作成 36, 95, 219, 462

新規トラック 58, 211, 345, 351, 352

新規トラックにバウンス 351, 352

新規プロジェクトを作成 95, 454

す

ズーム 33, 40, 104, 105, 106, 108, 127

スクラッチパッド 31, 100, 101, 249, 251, 252, 253, 255, 256, 257, 258

スケールを適用 147, 149

スタート 36, 45, 53, 60, 64, 67, 69, 87, 88, 89, 90, 94, 104, 119, 122, 141, 143, 144, 148, 156, 159, 160, 199, 230, 272, 281, 292, 335, 374, 376, 377, 383, 392,

411, 413, 430, 438

スタート／エンド 122, 159, 160, 230

スタートマーカー 119, 122

スタイル 36, 95, 219, 484

ステップ録音 48, 50, 51, 52, 135, 221, 464

ステムをエクスポート 379

ステレオ幅でのパン 180

ステレオファイルに結合 130

ストリップサイレンス 361

ストリングス 154, 194, 206, 316, 378

ストレッチ 95, 98, 100, 114, 140, 148, 156, 157, 159, 160, 219, 329

ストレッチ… 148

スナップ 41, 48, 61, 73, 79, 106, 114, 120, 137, 214, 243, 289, 327, 351, 364, 480

スナップタイムベース 137

スナップをオン 48, 61, 327

スナップを切り替え 214, 351

スパナボタン 59, 135, 292, 293, 340, 422, 423, 451

スピードアップ 120, 159

スプリッター 185, 186, 187, 188, 407

スペクトラムメーター 178, 444, 445

すべてのグループを中断 472

すべてを次に設定 69, 141, 147

スマートツール 32, 39, 53, 61, 62, 63, 64, 104, 110, 111, 113, 114, 115, 117, 120, 216, 225, 226, 246, 247, 281, 282, 286, 289, 304, 331, 336, 366

スムーズな波形を描画 478

スライダー 33, 42, 76, 83, 127, 143, 165, 168, 174, 176, 186, 193, 273, 297, 347, 400, 401, 412, 414

スリップ 114

スレッショルド 85, 159, 179, 199, 355

せ

製造元 411

接続ポート 409

ゼロクロスにスナップ 480

センシティブ 355

選択イベントの先頭へ移動 117

選択をバウンス 328, 350, 354

センドのエフェクト名 174, 175

センドパン 83, 174, 176

センドレベル 82, 174, 175, 176, 184

そ

操作系の機能を提供するプラグイン 180
操作パネル 27, 29, 100, 102, 276, 298, 300, 307, 410, 424, 434, 475
ソノ 445
ソフトミキサー 408
ソロ試聴 120
ソロセーフ 123, 174, 283
ソング 30, 36, 39, 73, 87, 89, 90, 91, 94, 95, 96, 97, 98, 99, 100, 101, 102, 122, 125, 126, 129, 130, 149, 150, 151, 153, 156, 158, 159, 161, 164, 201, 207, 210, 211, 213, 214, 218, 219, 221, 224, 226, 228, 229, 232, 233, 246, 260, 261, 268, 275, 276, 280, 287, 295, 298, 308, 321, 326, 335, 341, 368, 373, 374, 376, 377, 379, 380, 381, 382, 383, 384, 385, 386, 387, 389, 394, 395, 396, 397, 398, 399, 402, 408, 412, 413, 415, 416, 426, 427, 430, 439, 440, 442, 443, 451, 452, 455, 456, 462, 475, 477, 483
ソングタイトル 36, 98, 219
ソングファイルに戻って修正 451

た

ダイアトニックコード 345, 346
タイミング修正 47, 48, 147, 289, 354, 355, 357, 359, 364
タイミングを復元 47, 148, 364, 365
タイムストレッチ 100, 114, 156, 157, 159, 160, 329
タイムベース 95, 98, 121, 136, 137, 158, 219, 324, 327, 334
タイムリニア 136, 324, 325, 327
ダイレクトモニタリング 59, 402, 405, 408, 409
タッチ 239, 301, 347, 423, 426, 428
タップ 324, 426, 428, 429

ち

置換 102, 125, 207, 257, 333, 363
チャンネルエディター 100, 165, 176, 185, 418, 421, 424
チャンネルエリア 155, 156, 158
チャンネルストリップ 180, 181, 278, 279, 431, 432
チャンネルのフェーダー 76
チャンネル番号をトラックに表示 166, 315
チャンネルフェーダー 74, 75, 316
チャンネルモード 28, 59, 187, 277
チャンネルロックボタン 400
チューン 159
チューンモード 157, 243

調性 226
重複音を削除 147, 239
直線的変化 64

つ

追従： 156, 226
追従しない 156, 326, 332
ツールの切り替え 32, 104
ツールバー 99, 100, 135, 366, 367, 368, 369, 483
次のコードを編集 231
次より短いノートを削除 147, 239

て

低域 79, 83, 190, 408
ディエッサー 183
テイクをレイヤー化 28, 280, 363, 364
ディスク全体の情報を入力 442
ディレイ 81, 100, 101, 157, 177, 179, 180, 402, 470, 480
データズーム 127
手のひらアイコン 185, 424, 425
デバイスにフォーカス 415, 416
デバイス名 172, 411
デバイスラック 29, 53, 58, 81, 82, 83, 85, 87, 102, 126, 158, 162, 163, 165, 166, 170, 171, 172, 173, 174, 176, 177, 180, 181, 182, 184, 185, 216, 276, 407, 418, 421, 430, 442, 443, 444, 452, 456, 458, 475, 479
デバイスを追加 411, 413
デモとチュートリアル 97
展開 74, 151, 164, 172, 226, 231, 277, 278, 280, 290, 312, 314, 338, 377, 443, 464
テンキー 0 119
テンプレート 95, 399, 462
テンポ 30, 31, 36, 95, 98, 99, 100, 102, 114, 118, 121, 130, 140, 148, 156, 158, 159, 160, 210, 211, 214, 219, 224, 322, 323, 324, 325, 326, 327, 328, 329, 334, 354, 375, 376, 377, 382, 383, 386, 433, 462
テンポ情報 130, 156, 159, 323, 324, 328, 375, 376, 386
テンポ設定 219, 224

と

同時に操作 76
ドライ 130, 170, 216, 319, 379, 380, 393, 410, 411, 453, 459
トライアド 145, 476
トラックインスペクター 56, 98, 155, 156, 290

トラックカラー 150, 153, 383
トラックコントロール色を変更 432
トラック作成 44, 58, 66, 77, 232, 236, 269, 449
トラックタイプごとの表示／非表示 150, 151
トラックタイプを示すアイコン 100, 150
トラックダウン 87, 378
トラック番号 150, 166, 315, 455
トラックリスト 99, 100, 108, 150, 151, 152, 153, 154, 263, 314, 340, 472, 473
トラックリストとコンソールの表示／非表示をリンク 152, 314
トラックリストのプリセット（シーン） 151
トラックを削除する 440
トラックを追加 58
トラックをロック 478
ドラムパターン 210, 252, 296, 338
ドラムモード 67, 68
トランジェント 116, 118, 327, 354, 355, 357, 359, 360
トランジェント検出 116, 355, 360
トランスポーズ 55, 56, 140, 147, 158, 159, 160, 464
トランスポーズ… 147
トランスポートバー 43, 99, 100, 285
トリガー 183, 203
取り消す 34, 41, 51, 61, 364, 365
トレモロ 180, 194

な

長さ 42, 50, 69, 95, 140, 143, 148, 149, 219, 239, 252, 272, 331, 338, 343, 348, 360, 378, 438, 447
長さ… 148
ナッジ（スナップ） 114
ナロー 234, 235, 258, 266

に

ニュースフィード 97
入力クオンタイズ 136, 148, 364, 365
入力ゲイン 65, 166, 470
入力コントロール 77, 470

の

ノイズ 75, 91, 127, 190, 195, 253, 288, 319, 361, 366
ノイズフロア 361
ノート色 136, 222
ノートで埋める… 149
ノートデータ 26, 40, 41, 42, 46, 47, 48, 52, 55, 56, 68, 69, 105, 106, 115, 134, 135, 136, 137, 140, 142, 147, 148, 149, 158, 203, 204, 211, 220, 221, 222, 232, 233, 234, 236, 237, 238, 239, 240, 259, 260, 264, 265, 266, 268, 289, 291, 332, 344, 359, 360, 361, 365, 368, 376, 382, 387, 388, 389, 430, 464
ノートデータの移調 55, 464
ノートをクオンタイズ 148
ノートを削除… 147
ノートをパートエンドまでリピート 149
ノートを分配… 148
ノートを間引く… 149
ノートをミラー… 149
ノートをランダマイズ 149
ノコギリ波 189, 190

は

パーカッション 79, 198
バース 331, 370
パーツ 27, 66, 73, 74, 79, 81, 139, 144, 202, 249, 316, 338, 363, 364, 379
パートエンドまで拡張 149
ハーモニー編集 157, 214, 226, 228, 232, 234, 236, 239, 240, 241, 243, 255, 265, 266
バイパス 84, 85, 89, 172, 193, 289, 295, 407, 444
ハイハット 73, 79, 83, 118, 123, 139, 198, 205, 363, 364, 388, 399, 407
ハウリング 59
バウンス 70, 101, 131, 290, 328, 350, 351, 352, 354, 385, 444
拍 30, 36, 41, 42, 51, 69, 95, 98, 99, 100, 102, 121, 137, 143, 149, 156, 158, 219, 221, 224, 292, 293, 322, 323, 324, 325, 326, 327, 328, 334, 375, 376, 377, 462
歯車ボタン 280, 415
波形のピークへ移動 118
波形を反転 370
バス 29, 152, 158, 167, 168, 174, 176, 185, 198, 199, 212, 283, 313, 314, 315, 316, 318, 319, 320, 378, 379, 380, 381, 388, 398, 407, 456
バスチャンネル 167, 168, 174, 176, 313, 314, 315
バスを追加 167, 185, 380
パソコンキーボード 45, 413
バッキング 79, 210
パッケージ内容を表示 216
バッファ 393, 403, 404, 405

索引

パフォーマンスメーター 100, 101, 262, 405, 481
パラメーター 29, 30, 69, 82, 86, 100, 145, 146, 172, 179, 183, 189, 190, 191, 192, 193, 194, 252, 254, 295, 299, 307, 340, 348, 415, 416, 417, 418, 419, 420, 421, 422, 423, 425, 434, 443
パラレル 185, 188, 234, 235
パルス幅の調整 190
パワーコード 230, 231
パン 57, 60, 78, 80, 83, 100, 102, 104, 158, 165, 174, 176, 180, 198, 199, 200, 211, 278, 279, 288, 294, 295, 310, 316, 352, 354, 380, 382, 400, 416, 434, 435, 484
範囲ツール 40, 104, 110, 111, 112, 115, 216, 284, 286, 304, 305, 306, 336, 366
範囲を指定 87, 202, 208, 216, 259, 281, 286, 288, 305, 306, 335, 366, 367, 451
バンク 66, 205
パンチイン 100, 288, 294

ひ

ピアノ 26, 27, 40, 55, 67, 69, 74, 79, 123, 139, 203, 206, 220, 221, 243, 250, 253, 276, 289, 340, 390, 445
ビートリニア 136, 324, 325
ピッチカート 194
ピッチベンド 69, 138, 145, 201, 308, 413
ピッチをフリーズ 147, 239, 240, 265
ビデオ 30, 31, 100, 483
ビデオをエクスポート 30, 483
人に頼む 87, 89, 297
非破壊編集 64
ヒューマナイズ 48, 141, 148
拍子 30, 36, 95, 98, 99, 100, 102, 121, 149, 219, 221, 224, 322, 323, 324, 375, 376, 377, 462
拍子設定 323, 324
表示／非表示ボタン 145, 150
拍子を挿入 323
ピンアイコン 126, 419, 420

ふ

ファイルテンポ 159, 210, 326, 328
ファイル名 90, 382, 388, 455, 475
フィルター 101, 183, 190, 191, 254, 278, 347, 421, 422
フェーダー 29, 30, 57, 59, 62, 63, 64, 65, 72, 74, 75, 76, 77, 82, 83, 86, 87, 99, 100, 102, 130, 158, 165, 166, 167, 170, 174, 176, 179, 184, 188, 212, 235, 295, 296, 297, 310, 311, 316, 317, 318, 352, 404, 414, 416, 434, 435, 442, 444, 458, 470, 471, 472, 474
フェードアウト 64, 159, 295, 297, 298, 447
フェードイン 64, 113, 159, 447
フォーマット 90, 194, 379, 381, 382, 453, 454, 455
フォルダートラックの展開 314
フォルダーにパック 312
フォルダーにまとめる 312
フォルダーの出力先 313
復元 47, 48, 147, 148, 177, 290, 364, 365
複数ポイントを部分的に選択 304
複製 62, 63, 68, 106, 114, 125, 157, 185, 188, 227, 233, 240, 247, 248, 249, 258, 272, 286, 290, 305, 332, 338, 463
付点音符 52
ブラウザー 29, 33, 37, 44, 48, 66, 81, 83, 85, 99, 100, 104, 125, 129, 130, 131, 132, 133, 195, 198, 203, 205, 206, 208, 209, 210, 212, 213, 214, 215, 216, 220, 232, 236, 255, 276, 341, 371, 395, 398, 415, 438, 439, 444, 463
ブラウザのファイルタブ 130
プラグイン 26, 27, 29, 37, 87, 101, 132, 133, 139, 172, 179, 180, 181, 279, 289, 309, 385, 395, 407, 430, 456, 475, 479, 482
プラグインディレイ 101
プラグインマネージャー 482
プラグインメニュー 479
ブラックリスト 402
プリカウント 46, 60, 102, 104, 292, 293
プリセット 44, 45, 49, 53, 57, 58, 66, 74, 83, 88, 107, 124, 129, 139, 151, 169, 172, 178, 179, 180, 183, 186, 189, 195, 200, 201, 208, 209, 216, 252, 254, 255, 266, 267, 270, 272, 276, 279, 319, 320, 342, 345, 346, 348, 371, 431, 444
プリセットを保存 172, 201, 255
プリフェーダー 170, 174, 176, 184, 474
プリフェーダーメータリング 474
プリロール 60, 102, 104, 293
プレイバック 43, 87, 100, 112, 116, 117, 120, 148, 231, 285, 344, 407, 477
ブレス 64, 65, 366
フロアノイズ 361
フローティングウィンドウ 104

493

プロジェクト　31, 87, 89, 91, 94, 95, 96, 100, 437, 438, 439, 440, 442, 451, 452, 453, 454, 455, 456, 466

プロジェクト機能　87, 89

プロジェクトの作成　438

分割ツール　61, 104, 111, 115, 227, 246, 247

分析　126, 159, 178, 327, 355, 420

へ

平均　445

ペイントツール　41, 42, 67, 68, 102, 104, 116, 138, 139, 140, 146, 221, 223, 227, 259, 331

ベース　53, 55, 79, 86, 172, 179, 183, 230, 235, 236, 255, 258, 260, 264, 348, 360, 378, 408

ベースモード　236

ヘッドフォン端子　408, 409

別名で保存　39, 374, 381

ベロシティ…　147

ベロシティを復元　147

ベロシティをフリーズ　147

編集エディター　99, 105

編集ロック　159, 477

ベンドツール　104, 355, 356, 359

ベンドホイール　201, 414

ベンドマーカー　116, 159, 355, 356, 358, 359

ほ

ボーカル　28, 57, 59, 60, 64, 79, 86, 90, 95, 123, 151, 157, 170, 172, 174, 177, 183, 185, 274, 276, 277, 283, 285, 287, 289, 290, 319, 361, 366, 378, 399, 408, 476

ホーム　130, 371, 456

ポストフェーダー　170, 442

保存　36, 39, 90, 91, 95, 98, 101, 105, 123, 129, 131, 139, 151, 172, 200, 201, 203, 213, 214, 215, 216, 219, 255, 283, 341, 344, 364, 374, 375, 379, 381, 382, 385, 388, 421, 439, 442, 451, 454, 455, 475

ボリュームフェーダー　30, 57, 64, 65, 75, 82, 130, 165, 167, 174, 176, 188, 212, 295, 352, 416, 472

ポルタメント　197

ま

マーカー　30, 31, 87, 90, 99, 102, 103, 116, 119, 120, 121, 122, 159, 333, 355, 356, 357, 358, 359, 360, 374, 375, 376, 377, 380, 382, 383, 389, 441, 449, 450, 451, 481

マーカー間を移動　122

マーカートラックを開く　87, 121, 333, 376, 377

マーカーの削除　122

マーカーの配置　441

マーカーを呼び出す　481

マウスツール　32, 115, 116, 134

マウス入力　41, 42

マウスホイール　105, 230, 242, 281, 282, 335

マクロオーガナイザー　369

マクロコントロール　165, 418, 419, 420, 421, 423, 428, 443

マクロツール　135, 366, 367, 368, 369, 483

マクロプリセット　371

マスタートラック用エフェクト　87

マスターの出力状況　102

マスターフェーダー　59, 87, 102, 179, 297

マスターボリューム　102

マスタリング　31, 87, 88, 89, 95, 179, 297, 437, 438, 440, 444, 451, 452, 466

マスタリングファイルを用意　451

マッピングを編集　309, 415, 424

マルチアウト　72, 73, 74, 166

マルチインストゥルメント　125, 206, 207, 208, 209, 481

マルチティンバー　74, 158, 412

み

ミスタッチをフィルター　347

ミックス　26, 29, 33, 57, 70, 72, 73, 74, 75, 77, 78, 79, 80, 84, 86, 87, 88, 89, 90, 99, 150, 152, 155, 161, 162, 163, 166, 167, 171, 173, 176, 180, 182, 183, 235, 276, 278, 296, 300, 310, 312, 319, 320, 364, 378, 379, 380, 397, 399, 400, 401, 402, 407, 409, 410, 413, 414, 434, 451, 456, 466, 467, 470, 473, 476, 484

ミックスダウンをエクスポート　88, 89, 90, 378, 476

ミックスビュー　33, 75, 78, 87, 99, 150, 152, 155, 161, 162, 163, 171, 173, 176, 296, 319, 379, 380, 397, 399, 401, 413, 414, 470, 473

ミックスを録音　364

ミュートツール　104, 116, 123

ミュートを切り替え　123, 149

む

ムービー　30, 381

無音を挿入　259, 268, 335, 336

虫眼鏡 131

め
メタ情報 441, 442, 455
メトロノーム 46, 100, 102, 104, 130, 168, 210, 292, 293, 326, 378, 401
メモパッド 319, 321

も
モジュレーション 49, 180, 192, 193, 413, 414
モジュレーションマトリックス 192, 193
モニター環境 402, 407, 409
モニターボタン 45, 59, 165, 102, 404, 405, 407
モノ 28, 58, 59, 72, 73, 90, 102, 130, 157, 164, 186, 187, 277, 328, 378, 379, 380, 382, 397, 399, 468, 476
モノファイル 130
モノラル 72, 90, 157, 382, 397, 476

や
矢印ツール 39, 42, 47, 48, 55, 62, 63, 67, 68, 104, 110, 111, 114, 140, 146, 159, 305

ゆ
有効化 50, 52, 98, 102, 119, 135, 177, 182, 262, 403, 435
有効 / 無効 72, 74, 104
ユーザー 95, 130, 131, 371, 385, 454

よ
横スクロール 43

ら
ライト 301
ライン入力 408, 410
ラウドネスを検出 458
ラッチ 31, 100, 101, 249, 251, 252, 253, 255, 256, 257, 258, 298, 301, 417

り
リアルタイム録音 45, 47, 67, 147, 223, 358, 464
リード 299, 300, 301
リードシート 387, 389, 390
リッスンツール 104, 116, 120
リバースされたリバーブ 370
リバーブ 59, 81, 82, 86, 170, 173, 174, 175, 177, 180, 185, 186, 187, 283, 370, 379, 400, 402, 468
リンクの解除 416

る
ルーティング 29, 102, 176, 185, 187, 188, 283, 312, 316, 320, 402, 420
ルーティングビュー 102, 176, 185, 187, 188, 420

ループ 30, 76, 100, 102, 104, 116, 120, 121, 122, 123, 124, 129, 130, 149, 151, 157, 164, 165, 189, 195, 197, 202, 203, 204, 205, 206, 210, 211, 212, 213, 214, 216, 232, 243, 254, 259, 268, 284, 285, 286, 288, 308, 310, 311, 313, 331, 335, 337, 346, 348, 360, 364, 378, 380, 462, 463, 464, 465, 467, 471, 472, 473, 481
ループ範囲 102, 104, 120, 122, 149, 202, 232, 254, 259, 284, 285, 288, 331, 335, 364
ルーラー 30, 32, 51, 95, 98, 102, 105, 117, 119, 120, 121, 122, 136, 259, 284, 286, 323, 324, 325, 327, 376, 377

れ
レイヤー 28, 59, 99, 115, 123, 151, 157, 205, 206, 209, 223, 280, 281, 282, 284, 285, 286, 287, 288, 363, 364, 387, 389, 399, 400, 401, 402, 405, 407, 409, 453
レイヤーサウンド 206
レイヤーはイベントに従う 157
レイヤーを隠す 286
レガート 69, 140, 142, 148, 360
レベルオーバー 60, 75, 76, 168, 235, 453, 474
レンダー 177, 178, 216, 290, 293, 344, 345, 353
連符 52, 148

ろ
録音 26, 28, 37, 45, 46, 47, 48, 50, 51, 52, 57, 59, 60, 61, 62, 64, 67, 77, 78, 95, 100, 101, 102, 103, 129, 131, 135, 147, 148, 151, 163, 165, 171, 173, 176, 177, 185, 187, 198, 199, 200, 219, 221, 223, 243, 258, 274, 276, 277, 280, 281, 287, 288, 291, 292, 293, 294, 310, 321, 326, 338, 343, 344, 354, 358, 362, 363, 364, 365, 366, 378, 393, 394, 395, 397, 399, 402, 405, 406, 407, 408, 409, 417, 426, 448, 449, 464, 465, 467, 470
録音待機ボタン 45, 59, 200, 208, 343
録音残り時間 101
録音パネル 102, 280, 363, 364
録音ボタン 52, 60, 280, 288, 292, 293, 294, 402

わ
和音 48, 52, 143, 214, 231, 232, 234, 235, 467, 476

● Studio One についてのお問い合わせ先 ●

株式会社エムアイセブンジャパン　Contact Form
ホームページ：https://www.mi7.co.jp/service/

上記ホームページに表示されている、お問い合わせ内容に該当するボタンからお進みの上、お問い合わせください。

※サポートを受けるには、事前にユーザー登録が必要です。
※Studio One は電話でのサポートが提供されていません。詳しくは株式会社エムアイセブンジャパン様にお問い合わせください。
※URLは変更になる場合もあります。その場合は、トップページからサポートに関するメニューをご確認ください。

◎著者略歴

近藤隆史（こんどう・たかし）

東京音楽大学トロンボーン専攻卒。東京音楽大学 音楽教育専攻/吹奏楽アカデミー専攻 非常勤講師、文教大学情報学部非常勤講師。研究領域は音楽と教育とコンピューターの交わるところ。

音楽ソフトウェアやハードウェアの企画・開発・サポートなどに携わり、コンピューター・音楽・教育・クラシック・ジャズ・ポップス、など多彩な経歴を生かした目線での、執筆活動や演奏・制作をおこなっている。

著書に、『Studio One ガイドブック』、『自動作曲・伴奏ソフト BB22 for Mac 入門ガイド』、『万能おまかせ作曲ソフト BB22 入門ガイド』（いずれもスタイルノート刊）、他。

Studio One 4 ガイドブック
——進化する DAW ソフトでイチから音楽づくり

発行日　2019 年 9 月 26 日　第 1 刷
著　者　近藤隆史
協　力　株式会社エムアイセブン ジャパン
協力・参考資料　Kenji Nakai ワークショップ
発行人　池田茂樹
発行所　株式会社スタイルノート
　　　　〒185-0021
　　　　東京都国分寺市南町 2-17-9 ARTビル 5F
　　　　電話 042-329-9288
　　　　E-Mail books@stylenote.co.jp
　　　　URL https://www.stylenote.co.jp/
装　丁　又吉るみ子
印　刷　シナノ印刷株式会社
製　本　シナノ印刷株式会社

© 2019 Takashi Kondo　Printed in Japan
ISBN978-4-7998-0176-5　　C1004

定価はカバーに記載しています。
乱丁・落丁の場合はお取り替えいたします。当社までご連絡ください。
本書の内容に関する電話でのお問い合わせには一切お答えできません。メールあるいは郵便でお問い合わせください。なお、返信等を致しかねる場合もありますのであらかじめご承知置きください。
本書は著作権上の保護を受けており、本書の全部または一部のコピー、スキャン、デジタル化等の無断複製や二次使用は著作権法上での例外を除き禁じられています。また、購入者以外の代行業者等、第三者による本書のスキャンやデジタル化は、たとえ個人や家庭内での利用であっても著作権法上認められておりません。